Casanova · Aus meinem Leben

GIACOMO GIROLAMO CASANOVA
CHEVALIER DE SEINGALT

Aus meinem Leben

AUS DEM FRANZÖSISCHEN
ÜBERSETZT VON
HEINZ VON SAUTER

AUSWAHL UND NACHWORT VON
ROGER WILLEMSEN

PHILIPP RECLAM JUN. STUTTGART

Umschlagabbildung: Le jeu du pied de bœuf
Stich von Charles-Nicolas Cochin d. Ä.
nach einem Gemälde von Jean-François de Troy, um 1740.

Universal-Bibliothek Nr. 687
Alle Rechte vorbehalten
© für diese Ausgabe 1989 Philipp Reclam jun. GmbH & Co., Stuttgart
Deutsche Übersetzung und Anmerkungen erscheinen mit Genehmi-
gung der Verlag Ullstein GmbH, Berlin,
© 1964 Verlag Ullstein GmbH, Berlin
Gesamtherstellung: Reclam, Ditzingen. Printed in Germany 2002
RECLAM und UNIVERSAL-BIBLIOTHEK sind eingetragene Marken
der Philipp Reclam jun. GmbH & Co., Stuttgart
ISBN 3-15-000687-2

www.reclam.de

Inhalt

Vorrede

Casanova beginnt mit der Niederschrift seiner Lebensge-schichte 1790 im böhmischen Dux.

Da meine Geschichte mit dem frühesten Ereignis, an das ich mich noch erinnern kann, beginnen soll, fängt sie an, als ich acht Jahre und vier Monate alt war. Wenn es wahr ist, daß »vivere cogitare est« (Leben heißt denken)[1], lebte ich vor dieser Zeit nicht, sondern dämmerte nur dahin. Da das Denken des Menschen nur in Vergleichen besteht, die dem Ergründen der Zusammenhänge dienen, kann es nicht früher da sein als das Gedächtnis. Das hierzu taug-liche Organ entwickelte sich in meinem Kopf erst acht Jahre und vier Monate nach meiner Geburt; erst zu diesem Zeitpunkt begann meine Seele für Eindrücke empfänglich zu werden. Wie eine unkörperliche Substanz, die »nec tangere nec tangi« (weder berühren noch berührt wer-den)[2] kann, dazu fähig ist, vermag kein Mensch zu er-klären.

Eine tröstliche Philosophie behauptet im Einklang mit der Religion, die Abhängigkeit der Seele von den Sinnen und den Organen des Körpers sei nur zufällig und vor-übergehend, und sie werde frei und glücklich sein, wenn der Tod des Leibes sie aus deren tyrannischer Herr-schaft entläßt. Das klingt sehr schön, aber es ist, wenn man von der Religion absieht, keineswegs sicher. Da ich mich also erst nach meinem Lebensende in der vollkom-menen Gewißheit wiegen darf, unsterblich zu sein, wird man mir verzeihen, wenn ich es nicht eilig habe, zur Erkenntnis dieser Wahrheit zu gelangen. Eine Erkennt-nis, die das Leben kostet, ist zu teuer erkauft. Bis dahin

verehre ich Gott, indem ich mir jede unrechte Tat unter-
sage und die ungerechten Menschen verabscheue, ohne
ihnen indessen Böses zu tun. Mir genügt es, wenn ich
unterlasse, ihnen Gutes zu tun. Schlangen soll man nicht
auch noch füttern.

Da ich auch noch etwas über mein Temperament und
meinen Charakter sagen muß, versichere ich meinen
Lesern, daß die nachsichtigen unter ihnen weder zu den
am wenigsten Ehrenwerten noch zu den Ärmsten an Geist
zählen.

Ich habe alle vier Temperamente besessen; als Kind war
ich phlegmatisch, als Jüngling sanguinisch, später chole-
risch und schließlich melancholisch, was ich wahrscheinlich auch bleiben werde. Da ich meine Ernährung immer
meiner körperlichen Verfassung anpaßte, erfreute ich
mich stets einer guten Gesundheit; und nachdem ich
gelernt hatte, daß ihr immer Maßlosigkeit, sowohl im
Essen wie in der Enthaltsamkeit, abträglich ist, hatte ich
nie einen anderen Arzt als mich selbst. Allerdings habe ich
die Enthaltsamkeit als weit gefährlicher erkannt. Ein
Zuviel verursacht Magenbeschwerden, ein Zuwenig aber
führt zum Tod. Heute, als alter Mann, darf ich trotz meines ausgezeichneten Magens nur noch eine Mahlzeit am
Tage zu mir nehmen. Was mich für diese Kasteiung entschädigt, sind mein gesunder Schlaf und die Leichtigkeit,
mit der ich meine Betrachtungen zu Papier bringe, ohne
der Verstiegenheiten zu bedürfen oder Spitzfindigkeiten
über Spitzfindigkeiten zu drechseln, die eher dazu geeignet wären, mich selbst zu betrügen als meine Leser; denn
niemals könnte ich mich dazu entschließen, ihnen falsche
Münze zu geben, wenn ich wüßte, daß sie falsch ist.

Das sanguinische Temperament machte mich sehr empfänglich für jede Art von Sinnenfreude, ließ mich stets vergnügt und unablässig darauf bedacht sein, von einem Genuß zum anderen zu eilen; es machte mich auch einfallsreich im Erfinden neuer Freuden. Die gleiche Wurzel hatten sowohl meine Neigung, neue Bekanntschaften zu schließen, wie auch meine unbeschwerte Art, sie wieder abzubrechen, obwohl stets aus zwingenden Gründen und niemals aus Leichtfertigkeit. Die aus dem Temperament herrührenden Fehler sind unverbesserlich, weil sich das Temperament selbst unseren moralischen Bemühungen entzieht; mit dem Charakter aber ist es etwas anderes. Ihn bestimmen Herz und Geist; und da das Temperament nur sehr geringen Einfluß auf ihn hat, folgt daraus, daß er von der Erziehung abhängt und daß er gebessert und geformt werden kann.

Ich überlasse es andern zu entscheiden, ob mein Charakter gut oder schlecht ist; aber so wie er ist, zeigt er sich jedem Kenner ohne weiteres in meinem Gesicht. Nur dort wird der Charakter eines Menschen sichtbar, denn dort ist sein Sitz. Wir können feststellen, daß Menschen mit unausgeprägten Gesichtszügen – und deren Zahl ist sehr groß – auch nicht das besitzen, was man Charakter nennt. Folglich muß der physiognomischen Verschiedenheit die Verschiedenheit der Charaktere entsprechen.

In der Erkenntnis, daß mein Handeln zeit meines Lebens mehr durch das Gefühl als durch die Überlegung bestimmt war, bin ich zu dem Schluß gelangt, daß mein Verhalten mehr von meinem Charakter abhing als von meinem Verstand, allerdings nach einem langen Streit zwischen beiden, bei dem ich abwechselnd entweder nicht genug Verstand für meinen Charakter oder nicht genug Charakter für meinen Verstand aufgebracht habe. Doch

lassen wir das, denn hier trifft zu: »si brevis esse volo
obscurus fio« (Wenn ich mich kurz fassen will, werde ich
unverständlich)[3]. Ich glaube, daß ich mir, ohne die
Bescheidenheit zu verletzen, die Worte meines geliebten
Vergil zu eigen machen darf:

>»Nec sum adeo informis: nuper me in litore vidi,
>Cum placidum ventis staret mare«.
>(Bin doch auch gar nicht so häßlich. Ich sah mich
>   erst jüngst noch am Strande,
>Als im Wind sanft ruhte das Meer.)[4]

Den Freuden meiner Sinne galt mein Leben lang mein
Hauptstreben; etwas Wichtigeres gab es für mich niemals.
Da ich mich für das andere Geschlecht geboren fühlte,
habe ich es stets geliebt und habe alles darangesetzt, seine
Liebe zu gewinnen. Ich liebte auch mit Hingabe eine gute
Tafel, und überhaupt leidenschaftlich alles, was meine
Neugier erregte.

Ich habe Freunde gekannt, die mir Gutes getan haben,
und ich war glücklich genug, ihnen bei jeder Gelegenheit
Beweise meiner Dankbarkeit geben zu können; ich hatte
auch nichtswürdige Feinde, die mir zusetzten, und ich
habe sie nur deshalb nicht ausgerottet, weil ich es nicht
konnte. Niemals hätte ich ihnen verziehen, hätte ich nicht
einfach vergessen, was sie mir Böses angetan haben. Ein
Mann, der einen Schimpf vergißt, hat ihn nicht verziehen,
sondern eben vergessen; denn die Verzeihung entspringt
der heldenmütigen Haltung eines edlen Herzens und eines
großzügigen Geistes, das Vergessen aber einer Schwäche
des Gedächtnisses oder einer milden Gleichgültigkeit, wie
sie zu einem friedfertigen Herzen paßt, und oft nur dem
einfachen Bedürfnis nach Ruhe und Frieden; denn auf die

Dauer tötet der Haß den Unglücklichen, der Gefallen daran findet, ihn zu nähren.

Wenn man mich sinnlich nennt, geschieht es zu Unrecht, denn die Macht meiner Sinne hat mich nie von meinen Pflichten abgehalten, wenn ich welche hatte. Aus dem gleichen Grunde hätte man Homer nie einen Trinker nennen dürfen: »Laudibus arguitur vini vinosus Homerus« (Das Lob des Weines verrät, wie lieb der Wein dem Homer war)[5].

Ich habe die scharfgewürzten Gerichte geliebt, die von einem guten neapolitanischen Koch zubereiteten Makkaroni, Ogliapotrida[6], Neufundländer Kabeljau, recht klebrig, Wildbret mit Hautgout und Käse, dessen Vortrefflichkeit sich zeigt, wenn die kleinen Wesen, die darin hausen, sichtbar werden. Was die Frauen betrifft, so habe ich immer gefunden, daß die jeweils Geliebte angenehm duftete, und je kräftiger sie schwitzte, desto köstlicher schien sie mir zu sein.

Welch verdorbener Geschmack! Welche Schande, ihn sich selbst einzugestehen und doch nicht zu erröten! Über solche Vorwürfe kann ich nur lachen. Ich bin unverfroren genug, mich dank meiner derben Neigungen für glücklicher zu halten als andere, weil ich davon überzeugt bin, daß meine Neigungen mich zu größerem Genuß befähigen. Glücklich, wer ihn sich zu verschaffen weiß, ohne irgendwem zu schaden, und töricht alle, die sich einbilden, das Höchste Wesen freue sich über Schmerzen, Mühsale und Verzichte, die sie ihm zum Opfer bringen, und wohlgefällig seien ihm nur die Schwärmer, die sie freiwillig auf sich nehmen. [...] Mir liegt an der Freundschaft, der Achtung und der Dankbarkeit meiner Leser. An ihrer Dankbarkeit, wenn die Lektüre meiner Lebenserinnerungen sie belehrt und ihnen Vergnügen gemacht hat; an ihrer Achtung, wenn sie mir Gerechtigkeit widerfahren lassen und mehr gute Eigenschaften als Fehler an mir finden; an ihrer Freundschaft, sobald sie mich dieser für würdig erachten auf Grund des Freimuts und der Ehrlichkeit, mit denen ich mich ohne jede Verstellung, so wie ich bin, ihrem Urteil anvertraue. [...]

Mißlingt mir aber mein Bemühen zu gefallen, so würde mir das eingestandenermaßen leid tun, freilich nicht so sehr, daß mich das Schreiben reute, denn auf jeden Fall habe ich mich dabei unterhalten. Grausame Langweile! Es kann nur auf Vergeßlichkeit beruhen, wenn die Dichter sie unter den Höllenqualen nicht angeführt haben. [...]

In diesen Erinnerungen wird man nicht alle meine Erlebnisse finden. Ich habe solche ausgelassen, die den daran beteiligten Personen mißfallen hätten, weil sie dabei schlecht abschneiden würden. Dessen ungeachtet wird man mich zuweilen nur allzu indiskret finden, und das tut mir leid. Sollte ich vor meinem Ableben noch weise werden und sollte ich noch rechtzeitig dazu fähig sein, so werde ich alles verbrennen. Im Augenblick habe ich nicht die Kraft dazu.

Jene Leser, die meinen, ich würde die Schilderung gewisser Liebesabenteuer allzusehr ausmalen, haben unrecht, sofern sie mich nicht einfach für einen schlechten Maler halten. Ich bitte sie um Verzeihung, wenn mein altes Herz diese Freuden nur mehr in der Erinnerung auskosten kann. Die Tugend mag alle Schilderungen überspringen, die sie beunruhigen könnten; und es erleichtert mein Herz, sie in dieser Vorrede zu warnen. Wer sie nicht liest, dem geschieht ganz recht. Die Vorrede ist für ein Buch das gleiche wie der Anschlagzettel für eine Komödie. Man muß sie lesen. Ich habe diese Lebenserinnerungen nicht für die Jugend geschrieben, die unbefangen bleiben muß, um vor dem Abgleiten bewahrt zu werden, sondern für jene, die lange genug gelebt haben, um gegen Verführung gefeit zu sein und die durch den Aufenthalt im Feuer zu Salamandern[7] geworden sind. Da die wahren Tugenden nur Gewohnheiten sind, wage ich zu behaupten, daß wirklich tugendhaft nur jene Glücklichen sind, denen die Ausübung der Tugend nicht die geringste Mühe macht. Solche Leute kennen keine Unduldsamkeit. Für sie habe ich geschrieben. [...]

Da ich mich jederzeit als die Hauptursache aller Widerwärtigkeiten, die mir zustießen, erkannte, habe ich mich stets mit Freuden in der Lage gesehen, mein eigener Schüler zu sein, und pflichtschuldigst meinen Lehrer geliebt.

Kapitel 1

Die erste Erinnerung

Casanovas Mutter Zanetta war Schauspielerin. Solange sie
sich mit ihrer Truppe in Europa auf Tournee befand, vertrat
seine Großmutter Marzia die Stelle der Mutter.

Kommen wir nun zum Beginn meiner Existenz als den-
kendes Wesen. In den ersten Augusttagen des Jahres 1733
setzte mein Erinnerungsvermögen ein. Ich war also acht
Jahre und vier Monate alt. Ich erinnere mich an nichts,
was mit mir vorher geschehen sein mag. Hier nun die
Geschichte selbst.

Ich stand in der Ecke eines Zimmers, zur Wand ge-
beugt, stützte meinen Kopf und starrte auf das Blut, das
mir reichlich aus der Nase floß und auf den Boden tropfte.
Marzia, meine Großmutter, deren Liebling ich war, kam
mir zu Hilfe, wusch mir das Gesicht mit kühlem Wasser,
ließ mich, ohne daß jemand etwas davon wußte, in eine
Gondel steigen und brachte mich nach Murano, einer
dichtbesiedelten Insel, etwa eine halbe Stunde von Venedig entfernt.

Nach Verlassen der Gondel gingen wir in eine elende
Hütte; dort saß eine alte Frau auf einem zerlumpten Bett
und hielt eine schwarze Katze auf dem Arm, während
weitere fünf oder sechs Katzen um sie herumschlichen. Sie
war eine Hexe. Die beiden alten Frauen führten miteinander ein langes Gespräch, in dem es wohl um mich ging.
Nach dieser Unterredung in friaulischer Sprache[1] erhielt
die Hexe von meiner Großmutter einen Silberdukaten[2];
dann öffnete sie eine Truhe, hob mich auf, setzte mich
hinein und schloß sie mit den Worten, ich solle keine

Angst haben. Gerade damit hätte sie mir Furcht eingejagt, wenn ich etwas klarer im Kopf gewesen wäre; aber ich war ganz benommen. Ich verhielt mich ruhig und drückte mein Schnupftuch an die Nase, weil ich blutete, ganz unberührt von dem Lärm, den ich von draußen vernahm. Ich hörte abwechselnd Lachen und Weinen, dann Schreien, Singen und Schläge auf der Truhe. Mir war das alles gleichgültig. Endlich holte man mich heraus; das Bluten hörte auf. Da überhäufte mich das sonderbare Weib mit tausend Zärtlichkeiten, kleidete mich aus, legte mich auf das Bett, verbrannte allerlei Räucherwerk, fing den Rauch in einem Tuch auf, wickelte mich darin ein, murmelte einige Zaubersprüche, wickelte mich dann wieder aus und gab mir fünf sehr wohlschmeckende Stücke Konfekt. Gleich darauf rieb sie mir die Schläfen und den Nacken mit einer Salbe ein, die einen köstlichen Duft ausströmte, und zog mich wieder an. Sie sagte mir, das Bluten werde von nun an immer schwächer auftreten, vorausgesetzt, daß ich keinem Menschen erzählte, was sie zu meiner Heilung getan habe; sie drohte mir andererseits, ich würde mein ganzes Blut verlieren und sterben, falls ich es wagte, irgendwem ihre Geheimnisse zu verraten. Nachdem sie mir das eingeschärft hatte, kündigte sie mir für die kommende Nacht den Besuch einer lieblichen Dame an, von der mein künftiges Glück abhinge, wenn ich die Kraft aufbrächte, niemandem von diesem Besuch etwas zu erzählen. Dann brachen wir auf und kehrten nach Hause zurück.

Kaum lag ich im Bett, schlief ich schon ein, ohne überhaupt noch an den schönen Besuch zu denken, den ich erhalten sollte; aber als ich einige Stunden später aufwachte, sah ich, oder glaubte zu sehen, wie eine wunderschöne Frau, in weitem Reifrock und in prächtige Stoffe gehüllt, vom Kamin herabstieg. Auf dem Haupt trug sie eine mit Edelsteinen übersäte Krone, aus denen Funken zu sprühen schienen. Langsam und majestätisch trat sie mit holder Miene näher und setzte sich auf mein Bett. Sie zog einige kleine Kästchen aus einer Tasche, leerte sie über meinem Kopf aus und murmelte dazu Sprüche. Dann hielt sie mir noch eine lange Rede, von der ich nichts verstand, küßte mich und verschwand, wie sie gekommen war. Ich schlief wieder ein.

Als meine Großmutter am nächsten Morgen an mein Bett trat, um mich anzuziehen, gebot sie mir als erstes Schweigen. Sie drohte mir mit dem Tode, wenn ich auszuplaudern wagte, was ich in der Nacht erlebt haben mußte. Diese Drohung, von der einzigen Frau ausgesprochen, die unbegrenzten Einfluß auf mich besaß und die mich dazu erzogen hatte, allen ihren Anordnungen blindlings zu gehorchen, bewirkte erst, daß ich mich an die Erscheinung erinnerte und sie nun gleichsam versiegelt im verborgensten Winkel meines erwachenden Gedächtnisses bewahrte. Übrigens fühlte ich mich auch gar nicht versucht, die Sache irgend jemandem mitzuteilen. Weder wußte ich, ob man sie überhaupt interessant finden würde, noch, wem ich sie hätte erzählen sollen. Meine Krankheit machte mich sauertöpfisch und ganz ungesellig. Jedermann bedauerte und mied mich zugleich; man glaubte, ich würde nicht lange leben. Mein Vater und meine Mutter sprachen nie mit mir.

Kapitel 2

Bettina

In Padua lebte Casanova im Haus seines priesterlichen Erzie-
hers Doktor Gozzi[1]. In dessen Begleitung hat er seine Mutter
vor ihrer Abreise nach Rußland in Venedig besucht. Bettina
ist die dreizehnjährige Schwester Gozzis, der Casanovas
Mutter ein Geschenk gesandt hatte.

In Padua sprach mein guter Lehrer drei oder vier Monate
lang alle Tage und bei jedem Anlaß nur von meiner Mutter. Und Bettina schloß sich besonders eng an mich an,
seit sie in dem Paket fünf Ellen schwarzen Zindeltaft,
sogenannte Glanzseide, sowie zwölf Paar Handschuhe
gefunden hatte. Sie nahm sich sorgsam meiner Haare an,
so daß ich in weniger als sechs Monaten schon keine
Perücke mehr brauchte. Sie kam jeden Tag, um mich zu
kämmen, oft sogar, wenn ich noch im Bett lag, unter dem
Vorwand, sie habe keine Zeit zu warten, bis ich angezogen sei. Sie wusch mir Gesicht, Hals und Brust unter
kindlichen Liebkosungen, und da ich diese für harmlos
halten mußte, grollte ich mir, daß sie mich erregten. Da
ich drei Jahre jünger war als sie, meinte ich, ihre Zuneigung müsse ohne Hintergedanken sein, und das machte
mich auf meine eigenen Gefühle böse. Wenn sie auf meinem Bett saß und mir sagte, ich würde dick, und wenn sie,
um mich davon zu überzeugen, sich mit eigenen Händen
dessen vergewisserte, brachte sie mich in höchste Erregung. Ich ließ sie gewähren, aus Angst, sie könne sonst
meine Erregbarkeit merken. Sagte sie mir, ich hätte eine
zarte Haut, so ließ mich das Kitzeln zusammenzucken;
ich war auf mich selbst böse, weil ich es ihr nicht mit

gleichem zu vergelten wagte, aber zugleich glücklich, daß
sie nicht ahnen konnte, wie sehr mich danach verlangte.
Nachdem sie mich gewaschen hatte, gab sie mir die zärtlichsten Küsse und nannte mich ihr liebes Kind; aber trotz
meines Verlangens wagte ich nicht, sie zu erwidern. Als
sie mich schließlich mit meiner Schüchternheit aufzuziehen begann, fing ich an, sie wiederzuküssen, sogar mit
größerem Geschick; aber ich hörte sofort auf, wenn mich
die Lust überkam, weiterzugehen. Dann wandte ich den
Kopf zur Seite und tat, als suchte ich etwas; und sie ging
hinaus. Hatte sie mich verlassen, so war ich ganz verzweifelt, weil ich dem Drang meiner Natur nicht gefolgt war,
und wunderte mich nur, daß Bettina ohne Gefahr für sich
selbst alles tun konnte, was sie mit mir trieb, während ich
mich nur mit allergrößter Mühe beherrschen konnte,
nicht darüber hinauszugehen. Jedesmal schwor ich mir,
mein Verhalten zu ändern.

Zu Beginn des Herbstes nahm der Doktor drei neue
Pensionäre auf, und einer von ihnen, ein fünfzehnjähriger
Bursche namens Candiani, schien mir in weniger als
einem Monat schon sehr vertraut mit Bettina zu sein.
Diese Beobachtung erweckte in mir ein Gefühl, das ich bis
zu diesem Augenblick nicht gekannt hatte und das ich erst
einige Jahre später begriff. Es war weder Eifersucht noch
Entrüstung, vielmehr eine vornehme Geringschätzung,
die mir durchaus berechtigt zu sein schien; denn da Candiani dumm, grobschlächtig, beschränkt und ungeschlif-
fen war, ein Bauernbursche und mit mir nicht im geringsten zu vergleichen, und da er mir nichts voraus hatte, als
daß er älter und körperlich entwickelter war als ich, verdiente er es in meinen Augen nicht, mir vorgezogen zu
werden. Meine erwachende Eigenliebe sagte mir, daß ich

mehr wert war als er. In mir regte sich ein mit Stolz gemischtes Gefühl der Verachtung, das sich gegen Bettina wandte, die ich unbewußt liebte. Sie merkte es an der Art, wie ich nun ihre Liebkosungen aufnahm, wenn sie an mein Bett kam, um mich zu kämmen; ich stieß ihre Hände zurück und erwiderte ihre Küsse nicht. Als sie mich eines Tages nach dem Grund meines veränderten Benehmens fragte und ich ihr keinen angab, sagte sie, wie um mich zu bedauern, ich sei eben auf Candiani eifersüchtig. Diesen Vorwurf empfand ich als demütigende Verleumdung; ich entgegnete ihr, meines Erachtens sei Candiani ihrer ebenso würdig, wie sie seiner Person. Sie ging lächelnd hinaus, doch heckte sie den einzigen Plan aus, mit dem sie sich rächen konnte; es blieb ihr nichts anderes übrig, als mich eifersüchtig zu machen. Dazu aber mußte sie mich unbedingt zuerst verliebt machen, und das stellte sie folgendermaßen an.

Sie kam eines Morgens an mein Bett und brachte mir weiße Strümpfe, die sie selbst gestrickt hatte; nach dem Frisieren meinte sie, es sei nötig, daß sie mir die Strümpfe selbst anziehe, um etwaige Mängel festzustellen und sich beim nächsten Mal danach richten zu können. Der Doktor war ausgegangen, um die Messe zu lesen. Beim Anprobieren behauptete sie, ich hätte schmutzige Schenkel, und machte sich sofort daran, sie mir zu waschen, ohne mich zuvor um Erlaubnis zu fragen.

Ich schämte mich, daß sie vielleicht dachte, ich würde mich schämen; außerdem ahnte ich nicht, daß es kam, wie es kommen mußte. Bettina, die auf meinem Bett saß, trieb ihr Reinlichkeitsstreben zu weit, und ihr Vorwitz bereitete mir eine Wonne, die erst dann aufhörte, als sie unmöglich noch größer werden konnte. Als ich mich

beruhigt hatte, suchte ich alle Schuld bei mir und hielt es
für meine Pflicht, sie um Verzeihung zu bitten. Bettina
hatte das nicht erwartet, überlegte eine kleine Weile und
sagte nachsichtig, sie trage allein die Schuld, aber es solle
nicht wieder vorkommen. Damit ging sie hinaus und
überließ mich meinen Gedanken.

Sie waren qualvoll. Es schien mir, als hätte ich sie entehrt, das Vertrauen der Familie mißbraucht, das Gesetz
der Gastfreundschaft verletzt und den schwersten aller
Frevel begangen, einen Frevel, den ich nur dadurch süh-
nen konnte, daß ich sie heiratete, wenn sie sich überhaupt
entschließen konnte, einen so schamlosen Menschen wie
mich, der ihrer unwürdig war, zum Gatten zu nehmen.

Auf diese Überlegungen folgte finstere Traurigkeit, die
sich mit jedem Tag noch verdüsterte; denn Bettina hatte es
gänzlich aufgegeben, zu mir ans Bett zu kommen. In den
ersten acht Tagen schien mir dieser Entschluß, den sie
gefaßt hatte, nur gerecht; und meine Traurigkeit wäre binnen weniger Tage zur vollkommenen Liebe geworden,
hätte nicht ihr Verhalten Candiani gegenüber das Gift der
Eifersucht in mein Herz geträufelt, obwohl ich sie nicht
im entferntesten der gleichen Freveltat für schuldig hielt,
die sie mit mir begangen hatte.

Nach einigem Nachdenken war ich davon überzeugt,
daß alles, was sie mit mir gemacht hatte, absichtlich
geschehen war, und bildete mir ein, übergroße Reue halte
sie davon ab, wieder an mein Bett zu kommen; und diese
Vorstellung schmeichelte mir, denn sie verleitete mich
dazu, sie für verliebt zu halten. Von solcherlei Gedanken
bedrängt, entschloß ich mich, sie schriftlich zu ermutigen.
Ich schrieb ihr also ein kurzes Briefchen und faßte es so
ab, daß sie ganz beruhigt sein konnte, falls sie sich für

schuldig hielt oder aber bei mir Gefühle argwöhnte, die
den Forderungen ihrer Eigenliebe zuwiderliefen. Mein
Brief dünkte mich ein Meisterwerk und mehr als ausreichend, um anbetenswürdig zu erscheinen und Candiani
auszustechen, der mir wie ein dummer Grobian vorkam,
nicht wert, daß sie auch nur einen einzigen Augenblick
zwischen ihm und mir schwankte. Eine halbe Stunde später antwortete sie mir mündlich, sie werde am nächsten
Morgen an mein Bett kommen; aber sie kam nicht. Ich
war darüber empört; doch wie staunte ich, als sie mich
mittags bei Tisch fragte, ob es mir recht sei, wenn sie mich
als Mädchen verkleide, damit ich mit ihr zu einem Ball
gehen könnte, der fünf oder sechs Tage später bei unserem
Nachbarn, dem Arzt Olivo, stattfinden sollte. Die ganze
Tischrunde zollte Beifall, und ich willigte ein. Ich sah den
Zeitpunkt kommen, da uns eine gegenseitige Rechtfertigung wieder gute Freunde werden ließ, die vor Überra-
schungen durch die Schwächen der Sinne gefeit waren.
Aber da vereitelte ein verhängnisvolles Ereignis dieses
Vorhaben und führte zu einer richtigen Tragikomödie.

Ein Pate von Doktor Gozzi, ein betagter und wohlha-
bender Mann, der auf dem Lande wohnte, glaubte sich
nach langer Krankheit seinem Ende nahe und schickte ihm
einen Wagen mit der Bitte, unverzüglich mit seinem Vater
zu ihm zu kommen, um ihm in der Todesstunde beizustehen und seine Seele Gott zu befehlen. Der alte Schuster
stärkte sich rasch mit einer Flasche, kleidete sich an und
fuhr mit seinem Sohn davon.

Als ich sie abreisen sah, wollte ich nicht mehr bis zu der
Ballnacht warten und fand eine Gelegenheit, Bettina zu
sagen, daß ich die Tür meiner Kammer, die auf die äußere
Galerie führte, offen lassen und sie erwarten würde,

sobald alle im Bett seien. Sie versprach mir, bestimmt zu kommen. Sie schlief zu ebener Erde in einer kleinen Kammer, die eine dünne Wand von dem Raum, in dem ihr Vater schlief, trennte; da der Doktor abwesend war, schlief ich oben allein in dem großen Zimmer. Die drei Pensionäre hausten in einem geräumigen Zimmer neben dem Keller. Ich hatte also keinerlei Störungen zu befürchten und war voll Freude, daß endlich der ersehnte Zeitpunkt heranrückte.

Kaum war ich in meinem Zimmer, verriegelte ich meine Tür und öffnete die andere, die auf die Galerie führte, so daß Bettina sie nur aufzustoßen brauchte, wenn sie kam. Dann löschte ich die Kerze, ohne mich auszuziehen.

Man hält solche Situationen, wenn man sie in Romanen liest, für übertrieben; aber das stimmt nicht. Was Ariost[2] von Ruggiero berichtet, als er auf Alcina wartete, ist ein gutes, der Wirklichkeit abgelauschtes Bild.

Ich wartete bis Mitternacht ohne besondere Unruhe; doch als es zwei, drei und vier Uhr wurde, ohne daß sie erschien, packte mich der Zorn. Draußen fiel der Schnee in großen Flocken; aber ich verging weniger vor Kälte als vor Wut. Eine Stunde vor Tagesanbruch entschloß ich mich, ohne Schuhe hinunterzugehen, aus Angst, den Hund zu wecken, und mich unten auf die Treppe zu setzen, vier Schritte von der Hoftür entfernt, die unverschlossen hätte sein müssen, wenn Bettina herausgekommen wäre. Ich fand sie verschlossen. Man konnte sie nur von innen schließen. Ich dachte, Bettina sei vielleicht eingeschlafen; aber um sie zu wecken, hätte ich laut klopfen müssen, und der Hund hätte gebellt. Von dieser Tür bis zu der zu ihrer Kammer waren es noch zehn oder zwölf Schritte. Von Kummer übermannt und unfähig, mich zu irgend etwas zu entschließen, setzte ich mich auf die unterste Stufe. Als der Morgen zu dämmern begann, entschloß ich mich, erstarrt, steif und zitternd vor Kälte, in mein Zimmer zurückzugehen; denn wenn mich die Magd auf der Treppe gefunden hätte, so hätte sie geglaubt, ich sei verrückt geworden.

Ich erhob mich also; doch im gleichen Augenblick hörte ich innen ein Geräusch. In der sicheren Erwartung, daß Bettina erscheinen werde, ging ich zur Tür. Sie öffnete sich; doch statt Bettina sah ich Candiani vor mir, der mir einen so heftigen Fußtritt in den Bauch gab, daß ich der Länge nach hinfiel und im Schnee versank. Dann verschwand er in dem Zimmer, wo er mit seinen beiden Mitschülern aus Feltre wohnte.

Ich sprang geschwind auf, um Bettina zu erwürgen; denn in diesem Augenblick hätte sie nichts vor meiner Wut bewahren können. Aber die Tür war wieder verschlossen. Ich trat heftig mit dem Fuß dagegen, der Hund schlug an, ich hastete in mein Zimmer zurück, schloß mich ein und schlüpfte ins Bett, um mich an Leib und Seele zu erholen, denn ich war völlig am Ende.

Betrogen, gedemütigt, mißhandelt, in den Augen des glücklichen und triumphierenden Candiani zum Gespött geworden, brütete ich drei Stunden lang über den finstersten Racheplänen. Sie beide zu vergiften, erschien mir in meinem augenblicklichen Kummer zu milde. Ich faßte den hinterhältigen Plan, spornstreichs aufs Land hinauszufahren und dem Doktor alles zu hinterbringen. Da ich erst zwölf Jahre alt war, hatte mein Geist noch nicht die Kaltblütigkeit erlangt, Pläne für eine heroische Rache zu schmieden, wie sie das eingebildete Ehrgefühl ausheckt. In Angelegenheiten dieser Art war ich noch Neuling.

Kapitel 3

Adam und Eva

Kurz vor seiner Freilassung aus dem Castel Sant' Andrea[1], wo er von April bis Juni 1743 unter der Aufsicht von Major Pelodoro in Arrest gehalten wurde, lernte Casanova Graf Bonafede[2] kennen, der seine Gattin vor Jahren aus München entführt hatte.

Am Nachmittag stand ich mit ihm auf dem Turm der Festung und machte ihn auf eine zweirudrige Gondel aufmerksam, die auf die kleine Pforte zuhielt. Er richtete sein Fernglas darauf und sagte, seine Frau komme mit seiner Tochter, um ihn zu besuchen. Wir gingen ihnen entgegen.

Ich lernte eine Dame kennen, die es wohl verdient haben mochte, entführt zu werden, und ein großgewachsenes Mädchen zwischen vierzehn und sechzehn, die mir als eine Schönheit ganz eigener Art erschien. Sie hatte hellblonde Haare, große blaue Augen, eine Adlernase, einen schönen, leicht geöffneten lachenden Mund, aus dem ab und zu zwei Reihen prächtiger Zähne hervorblitzten, weiß wie ihre Haut, hätte nicht eine zarte Röte deren makelloses Weiß verdeckt. Ihre Taille war so schlank, daß sie beinahe unnatürlich wirkte, und ihr oben sehr breiter Halsausschnitt bot ein prächtiges Bild, aus dem nur zwei kleine Rosenknospen leuchteten. Es war ein neues, von der Magerkeit noch unterstrichenes Raffinement der Aufmachung. Wie verzückt betrachtete ich diesen bezaubernden, noch völlig unentwickelten Busen und konnte meine unersättlichen Augen nicht losreißen. Mein Herz verlieh ihm augenblicklich alles, was man noch hinzuwünschen mochte. Ich hob die Augen zum Gesicht der Signorina, und ihre lachende Miene schien mir zu sagen, daß ich in einem Jahr oder zwei dort alles sehen würde, was ich erträumte.

Sie war elegant nach der neuesten Mode herausgeputzt, mit einem großen Reifrock und der Tracht der adligen Mädchen, die noch nicht das heiratsfähige Alter erreicht haben; doch die junge Contessa war bereits soweit. Nie hatte ich die Brust eines Mädchens von Stand so unverhohlen angestarrt: es schien mir mehr als erlaubt, eine Stelle zu betrachten, wo noch nichts war und die doch damit geradezu prunkte.

Als der Graf und seine Gemahlin ihr deutsch geführtes Gespräch beendeten, kam die Reihe an mich. Er stellte mich mit den schmeichelhaftesten Ausdrücken vor, und man begrüßte mich auf das freundlichste. Als der Major es für seine Pflicht ansah, die Contessa in der Festung herumzuführen und ihr alles zu zeigen, nutzte ich meinen niederen Rang aus. Ich bot der Signorina den Arm, als die Mutter, vom Major geführt, vorausging. Der Graf blieb in seinem Zimmer.

Da ich die Damen nur nach der alten Mode Venedigs zu führen wußte, fand mich die Signorina linkisch. Ich glaubte sie höchst elegant zu führen, indem ich mit meiner Hand unter ihre Achsel griff. Sie entzog sich mir mit lautem Lachen. Ihre Mutter drehte sich um und wollte wissen, worüber sie gelacht habe, und ich war ganz verdutzt, als sie antwortete, ich hätte sie unter der Achsel gekitzelt. »Sehen Sie«, sagte sie dann, »so reicht ein wohlerzogener Herr den Arm.«

Mit diesen Worten schob sie ihre Hand unter meinen rechten Arm, den ich noch immer ungeschickt anbot, während ich mit größter Mühe Fassung bewahrte. Die

junge Contessa glaubte nun, sie habe es mit dem dümm-
sten aller Neulinge zu tun, und faßte den Entschluß, sich
auf meine Kosten gründlich zu unterhalten.

Zunächst sagte sie, ich solle meinen Arm nicht so
krumm halten, sondern mehr an die Hüfte legen, sonst
käme ich nicht mehr auf das Bild. Ich gestand, daß ich
nicht zeichnen könne, und fragte, ob sie etwas davon verstehe. Sie antwortete, sie lerne es gerade, und sie werde
mir, wenn ich sie besuchen würde, den Adam und die Eva
des Cavaliere Liberi[3] zeigen; sie habe sie kopiert, und die
Professoren fänden sie gut, ohne freilich zu wissen, daß
sie von ihr seien.

»Warum verheimlichen Sie es?«

»Weil die beiden Gestalten zu nackt sind.«

»Ich bin nicht neugierig auf Ihren Adam; aber sehr auf
Ihre Eva. Sie interessiert mich, und ich werde Ihr Geheimnis wahren.«

Da lachte sie wieder so laut, daß ihre Mutter sich
umwandte. Ich spielte den Einfaltspinsel. Diesen Plan
faßte ich in dem Augenblick, als sie mir beibringen wollte,
wie man den Arm reicht; denn ich begriff, welch großen
Nutzen ich daraus ziehen konnte. Da sie mich für einen
solchen Neuling hielt, glaubte sie mir sagen zu können,
ihr Adam sei viel schöner als ihre Eva, denn sie habe an
ihm keinen einzigen Muskel weggelassen, während es an
der Frau nichts zu sehen gebe.

»Das ist eine Gestalt, an der man überhaupt nichts
sieht«, sagte sie.

»Aber gerade dieses Nichts wird mich interessieren.«

»Glauben Sie mir, der Adam wird Ihnen besser gefallen.«

Dieses Gespräch hatte mich so stark erregt, daß es
schon anstößig war; und ich konnte es nicht einmal ver-

bergen, denn wegen der großen Hitze trug ich Leinenho-
sen. Ich fürchtete, mich vor der Signora und dem Major
lächerlich zu machen, die zehn Schritte vor uns gingen
und sich nur umdrehen mußten, um es zu sehen.

Da tat sie einen ungeschickten Schritt, so daß ihr der
Schuh an einer Ferse verrutschte; sie streckte mir den Fuß
hin und bat mich, ihr den Schuh wieder hochzuziehen.
Ich ließ mich vor ihr auf die Knie nieder und machte mich
ans Werk. Sie trug einen weiten Reifrock, aber nichts darunter; achtlos raffte sie ihr Kleid ein wenig, doch genug,
daß nichts mehr mich hindern konnte, zu sehen, was mir
fast den Atem verschlug. Als ich mich wieder erhob,
fragte sie, ob mir etwas fehle.

Beim Verlassen einer Kasematte geriet ihre Frisur etwas
in Unordnung, und sie bat mich, sie ihr wieder zu richten;
dabei senkte sie den Kopf, und nun konnte ich nichts
mehr verbergen. Sie half mir aus der Not mit der Frage, ob
das Band an meiner Uhr das Geschenk einer Schönen sei;
ich antwortete stotternd, meine Schwester habe sie mir
geschenkt. Nun glaubte sie, mich von ihrer Harmlosigkeit
zu überzeugen, indem sie mich fragte, ob sie das Band
wohl aus der Nähe ansehen dürfe. Ich erwiderte, es sei an
der Uhrtasche festgenäht, und das entsprach der Wahrheit. Sie glaubte das nicht und wollte es herausziehen; aber
da konnte ich nicht länger an mich halten und legte meine
Hand so über die ihre, daß sie es für geraten hielt, nicht
weiter darauf zu bestehen und Schluß zu machen. Sie
mußte mir zürnen, denn da ich ihr Spiel enthüllt hatte,
war ich des Mangels an Diskretion schuldig geworden. Sie
wurde ernst, und da sie weder zu lachen noch mit mir zu
sprechen wagte, gingen wir in die Wache, wo der Major
ihrer Mutter die Begräbnisstätte des Marschalls von der

Schulenburg zeigte, die dort bleiben sollte, bis man für ihn ein Mausoleum errichtet hätte. Doch über das, was ich getan hatte, war ich so beschämt, daß ich mich selbst haßte und nicht daran zweifelte, daß auch sie mich haßte und zugleich grenzenlos verachtete. Ich hielt mich für den ersten, der sträflicherweise ihre Tugend beunruhigt hatte, und ich wäre zu allem bereit gewesen, wenn man mir einen Weg gezeigt hätte, um ihr Genüge zu leisten. So groß war in meinem damaligen Alter mein Zartgefühl; doch beruhte es auf der Meinung, die ich von der Beleidigten hatte, und darin konnte ich mich täuschen. Diese meine Vertrauensseligkeit nahm später immer mehr ab, bis sie so schwach wurde, daß mir heute davon nur noch ein Schatten geblieben ist. Trotzdem komme ich mir nicht schlechter vor als Gleichaltrige mit der gleichen Erfahrung.

Wir kehrten zum Grafen zurück und verbrachten den Rest des Tages recht trübselig. Bei Einbruch der Nacht brachen die Damen auf. Ich mußte der Contessa versprechen, sie am Ponte di Barba Fruttaro zu besuchen, wo sie wohnte.

Die Signorina, die ich gekränkt zu haben glaubte, hinterließ mir einen so tiefen Eindruck, daß ich die nächsten sieben Tage in der größten Ungeduld hinbrachte. Ich ersehnte ein Wiedersehen mit ihr vor allem, um sie von meiner Reue zu überzeugen und ihre Verzeihung zu erlangen.

Am nächsten Tag traf ich beim Grafen seinen ältesten Sohn. Er war häßlich, aber ich fand ihn würdig aussehend und bescheiden. Fünfundzwanzig Jahre später traf ich ihn in Madrid wieder als Garzón[4] in der Leibgarde Seiner Katholischen Majestät. Er hatte zwanzig Jahre als einfa-

cher Gardist gedient, um diesen Rang zu erreichen. Ich
werde von ihm berichten, wenn es soweit ist. Er behauptete, ich hätte ihn nie kennengelernt, und auch er
habe mich nie gesehen. Seine Scham brauchte diese Lüge;
er tat mir leid. [. . .]

Endlich war nun der Augenblick gekommen, da ich die
Göttin meiner Träume wiedersehen sollte; ich wollte um
jeden Preis ihre Verzeihung erlangen oder zu ihren Füßen
sterben.

Ich fand ihr Haus ohne Mühe; der Graf war nicht da.
Die Signora empfing mich mit den verbindlichsten Worten; doch ihr Äußeres verblüffte mich derart, daß ich nicht
wußte, was ich antworten sollte.

Da ich einen Engel besuchte, erwartete ich, ein verbor-
genes Paradies zu betreten, und nun sah ich mich in einem
Salon, in dem nur drei oder vier Sessel aus morschem Holz
und ein alter schmutziger Tisch standen. Man sah recht
wenig, denn die Läden waren geschlossen. Das hätte zum
Schutz gegen die Hitze sein können, aber nein, man sollte
nur nicht sehen, daß die Fenster keine Scheiben hatten.
Ich sah aber doch, daß die Dame, die mich empfing,
einen ganz zerlumpten Hausrock trug und daß ihr Hemd
schmutzig war. Als sie meine Zerstreutheit merkte, verließ sie mich und sagte, sie werde mir ihre Tochter
schicken.

Diese erschien einen Augenblick später mit würdiger
und umgänglicher Miene und sagte, sie habe mich mit
Ungeduld erwartet, freilich nicht zu dieser Stunde, in der
sie gewöhnlich keine Besuche empfange.

Ich wußte nicht, was ich antworten sollte, denn sie
wirkte auf mich ganz verändert. In ihrem armseligen
Hausgewand wirkte sie beinahe häßlich, und auf einmal

fühlte ich mich in keiner Weise mehr schuldig. Ich wunderte mich nur über den Eindruck, den sie in der Festung auf mich gemacht hatte, und sie schien mir fast glücklich darüber zu sein, daß meine Verwirrtheit ihr eine Handlungsweise eingetragen hatte, die für sie keinesfalls beleidigend, sondern eher schmeichelhaft gewesen sein mußte. Als sie auf meinem Gesicht alle Wandlungen meines Gefühls sah, spiegelte auch das ihre nicht etwa Ärger, sondern einen Schmerz wider, der mein Mitgefühl erweckte. Hätte sie leidenschaftslos nachzudenken gewußt oder gewagt, so hätte sie mich mit Recht als einen Menschen verachtet, dessen Interesse sie nur durch ihr zurechtgemachtes Äußeres oder durch die Vorstellung gewonnen hatte, die sie in ihm von ihrem Stand oder ihrem Reichtum hatte entstehen lassen.

Gleichwohl bemühte sie sich, mich aufzumuntern, indem sie ganz offen mit mir sprach. Wenn es ihr gelang, das Gefühl mit ins Spiel zu bringen, so glaubte sie zuversichtlich, daß es zu ihren Gunsten sprechen werde.

»Ich sehe, Sie sind überrascht, Signor Abate[5], und ich weiß auch den Grund. Sie hatten erwartet, hier Pracht und Aufwand zu finden, und da Sie nur den traurigen Anblick der Not gefunden haben, sanken Ihnen die Arme herab. Die Regierung gibt meinem Vater nur eine sehr geringe Besoldung, und wir sind unser neun. Da wir verpflichtet sind, an Feiertagen in die Kirche zu gehen und dabei so aufzutreten, wie es unser Stand verlangt, sind wir oft gezwungen, auf das Essen zu verzichten, um das Kleid und den Kopfputz auszulösen, die wir aus Not verpfänden mußten. Am nächsten Tag bringen wir sie dann wieder hin. Würde uns der Pfarrer nicht in der Messe sehen, so würde er unsere Namen aus der Liste derer streichen, die von der Bruderschaft der Armen eine Unterstützung erhalten. Diese Unterstützung hält uns über Wasser.«

Welche Worte! Sie hatte mich durchschaut. Das Gefühl übermannte mich; doch ich empfand eher Scham als Rührung. Da ich nicht reich war und nicht mehr verliebt, seufzte ich nur tief und wurde danach kälter als Eis.

Ich antwortete ihr jedoch höflich und sprach ihr sanft und scheinbar teilnahmsvoll Mut zu. Ich sagte ihr, wenn ich reich wäre, würde ich sie unschwer davon überzeugen, daß sie ihr Unglück keinem fühllosen Menschen anvertraut habe; im Hinblick auf meine bevorstehende Abreise machte ich ihr klar, wie unnütz meine Freundschaft für sie wäre. Ich schloß mit dem dummen Gemeinplatz, den man jedesmal ausspricht, um ein Mädchen, auch ein ehrenwertes, zu trösten, das Not leidet. Ich sagte ihr alles erdenkliche Glück als Folge ihrer unwiderstehlichen Reize voraus. »Das mag vielleicht so kommen«, antwortete sie mir nachdenklich, »wenn der Mann, der diese Reize als so stark empfindet, erkennt, daß sie von meinen Gefühlen untrennbar sind, und wenn er mir durch diese Erkenntnis gerecht wird, wie es mir gebührt. Ich ersehne mir nur eine eheliche Verbindung und fordere weder adlige Herkunft noch Reichtum; ich mache mir nichts mehr aus dem einen und bin bereit, auf das andere zu verzichten, denn ich wurde schon seit langem an Armut gewöhnt und unfaßlicherweise sogar daran, das Nötigste zu entbehren. Doch sehen wir uns jetzt meine Zeichnungen an.«

»Sie sind zu gütig, Signorina.«

Daran hatte ich tatsächlich nicht mehr gedacht, und ihre Eva konnte mich auch nicht mehr locken. Ich folgte ihr.

In der Kammer, die ich betrat, waren nur ein Tisch, ein Stuhl, ein kleiner Spiegel und ein Bett mit zusammenge-

rollter Matratze, so daß nur deren Unterseite zu sehen
war. Dadurch wollte man wohl beim Betrachter die Vorstellung erwecken, als seien Bettlaken darin. Aber den
Todesstoß versetzte mir ein Gestank, der nicht sehr alt
sein konnte und der mich umwarf. Noch nie wurde ein
Verliebter so rasch geheilt. Mich beherrschte nur mehr der
Wunsch fortzugehen und nicht wiederzukommen, und es
verdroß mich, daß ich nicht eine Handvoll Zechinen[6] auf
dem Tisch zurücklassen konnte; ich hätte mein Gewissen
um den Preis eines Lösegeldes beruhigt.

Sie zeigte mir ihre Zeichnungen, und da sie mir gefielen,
lobte ich sie, ohne bei ihrer Eva zu verweilen, noch sie mit
ihrem Adam aufzuziehen, wie ich es getan hätte, wenn ich
besser gelaunt gewesen wäre. Ich fragte sie so nebenbei,
warum sie aus ihrer Begabung keinen Nutzen ziehe und
Pastellmalen lerne.

»Ich möchte es gern«, antwortete sie; »aber allein der
Farbenkasten kostet zwei Zechinen.«

»Werden Sie mir verzeihen, wenn ich es wage, Ihnen
sechs zu geben?«

»O gewiß, ich nehme sie an; ich bin Ihnen dafür dankbar und schätze mich glücklich, Ihnen gegenüber diese
Dankesschuld einzugehen.«

Sie konnte ihre Tränen nicht länger zurückhalten und
wandte sich ab, damit ich sie nicht sehen sollte. Ich legte
rasch die Summe auf den Tisch, und aus Höflichkeit und
um ihr eine gewisse Beschämung zu ersparen, drückte ich
ihr einen Kuß auf die Lippen, den sie von sich aus für
Zärtlichkeit halten konnte. Mein Wunsch war, sie möchte
meine Zurückhaltung der Achtung zuschreiben. Beim
Abschied versprach ich, ein anderes Mal wiederzukommen und ihrem Vater meine Aufwartung zu machen; doch

ich habe ihr nicht Wort gehalten. Der Leser wird später erfahren, unter welchen Umständen ich sie zehn Jahre später wiedersah.

Welche Gedanken bewegten mich, als ich dieses Haus verließ! Welche Einsichten! Ich verglich Wirklichkeit und Phantasie und gab dieser den Vorzug, da die erstere von ihr abhängt. Am Beginn der Liebe steht, wie ich später gelernt habe, eine Neugier, die zusammen mit dem Trieb, den uns die Natur zu ihrer Erhaltung verleihen muß, alles vollbringt. Die Frau ist wie ein Buch, von dem, ob gut oder schlecht, zunächst die Titelseite gefallen muß; bietet sie keinen Anreiz, so erweckt sie auch nicht die Lust zum Lesen, und diese Lust ist nur so stark wie das Interesse, das sie einflößt. Die Titelseite der Frau geht ebenfalls von oben bis unten wie die eines Buches, und ihre Füße, die Männer wie mich so sehr reizen, erwecken das gleiche Interesse, den der Erscheinungsort eines Buches beim Bücherliebhaber auslöst. Der größte Teil der Männer achtet nicht auf die schönen Füße einer Frau, und der größte Teil der Bücherleser fragt nicht nach dem Erscheinungsort. Deshalb verwenden die Frauen ganz zu Recht so viel Sorgfalt auf ihr Gesicht und auf ihre Kleider, denn nur auf diese Weise können sie die Neugier, sie zu lesen, bei jenen erwecken, die bei ihrer Geburt von der Natur nicht für wert gehalten worden sind, blind zur Welt zu kommen. Nun sind die Leute, die viele Bücher gelesen haben, sehr darauf gespannt, auch neue zu lesen, selbst wenn sie schlecht sind; ebenso geschieht es, daß ein Mann, der viele bildschöne Frauen geliebt hat, schließlich so weit kommt, daß er auch auf häßliche neugierig ist, wenn sie nur neu sind. Er sieht eine geschminkte Frau. Die Schminke sticht ihm in die Augen; doch das stößt ihn nicht ab. Seine zum

Laster gewordene Leidenschaft beeinflußt ihn völlig zugunsten der falschen Titelseite. Es kann sein, sagt er sich, daß dieses Buch gar nicht so übel ist, es kann auch sein, daß es diese lächerliche Künstelei überhaupt nicht nötig hat. Er versucht, es rasch zu überfliegen, er möchte es durchblättern; aber das ist unmöglich. Das lebende Buch widersetzt sich, es will regelrecht gelesen werden; und der Lesewütige wird zum Opfer der Koketterie, des furchtbaren Quälgeistes aller, die der Liebe leben.

   Kluger Mann, der du die letzten zwanzig Zeilen gelesen hast, die Apollo mir in die Feder diktiert hat, laß mich dir sagen: »Wenn sie nichts dazu beitragen, dir die Augen zu öffnen, dann hast du verspielt, das heißt, du wirst das Opfer des schönen Geschlechts sein bis zum letzten Augenblick deines Lebens. Wenn dir das nichts ausmacht, meinen Segen hast du.«

Kapitel 4

Bellino

Durch Vermittlung Don Sanchos, eines hohen Beamten,
erhält Casanova in Ancona Zugang zu einer Komödianten-
familie aus Bologna.

Auf Drängen von Don Sancho setzte sich nach Tisch Bellino – so hieß der Kastrat, der die Primadonna spielte[1] – an
das Spinett und begleitete sich zu einer Arie, die er mit
Engelsstimme und betörender Anmut sang. Der Spanier,
der mit geschlossenen Augen zuhörte, war sichtlich verzückt. Ich aber dachte nicht daran, die meinen zu schließen, sondern bewunderte die Augen Bellinos, die schwarz
wie Karfunkel waren und ein Feuer ausstrahlten, das
meine Seele entflammte. Dieses Geschöpf hatte manche
Züge der Donna Lucrezia und die Lebensart der Marchesa
G. Das Gesicht, so schien mir, zeigte weibliche Linien.
Die Männerkleidung verbarg schlecht die Rundung des
Busens, und trotz der vorherigen Erklärung setzte ich mir
in den Kopf, er müsse ein Mädchen sein. In dieser Gewißheit widersetzte ich mich nicht im geringsten dem Verlangen, das er mir einzuflößen begann.

So verbrachten wir zwei angenehme Stunden; dann
begleitete mich Don Sancho in mein Zimmer zurück und
teilte mir mit, er reise in aller Frühe mit dem Abate di
Vilmarcati nach Senigallia und kehre erst am darauffol-
genden Tag zum Abendessen zurück. Ich wünschte ihm
gute Reise und sagte ihm, ich würde ihm wohl unterwegs
begegnen, denn ich beabsichtigte, am gleichen Tag zum
Abendessen in Senigallia zu sein. Ich hielte mich nur einen
Tag in Ancona auf, um dem Bankier meinen Kreditbrief

zu präsentieren und mir einen neuen für Bologna ausstellen zu lassen.

Ganz erfüllt von dem Eindruck, den Bellino auf mich gemacht hatte, legte ich mich zu Bett, und es tat mir leid, daß ich abreisen sollte, ohne ihm zu beweisen, wie sehr ich ihm Gerechtigkeit widerfahren ließ, da mich seine Verkleidung nicht hatte täuschen können. Doch kaum öffnete ich am Morgen meine Tür, da stand er vor mir und bot mir an, sein Bruder werde mich an Stelle eines Mietlakaien bedienen. Mir war das recht. Er kam sofort, und ich schickte ihn, Kaffee für die ganze Familie zu holen. Ich nötigte Bellino, sich auf mein Bett zu setzen, in der Absicht, ihn als Mädchen zu behandeln; aber da kamen schon seine beiden Schwestern angelaufen und machten so meinen Plan zunichte. Ich konnte nicht anders, als das anziehende Bild, das sich meinen Augen bot, zu genießen; Frohsinn, ungeschminkte Schönheit von dreierlei Art, zärtliche Vertraulichkeit, Theaterluft, artiges Getändel, kleine Bologneser Verstellungskünste, die ich nicht kannte und die mir ungemein gefielen. Die beiden Mädchen waren richtige lebende Rosenknospen und durchaus würdig, Bellino vorgezogen zu werden, hätte ich es mir nicht in den Kopf gesetzt, daß Bellino ein Mädchen sei wie sie. Trotz ihrer großen Jugend sah man den Beweis ihrer Frühreife an ihren weißen Brüsten.

Petronio kam mit dem Kaffee, schenkte ein und brachte ihn auch seiner Mutter, die ihr Zimmer niemals verließ. Er war ein richtiger Giton[2], dieser Petronio, er war es gewerbsmäßig. So etwas ist in dem wunderlichen Italien nicht selten, wo die Unduldsamkeit in dieser Hinsicht weder so vernunftwidrig ist wie in England noch so maßlos wie in Spanien. Ich hatte ihm eine Zechine gegeben,

damit er den Kaffee bezahle, und ihm die restlichen achtzehn Paoli geschenkt. Er nahm sie und gab mir einen
Beweis seiner Dankbarkeit, der geeignet war, mich seine
Neigungen erkennen zu lassen. Es war ein Kuß mit halb-
geöffnetem Mund, den er mir auf die Lippen drückte, weil
er mich für einen Liebhaber von derlei Genüssen hielt. Ich
belehrte ihn unschwer eines Besseren, aber er schien nicht
weiter beschämt. Als ich ihm auftrug, ein Mittagessen
für sechs Personen zu bestellen, antwortete er mir, er
lasse nur für vier auftragen, denn er müsse seiner lieben
Mutter Gesellschaft leisten, die zu den Mahlzeiten im Bett
bleibe.

Zwei Minuten später kam der Wirt herauf, um mir zu
sagen, daß jede von den Personen, die ich zum Mittagessen eingeladen hätte, mindestens für zwei esse, und daß er
mir daher nicht unter sechs Paoli[3] pro Kopf berechnen
könne. Ich ging darauf ein. Da ich es für meine Pflicht
hielt, der gefälligen Mutter einen guten Morgen zu wünschen, suchte ich sie in ihrem Zimmer auf und machte ihr
Komplimente über ihre reizende Familie. Sie dankte mir
für die achtzehn Paoli, die ich ihrem heißgeliebten Sohn
gegeben hatte, und vertraute mir ihre Notlage an.

»Der Impresario Rocco Argenti«, erklärte sie, »ist ein
Unmensch, denn er hat uns nur fünfzig römische Scudi[4]
für den ganzen Karneval gegeben. Die haben wir für den
Unterhalt verbraucht, und nun können wir nur zu Fuß
und Almosen bettelnd nach Bologna zurückkehren.«

Als ich ihr eine Achterdublone gab, brach sie vor
Freude in Tränen aus. Ich versprach ihr noch eine zweite
als Preis für eine Auskunft.

»Geben Sie doch zu, daß Bellino ein Mädchen ist«,
sagte ich zu ihr.

»Nein, er ist es gewiß nicht; aber er sieht so aus, und zwar in solchem Maße, daß ich ihn sogar untersuchen lassen mußte.«

»Von wem?«

»Vom hochwürdigen Beichtvater des Herrn Bischofs. Sie können ihn fragen, ob es stimmt.«

»Ich werde es erst glauben, wenn ich ihn selbst untersucht habe.«

»Tun Sie das; aber ich kann mich wahrhaftig nicht einmischen, denn, Gott verzeih es mir, ich kenne Ihre Absichten nicht.«

Ich ging in mein Zimmer und schickte Petronio, er solle mir eine Flasche Zypernwein[5] holen. Er brachte mir sechs Zechinen als Rest auf die Dublone, die ich ihm gegeben hatte; ich teilte sie zwischen Bellino, Cecilia und Marina auf und bat dann die beiden Mädchen, mich mit ihrem Bruder allein zu lassen.

»Mein lieber Bellino«, sagte ich zu ihm, »ich bin sicher, daß Sie nicht das gleiche Geschlecht haben wie ich.«

»Ich bin vom gleichen Geschlecht wie Sie, allerdings ein Kastrat; man hat mich übrigens untersucht.«

»Wenn Sie nichts dagegen haben, möchte auch ich Sie untersuchen; hier ist eine Dublone.«

»Nein, denn es ist klar, daß Sie mich lieben, und die Religion verbietet es mir.«

»Beim Beichtvater des Bischofs hatten Sie diese Bedenken nicht.«

»Er war alt und warf nur einen raschen Blick auf meine unglückliche Verunstaltung.«

Ich streckte meine Hand aus, aber er stieß sie zurück und erhob sich. Diese Halsstarrigkeit ärgerte mich, denn ich hatte bereits fünfzehn oder sechzehn Zechinen aufgewendet, um meine Neugier zu befriedigen. Verstimmt setzte ich mich zu Tisch; doch der Appetit der drei reizenden Geschöpfe gab mir meine ganze gute Laune wieder, und ich beschloß, mich an den jüngeren Schwestern für das ausgegebene Geld schadlos zu halten.

Wir setzten uns alle drei ans Feuer und aßen Kastanien. Ich begann Küsse auszuteilen, und Bellino seinerseits zeigte sich durchaus nicht ablehnend. Ich streichelte und küßte die knospenden Brüste Cecilias und Marinas, und Bellino ließ es lächelnd geschehen, daß meine Hand unter seine Jacke schlüpfte und einen Busen umfaßte, der mir jeden Zweifel nahm.

»Dieser Busen beweist, daß Sie ein Mädchen sind«, sagte ich; »Sie können es nicht mehr leugnen.«

»Diesen Fehler haben wir alle.«

»Das weiß ich; aber ich kenne mich da genügend aus, um die Arten unterscheiden zu können. Dieser entzückende Alabasterbusen, mein lieber Bellino, ist der eines siebzehnjährigen Mädchens.«

Ich stand in Flammen, und da ich sah, daß er meiner Hand, die sich an ihrem Besitz ergötzte, kein Hindernis entgegensetzte, wollte ich auch meine geöffneten, vom Übermaß des Begehrens blassen Lippen dem Busen nähern; aber als habe der Schwindler erst in diesem Augenblick das unerlaubte Vergnügen bemerkt, das ich dabei empfand, erhob er sich und ließ mich einfach stehen. Ich kochte vor Wut, konnte ihn jedoch nicht verachten, denn damit hätte ich bei mir selbst beginnen müssen. Um mich zu beruhigen, bat ich Cecilia, die Bellinos Schülerin war, mir einige neapolitanische Lieder zu singen; dann ging ich aus, um Signor Bucchetti aus Ragusa aufzusuchen, der mir auf Grund der Anweisung, die ich ihm vorlegte, einen Sichtwechsel auf Bologna ausstellte. Nach meiner Rückkehr in den Gasthof aß ich in Gesellschaft der Mädchen ein Gericht Makkaroni und legte mich dann schlafen. Ich beauftragte Petronio, mir zum Morgengrauen eine Postkutsche zu besorgen, weil ich abreisen würde.

Gerade als ich meine Tür abschließen wollte, erschien Cecilia mit kaum mehr als einem Hemd bekleidet und richtete mir aus, Bellino wäre mir sehr dankbar, wenn ich ihn bis Rimini mitnähme, weil er sich verpflichtet habe, dort in der Oper zu singen, die nach Ostern gegeben werde.

»Sag ihm, mein kleiner Engel, ich bin bereit, ihm diesen Gefallen zu tun, wenn er mir zuerst in deiner Gegenwart meinen Wunsch erfüllt und mich feststellen läßt, ob er ein Mädchen oder ein Knabe ist.«

Sie ging und kam mit dem Bescheid zurück, Bellino läge bereits im Bett; wenn ich aber meine Abreise nur um einen einzigen Tag verschieben wolle, so verspreche er, meine Neugier zu befriedigen.

»Sag mir die Wahrheit, und ich gebe dir sechs Zechinen.«

»Ich kann sie mir nicht verdienen, denn ich habe ihn niemals ganz nackt gesehen und kann deshalb nichts beschwören; aber er ist sicher ein Knabe, denn sonst hätte er in dieser Stadt nicht singen dürfen.«

»Schön, ich werde erst übermorgen abreisen, wenn du die Nacht mit mir verbringen willst.«

»Sie lieben mich also?«

»Sehr; aber du mußt nett zu mir sein.«

»Sehr nett, denn auch ich liebe Sie. Ich sage es nur rasch meiner Mutter.«

»Du hast sicher schon einen Geliebten gehabt.«

»Niemals.«

Sie kam ganz vergnügt zurück und berichtete, ihre Mutter halte mich für einen Ehrenmann. Sie schloß die Tür ab und sank mir ganz verliebt in die Arme. Ich stellte fest, daß sie möglicherweise unberührt war; da ich aber nicht in sie verliebt war, setzte ich ihr deswegen nicht weiter zu. Die Liebe ist die himmlische Beigabe, die solche Hausmannskost schmackhaft macht. Cecilia war reizend, aber ich hatte bisher nicht die Zeit gefunden, sie zu begehren; so konnte ich ihr auch nicht sagen, sie habe mich glücklich gemacht. Dafür sagte sie es zu mir, aber ich fühlte mich nicht sehr geschmeichelt. Immerhin wollte ich es gern glauben. Sie war zärtlich, ich war zärtlich; ich schlief in ihren Armen ein, und als ich erwachte, schenkte ich ihr nach dem morgendlichen Liebesgruß drei Dublonen, die ihr wohl lieber waren als Schwüre ewiger Treue, sinnlose Schwüre, die ein Mann auch der schönsten aller Frauen gegenüber nicht halten kann. Cecilia brachte ihren Schatz der Mutter, die vor Freude weinte und ihren Glauben an die göttliche Vorsehung beteuerte.

Ich ließ den Wirt heraufkommen und bestellte ein üppiges Abendessen für fünf Personen. Ich war davon überzeugt, daß der edle Don Sancho, der gegen Abend zurückkehren sollte, mir die Ehre, mit mir zu speisen, nicht verweigern würde. Mittags wollte ich nichts essen; die Bologneser Familie aber hatte das Fasten nicht nötig, um sich den richtigen Appetit für das Abendessen zu bewahren. Ich ließ Bellino rufen und mahnte ihn an sein Versprechen; er sagte mir lachend, der Tag sei ja noch nicht zu Ende, und er werde mich bestimmt nach Rimini begleiten. Ich fragte ihn, ob er mit mir einen Spaziergang machen wolle, und er verschwand, um sich anzukleiden.

Da erschien Marina ganz gekränkt und sagte mir, sie wisse nicht, womit sie die Mißachtung verdient habe, mit der ich ihr begegne.

»Cecilia hat die Nacht mit Ihnen verbracht; morgen reisen Sie mit Bellino ab, und nur ich allein bin unglücklich.«

»Möchtest du Geld?«

»Nein, ich liebe Sie.«

»Du bist noch zu jung.«

»Das Alter tut nichts zur Sache. Ich bin besser entwikkelt als meine Schwester.«

»Und vielleicht hast du auch schon einen Liebhaber gehabt.«

»Nein, das nicht.«

»Sehr schön. Vielleicht diese Nacht.«

»Ich werde Mama also sagen, sie soll für morgen Leintücher bereit halten, sonst errät das Zimmermädchen die Wahrheit.«

Diese Possen amüsierten mich in höchstem Maß. Als ich mit Bellino am Hafen war, kaufte ich dort ein Fäßchen Austern aus Venedig, um Don Sancho gut zu bewirten. Ich schickte es in den Gasthof, nahm Bellino mit mir auf die Reede und ging an Bord eines venezianischen Linienschiffes, das gerade seine Quarantäne beendet hatte. Da ich dort kein bekanntes Gesicht entdeckte, begab ich mich auf ein türkisches Schiff, das in Kürze nach Alexandria segeln sollte.

Kaum hatte ich es betreten, war der erste Mensch, den ich erblickte, die schöne Griechin, die ich vor sieben Monaten in der Quarantäne von Ancona zurückgelassen hatte. Sie stand neben dem alten Kapitän. Ich tat, als sähe ich sie nicht, und fragte ihn, ob er schöne Ware zu verkau-

fen habe. Er führte uns in die Kajüte und öffnete seine
Kästen. Ich las in den Augen der Griechin die Freude, die
sie über unser Wiedersehen empfand. Da mir nichts von
dem gefiel, was mir der Türke zeigte, sagte ich, ich würde
gern etwas Hübsches kaufen, was auch seiner schönen
Gefährtin gefalle. Er lachte, sie sagte etwas auf türkisch zu
ihm, und er entfernte sich. Sie warf sich mir an den Hals,
drückte mich an ihre Brust und sagte: »Das ist der gün-
stige Augenblick!« Da mein Mut nicht geringer war als der
ihre, setzte ich mich hin, rückte sie mir zurecht, und in
weniger als einer Minute tat ich mit ihr, was ihr Herr in
fünf Jahren nie mit ihr getan hatte. Ich pflückte die Frucht
und ließ sie mir schmecken; aber um sie ganz zu mir
zu nehmen, brauchte ich noch eine Minute mehr. Da
die unglückliche Griechin ihren Herrn zurückkommen
hörte, riß sie sich aus meinen Armen los, kehrte mir den
Rücken zu und gab mir so Zeit, meine Kleider in Ordnung
zu bringen, ohne daß er etwas merken konnte. Das hätte
mich sonst das Leben oder doch meine ganze Barschaft
kosten können, um die Sache friedlich beizulegen. In dieser reichlich ernsten Lage mußte ich dennoch über das
Erstaunen Bellinos lachen, der wie erstarrt dastand und
vor Furcht zitterte.

Der Flitterkram, den die hübsche Sklavin auswählte,
kostete mich nur zwanzig oder dreißig Zechinen. »Vielen
Dank«, sagte sie zu mir in ihrer Muttersprache; aber sie
verhüllte ihr Gesicht und lief davon, als ihr Gebieter
befahl, sie solle mich küssen. Ich ging, eher traurig als
fröhlich, und bedauerte das reizende Geschöpf, dem der
Himmel trotz allen Mutes unerbittlich immer nur ein hal-
bes Glück zugestand. Auf der Feluke[6] erholte sich Bellino
von seinem Schrecken und sagte mir, ich hätte ihn zum

Zeugen eines Ereignisses gemacht, das in Wirklichkeit kaum glaubhaft sei, ihm jedenfalls eine befremdliche Vorstellung von meinem Charakter gegeben habe; den der Griechin verstehe er überhaupt nicht, es sei denn, ich behaupte, alle Griechinnen verhielten sich so. Dann wären sie wirklich zu bedauern, meinte Bellino.

»Sie glauben also, daß Frauen, die sich zieren, glücklich sind«, erwiderte ich.

»Ich möchte weder das eine noch das andere. Ich möchte, daß eine Frau sich aufrichtig der Liebe überläßt, daß sie aber erst nach innerem Kampf mit sich selbst schwach wird; ich möchte nicht, daß sie auf einen ersten Eindruck hin, wenn ihr ein Mann gefällt, sich ergibt wie eine Hündin, die nur ihrem Trieb folgt. Sie müssen zugeben, diese Griechin hat Ihnen deutlich genug bewiesen, daß sie Gefallen an Ihnen gefunden hat. Aber gleichzeitig zeigte sie unverhohlen eine geradezu tierische Schamlosigkeit, die sie der Schande aussetzte, zurückgewiesen zu werden; denn sie konnte nicht wissen, ob sie Ihnen ebenso gefiel, wie Sie ihr gefielen. Sie ist sehr hübsch, und alles ist auch gut gegangen; aber all das hat mich doch tief erschreckt.«

Ich hätte Bellino beruhigen und seinen berechtigten Argumenten dadurch ein Ende setzen können, daß ich ihm die ganze Geschichte erzählte; aber ich wäre dabei nicht auf meine Kosten gekommen. Wenn er ein Mädchen war, lag es in meinem Interesse, ihn bei der Überzeugung zu lassen, daß ich der großen Sache nur wenig Bedeutung beimaß und daß diese nicht der Mühe wert war, Schliche anzuwenden, um in aller Ruhe Weiterungen aus dem Wege zu gehen.

Wir kehrten in den Gasthof zurück und sahen in der Dämmerung gerade Don Sancho mit seinem Wagen in den

Hof einfahren. Ich eilte ihm entgegen und entschuldigte
mich, daß ich mit der Ehre gerechnet hätte, er werde mit
Bellino und mir speisen. Er gab mit Würde und Höflichkeit seiner Freude über meine Aufmerksamkeit Ausdruck
und nahm die Einladung an.

Die auserlesenen und vortrefflich zubereiteten Speisen,
die guten spanischen Weine, die köstlichen Austern und
mehr noch als alles andere, die Fröhlichkeit und die Stimmen Bellinos und Cecilias, die Duette und Seguedillas[7]
vortrugen, versetzten den Spanier fünf Stunden lang ins
Paradies. Um Mitternacht verabschiedete er sich und erklärte mir, er könne sich nur dann für vollkommen glücklich erachten, wenn er mit der Gewißheit schlafen gehe,
daß ich am nächsten Abend in der gleichen Gesellschaft
bei ihm speisen würde. Dazu müßte ich meine Abreise
noch um einen Tag verschieben. Zu seinem Erstaunen
ging ich darauf ein.

Ich bedrängte nun Bellino, mir Wort zu halten; aber er
erwiderte nur, Marina habe mit mir zu sprechen; wir hätten ja am nächsten Tag noch Zeit, zusammen zu sein.
Dann verließ er mich. Ich blieb mit Marina allein, und sie
schloß überglücklich die Tür ab.

Sie war jünger, aber körperlich schon weiter entwickelt
als Cecilia, und fühlte sich verpflichtet, mich davon zu
überzeugen, daß sie vor ihrer Schwester den Vorzug verdiene. Ich glaubte es ihr ohne weiteres, als ich die Glut
ihrer Augen sah. Da sie offenbar fürchtete, der Mann, der
sich in der vergangenen Nacht zu sehr verausgabt haben
mochte, werde sie vernachlässigen, entwickelte sie vor
mir alle Vorstellungen ihres Herzens von der Liebe. Sie
erzählte mir eingehend, was sie alles bieten könne, rühmte
sich aller ihrer Liebeskünste und schilderte mir umständ-

lich alle Gelegenheiten, bei denen sie zur großen Meisterin
in den Mysterien der Liebe geworden sei; sie erklärte mir,
wie sie sich ihre Wonnen vorstelle und welche Mittel sie
angewendet habe, um wenigstens einen Vorgeschmack
davon zu kosten. Schließlich wurde mir klar, daß sie
fürchtete, ich könnte ihr Vorwürfe machen, wenn ich sie
nicht mehr jungfräulich fand. Ihre Unruhe erheiterte
mich, und es machte mir Vergnügen, ihr zu versichern,
ich hielte die Jungfräulichkeit der Mädchen nur für eine
kindische Einbildung, da die Natur den meisten von ihnen
nicht einmal deren Kennzeichen mitgegeben hätte. Ich
spottete über die Männer, die den Mädchen das oft zu
Unrecht vorhielten.

Meine Darlegung war sichtlich nach ihrem Sinn, und sie
schmiegte sich voll Zutrauen in meine Arme. Sie zeigte
sich wirklich in allem ihrer Schwester überlegen und froh-
lockte, als ich es ihr sagte; aber als sie mich mit der Versicherung beglücken wollte, sie werde die ganze Nacht mit
mir verbringen, ohne zu schlafen, riet ich ihr davon ab
und erklärte ihr, daß wir dabei nur verlieren würden.
Gönne man nämlich der Natur die erquickende Erholung
des Schlafes, so erweise sie sich beim Erwachen dadurch
dankbar, daß sie die Kraft ihres Feuers steigere.

Nachdem wir also ausreichend unsere Lust gebüßt und
gut geschlafen hatten, begannen wir am Morgen das Fest
von neuem. Marina verließ mich höchst befriedigt, als sie
die drei Dublonen sah; sie brachte sie in ihrer Herzens-
freude der Mutter, die unersättlich darauf bedacht war,
immer größere Verpflichtungen der göttlichen Vorsehung
gegenüber einzugehen.

Ich ging aus, um mir bei Bucchetti Geld zu holen, weil
ich nicht übersehen konnte, was mir auf der Reise bis

Bologna noch zustoßen mochte. Ich hatte meinen Genuß gehabt, aber zuviel Geld ausgegeben. Mir blieb noch Bellino, der, falls er ein Mädchen war, mich nicht weniger großzügig finden sollte als seine Schwestern. Darüber mußte ich mir im Laufe des Tages unfehlbar Klarheit verschaffen; und es schien mir, als dürfte ich meiner Sache sicher sein.

Wer behauptet, das Leben sei nur eine Häufung von unglücklichen Umständen, will damit sagen, das Leben selbst sei ein Unglück. Wenn das zutrifft, so ist der Tod demnach ein Glück. Das haben diese Leute nicht geschrieben, als sie bei guter Gesundheit waren, die Tasche voll Geld hatten und sich von Herzen freuten, weil sie zuerst eine Cecilia, dann eine Marina in den Armen gehalten hatten und wußten, daß diesen noch andere folgen würden. Dieses pessimistische Gelichter (vergib mir, meine geliebte französische Sprache![8]) kann nur im Kreise erbärmlicher Philosophen und durchtriebener oder sauertöpfischer Theologen Bestand haben. Wenn es die Lust gibt und wenn man sie genießen kann, solange man lebt, so ist das Leben doch ein Glück. Es gibt gewiß auch das Unglück; ich muß es ja wissen. Aber gerade dessen Vorhandensein beweist, daß das Gute überwiegt. Ich genieße es ungemein, wenn ich in einem dunklen Zimmer bin und das Licht durch ein Fenster sehe, das sich auf einen unbegrenzten Horizont auftut.

Zur Abendessenszeit ging ich zu Don Sancho hinüber und fand ihn allein in einem sehr hübsch eingerichteten Zimmer. Die Tafel war mit Silbergeschirr gedeckt, und seine Diener trugen Livree. Ob aus List oder Laune erschien Bellino als Mädchen gekleidet in Begleitung seiner beiden bildhübschen Schwestern, die aber neben ihm

nicht bestehen konnten. In diesem Augenblick wurde ich
mir über sein Geschlecht so klar, daß ich mein Leben
gegen einen Paolo gewettet hätte. Man konnte sich wirklich kein hübscheres Mädchen vorstellen.

»Sind Sie davon überzeugt, daß Bellino kein Mädchen
ist?« fragte ich Don Sancho.

»Mädchen oder nicht, was verschlägt's! Ich halte ihn für
einen bildschönen Kastraten; ich habe übrigens andere
gesehen, die ebenso schön waren wie er.«

»Aber wissen Sie es bestimmt?«

»Valgame Dios!⁹ Ich will es gar nicht genau wissen.«

Mich beeindruckte die Weltklugheit des Spaniers, die
mir fehlte, und ich sagte kein Wort mehr. Aber bei Tisch
konnte ich meine Augen nicht mehr von diesem Geschöpf
losreißen; meine leicht entzündliche Natur zwang mich,
Bellino zu lieben und ihm das Geschlecht zuzuteilen, das
ich brauchte.

Das Mahl Don Sanchos war köstlich und, wie nur recht
und billig, dem meinen überlegen, denn anders hätte er
sich in seiner Ehre gekränkt gefühlt. Er tischte uns weiße
Trüffeln auf, Muscheln verschiedener Art, die besten
Fische aus dem Adriatischen Meer, nicht moussierenden
Champagner, Peralta, Jerez und Pedro Jimenez¹⁰. Nach
dem Essen brachte uns Bellinos Gesang um den Rest des
Verstandes, den die ausgezeichneten Weine uns noch
gelassen hatten. Seine Gebärden, das Spiel seiner Augen,
sein Gesang, seine Haltung, sein Benehmen, sein Gesicht,
seine Stimme und besonders mein Instinkt, der meiner
Erfahrung nach bei einem Kastraten nie mit solcher Stärke
gesprochen hätte, alles, aber auch alles bestärkte mich in
meinem Verdacht. Ich mußte mich jedoch mit eigenen
Augen davon überzeugen.

Wir bedankten uns bei dem edlen Kastilianer, wünschten ihm eine angenehme Nachtruhe und gingen dann in mein Zimmer hinüber, wo Bellino mir Wort halten oder meiner Verachtung gewärtig sein und sich darauf gefaßt machen mußte, daß ich früh am nächsten Morgen allein abreisen würde.

Ich nahm ihn bei der Hand, nötigte ihn, sich neben mich ans Feuer zu setzen, und bat die beiden Mädchen, uns allein zu lassen. Sie verschwanden augenblicklich.

»Wir sind rasch fertig«, sagte ich zu ihm, »wenn Sie das gleiche Geschlecht haben wie ich. Sind Sie aber ein Mädchen, so steht es nur bei Ihnen, die Nacht mit mir zu verbringen. Ich gebe Ihnen morgen früh hundert Zechinen, und wir reisen zusammen ab.«

»Sie werden allein reisen und so großmütig sein, Nachsicht mit meiner Schwachheit zu üben, wenn ich Ihnen mein Wort nicht halten kann. Ich bin ein Kastrat und kann mich weder entschließen, Sie meinen Makel sehen zu lassen, noch mich den schrecklichen Folgen auszusetzen, die diese Feststellung haben kann.«

»Es wird keine geben, denn sobald ich es gesehen oder berührt habe, werde ich Sie selbst bitten, in Ihr Zimmer schlafen zu gehen; wir werden dann morgen ganz friedlich abreisen, und es soll fortan zwischen uns nicht mehr die Rede davon sein.«

»Nein, mein Entschluß steht fest; ich kann Ihre Neugier nicht befriedigen.«

Bei diesen Worten fühlte ich mich zum Äußersten getrieben, aber ich beherrschte mich und versuchte, sachte mit meiner Hand dorthin zu gelangen, wo ich Bestätigung oder Irrtum gefunden hätte. Aber er bediente sich der eigenen Hand, um der meinen die gewünschte Untersuchung unmöglich zu machen.

»Nehmen Sie doch Ihre Hand fort, lieber Bellino.«

»Nein, auf keinen Fall, denn Sie sind in einem Zustand, der mir Angst macht. Ich wußte es doch; niemals werde ich in etwas so Abscheuliches einwilligen. Ich werde Ihnen meine Schwestern schicken.«

Ich hielt ihn zurück und tat, als beruhigte ich mich; aber in der Hoffnung, ihn zu überrumpeln, streckte ich meinen Arm bis zum Ende seines Rückens aus, und meine flinke Hand hätte sich gewiß auf diesem Wege Klarheit verschafft, wäre er dem Anschlag nicht dadurch zuvorgekommen, daß er aufsprang, meine Hand, die nicht loslassen wollte, mit der seinen abwehrte und mit ihr auch das bedeckte, was er seinen Makel nannte. In diesem Augenblick sah ich, daß er ein Mann war, und glaubte, es wider seinen Willen zu sehen. Erstaunt, verstimmt, gekränkt, angeekelt ließ ich ihn gehen. Ich hatte gesehen, daß Bellino wirklich ein Mann war, aber ein Mann, der ebensosehr durch seinen Makel wie durch die beschämende Ruhe verächtlich war, die er gerade in dem Augenblick zeigte, in dem ich offenbar den Grund seiner Gefühllosigkeit nicht wahrnehmen sollte.

Einen Augenblick später kamen seine Schwestern, doch bat ich sie zu verschwinden, da ich Schlaf brauchte. Ich trug ihnen auf, Bellino auszurichten, er werde mit mir reisen und mich in keiner Weise mehr neugierig finden. Ich schloß meine Tür und legte mich zu Bett, allerdings sehr unzufrieden; denn obwohl mich das Gesehene hätte ernüchtern sollen, fühlte ich doch, daß ich es keineswegs war. Aber was wollte ich denn? Ach, ich dachte hin und her und begriff doch nichts. Am Morgen aß ich eine gute Suppe und brach dann mit Bellino auf. Das Herz blutete mir bei den Tränen seiner Schwestern und seiner Mutter, die mit dem Rosenkranz in der Hand viele Vaterunser murmelte und immer wieder ein »Dio provederà«[11] einfügte.

Daß die meisten, die ein von den Gesetzen oder der Religion verbotenes Gewerbe betreiben, an die ewige Vorsehung glauben, ist weder ein Widerspruch, noch ist es Selbstbetrug oder Ausfluß von Heuchelei; der Glaube ist wahr und echt und seinem Wesen nach fromm, denn seine Quelle ist bester Art. Welche Wege die Vorsehung auch nehmen mag, immer ist sie die Wirkende; und wer sie von allem unbeirrt verehrt, kann nur ein guter Mensch sein, auch wenn er durch Übertretungen fehlt.

> »Pulchra Laverna
> Da mihi fallere: da justo sanctoque videri;
> Noctem peccatis, et fraudibus obiice nubem!«
>
> (Herrliche Laverna,
> laß mich die anderen täuschen und gerecht und
> heilig erscheinen;
> hülle meine Fehler in Dunkel und meine
> Betrügereien in Wolken.)[12]

So beteten die römischen Diebe auf lateinisch zu ihrer Göttin zur Zeit des Horaz, der, wie mir ein Jesuit sagte, seine Sprache nicht beherrschte, wenn er wirklich »justo sanctoque«[13] gesagt hätte. Es gab Ignoranten auch unter den Jesuiten. Die Diebe scheren sich nicht um die Grammatik.

So war ich also mit Bellino unterwegs, der in der Meinung, mir die Augen geöffnet zu haben, mit Recht hoffen konnte, ich würde nun nicht mehr neugierig auf ihn sein. Aber die erste Viertelstunde genügte, um ihn erkennen zu lassen, daß er sich getäuscht hatte. Ich konnte ihm nicht in die Augen blicken, ohne vor Liebe zu erglühen. Ich sagte ihm, seine Augen seien die einer Frau und nicht die eines Mannes, und ich müsse mich daher durch Berühren davon überzeugen, ob das, was ich gestern vor seiner Flucht gesehen hatte, nicht eine abnorm große Klitoris sei.

»Das wäre immerhin möglich«, sagte ich zu ihm; »und ich weiß, daß ich Ihnen diese Mißbildung, die übrigens höchstens lächerlich ist, mühelos verzeihen werde. Aber wenn es keine Klitoris ist, muß ich mich davon überzeugen, und das ist sehr einfach. Ich will gar nicht mehr hinsehen, ich möchte es nur berühren. Sie können sich darauf verlassen, daß ich, sobald ich meiner Sache sicher bin, so sanft wie eine Taube sein werde. Denn wenn ich bestimmt weiß, daß Sie ein Mann sind, kann ich Sie unmöglich weiterhin lieben. Das ist ein Greuel, an dem ich Gott sei Dank keinerlei Geschmack finde. Ihre Anziehungskraft und mehr noch Ihr Busen, den Sie meinen Augen und Händen überließen, angeblich, um mich dadurch von meinem falschen Glauben abzubringen, haben mir im Gegenteil einen unauslöschlichen Eindruck gemacht, der mich zwingt, Sie immer noch für ein Mädchen zu halten. Der Bau Ihres Körpers, Ihre Beine, Ihre Knie, Ihre Schenkel, Ihre Hüften, die Rundungen Ihres Gesäßes sind das vollkommene Abbild der Anadyomene[14], die ich hundertmal gesehen habe. Wenn es trotz alledem stimmt, daß Sie nichts als ein Kastrat sind, so können Sie mir die Vermutung nicht verargen, daß Sie im Bewußtsein, einem Mädchen vollkommen zu gleichen, den grausamen Vorsatz faßten, mich zuerst verliebt und dann verrückt zu machen, indem Sie mir die Gewißheit verweigern, die allein mich wieder zur Vernunft bringen kann. Als ausgezeichneter Kenner der Natur haben Sie in der niederträchtigsten aller Schulen gelernt, daß es nur ein wirksames Mittel gibt, die Heilung eines von leidenschaftlicher Liebe befallenen jungen Mannes unmöglich zu machen, nämlich das, ihn zu erregen. Aber Sie müssen zugeben, lieber Bellino, daß Sie eine solche Tyrannei nur ausüben können, wenn Sie die Person hassen, auf die sie wirken soll. Und da die Sache so liegt, müßte ich wohl die verbliebene Vernunft dazu verwenden, Sie ebenfalls zu hassen, ob Sie nun ein Mädchen oder ein Knabe sind. Sie müssen doch auch fühlen, daß die Hartnäckigkeit, mit der Sie mir die erbetene Aufklärung verweigern, mich zwingt, Sie als Kastrat zu verachten. Daß Sie der Sache eine solche Bedeutung beimessen, ist kindisch und bösartig. Wenn Sie menschlich fühlen, können Sie auf dieser Weigerung nicht beharren, die mir folgerichtig keine andere Wahl läßt, als die zu zweifeln. Sie müssen sich schließlich und endlich sagen, daß ich mich in dieser Geistesverfassung zum Anwenden von Gewalt entschließen muß; denn wenn Sie mein Feind sind, muß ich Sie ohne weitere Rücksicht als solchen behandeln.«

Er hörte sich diese allzu gewalttätige Rede an, ohne mich zu unterbrechen, und antwortete mir dann mit den kurzen Worten:

»Denken Sie daran, daß Sie nicht mein Herr sind, daß ich im Vertrauen auf ein Versprechen, daß Sie mir durch Cecilia gaben, in Ihrer Obhut bin und daß Sie sich eines schändlichen Überfalls schuldig machten, wenn Sie mir Gewalt antäten. Sagen Sie dem Kutscher, er soll anhalten; ich werde aussteigen und mich bei niemandem beklagen.«

Nach dieser kurzen Antwort brach er in Tränen aus, die mein armes Gemüt in einen wahrhaft verzweifelten Zustand versetzten. Fast glaubte ich, im Unrecht zu sein; ich sage »fast«, denn wäre ich sicher gewesen, so hätte ich ihn um Verzeihung gebeten. Ich wollte mich nicht zum Richter über meine eigene Sache aufwerfen. So bewahrte ich das trübsinnigste Schweigen und brachte es über mich, kein einziges Wort mehr zu sprechen, bis wir die dritte Poststrecke, die in Senigallia endete, zur Hälfte zurückgelegt hatten; dort wollte ich essen und übernachten. Vor unserer Ankunft mußte ich eine Klärung herbeiführen. Ich hoffte zuversichtlich, ihn noch zur Vernunft zu bringen.

»Wir hätten uns in Rimini als gute Freunde trennen können«, sagte ich; »und so wäre es auch gekommen, hätten Sie mir nur die leisesten freundschaftlichen Gefühle entgegengebracht. Durch eine Gefälligkeit, die schließlich zu nichts verpflichtet, hätten Sie mich von meiner Leidenschaft heilen können.«

»Sie wären nicht geheilt worden«, antwortete mir Bellino mutig und in einem Ton, dessen Sanftheit mich überraschte; »denn Sie sind in mich verliebt, ob ich nun ein Mädchen oder ein Knabe bin, und Sie wären es auch geblieben, wenn Sie mich als Knaben erkannt hätten. Meine Weigerung hätte Sie nur noch mehr aufgebracht. Da Sie mich stets fest und unerbittlich gefunden hätten, wären Sie einer Maßlosigkeit verfallen, über die Sie später nutzlose Tränen vergossen hätten.«

»Damit also glauben Sie, mir ihre Starrköpfigkeit verständlich zu machen; aber ich bin in der Lage, Sie Lügen zu strafen. Überzeugen Sie mich, und ich werde nur mehr Ihr guter und ehrenwerter Freund sein.«

»Ich sage Ihnen, Sie würden in Hitze geraten.«

»Was mich in Hitze geraten ließ, war die Art, wie Sie Ihre Reize zur Schau stellten, über deren Wirkung, das müssen Sie zugeben, Sie nicht im unklaren sein konnten.

Sie haben zu Anfang meine Liebesglut nicht gefürchtet und wollen mir nun weismachen, Sie hätten Angst vor ihr, obwohl ich Sie nur bitte, mich etwas berühren zu lassen, das geeignet ist, mir Abscheu einzuflößen.«

»Oh! Ihnen Abscheu einflößen! Ich bin vom Gegenteil überzeugt, und zwar aus folgendem Grund: Wenn ich ein Mädchen wäre, stünde es nicht in meiner Macht, Sie nicht zu lieben, und das weiß ich. Aber als Knabe ist es meine Pflicht, Ihrem Verlangen gegenüber nicht die geringste Bereitwilligkeit zu zeigen, denn Ihre jetzt durchaus natürliche Leidenschaft würde dann plötzlich widernatürlich. Ihre feurige Natur würde zur Feindin Ihrer Vernunft, und selbst Ihre Vernunft wäre gern bereit, mitschuldig an Ihrer Verirrung zu werden und mit Ihrer Natur halbpart zu machen. Jene Aufklärung, die Sie so ungestüm wünschen, die Sie nicht fürchten und die Sie von mir verlangen, brächte Sie um die Selbstbeherrschung. Ihr Auge und Ihre Hand, die nicht finden können, was sie suchen, würden sich an dem rächen, was sie finden, und zwischen Ihnen und mir würde es zum Abscheulichsten kommen, was es zwischen Männern gibt. Wie können Sie, der Sie einen so wachen Geist besitzen, sich einbilden und sich schmeicheln, Sie würden mich nicht mehr lieben, wenn Sie mich als Mann erkennen? Glauben Sie denn, nach Ihrer Entdeckung verschwände das, was Sie meine Reize nennen, denen Sie Ihre Verliebtheit zuschreiben? Seien Sie sich doch klar darüber, daß sich deren Wirkung vielleicht noch verstärken wird und daß Ihre dann rücksichtslos gewordene Leidenschaft gewiß vor keinem Mittel zurückschrecken wird, das Ihre liebestollen Sinne erfänden, um sich zu beruhigen. Sie würden sich schließlich einreden, Sie könnten mich in eine Frau verwandeln, oder sich vorstellen, Sie könnten selbst zur Frau werden, und von mir verlangen, daß ich Sie als solche behandle. Ihre Leidenschaft würde Ihre Vernunft zu zahllosen Trugschlüssen verführen. Sie würden sich einreden, Ihre Liebe zu mir als einem Mann sei vernünftiger, als wenn ich ein Mädchen wäre; denn Sie würden sich einbilden, sie entspringe der reinsten Freundschaft. Sie würden nicht versäumen, sich mir gegenüber auf Beispiele ähnlicher Absonderlichkeiten zu berufen. Durch den falschen Glanz Ihrer eigenen Argumente verführt, würden Sie zu einem reißenden Strom werden, dem kein Damm gewachsen wäre; mir aber würden die Worte fehlen, um Ihre falschen Gründe zu widerlegen, und die Kräfte, um mich Ihrer leidenschaftlichen Gewalt zu erwehren. Sie würden schließlich so weit gehen, mich mit dem Tode zu bedrohen, wenn ich Ihnen das Eindringen in einen unverletzlichen Tempel verweigere, dessen Pforte von der weisen Natur nur als Ausgang vorgesehen ist. Das wäre eine schreckliche Entweihung, die nur mit meiner Zustimmung erfolgen könnte; aber lieber stürbe ich, als sie Ihnen zu geben.«

»Nichts von alledem würde geschehen«, antwortete ich, von der Stärke seiner Argumente einigermaßen beeindruckt. »Sie übertreiben. Ich kann Ihnen immerhin aus Erfahrung versichern, daß, selbst wenn Ihre Voraussagen eintreffen würden, es weniger schlimm wäre, der Natur eine derartige Verirrung zu verzeihen, welche die Philosophie nur als ein närrisches und folgenloses Spiel ansehen kann, als sich so zu verhalten, daß eine Krankheit des Gemüts unheilbar wird, die bei einiger Vernunft vorübergehen könnte.«

So sehen die Argumente eines armen Philosophen aus, der es sich einfallen läßt, gerade dann zu räsonieren, wenn

eine aufgewühlte Leidenschaft die göttlichen Fähigkeiten
seines Geistes verwirrt. Um vernünftig zu überlegen, darf
man weder verliebt noch zornig sein, denn diese beiden
Leidenschaften machen uns den Tieren ähnlich; aber
unglücklicherweise neigen wir gerade dann zum Räsonieren, wenn wir unter dem Bann der einen oder der anderen
stehen.

Wir kamen ziemlich friedlich in Senigallia an, und da es
dunkle Nacht war, blieben wir im Postgasthof. Wir ließen
unser Gepäck abschnallen und in ein gutes Zimmer bringen; dann bestellte ich ein Essen. Da nur ein Bett vorhanden war, fragte ich Bellino mit bewußt ruhiger Stimme, ob
für ihn in einem anderen Zimmer Feuer angemacht werden sollte. Zu meiner Überraschung antwortete er voller
Sanftmut, es störe ihn keineswegs, in meinem Bett zu
schlafen.

Der Leser kann sich leicht vorstellen, wie erstaunt ich
über diese vollkommen unerwartete Antwort war, wenn-
gleich ich ihrer dringend bedurfte, um den Trübsinn loszuwerden, der auf meinem Geist lastete. Mir wurde klar,
daß ich vor der Lösung des Stückes stand, wagte aber noch
nicht, mich glücklich zu schätzen, denn ich konnte nicht
voraussehen, ob sie erfreulich oder bitter ausfallen würde.
Sicher wußte ich nur, daß Bellino mir im Bett nicht entwischen konnte, selbst wenn er die Unverfrorenheit besitzen
sollte, sich nicht entkleiden zu wollen. Befriedigt über
meinen Sieg, war ich entschlossen, einen zweiten Sieg zu
erringen und, wenn er ein Mann war, ihn in Ruhe zu
lassen; doch daran glaubte ich nicht. War er aber ein Mädchen, so würde er sich, daran zweifelte ich nicht, sehr
gefällig erweisen, und wäre es nur, um mich zur Vernunft
zu bringen.

Wir setzten uns zu Tisch; in seinen Worten, seinem Gehaben, dem Ausdruck seiner Augen, seinem Lächeln schien er mir ein anderer geworden.

Da ich mich von einer schweren Last befreit fühlte, beendete ich die Mahlzeit rascher als gewöhnlich, und wir standen vom Essen auf. Nachdem Bellino eine Nachtlampe hatte bringen lassen, verschloß er die Tür, entkleidete sich und legte sich nieder. Ich tat wortlos dasselbe. Nun lagen wir nebeneinander.

Kaum hatte ich mich hingelegt, fühlte ich bebend, wie er sich an mich schmiegte. Ich preßte ihn an meine Brust und spürte, daß er vom gleichen Verlangen beseelt war. Wir begannen unser Zwiegespräch mit einer Flut nicht endenwollender Küsse. Er ließ als erster seine Hände über meinen Rücken bis zu den Hüften hinunterwandern. Die meinen griffen noch tiefer, und die volle Aufklärung machte mich glücklich; ich fühlte, ich fühlte abermals und war überzeugt. Ich hatte recht gehabt und erhielt Genugtuung; daran konnte ich nicht mehr zweifeln. Über das Wieso zerbrach ich mir nicht den Kopf; ich fürchtete, ein Wort von mir könnte mein Glück beenden oder ihm einen Charakter geben, den ich nicht wollte. Mit Leib und Seele überließ ich mich der Freude, die mein ganzes Wesen durchflutete und offenbar auch geteilt wurde. Das Übermaß meines Glückes bemächtigte sich aller meiner Sinne und steigerte sich bis zu jenem Grad, wo die Natur, in höchster Lust ertrinkend, sich erschöpft. Für die Dauer einer Minute verharrte ich regungslos in Gedanken und bewundernder Betrachtung meiner eigenen Apotheose.

Kapitel 5

Henriette

Im Jahr 1749 lernt Casanova in Cesena einen ungarischen
Offizier kennen, der von einer jungen Frau in Männerklei-
dern begleitet wird, mit der er sich nicht verständigen kann,
da sie nur französisch spricht. Casanova hilft ihnen in einer
Auseinandersetzung mit den Behörden und bietet ihnen an,
in seiner Kutsche mitzufahren. Während der Reise erfährt er
von dem Offizier die Geschichte seiner Bekanntschaft mit
Henriette[1].

»Da ein mir befreundeter Offizier aus Wien einen dienst-
lichen Auftrag nach Rom erhielt, nahm ich mir sechs
Monate Urlaub und begleitete ihn. Ich benutzte die Gele-
genheit, um die große Stadt zu besuchen, in der Annahme, daß die lateinische Sprache dort ebenso verbreitet
sei wie in Ungarn. Aber ich täuschte mich sehr, denn
sogar unter den Geistlichen spricht sie niemand gut. Wer
sie beherrscht, rühmt sich nur, daß er sie zu schreiben
versteht; tatsächlich schreiben sie ganz reines Latein.

Nach einem Monat übergab Kardinal Alessandro Al-
bani meinem Freund einige Depeschen für Neapel; und
so trennten wir uns. Aber vor seiner Abreise empfahl er
mich dem Kardinal und führte mich so gut ein, daß Seine
Eminenz mir sagte, er wolle mir in einigen Tagen ein
Paket mit einem Brief an Monsieur Dutillot, Minister des
Infanten und neuen Herzogs von Parma, Piacenza und
Guastalla übergeben und mir natürlich die Reise dorthin
bezahlen. Da ich gern den Hafen sehen wollte, den die
Alten ›Centum Cellae‹[2] nannten und der heute Civitavec-
chia heißt, benutzte ich die Zwischenzeit, um mit meinem
Cicerone, der Latein sprach, dorthin zu fahren.

Am Hafen sah ich einen alten Offizier mit diesem Mädchen, gekleidet wie Sie es hier sehen, aus einer Tartane[3]
steigen. Es fiel mir auf. Aber ich hätte nicht mehr an diese
Begegnung gedacht, wenn der Offizier nicht mit seiner
Begleiterin in den gleichen Gasthof wie ich und sogar in
ein Zimmer gezogen wäre, das so lag, daß ich von meinem
Fenster aus das Innere voll überblickte. Am gleichen
Abend sah ich, wie das Mädchen mit ihm speiste, ohne
daß ein einziges Wort gewechselt wurde. Nach dem Essen
stand das Mädchen vom Tisch auf und ging fort; aber der
Offizier blickte von dem Brief, den er gerade las, nicht
auf. Nach einer Viertelstunde schloß er die Fenster, und
als es im Zimmer dunkel wurde, nahm ich an, daß er zu
Bett gegangen war. Am nächsten Morgen sah ich ihn fortgehen; das Mädchen, das mit einem Buch in der Hand, so
wie Sie es hier sehen, allein im Zimmer zurückgeblieben
war, interessierte mich nun schon stärker. Ich ging aus,
und als ich eine Stunde später zurückkehrte, sah ich den
Offizier mit seiner Begleiterin sprechen, während sie ihm
nur von Zeit zu Zeit sehr bedrückt mit einem oder zwei
Worten antwortete. Der Offizier ging erneut fort; da bat
ich meinen Cicerone, der als Offizier gekleideten jungen
Frau auszurichten, ich würde ihr zehn Zechinen für ein
Stelldichein von einer einzigen Stunde geben. Er erledigte
seinen Auftrag sofort und berichtete, sie habe ihm auf
französisch geantwortet, sie werde nach einem kleinen
Imbiß gleich nach Rom abreisen, wo ich leicht erfahren
könne, wie ich es anstellen müsse, um mit ihr zu sprechen.
Mein Cicerone versicherte mir, er werde schon von ihrem
Kutscher erfahren, wo sie absteige. Sie brach auf, nachdem sie mit dem gleichen Offizier zu Mittag gegessen
hatte; ich reiste am nächsten Morgen.

Zwei Tage nach meiner Rückkehr nach Rom erhielt ich vom Kardinal das Paket, den Brief für Monsieur Dutillot und einen Paß mit Geld für die Reise, ohne Auftrag zu besonderer Eile. Unter diesen Umständen mietete ich für acht Zechinen einen nach Parma zurückfahrenden Wagen.

Ich dachte tatsächlich nicht mehr an die junge Frau, als mir zwei Tage vor meiner Abreise mein Cicerone sagte, er wisse, wo sie mit dem Offizier wohne. Ich sagte ihm nun, er solle versuchen, ihr den gleichen Vorschlag zu machen, und sie wissen lassen, daß ich am übernächsten Tag abführe und das kleine Geschäft sich also nicht länger verschieben lasse. Noch am gleichen Tag brachte er mir ihre Antwort. Sie werde, wenn sie die Zeit meiner Abreise und das Tor wisse, durch das ich die Stadt verließe, zweihundert Schritte außerhalb am Weg warten; und wenn ich allein sei, könne sie zu mir in den Wagen steigen, damit wir zu einer Unterredung irgendwohin fahren könnten.

Da ich diese Abmachung sehr reizvoll fand, ließ ich ihr die Zeit und die entsprechende Stelle vor der Porta del Popolo in Richtung auf den Ponte Molle mitteilen.

Sie hielt sehr pünktlich Wort. Sobald ich sie entdeckte, ließ ich anhalten, und sie setzte sich neben mich. Sie erklärte mir, wir hätten Zeit genug, miteinander zu sprechen, da sie sich entschlossen habe, mit mir zu Mittag zu essen. Sie werden kaum glauben, wieviel es brauchte, bis ich sie verstand, und welche Mühe sie hatte, sich verständlich zu machen. Mit vielen Gebärden gelang es. Ich willigte ein, und das mit größtem Vergnügen.

Wir speisten also zusammen, und sie war mir gegenüber so gefällig, wie ich es mir nicht besser wünschen konnte; aber sie verblüffte mich nicht wenig, als sie die zehn

Zechinen zurückwies, die ich ihr geben wollte, und mir
sehr deutlich klarmachte, daß sie lieber mit mir nach
Parma führe, wo sie etwas zu erledigen habe. Da ich das
Abenteuer ganz nach meinem Geschmack fand, willigte
ich ein; ich bedauerte nur mein Unvermögen, ihr begreif-
lich zu machen, daß ich, wenn man ihr gefolgt war, um sie
zur Rückkehr nach Rom zu zwingen, sie nicht gegen
Gewaltanwendung schützen könne. Ich bedauerte auch,
daß ich angesichts der wechselseitigen Unkenntnis unserer Sprachen nicht hoffen konnte, sie durch angenehme
Reden zu unterhalten oder mich an der Erzählung ihrer
Abenteuer zu erfreuen. Aus diesem Grund kann ich Ihnen
auch nichts über ihre Lebensumstände berichten. Ich
weiß weiter nichts, als daß sie Henriette genannt sein will,
daß sie nur Französin sein kann, daß sie sanft ist wie ein
Lamm, daß sie eine sehr gute Erziehung genossen haben
muß und daß sie vollkommen gesund ist; außerdem muß
sie gescheit und mutig sein, wie man aus den Proben
schließen kann, die sie mir in Rom und Ihnen in Cesena an
der Tafel des Generals geliefert hat. Sagen Sie ihr, wenn sie
bereit wäre, Ihnen ihre Geschichte zu erzählen und zu
gestatten, daß Sie sie mir ins Lateinische übersetzen, so
würde sie mir eine große Freude machen, denn ich bin in
diesen wenigen Tagen ihr aufrichtiger Freund geworden.
Es wird mir sicherlich schmerzlich sein, wenn wir uns
in Parma trennen müssen. Sagen Sie ihr, ich würde ihr
anstatt der zehn Zechinen, die ich ihr schulde, die dreißig
geben, die ich ohne sie nie vom Bischof von Cesena erhalten hätte. Sagen Sie ihr, daß ich ihr viel mehr gäbe, wenn
ich reich wäre. Ich bitte Sie, ihr das gut in ihrer eigenen
Sprache zu erklären.«

Ich fragte sie, ob sie auf eine sehr genaue Übersetzung

alles dessen, was ich eben gehört hatte, Wert lege, und sie antwortete, sie wünsche sie ganz genau und mit allen Einzelheiten. So wiederholte ich ihr alles wortgetreu, was der Offizier erzählt hatte.

Mit edlem Freimut, in den sich ein Anflug von Scham mischte, bestätigte mir Henriette alles. Als nun die Reihe an ihr gewesen wäre, unsere Neugier durch die Erzählung der Wechselfälle ihres Lebens zu befriedigen, bat sie mich, ihm zu sagen, er möge es ihr erlassen.

»Sagen Sie ihm«, fuhr sie fort, »daß jenes gleiche Gesetz, das mir verbietet zu lügen, mir auch nicht erlaubt, die Wahrheit zu sagen.«

Was die dreißig Zechinen anlangte, die er ihr beim Abschied zugedacht hatte, bat sie mich, ihm zu sagen, daß sie keinesfalls auch nur einen Soldo annehme und daß er sie kränke, wenn er weiter darauf bestehen sollte.

»Ich wünsche«, sagte sie, »daß er mich ganz allein ein Quartier suchen läßt, wo es mir gut dünkt, und mich so vollständig vergißt, daß er sich in Parma nicht danach erkundigt, was aus mir geworden ist, noch ein Wiedererkennen zeigt, wenn er mir zufällig irgendwo begegnet.«

Als sie diese schrecklichen Worte in einem ebenso ernsten wie sanften Ton und völlig unbewegt gesagt hatte, küßte sie den alten Mann auf eine Art, die mehr Mitgefühl als Zärtlichkeit verriet. Der Offizier, der nicht wußte, welchem Anlaß er diese Umarmung verdankte, war tief betrübt, als ich ihm alles erklärte. Er bat mich, ihr zu sagen, daß er, um ihrem Gebot willig zu gehorchen, die Gewißheit haben müsse, daß ihr in Parma alles, was sie brauchen würde, zur Verfügung stehe. Ohne ja oder nein zu antworten, hieß sie mich nur, ihn zu bitten, sich über ihr Schicksal keinesfalls zu beunruhigen.

Nach dieser Aussprache versanken wir alle zusammen in Trübsinn. So verblieben wir eine gute Viertelstunde, nicht nur, ohne zu sprechen, sondern sogar, ohne einander anzusehen. Als ich mich erhob, um zu gehen, und ihnen gute Nacht wünschte, sah ich, daß Henriette feuerrot im Gesicht war.

Beim Zubettgehen begann ich, mit mir selbst zu reden, wie ich es immer tue, wenn mich etwas sehr interessiert und bewegt. Das stille Nachdenken genügt mir nicht. Ich muß sprechen, und vielleicht glaube ich, in einem solchen Augenblick eine Unterredung mit meinem Dämon zu haben. Ich wollte Henriette völlig ergründen; vorher kam ich nicht zur Ruhe. Wer mag diese junge Frau sein, sprach ich vor mich hin, die feinstes Gefühl mit dem Anschein größter Leichtfertigkeit verbindet? In Parma will sie unbedingt Herrin ihrer selbst werden, und ich habe keinen Anlaß, mir vorzumachen, daß sie mir nicht dieselben Gebote auferlegen wird wie dem Offizier, dem sie sich schon hingegeben hat. Fahr hin, schöne Hoffnung! Wer mag sie sein? Entweder erwartet sie, ihren Geliebten zu treffen, oder sie hat in Parma einen Gatten oder angesehene Eltern, oder vielleicht will sie, durch grenzenlose Leichtfertigkeit hemmungslos geworden, im Vertrauen auf ihre eigenen Talente das Schicksal herausfordern, sie entweder in den schrecklichsten Abgrund zu schleudern oder zum höchsten Glück zu erheben, indem es sie einen Liebhaber finden läßt, der ihr eine Krone zu Füßen legen kann; das wäre der Plan einer Verruchten oder Verzweifelten. Sie besitzt nichts; aber als ob sie nichts brauche, will sie von dem Offizier nichts annehmen, von dem sie doch, ohne zu erröten, den kleinen Betrag entgegennehmen könnte, den er ihr gewissermaßen schuldet. Wenn sie

über die Willfährigkeit, die sie ihm bewies, ohne ihn zu
lieben, nicht errötet, wie kann sie sich dann schämen,
dreißig Zechinen anzunehmen? Glaubt sie vielleicht, daß
es weniger unwürdig ist, sich der flüchtigen Laune eines
unbekannten Mannes zu überlassen, als eine Hilfe entgegenzunehmen, die sie doch unweigerlich brauchen muß,
um sich vor der Not und der Gefahr, in Parma einfach auf
der Straße zu stehen, zu schützen? Vielleicht glaubt sie,
dem Offizier gegenüber durch diese Weigerung ihren
Fehltritt zu rechtfertigen. Sie möchte ihn glauben machen, das sei nur geschehen, um von dem Mann loszu-
kommen, der sie in Rom besaß; und der Offizier konnte
auch nichts anderes annehmen, denn er durfte sich wohl
nicht einbilden, er habe sie unsterblich in sich verliebt
gemacht, als er sie in Civitavecchia am Fenster erblickte.
Es mochte also stimmen, daß sie sich ihm gegenüber
gerechtfertigt fühlen konnte, nicht aber mir gegenüber.
Bei ihrer Intelligenz mußte sie wissen, daß ich, hätte sie
mich nicht verliebt gemacht, nicht mit ihr gefahren wäre;
und es konnte ihr nicht verborgen geblieben sein, daß es
für sie nur einen Weg gab, auch meiner Verzeihung würdig zu werden. Sie mochte Tugenden haben, aber nicht
von der Art, die mich hätten abhalten können, die übliche
Anerkennung zu beanspruchen, die eine Frau dem Begehren eines Liebhabers schuldet. Wenn sie glaubte, mir
gegenüber die Tugendhafte spielen und mich übertölpeln
zu können, mußte ich ihr klarmachen, daß sie sich
täuschte.

Nach diesem Monolog entschloß ich mich noch vor
dem Einschlafen, ihr alles spätestens am nächsten Morgen
vor der Weiterreise auseinanderzusetzen. Ich werde, so
sagte ich mir, von ihr die gleiche Bereitwilligkeit fordern,

die sie dem Offizier bewies; wenn sie mich abweist, werde
ich mich rächen und ihr noch vor unserer Ankunft in
Parma Beweise einer äußerst demütigenden Verachtung
geben. Ich hielt es für ganz klar, daß sie mir echte oder
falsche Beweise der Zärtlichkeit nur verweigern konnte,
wenn sie eine Tugend vortäuschte, die sie nicht besaß;
und wenn diese Tugend nicht echt war, durfte ich nicht
unter ihr leiden. Was den Offizier anlangte, war ich nach
allem, was er mir erzählt hatte, davon überzeugt, daß er
meine Erklärung unter keinen Umständen übel aufnehmen konnte. Da er vernünftig war, konnte er nur neutral
bleiben.

Überzeugt und erfüllt von dieser Beweisführung, die
mir die reifste Weisheit gesponnen und diktiert zu haben
schien, schlief ich ein, und in einem Traum, der an Reiz
der Wirklichkeit in nichts nachstand, erschien mir Henriette, fröhlich und zu meiner noch größeren Überraschung als Frau frisiert. Sie vertrat ihren Standpunkt und
bewies mir mein Unrecht mit folgenden Worten: ›Um alle
deine beleidigenden Spitzfindigkeiten, die du zusammen-
getragen hast, zu zerstreuen, komme ich, um dir zu sagen,
daß ich dich liebe, und um es dir zu beweisen. Ich kenne
niemanden in Parma, ich bin weder verrückt noch verzweifelt, und ich will nur dir gehören.‹ Nach diesen Worten enttäuschte sie mich nicht; sie überließ sich meiner
Liebesglut, die sich an der ihren entzündete.

In Träumen dieser Art wacht der Träumer meist unmittelbar vor dem Höhepunkt auf. Die Natur, die auf Wahrheit hält, duldet nicht, daß die Illusion so weit geht. Ein
schlafender Mensch ist nicht wirklich lebendig; in einem
Augenblick jedoch, in dem er einem Wesen seiner Art das
Leben schenken kann, muß er es sein. Aber o Wunder!

Ich erwachte nicht, und ich verbrachte die ganze Nacht mit Henriette in meinen Armen. Und welch langer Traum! Ich konnte erst feststellen, daß es ein Traum war, als ihn mein Erwachen bei Tagesanbruch gewaltsam verscheuchte. Gut eine Vietelstunde lang lag ich regungslos und verblüfft und wiederholte mir erstaunt in Gedanken die Einzelheiten. Ich erinnerte mich, im Schlaf mehrmals gesagt zu haben: ›Nein, ich träume nicht‹; und ich hätte noch immer geglaubt, nicht nur geträumt zu haben, wäre nicht die Zimmertür von innen verriegelt gewesen. Sonst hätte ich geglaubt, Henriette sei fortgegangen, bevor ich aufwachte, nachdem sie die Nacht mit mir verbracht hatte.

Nach diesem glücklichen Traum war ich, wie es nicht anders sein konnte, verliebt bis über die Ohren. Wer mit einem großen Hunger und ohne zu essen schlafen geht und im Traum die ganze Nacht beim Essen verbringt, muß sich beim Erwachen von einem wahren Wolfshunger geplagt fühlen. Ich kleidete mich rasch an und war entschlossen, mich, noch bevor wir den Wagen bestiegen, der Gunst Henriettes zu versichern oder aber in Bologna zu bleiben, sie jedoch trotzdem mit dem Offizier in meinem Wagen nach Parma fahren zu lassen. Um nicht gegen die gute Lebensart zu verstoßen, fand ich es notwendig, vor der Aussprache mit Henriette offen mit dem ungarischen Hauptmann zu reden.

Es ist mir, als höre ich einen, vielleicht sogar verständnisvollen Leser lachend ausrufen: ›Wie kann man nur einer solchen Nebensächlichkeit so viel Bedeutung beimessen!‹ Ein derartiger Leser, der wohl nicht verliebt ist noch je gewesen sein kann, hat recht. Für ihn kann das nur eine Nebensächlichkeit sein.

Nach dem Ankleiden ging ich in das Zimmer meiner Reisegefährten, wünschte ihnen einen guten Morgen und freute mich mit ihnen über das Wohlbefinden, das aus ihren Gesichtern strahlte. Dann teilte ich dem Offizier mit, daß ich mich in Henriette verliebt hätte. Ich fragte ihn, ob er etwas dagegen habe, wenn ich sie zu überreden suche, meine Geliebte zu werden.

»Wenn«, so sagte ich, »der Grund ihrer Bitte, sie allein zu lassen, sobald wir in Parma sind, und sich nicht nach ihr zu erkundigen, ein Geliebter ist, den sie vielleicht in der Stadt hat, so bringe ich sie, wenn Sie mich mit ihr eine halbe Stunde unter vier Augen sprechen lassen, wohl dazu, mir diesen Liebhaber zu opfern. Wenn sie mich abweist, bleibe ich hier. Sie werden mit ihr nach Parma fahren, den Wagen bei der Post abstellen und mir einfach einen Übernahmeschein des Postmeisters zuschicken, mit dem ich ihn nach Belieben abholen kann.«

»Nach dem Frühstück«, antwortete er, »will ich mir die Akademie ansehen; Sie werden mit ihr allein bleiben und werden mit ihr sprechen. Hoffentlich können Sie mir bei meiner Rückkehr in einigen Stunden sagen, daß Sie sie bereden konnten, auf alle Ihre Wünsche einzugehen. Wenn sie auf ihrem Entschluß beharrt, werde ich hier leicht einen Fuhrmann finden; so bleibt Ihnen Ihr Wagen. Ich wäre unbeschreiblich froh, sie in Ihren Händen zu wissen.«

Erfreut, die Hälfte des Schrittes bereits hinter mir zu haben und der Lösung des Knotens nicht mehr fern zu sein, fragte ich Henriette, ob sie nicht neugierig sei, was es in Bologna an Sehenswürdigkeiten gebe; sie antwortete, das sei sie gewiß, wenn sie als Frau gekleidet wäre, aber sie lege keinen Wert darauf, sich der ganzen Stadt in Männerkleidung zu zeigen. Nach dem Frühstück ging der Offizier fort. Ich erklärte Henriette, er lasse mich bis zu seiner Rückkehr mit ihr allein, weil ich ihm gesagt hätte, ich müsse mit ihr unter vier Augen sprechen. Ich nahm ihr gegenüber Platz und fragte:

»Sie haben gestern dem Hauptmann den Auftrag gegeben, Sie gleich nach dem Abschied in Parma zu vergessen, sich nicht nach Ihnen zu erkundigen und zu tun, als kenne er Sie nicht, falls er Ihnen irgendwo begegnet. Gilt das auch für mich?«

»Das war kein Auftrag, sondern ein dringendes Ansuchen, eine Gunst, die zu erbitten mich meine Lage zwang; da er kein Recht hatte, sie mir zu verweigern, zweifelte ich keinen Augenblick, daß er sie mir ohne Schwierigkeiten gewähren würde. Ich hätte ohne Zweifel auch Sie um die gleiche Gefälligkeit gebeten, wenn es mir in den Sinn gekommen wäre, Sie könnten die Absicht haben, mir nachzuforschen. Sie haben mir Beweise von Freundschaft gegeben, und wenn mir schon auf Grund meiner Lage die vom Hauptmann angebotene Fürsorge gemäß meiner vorgebrachten Bitte unangenehm war, weil sie mir schaden konnte, hätten Sie sich unschwer vorstellen können, daß die Ihre mir noch lästiger sein würde. Da Sie Freundschaft für mich empfinden, hätten Sie das alles erraten können.«

»Da ich Freundschaft für Sie empfinde, müssen Sie auch erkennen, daß es mir unmöglich ist, Sie allein, ohne Geld und ohne irgendeinen verkäuflichen Besitz mitten auf der Straße stehenzulassen, und das in einer Stadt, in der Sie sich nicht einmal verständigen können. Glauben Sie, ein Mann, dessen freundschaftliche Gefühle Sie erweckten, könne Sie im Stich lassen, nachdem er durch Sie selbst von

Ihrer Lage erfahren hat? Wenn Sie das glauben, wissen Sie nichts von Freundschaft, und wenn Ihnen dieser Mann den Gefallen erweist, um den Sie ihn bitten, dann ist er nicht Ihr Freund.«

»Ich bin davon überzeugt, daß der Hauptmann mein Freund ist; Sie haben es selbst gehört, er wird mich vergessen.«

»Ich weiß nicht, welcher Art die Freundschaft ist, die der Hauptmann für Sie empfinden mag, und auch nicht, inwieweit er über sich selbst verfügen kann; eines jedoch weiß ich: Wenn er Ihnen mit solcher Leichtigkeit den Gefallen erweisen kann, um den Sie ihn gebeten haben, dann ist seine Freundschaft, die er nach Ihren Worten für Sie empfindet, von gänzlich anderer Art als die meine. Ich fühle mich verpflichtet, Ihnen zu sagen, daß es mir nicht nur schwerfällt, Ihnen den eigenartigen Gefallen zu erweisen, Sie in dieser Lage im Stich zu lassen, sondern daß mir die Erfüllung Ihres Wunsches unmöglich ist, wenn ich nach Parma komme; denn ich empfinde für Sie nicht nur Freundschaft, sondern ich liebe Sie, und ich liebe Sie so sehr, daß ich unbedingt entweder durch den vollen Besitz Ihrer Person glücklich werden oder hierbleiben und Sie mit dem Offizier allein nach Parma fahren lassen muß. Denn käme ich nach Parma, so würde ich zum unglücklichsten aller Menschen, ob ich Sie nun mit einem Geliebten, mit einem Gatten oder im Schoß einer ehrbaren Familie finde, oder ob ich vielleicht nicht weiß, was aus Ihnen geworden ist. ›Vergessen Sie mich‹, das ist bald gesagt. Es mag sein, daß ein Franzose nach Belieben vergessen kann, aber ein Italiener, wenn ich nach mir urteile, besitzt diese seltsame Fähigkeit nicht. Mit einem Wort, ich sage Ihnen, daß Sie sich auf der Stelle entscheiden müssen. Soll ich nach Parma mitkommen? Soll ich hierbleiben? Eines von beiden. Sprechen Sie! Wenn ich hierbleibe, ist alles gesagt. Ich reise morgen nach Neapel, und ich bin überzeugt, dort von der Leidenschaft zu genesen, die Sie mir eingeflößt haben. Wenn Sie mir jedoch sagen, ich soll Sie nach Parma begleiten, müssen Sie mir versprechen, mich dadurch glücklich zu machen, daß Sie mir Ihr Herz schenken, nicht weniger. Ich möchte der einzige Geliebte sein, wenn Sie wollen, einstweilen unter der Bedingung, daß Sie mich Ihrer Gunst erst für würdig erachten, wenn ich sie mir durch meinen Eifer und meine Dienste und durch alles, was ich mit einer Ergebenheit ohnegleichen für Sie tun werde, zu verdienen wußte. Wählen Sie, bevor der brave Mann, der allzu glückliche, zurückkehrt! Ich habe ihm bereits alles gesagt.«

»Was hat er Ihnen geantwortet?«

»Daß er hocherfreut wäre, Sie in meinen Händen zu lassen. Was bedeutet dieses verstohlene Lächeln?«

»Lassen Sie mich bitte lachen, denn ich hatte mein Leben lang keine Ahnung von einer stürmischen Liebeserklärung. Begreifen Sie, was es bedeutet, wenn Sie in einer Liebeserklärung, die ganz zart sein sollte, zu einer Frau sagen:›Madame, entweder oder, entscheiden Sie sich augenblicklich!‹«

»Ich begreife das sehr gut. Das ist weder zärtlich noch leidenschaftlich, wie es in einem Roman der Fall sein müßte; aber hier handelt es sich um die Wirklichkeit, und die ist überaus ernst. Fühlen Sie nicht, in welcher schwierigen Lage ein Liebender in dem Augenblick ist, da er eine Entscheidung treffen muß, die über sein eigenes Leben entscheiden kann? Denken Sie daran, daß ich Sie trotz meiner Liebesglut in keiner Weise belästige; daß ich,

wenn Sie auf Ihrer Absicht beharren, mich nicht zu Drohungen, sondern zu einem heroischen Verzicht entschließen werde, der mich Ihrer höchsten Achtung würdig
macht. Denken Sie auch daran, daß wir keine Zeit zu
verlieren haben. Die Aufforderung ›Wählen Sie‹ darf
Ihnen nicht hart erscheinen, im Gegenteil, sie ehrt Sie,
denn sie macht Sie zum Schiedsrichter über Ihr Schicksal
und das meine. Muß ich, um Sie von meiner Liebe zu
überzeugen, Sie wie ein Schwachkopf weinend bitten,
Mitleid mit mir zu haben? Nein, Madame. Im Bewußtsein, Ihre Liebe durchaus zu verdienen, will ich nicht um
mitleidige Gefühle betteln. Reisen Sie, wohin Sie wollen;
aber dann lassen Sie mich aus dem Spiel. Wenn Sie aus
Menschenfreundlichkeit wollen, daß ich Sie vergesse,
dann gestatten Sie, daß ich Ihnen weit aus dem Weg gehe
und mir dadurch meine Bemühung um eine unglückliche
Rückkehr zu mir selbst erleichtere. Wenn ich nach Parma
ginge, würde ich aus der Haut fahren. Und ich bitte Sie
inständig, bedenken Sie auch, daß Sie mir unverzeihliches
Unrecht täten, wenn Sie jetzt sagten: ›Kommen Sie einstweilen mit nach Parma, auch wenn ich Sie bitte, keinen
Versuch zu machen, mich dort zu treffen.‹ Begreifen Sie,
daß Sie mir das nicht sagen dürfen, wenn Sie ehrlich sein
wollen?«

»Zweifellos begreife ich es, wenn es stimmt, daß Sie
mich lieben.«

»Sie können mir bei Gott glauben, daß ich Sie liebe.
Entscheiden Sie sich also. Sprechen Sie!«

»Und immer noch dieser Ton. Wissen Sie, daß es aussieht, als seien Sie ganz zornig?«

»Verzeihen Sie. Ich bin nicht zornig, aber in starker
Erregung, und in einem entscheidenden Augenblick. Ich

muß meinem allzu seltsamen Schicksal zürnen, auch diesen verfluchten Sbirren[4] von Cesena, die mich weckten; denn ohne sie wäre ich Ihnen nie begegnet.«

»Es tut Ihnen also leid, mich kennengelernt zu haben?«

»Habe ich nicht allen Grund dazu?«

»Keineswegs, denn ich habe mich noch nicht entschieden.«

»Ich beginne aufzuatmen. Ich wette, Sie werden mich auffordern, mit nach Parma zu kommen.«

»Ja, kommen Sie mit nach Parma!«

In diesem Augenblick wandelte sich die Szene. Ich fiel ihr zu Füßen, umfaßte ihre Knie und küßte sie hundertmal. Vorbei waren meine Bitterkeit, mein erregter Ton; zärtlich ergeben, dankbar und glühend schwor ich ihr, nicht einmal ihre Hand zum Kuß zu fordern, bevor ich mir nicht ihr Herz verdient hätte. Die göttliche Frau sah mich ganz erstaunt vom Ton der Verzweiflung zu Worten innigster Zärtlichkeit übergehen, und mit noch liebevollerer Miene als ich bat sie mich aufzustehen. Sie sagte, sie sei überzeugt, daß ich sie liebe, und sie würde alles tun, was in ihrer Kraft stehe, damit ich ihr treu bleibe. Hätte sie mir gesagt, sie liebe mich ebenso sehr, wie ich sie liebe, hätte sie auch nicht mehr gesagt. Ich hielt meine Lippen auf ihre schönen Hände gedrückt, als der Hauptmann eintrat. Er beglückwünschte uns. Ich sagte ihm im Bewußtsein meines Glücks, ich ginge die Pferde bestellen, und ließ ihn mit ihr allein. Sehr befriedigt brachen wir alle drei auf.

Kapitel 6

M. M.

Im Sommer 1753 hatte Casanova C. C.[1] kennengelernt und um ihre Hand angehalten. Um das Verhältnis zu beenden, wurde C. C. von ihrem Vater in ein Kloster geschickt. Casanova verkehrt deshalb mit Hilfe von Laura, einer Frau aus Murano, brieflich mit ihr und besucht regelmäßig die Messe in der Klosterkirche, um sie zu sehen.

1753. Allerheiligen hatte ich die Messe gehört und wollte gerade eine Gondel besteigen, um nach Venedig zurückzukehren; da begegnete mir eine Frau nach Lauras Art, die einen Brief zu meinen Füßen fallen ließ und weiterging. Ich hob ihn auf und sah, wie die Frau, nachdem sie sich davon überzeugt hatte, ihren Weg fortsetzte. Der Brief war weiß und mit schillerndem spanischem Wachs verschlossen. Das Siegel zeigte eine Schlinge. Kaum war ich in der Gondel, erbrach ich es und las folgendes:

»Eine Nonne, die Sie seit zweieinhalb Monaten an allen Feiertagen in ihrer Kirche sieht, möchte, daß Sie ihre Bekanntschaft machen. Eine Druckschrift, die Sie verloren haben, ist in ihre Hände gelangt und hat sie zur Überzeugung gebracht, daß Sie Französisch verstehen. Sie können ihr jedoch auf italienisch antworten, denn sie wünscht Klarheit und Genauigkeit. Sie fordert Sie nicht auf, sie ins Sprechzimmer rufen zu lassen, weil sie will, daß Sie sie sehen, bevor Sie mit ihr sprechen müssen. Sie wird Ihnen also eine Dame nennen, die Sie ins Sprechzimmer begleiten können, die Sie nicht kennt und Sie daher nicht vorstellen muß, falls Sie sich etwa nicht zu erkennen geben wollen.

Wenn Ihnen das nicht recht ist, so wird Ihnen die Nonne, die diesen Brief schreibt, ein kleines Haus hier in Murano nennen, wo Sie sie in der ersten Nachtstunde eines von Ihnen zu bestimmenden Tages allein treffen werden; Sie können bleiben, um mit ihr zu Abend zu essen, oder eine Viertelstunde später fortgehen, falls Sie zu tun haben.

Wollen Sie sie lieber in Venedig zum Souper einladen? Sagen Sie ihr Tag, nächtliche Stunde und Ort, wohin sie kommen soll; sie wird in Maske aus einer Gondel steigen, wenn Sie allein am Ufer stehen, ohne Diener, maskiert und mit einer Kerze in der Hand. Ich bin sicher, daß Sie mir antworten, und erwarte, wie Sie sich denken können, Ihre Antwort mit Ungeduld. Ich bitte Sie deshalb, sie morgen der Frau zu geben, die Ihnen diesen Brief zukommen ließ. Sie werden sie eine Stunde vor Mittag in der Kirche San Canciano am ersten Altar rechter Hand antreffen.

Bedenken Sie, daß ich mich, wenn ich Sie nicht für lauter und ehrenhaft hielte, niemals zu einem Schritt entschlossen hätte, der Sie zu einem abfälligen Urteil über meine Person veranlassen könnte.«

Über den Ton dieses Briefes, den ich wortwörtlich wiedergebe, wunderte ich mich noch mehr als über die Sache selbst. Ich hatte zu tun, aber ich ließ alles liegen, um mich einzuschließen und zu antworten. Das Ansinnen kam von einer Verrückten, aber aus ihm sprach eine Würde, deretwegen ich sie achten mußte. Zuerst neigte ich zu der Annahme, es handele sich um die schöne, reiche und leichtlebige Nonne, die C. C. Französisch lehrte, und meine liebe Frau habe vielleicht geschwatzt; wenn sie mich nicht davon hatte benachrichtigen können, so mochte das daran liegen, daß sie von dem unerhörten Vorgehen ihrer Freundin keine Ahnung hatte. Aber ich verwarf diesen Verdacht, gerade weil er mir schmeichelte. C. C. hatte mir geschrieben, daß die Nonne, bei der sie Französisch lernte, nicht die einzige sei, die diese Sprache sehr gut beherrschte. Ich konnte weder an der Verschwiegenheit C. C.s zweifeln noch an der Aufrichtigkeit, mit der sie mir davon erzählt hätte, wenn sie ihrer Nonne auch nur die geringste Andeutung gemacht hätte. Dennoch konnte die Nonne, die mir schrieb, die schöne Freundin C. C.s sein, konnte aber auch eine andere sein; so wählte ich bei der folgenden Antwort einen Mittelweg, soweit die guten Sitten mir das erlaubten.

»Ich hoffe, Madame, daß meine Antwort in französischer Sprache der Klarheit und der Genauigkeit, die Sie fordern und für die Sie mir ein Beispiel geben, keinerlei Abbruch tun wird.

Was Sie schreiben, ist sehr interessant. Von besonderer Bedeutung scheinen mir die Umstände zu sein; da ich aber antworten soll, ohne zu wissen, wem, und da ich nicht eingebildet bin, werden Sie verstehen, Madame, daß ich eine Falle befürchten muß. Die Ehre zwingt mich, auf der Hut zu sein. Wenn es also zutrifft, daß die Hand, die mir schreibt, einer achtbaren Dame gehört, die in mir zu Recht ein ebenso edles Herz und eine ebenso lautere Gesinnung vermutet wie die ihre, so wird sie hoffentlich einsehen, daß ich ihr nur das Folgende antworten kann:

Wenn Sie mich für würdig befinden, das Glück Ihrer persönlichen Bekanntschaft zu machen, ohne mich anders als nach dem äußeren Schein zu beurteilen, so halte ich mich für verpflichtet zu gehorchen, selbst auf die Gefahr hin, Sie zu enttäuschen, wenn ich bei Ihnen etwa unfreiwillig irrige Vorstellungen erweckt hätte.

Von den drei Möglichkeiten, die Sie mir großmütig vorschlagen, wage ich nur die erste zu wählen, mit den Einschränkungen, die Sie in sehr weiser Voraussicht angedeutet haben. Ich werde eine Dame ins Sprechzimmer begleiten, die Sie mir nennen werden und die mich nicht kennt. Infolgedessen wird von einer Vorstellung keine Rede sein. Haben Sie Nachsicht, Madame, mit den fadenscheinigen Gründen, die mich meinen Namen verschweigen lassen. Dafür verspreche ich Ihnen auf Ehre, daß ich von der Kenntnis Ihres Namens nur in aller Ehrfurcht Gebrauch machen werde. Wenn Sie es für angemessen erachten, das Wort an mich zu richten, so wird Ihnen meine Antwort die tiefste Ehrerbietung beweisen. Lassen Sie mich hoffen, daß Sie am Gitter allein sein werden, und Ihnen nebenbei mitteilen, daß ich Venezianer bin und frei in dieses Wortes ganzer Bedeutung. Der einzige Grund, der mich hindert, auf die beiden anderen Möglichkeiten einzugehen, die Sie mir vorschlagen und die mich unendlich ehren, ist, erlauben Sie, daß ich es wiederhole, die Furcht vor einer Falle. Beglückende Zusammenkünfte werden stattfinden können, sobald Sie mich besser kennengelernt haben, und kein Zweifel mehr mein Gemüt trübt, das der Lüge abhold ist. Auch meinerseits voll Ungeduld, werde ich morgen zur gleichen Stunde nach San Canciano kommen, um Ihre Antwort zu erhalten.«

Ich fand die Frau am bezeichneten Ort und gab ihr meinen Brief, dazu eine Zechine. Am nächsten Tag ging ich wieder hin, und sie kam auf mich zu. Sie gab mir die Zechine zurück, dazu die Antwort mit der Bitte, sie allein zu lesen und nachher zurückzukommen, um ihr zu sagen, ob sie auf Antwort warten solle. Als ich den Brief gelesen hatte, sagte ich ihr sogleich, daß ich ihr keine Antwort

zu geben hätte. Der Brief der Nonne lautete folgendermaßen:

»Ich glaube, Signore, mich in keiner Weise getäuscht zu
haben. Ebenso wie Sie verabscheue ich die Lüge, wenn sie
zu Folgen führt, halte sie aber nur für einen Scherz, wenn
sie niemandem schadet. Sie haben unter meinen drei Vorschlägen jenen gewählt, der Ihrer Gesinnung die meiste
Ehre macht. Ich achte die Gründe, die Sie haben mögen,
Ihren Namen zu verschweigen, und schreibe der Contessa
S. den beiliegenden Brief, den ich Sie zu lesen bitte. Ver-
siegeln Sie ihn, bevor Sie ihn ihr zustellen lassen. Sie wird
durch einen weiteren Brief benachrichtigt sein. Gehen Sie
zu ihr, wann es Ihnen paßt; sie wird Ihnen die Zeit nennen, und Sie werden sie in ihrer eigenen Gondel hierher
begleiten. Sie wird Ihnen keine Frage stellen, und Sie werden ihr keine Rechenschaft geben müssen. Von Vorstellung wird keine Rede sein; aber da Sie meinen Namen
erfahren werden, wird es ganz in Ihrem Ermessen liegen,
mich maskiert im Sprechzimmer zu besuchen, wann Sie
wollen, und mich im Namen der Contessa holen zu lassen. So wird unsere Bekanntschaft geknüpft, ohne daß Sie
eine Ihnen vielleicht kostbare Nachtstunde opfern müssen. Ich habe der Frau aufgetragen, Ihre Antwort abzuwarten, falls die Contessa Ihnen bekannt sein sollte und
Sie ihre Vermittlung nicht wünschen. Wenn Sie die Wahl
billigen, sagen Sie der Frau, Sie hätten nichts zu antworten; dann wird sie der Contessa meinen Brief zustellen. Sie
werden ihr den anderen gelegentlich bringen.«

Ich sagte der Dienerin, ich hätte nichts zu antworten,
als ich mich überzeugt hatte, daß ich dieser Contessa,
deren Namen ich nie gehört hatte, unbekannt war. Der
Brief, den ich ihr überbringen sollte, lautete etwa:

»Ich bitte Dich, liebe Freundin, auf ein Wort zu mir zu kommen, sobald Du Zeit hast, und dem maskierten Überbringer dieses Briefes den Zeitpunkt zu nennen, damit er Dich begleitet. Er wird pünktlich sein. Du erweist Deiner Freundin einen großen Gefallen.«

Der Brief war an die Signora Contessa S., Fondamenta Rio Marin gerichtet. In seiner geistvollen List schien er mir unübertrefflich. Es lag etwas Einmaliges in der Art des Vorgehens. Man teilte mir die Rolle einer Person zu, der man eine Gunst erwies. Das war mir durchaus klar.

Die Nonne hatte in ihrem letzten Brief nicht wissen wollen, wer ich war, hieß meine Wahl gut und gab sich den Anschein, als sei sie an den nächtlichen Zusammenkünften uninteressiert; aber sie rechnete damit, und das sogar mit Bestimmtheit, daß ich sie ins Sprechzimmer rufen lassen würde, nachdem ich sie gesehen hatte. Ihre Zuversicht steigerte meine Neugier. Berechtigt war ihre Erwartung, wenn sie jung und hübsch war. Ich hätte mich nur drei oder vier Tage gedulden müssen, um von C. C. zu erfahren, wer diese Nonne sein mochte. Aber das wäre eine Heimtücke gewesen; außerdem hatte ich Sorge, das Abenteuer zu verderben und es dann zu bereuen. Die Nonne schrieb, ich solle zur Contessa gehen, wenn es mir passe; ihre Selbstachtung verlangte, sich nicht allzu ungeduldig zu zeigen. Sie wußte aber, daß ich es sehr wahrscheinlich war. Sie schien mir mit Liebesdingen zu vertraut, als daß ich sie für naiv und unerfahren hätte halten können. Ich hatte Sorge, ich könne bereuen, meine Zeit verloren zu haben, bereitete mich aber auch darauf vor zu lachen, wenn die Frau verblüht sein sollte. Es ist klar, daß mich nur die Neugier hintrieb, um zu sehen, wie sich eine Frau dieser Art verhalten würde, die sich anerboten hatte, mit mir in Venedig zu soupieren. Ich wunderte mich sehr über die große Freiheit dieser gottgeweihten Jungfrauen, die ihre Klausur so unschwer verletzen konnten.

Um drei Uhr nachmittags ließ ich der Contessa S. den Brief übergeben. Eine Minute später kam sie aus dem Zimmer, wo sie Gesellschaft hatte, und sagte mir, sie würde sich freuen, wenn ich mich am folgenden Tag zur gleichen Stunde bei ihr einfinden wolle; mit einer zierlichen Reverenz zog sie sich dann zurück. Sie war eine gewandte Frau reiferen Alters, aber noch schön.

Am nächsten Morgen war Sonntag und ich ging sorgfältig gekleidet und frisiert zur gewohnten Stunde in die Messe; und schon war ich meiner lieben C. C. in Gedanken untreu; denn ich dachte mehr daran, mich jener jungen oder alten Nonne zu zeigen als ihr.

Nach dem Mittagessen maskierte ich mich und erschien zur vereinbarten Stunde bei der Contessa, die mich erwartete. Wir gingen hinunter, bestiegen eine geräumige, zweirudrige Gondel und kamen zum Kloster der XXX², ohne von anderen Dingen gesprochen zu haben als von dem ungewöhnlich schönen Herbst. Sie ließ M. M. rufen. Der Name überraschte mich, denn seine Trägerin war berühmt.³ Wir traten in ein kleines Sprechzimmer; fünf Minuten später erschien jene M. M., ging stracks ans Gitter, drückte auf eine Feder, öffnete damit vier Klappen, küßte ihre Freundin und schloß dieses sinnreiche Fenster wieder. Die vier Klappen bildeten eine Öffnung von achtzehn Zoll im Quadrat. Selbst ein Mann meiner Größe hätte durchschlüpfen können. Die Contessa setzte sich der Nonne gegenüber, und ich nahm an der Seite Platz, so daß ich diese ungewöhnliche Schönheit von zwei- bis dreiundzwanzig Jahren in aller Ruhe betrachten konnte.

Ich kam sofort zu dem Schluß, daß sie die Nonne sein mußte, von der mir C. C. so begeistert erzählt hatte, von der sie zärtlich schwärmte und die ihr Unterricht in Französisch gab.

Da ich vor Bewunderung geradezu hingerissen war, hörte ich nicht ein Wort von ihrem ganzen Gespräch. Was mich anging, so richtete die Nonne nicht nur kein Wort an mich, sondern würdigte mich auch nicht eines einzigen Blicks. Sie war eine vollendete Schönheit, hoch gewachsen, mit weißer, zur Blässe neigender Haut, edlem, selbstsicherem, zugleich aber gemessenem und scheuem Auftreten, großen blauen Augen, einem anmutigen, lachenden Gesicht und schönen, taufeuchten Lippen, die zwei prächtige Zahnreihen zeigten. Die Nonnenhaube verbarg mir ihre Haare; aber ob sie nun welche hatte oder ob sie keine hatte, ihre Farbe mußte ein helles Kastanienbraun sein, ihre Brauen verrieten es mir. Wundervoll und erstaunlich fand ich ihre Hand und ihren Arm, den ich bis zum Ellbogen sah; etwas Vollkommeneres ließ sich nicht vorstellen. Er zeigte nicht eine einzige Ader und anstelle von Muskeln erblickte ich nur Grübchen. Trotz allem bereute ich es nicht, die beiden von einem Souper verbrämten Zusammenkünfte ausgeschlagen zu haben, die mir diese göttliche Schönheit angeboten hatte. In der Gewißheit, daß sie binnen weniger Tage mein sein würde, war es mir eine Wonne, ihr mein Verlangen zu Füßen zu legen. Ich brannte darauf, allein mit ihr am Gitter zu sein, und mir wäre es als der größte Fehlgriff erschienen, hätte ich ihr nicht bereits am nächsten Tag die Gewißheit gegeben, daß ich ihren Vorzügen alle geschuldete Gerechtigkeit widerfahren ließ. Während der ganzen Zeit vermied sie es beharrlich, mich anzublicken; aber schließlich gefiel mir auch das.

Plötzlich steckten die Damen die Köpfe zusammen und begannen zu flüstern, woraus ich schloß, daß ich störte. Ich entfernte mich langsam vom Gitter und betrachtete ein Gemälde. Eine Viertelstunde später küßten sie sich am Klappenfenster und verabschiedeten sich. Die Nonne wandte sich um, ohne mir Gelegenheit zu geben, ihr wenigstens eine Verbeugung zu machen. Auf der Rückfahrt nach Venedig, meines Schweigens vielleicht überdrüssig, meinte die Contessa lächelnd:

»M. M. ist schön, aber ihr Geist ist noch ungewöhnlicher.«

»Ich habe das eine bemerkt und bin vom anderen überzeugt.«

»Sie hat kein einziges Wort mit Ihnen gesprochen.«

»Ich wollte ihr nicht vorgestellt werden; so übersah sie absichtlich meine Anwesenheit. Damit hat sie mich bestraft.« Da die Contessa nicht antwortete, gelangten wir zu ihrem Haus, ohne noch einmal den Mund aufzumachen. Ich verließ sie an ihrer Tür, denn dort verschwand sie mit jener schönen Plötzlichkeit, die ›besten Dank‹ und ›Adieu‹ bedeutete. Ich ging fort und träumte von dem seltsamen Abenteuer, auf dessen unausbleibliche Fortsetzung ich gespannt war.

Sie hatte mich nicht angesprochen, und ich war froh darüber. Ich war so überreizt, daß ich vielleicht nichts Gescheites geantwortet hätte. Es war mir klar, daß sie keine kränkende Abweisung zu fürchten hatte; aber dennoch gehörte für eine Frau ihresgleichen viel Mut dazu, sich dieser Gefahr auszusetzen. Eine solche Kühnheit in ihrem Alter überraschte mich, und eine solche Ungebundenheit war mir einfach unfaßbar. Ein Landhaus in Murano! Ungehindert nach Venedig zu gehen! Ich kam zu dem Schluß, daß sie einen festen Freund haben müsse, der Gefallen daran fand, sie glücklich zu machen. Dieser Gedanke dämpfte meine Selbstherrlichkeit. Ich war auf dem besten Wege, C. C. untreu zu werden; aber ich fühlte mich durch keinerlei Bedenken gehemmt. Meiner Meinung nach konnte eine Untreue dieser Art, selbst wenn sie davon erfahren sollte, sie nicht kränken, denn nur so blieb ich am Leben und damit auch ihr erhalten.

Am nächsten Morgen machte ich der Contessa Coronini, die aus Laune im Kloster Santa Giustina wohnte, einen Besuch. Sie war eine alte, in allen Hofintrigen Europas wohlbewanderte Frau und hatte sich durch ihre Teilnahme daran einen Namen gemacht. Der Wunsch nach Ruhe, der dem Überdruß folgt, hatte sie diese Zurückgezogenheit wählen lassen. Ich war ihr durch eine mit Signor Dandolo verwandte Nonne vorgestellt worden. Sie mußte eine schöne Frau gewesen sein und besaß viel Geist; da sie sich nicht mehr mit den Plänen und Wünschen der Fürsten befassen wollte, ergötzte sie sich an den frivolen Geschichten, die ihr die Stadt bot, in der sie wohnte. Sie wußte alles und wollte natürlich immer noch mehr wissen. Sie empfing an ihrem Gitter alle Botschafter; deshalb wurden ihr auch alle Fremden vorgestellt. Außerdem machten ihr mehrere würdige Senatoren von Zeit zu Zeit lange Besuche. Die Triebfeder war auf beiden Seiten stets die Neugierde; aber sie verbarg sich hinter dem Schleier des Interesses, das die adlige Gesellschaft an allen laufenden Angelegenheiten nehmen zu müssen glaubt. Signora Coronini wußte tatsächlich alles und machte sich ein Vergnügen daraus, mir, wenn ich sie besuchte, überaus unterhaltsamen Unterricht in Moral zu erteilen. Da ich nach dem Mittagessen M. M. sprechen sollte, glaubte ich, von der wohl unterrichteten Frau etwas Interessantes über die Nonne erfahren zu können.

Nach mehreren anderen Themen lenkte ich das Gespräch unschwer auf die Klöster Venedigs, und wir sprachen vom Verstand und Ansehen einer gewissen Schwester Celsi, die trotz ihrer Häßlichkeit überall, wo sie wollte, großen Einfluß hatte. Dann sprachen wir von der jungen, reizenden Schwester Micheli[4], die den Schleier genommen hatte, um ihrer Mutter zu beweisen, daß sie gescheiter war als sie. Wir sprachen von mehreren anderen Schönen, denen man Liebhaber nachsagte; ich nannte M. M. und sagte, sie müsse auch dazu gehören, sei mir aber ein Rätsel. Die Signora antwortete lächelnd, das sei sie nicht für jedermann, aber im allgemeinen sei sie es wohl.

»Aber ein wirkliches Rätsel«, fügte sie hinzu, »war ihr Einfall, den Schleier zu nehmen; denn sie ist doch schön, reich, geistvoll, sehr gebildet und, soviel ich weiß, freisinnig. Sie wurde ohne jeden physischen oder moralischen Anlaß Nonne. Es war eine richtige Laune.«

»Halten Sie sie für glücklich, Signora?«

»Ja, wenn sie es nicht schon bereut hat, oder die Reue sie nicht noch überkommt, was freilich, wenn sie klug ist, außer ihr niemand erfahren wird.«

Durch die Geheimnistuerei der Contessa gewann ich die Überzeugung, daß M. M. einen Geliebten haben müsse, wollte mir aber deswegen keinen Kummer machen. Ich aß ohne Appetit zu Mittag, maskierte mich und fuhr nach Murano. Ich läutete an der Pforte und fragte mit klopfendem Herzen im Namen der Contessa S. nach M. M. Das kleine Sprechzimmer war geschlossen. Man zeigte mir ein anderes, in das ich eintreten sollte. Ich nahm meine Maske ab, schob sie über den Hut und setzte mich in Erwartung der Göttin. Mein Herz schlug mir bis zum Hals. Sie säumte zu kommen, und diese Verzögerung beunruhigte mich keineswegs, sondern war mir recht; ich fürchtete den Augenblick der Begegnung und sogar seine Auswirkungen. Aber als eine Stunde sehr rasch verflossen war, schien mir eine solche Verspätung ungewöhnlich. Sicher hatte man sie nicht verständigt. Ich erhob mich, setzte meine Maske wieder auf, kehrte zur Pforte zurück und fragte, ob man mich der Schwester M. M. gemeldet habe. Eine Stimme bestätigte mir das; ich möge nur warten. Recht nachdenklich kehrte ich an meinen Platz zurück; einige Minuten später erschien eine scheußliche alte Laienschwester und sagte:

»Schwester M. M. ist den ganzen Tag beschäftigt.«

Kaum hatte sie diese Worte gesprochen, verschwand sie.

Das sind die schrecklichsten Augenblicke im Leben eines Frauenhelden; etwas Grausameres gibt es nicht. Sie kränken, sie quälen, sie töten. Empört und erniedrigt, wie ich war, empfand ich zuerst nichts als Selbstverachtung, eine finstere Verachtung, die an Abscheu grenzte. Die zweite Empfindung war eine hochmütige Entrüstung über die Nonne, die ich verurteilte, wie sie es anscheinend verdiente, als verrückt, erbärmlich und schamlos. So stellte ich sie mir vor, denn anders konnte ich mich nicht trösten. Um sich mir gegenüber so zu verhalten, mußte sie die unverschämteste aller Frauen sein und ohne den geringsten Funken von Verstand, denn ihre beiden Briefe, die ich besaß, reichten hin, sie in Schande zu bringen, wenn ich mich hätte rächen wollen; und was sie getan hatte, schrie nach Rache. Sie konnte sie nur herausfordern, wenn sie mehr als verrückt war; ihr Vorgehen war das einer Tollen. Ich hätte sie ohne weiteres für wahnsinnig gehalten, wenn ich sie nicht mit der Contessa ganz vernünftig hätte sprechen hören.

In dem Aufruhr, den der Schimpf und der Zorn in meinem Gemüt »affixa humo« (der Erde verhaftet)[5] entfachten, faßte ich mir jedoch ein Herz, als ich lichte Momente entdeckte. Ich kam mit einem gewissen Galgenhumor zu der Einsicht, daß alles nicht der Rede wert wäre, hätte mich nicht die Schönheit und das Auftreten der Nonne betört und verliebt gemacht, und wäre nicht auch ein wenig Voreingenommenheit im Spiel gewesen. Mir wurde klar, daß ich so tun konnte, als lachte ich darüber, und niemand würde erraten können, daß ich nur so tat.

Immerhin hielt ich mich für verhöhnt und sah, daß ich mich rächen mußte; aber meine Rache sollte in keiner Weise niederträchtig sein. Da ich der üblen Spötterin nicht den geringsten Triumph gönnen wollte, war mir klar, daß ich mich auf keinen Fall gekränkt zeigen durfte. Sie hatte mir sagen lassen, daß sie beschäftigt sei; das war ganz einfach. Ich mußte also den Gleichgültigen spielen. Ein andermal würde sie das nicht sein; aber ich wettete, daß sie mich beim zweiten Mal nicht ins Garn locken würde. Es schien mir angebracht, sie davon zu überzeugen, daß mir ihr Verhalten nur Anlaß zum Lachen gegeben hatte. Es verstand sich von selbst, daß ich ihr die Briefe im Original zurückschicken mußte, aber als Beilage eines kurzen und freundlichen Briefs von meiner Hand. Am meisten mißfiel mir, daß ich meine Messebesuche in der Klosterkirche unbedingt einstellen mußte; denn da sie nicht wußte, daß ich C. C. zuliebe dorthin ging, hätte sie sich einbilden können, ich ginge nur in der Hoffnung hin,

sie würde sich bei mir entschuldigen und mir neuerlich die
Zusammenkünfte anbieten, die ich abgeschlagen hatte.
Ich wollte sie davon überzeugen, daß mir an ihr nichts lag.
Einen Augenblick lang glaubte ich, daß sie diese Verabredungen nur vorgeschlagen hatte, um mir zu imponieren.

Mit diesen Gedanken im Kopf schlief ich gegen Mitternacht ein, und als ich morgens erwachte, fand ich meinen
Plan ausführungsreif. Ich schrieb einen Brief, ließ ihn
dann aber noch vierundzwanzig Stunden liegen, um zu
sehen, ob er bei neuerlichem Durchlesen nicht vielleicht
doch noch einen leisen Schatten des Liebeskummers verriet, der mich quälte.

Ich tat gut daran; denn als ich ihn tags darauf erneut las,
fand ich ihn würdelos. Ich zerriß ihn rasch. Es gab da
Sätze, die mich als schwach, schüchtern und verliebt verrieten und ihr daher Anlaß zum Lachen hätten geben können. Andere schmeckten nach Zorn, und wieder andere
zeigten meinen Ärger über die zerstörte Hoffnung, sie zu
besitzen.

Am folgenden Tag verfaßte ich einen neuen, nachdem
ich zuvor auch an C. C. geschrieben hatte, daß mich gewichtige Gründe zwängen, auf den Besuch der Messe in
ihrer Kirche zu verzichten. Aber tags darauf fand ich meinen Brief wiederum lächerlich, und ich zerriß auch ihn.
Ich hatte den Eindruck, ich könnte nicht mehr schreiben;
erst zehn Tage nach dem Schimpf kam ich auf die Ursache
meines Unvermögens. Es lag an mir selbst.

»Sincerum est nisi vas, quodcumque infundis acescit.«
(Ist das Gefäß nicht sauber, wird alles, was du hineingie
ßest, sauer.)[6]

Der Eindruck, den M. M.s Gesicht in mir hinterlassen
hatte, konnte nur von der größten und mächtigsten aller

nicht faßbaren Kräfte ausgelöscht werden, von der Zeit. In meiner mißlichen Lage war ich zwanzigmal versucht, der Contessa S. mein Leid zu klagen; aber, Gott sei Dank, bin ich immer an ihrer Tür umgekehrt. Als ich mir schließlich überlegte, daß die unbesonnene Schreiberin wegen ihrer Briefe, mit denen ich ihren Ruf zugrunde richten und dem Kloster sehr schaden konnte, in ständiger Furcht leben mußte, beschloß ich, sie ihr in einem Brief zu schicken, den ich allerdings erst zehn bis zwölf Tage nach dem Vorfall, wie folgt abfaßte:

»Ich bitte Sie, mir zu glauben, Signora, daß ich Ihnen nur aus Unachtsamkeit Ihre beiden Briefe, die Sie beigeschlossen finden, nicht sogleich schickte. Ich dachte niemals daran, mir durch eine feige Rache untreu zu werden. Ich muß Ihnen zwei besonders große Unbesonnenheiten verzeihen, ob Sie diese nun ohne Absicht und gedankenlos begangen haben, oder um über mich zu spotten; aber ich rate Ihnen, in Zukunft einem andern gegenüber nicht mehr in solcher Weise zu handeln, denn Sie könnten an den Falschen geraten. Ich kenne Ihren Namen; aber das ist, ich versichere es Ihnen, ebenso, als ob ich ihn nicht kennte. Ich sage Ihnen das, obgleich Sie vielleicht auf meine Verschwiegenheit keinen Wert legen; aber in diesem Falle täten Sie mir leid.

Sie werden mich nicht mehr in Ihrer Kirche sehen, Signora, und das wird mir nichts ausmachen, denn ich werde in eine andere gehen; aber ich glaube, Ihnen den Grund dafür angeben zu müssen. Ich halte es für möglich, daß Sie die dritte Unbesonnenheit begangen haben, sich einigen Freundinnen gegenüber ihres kleinen Streiches zu rühmen; darum verbietet mir das Schamgefühl, mich zu zeigen. Entschuldigen Sie, wenn ich trotz der fünf oder sechs Jahre, die ich wohl älter bin als Sie, noch nicht alle Vorurteile mit Füßen trete; glauben Sie, Signora, es gibt einige, die man nicht mißachten sollte. Verschmähen Sie nicht diese kleine Lektion, die ich Ihnen gebe, nach der allzu großen, die Sie mir offensichtlich nur gegeben haben, um sich über mich lustig zu machen. Seien Sie versichert, daß sie mir den ganzen Rest meines Lebens zugute kommen wird.«

Mit diesem Brief glaubte ich, der Närrin mit der größten Sanftmut zu begegnen. Ich ging aus, winkte einen Friauler[7] herbei, der mich unter der Maske nicht erkennen konnte, gab ihm meinen Brief, der die beiden anderen enthielt, dazu vierzig Soldi, damit er ihn sofort an die Adresse in Murano bringe; ich versprach ihm weitere vierzig, wenn er mir nach seiner Rückkehr berichte, daß er seinen Auftrag genau ausgeführt habe. Ich gab ihm die Weisung, er solle den Umschlag bei der Pförtnerin abgeben und, ohne irgendeine Antwort abzuwarten, wieder fortgehen, selbst wenn die Pförtnerin ihn auffordere zu warten. Meinerseits wäre es aber ein Fehler gewesen, wenn ich auf ihn gewartet hätte. Bei uns sind die Friauler so sicher und zuverlässig, wie es die Savoyarden[8] vor zehn Jahren in Paris waren.

Als ich fünf oder sechs Tage später die Oper verließ, entdeckte ich den gleichen Friauler mit seiner Laterne in der Hand. Ich winkte ihn heran und fragte, ohne mich zu demaskieren, ob er mich kenne; er musterte mich eingehend und verneinte. Ich fragte ihn, ob er meinen Auftrag in Murano gut ausgeführt habe.

»Ach, Signore! Gott sei Dank! Da sind Sie endlich; ich muß dringend mit Ihnen sprechen. Ich habe Ihren Brief bestellt, wie Sie mir befohlen hatten, und als ich ihn bei

der Pförtnerin abgegeben hatte, ging ich fort, obwohl sie
mir sagte, ich solle warten. Bei meiner Rückkehr traf ich
Sie nicht an, aber das hat nichts auf sich. Am nächsten
Morgen kam ein Landsmann von mir, der an der Pforte
war, als ich Ihren Brief bestellte, und weckte mich; er
sagte mir, ich solle nach Murano fahren, weil die Pförtnerin mich unbedingt sprechen müsse. Ich bin hingefahren.
Die Pförtnerin ließ mich ein wenig warten und schickte
mich dann ins Sprechzimmer, wo mich eine Nonne sprechen wolle. Die Nonne, schön wie der Morgenstern, hielt
mich eine Stunde und länger damit auf, mir hundert Fragen zu stellen, die alle darauf abzielten, herauszubringen,
wer Sie sind, oder wenigstens Mittel und Wege zu entdek-
ken, wie ich Sie ausfindig machen könne; aber es war alles
zwecklos, da ich von nichts wußte.

Sie entfernte sich und hieß mich warten. Zwei Stunden
später erschien sie wieder mit einem Brief. Sie übergab ihn
mir und versprach mir zwei Zechinen, wenn es mir
gelänge, Ihnen diesen zuzustellen und ihr die Antwort zu
bringen; wenn ich Sie aber nicht fände, so sollte ich alle
Tage nach Murano kommen und ihr den Brief zeigen; für
jede meiner Fahrten versprach sie mir vierzig Soldi. Bis
jetzt habe ich zwanzig Lire verdient; aber ich fürchte, daß
sie es bald satt haben wird. Es liegt nur an Ihnen, mich die
zwei Zechinen[9] verdienen zu lassen, indem Sie den Brief
beantworten.«

»Wo ist er?«

»Bei mir daheim eingeschlossen, denn ich habe immer
Angst, ihn zu verlieren.«

»Wie soll ich ihn denn dann beantworten?«

»Warten Sie hier auf mich. In einer Viertelstunde bin
ich mit dem Brief zurück.«

»Ich werde nicht auf dich warten, denn mir liegt nichts
an der Antwort; aber sage mir, wie du der Schwester
Hoffnung machen konntest, du würdest mich finden. Du
bist ein Schwätzer. Es ist unwahrscheinlich, daß sie dir
den Brief anvertraut hätte, wenn du ihr nicht Hoffnung
gemacht hättest, du würdest mich finden.«

»Das stimmt. Ich habe ihr das Gewand beschrieben, das
Sie trugen, Ihre Schnallen und Ihren Körperwuchs. Ich
versichere Ihnen, daß ich seit zehn Tagen alle Masken
Ihrer Größe aufmerksam mustere, aber umsonst. Nun
erkenne ich Ihre Schnallen wieder; aber am Gewand hätte
ich Sie nicht erkannt. Ach, Signore! Es kostet Sie nichts,
eine einzige Zeile zu antworten. Warten Sie auf mich in
diesem Café!«

Ich konnte meine Neugierde nicht mehr bezähmen und
entschloß mich, nicht auf ihn zu warten, sondern gleich
mit ihm nach Hause zu gehen. Es genügte ja, wenn ich
antwortete: »Ich habe Ihren Brief erhalten. Adieu.« Tags
darauf hätte ich die Schnallen gewechselt und das Gewand
verkauft. Ich begleitete also den Friauler bis zu seiner Tür;
er ging den Brief holen und übergab ihn mir. Ich hieß ihn,
mir in ein Gasthaus zu folgen, wo ich, um den Brief in
Ruhe zu lesen, ein Zimmer nahm und Feuer machen ließ;
ihm trug ich auf, draußen auf mich zu warten. Ich öffnete
den Umschlag; das erste, was mir entgegenfiel, waren
gerade die beiden Briefe, die sie mir geschrieben hatte und
die ich geglaubt hatte, ihr zurückschicken zu müssen, um
ihr Gemüt zu beruhigen. Bei ihrem Anblick durchzuckte
mich bereits die Vorahnung meiner Niederlage. Außer
den beiden Briefen entdeckte ich einen kleinen, mit S.
gezeichneten. Er war an M. M. gerichtet. Ich las folgenden Wortlaut:

»Der Maskierte, der mich hin und zurück begleitete, hätte niemals den Mund geöffnet und nicht ein einziges Wort gesprochen, wenn mir nicht in den Sinn gekommen wäre, ihm zu sagen, daß der Zauber Deines Geistes noch verführerischer sei als der Deines Gesichts. Er antwortete mir, er würde gern das eine kennenlernen, und von dem anderen sei er überzeugt. Ich setzte hinzu, daß ich nicht verstünde, warum Du nicht mit ihm gesprochen hast; er antwortete mir lächelnd, Du wolltest ihn bestrafen und Deinerseits seine Gegenwart ignorieren, da er Dir nicht vorgestellt zu werden wünschte. Das war unser ganzer Dialog. Ich wollte dir dieses Briefchen heute früh schikken, aber ich konnte nicht. Adieu. S. F.«

Nachdem ich den Brief der Contessa gelesen hatte, der der Wahrheit weder ein Jota hinzufügte noch fortnahm und der als Rechtfertigung dienen konnte, hatte ich weniger Herzklopfen. In dem Glücksgefühl, daß mich der nächste Augenblick von meinem Unrecht überzeugen würde, faßte ich Mut; folgendes las ich in M. M.s Brief:

»Aus einer gewissen Schwäche heraus, die ich für sehr verzeihlich halte, und aus Neugierde zu erfahren, was Sie der Contessa wohl über mich sagen würden, während Sie sie nach dem Besuch bei mir nach Hause brachten, habe ich den Augenblick, da Sie im Sprechzimmer auf und ab gingen, dazu benutzt, sie um eine genaue Schilderung zu bitten. Ich hatte ihr gesagt, sie möge es mich sofort oder allerspätestens am nächsten Morgen wissen lassen, da ich erwartete, daß Sie mir am Nachmittag sicherlich einen Anstandsbesuch machen würden. Der Brief, den ich beilege und den ich Sie zu lesen bitte, hat mich erst eine halbe Stunde, nachdem man Sie fortgeschickt hatte, erreicht.

Das war das erste Verhängnis. Da ich diesen Brief noch nicht erhalten hatte, als Sie mich rufen ließen, besaß ich nicht die Kraft, Sie zu empfangen. Zweite verhängnisvolle Schwäche, die ebenso leicht verzeihlich ist. Ich hatte der Laienschwester aufgetragen, Ihnen zu sagen, ich sei ›an diesem Tage unpäßlich‹. Eine durchaus übliche Entschuldigung, ob sie nun wahr oder falsch ist, denn sie ist eine Notlüge, in der die Worte ›an diesem Tage‹ alles besagen. Sie waren schon fort, und ich konnte Ihnen niemanden nachschicken, als mir die alte Gans berichtete, sie habe Ihnen nicht gesagt, ich sei unpäßlich, sondern ich sei beschäftigt. Drittes Verhängnis. Sie können sich nicht vorstellen, was ich in meinem gerechten Zorn dieser Person zu sagen und anzutun Lust gehabt hätte; aber hier kann man weder reden noch handeln. Man muß Geduld haben, sich nichts merken lassen und Gott danken, wenn die Fehler eher der Dummheit als der Bosheit zuzuschreiben sind. Zum Teil habe ich sofort vorausgesehen, was dann eingetroffen ist; aber niemals hätte die menschliche Vernunft alles voraussehen können. Ich habe erraten, daß Sie sich im Glauben, gefoppt zu sein, empören würden, und ich empfand einen grausamen Schmerz, weil ich nicht wußte, wie ich es anstellen sollte, Sie vor dem ersten Festtag die Wahrheit wissen zu lassen. Ich nahm mit Sicherheit an, daß Sie in die Kirche kommen würden. Wer hätte ahnen können, daß Sie die Sache mit jener unerhörten Heftigkeit aufnehmen würden, die mir Ihr Brief vor Augen führte? Als ich Sie nicht in der Kirche erscheinen sah, begann mein Schmerz unerträglich, ja tödlich zu werden; aber völlig verzweifelt war ich, und mir brach das Herz, als ich, elf Tage später, den grausamen, unmenschlichen, ungerechten Brief las, den Sie mir geschrieben haben. Er hat mich unglücklich gemacht, und ich werde darüber sterben, wenn Sie nicht möglichst rasch kommen und sich rechtfertigen. Sie hielten sich für gefoppt, das ist alles, was Sie sagen können; inzwischen sind Sie wohl davon überzeugt, daß Sie im Irrtum waren. Aber selbst wenn Sie glaubten, man habe Sie zum besten gehabt, müssen Sie zugeben, daß Sie mich, um Ihren Entschluß zu fassen und um mir den garstigen Brief zu schreiben, den Sie mir geschickt haben, für ein Scheusal halten mußten, wie man es unter Frauen meiner Herkunft und Bildung unmöglich finden kann. Ich schicke Ihnen die beiden Briefe wieder, die Sie mir, um meine vermeintliche Unruhe zu beschwichtigen, zurückgesandt haben. Glauben Sie mir, ich kenne die Menschen besser als Sie, und was ich getan habe, tat ich nicht leichtfertig. Ich habe Sie niemals einer Schändlichkeit für fähig gehalten, nicht einmal dann, wenn ich Sie tatsächlich dreist gefoppt hätte; aber Sie haben in meinen Zügen nur Schamlosigkeit gelesen. Sie werden vielleicht schuld an meinem Tode sein, mindestens aber mich für den Rest meines Lebens unglücklich machen, wenn Sie sich nicht bemühen, sich zu rechtfertigen; denn was mich anbelangt, so glaube ich, es in jeder Hinsicht zu sein.

Selbst wenn Sie mein Leben nicht interessieren sollte, so bedenken Sie doch, daß es Ihre Ehre erfordert, mich sofort aufzusuchen. Sie müssen persönlich kommen und alles widerrufen, was Sie mir geschrieben haben. Wenn Sie die unheilvolle Wirkung nicht kennen, die Ihr teuflischer Brief im Gemüt einer unschuldigen und keineswegs verrückten Frau hervorrufen muß, so sind Sie zu bedauern. Dann hätten Sie nicht die geringste Kenntnis vom menschlichen Herzen. Aber ich bin sicher, daß Sie kommen werden, wenn Sie nur der Mann findet, dem ich diesen Brief anvertraue. M. M.«

Ich mußte den Brief kein zweites Mal lesen, um ganz verzweifelt zu sein. M. M. hatte recht. Ich setzte sogleich die Maske auf, verließ das Zimmer und sprach mit dem Friauler. Ich fragte ihn, ob er heute früh mit ihr geredet habe, und ob sie krank aussehe. Er antwortete, daß er sie von Tag zu Tag niedergeschlagener finde. Ich hieß ihn warten und kehrte ins Zimmer zurück.

Erst bei Tagesanbruch wurde ich mit dem Schreiben fertig. Hier ist wortwörtlich mein Brief an die edelste aller Frauen, die ich in meiner Unbesonnenheit grausam beleidigt hatte.

»Ich bin schuldig, Signora, und außerstande, mich zu rechtfertigen, hingegen nur allzu überzeugt von Ihrer Unschuld. Allein die Hoffnung auf Ihre Vergebung erhält mich am Leben; und Sie werden sie mir gewähren, wenn Sie überlegen, was mich schuldig werden ließ. Ich habe Sie gesehen, Sie haben mich bezaubert, und wenn ich an mein Glück dachte, kam es mir wie ein Märchen vor; ich glaubte zu träumen. Ich konnte erst vierundzwanzig Stunden später meine Verwirrung überwinden, und Gott allein weiß, wie lang sie mir wurden. Endlich waren sie vergangen; mit Herzklopfen stand ich im Sprechzimmer und zählte die Minuten. Sechzig waren verflossen, freilich unter dem Einfluß einer nie gekannten Ungeduld sehr rasch, da erschien eine unselige Gestalt, die mir mit widerwärtiger Kürze sagte, Sie seien den ganzen Tag ›beschäftigt‹; dann verschwand sie. Stellen Sie sich das Weitere vor. Ach, es war wirklich wie ein Blitzschlag, der mich nicht getötet hat, aber auch nicht am Leben ließ. Darf ich wagen, Ihnen zu sagen, Signora, daß ich gewiß nicht zufrieden, aber doch frei von Unruhe fortgegangen wäre, wenn Sie mir durch die gleiche Laienschwester zwei eigenhändig geschriebene Zeilen geschickt hätten. Das war das vierte Verhängnis; Sie vergaßen, es in Ihrer liebenswürdigen und sehr überzeugenden Rechtfertigung anzuführen. Die Wirkung dieses Schlages war verhängnisvoll und machte mich glauben, ich sei gefoppt und verhöhnt worden. Darüber war ich empört, meine Selbstachtung erhob Einspruch, und der finstere Schimpf erdrückte mich. Abscheu erfaßte mich, und ich fand mich widerwillig in dem Glauben, daß Sie hinter dem Antlitz eines Engels ein abscheuliches Herz verbergen. Bestürzt ging ich fort, und in elf Tagen büßte ich alle Vernunft ein. Ich schrieb Ihnen den Brief, über den Sie sich tausendmal zu Recht beklagen. Aber werden Sie es glauben? Ich hielt ihn für angemessen. Nun ist alles vorüber. Eine Stunde vor Mittag werden Sie mich zu Ihren Füßen sehen. Ich werde nicht schlafen gehen. Sie werden mir vergeben, Signora, oder ich werde Sie rächen. Ja, ich selbst werde Ihr Rächer sein. Nur eines erbitte ich als Gnade von Ihnen, daß Sie meinen Brief verbrennen oder daß morgen nicht mehr davon die Rede sein wird. Als ich ihn Ihnen schickte, hatte ich bereits vier andere geschrieben und nach dem Durchlesen zerrissen, weil ich darin Sätze fand, von denen ich fürchtete, daß sie die heftige Liebe verrieten, die Sie in mir entzündet hatten. Eine Frau, die mich verspottet hatte, war meiner zärtlichen Liebe nicht würdig, selbst wenn sie ein Engel gewesen wäre. Ich hatte nicht unrecht, aber . . . ich Unglücklicher! Konnte ich Sie dessen für fähig halten, nachdem ich Sie gesehen hatte? Ich werde mich auf das Bett werfen und drei oder vier Stunden verstreichen lassen. Meine Tränen werden das Kissen tränken. Ich schicke den Mann jetzt sogleich zu Ihrem Kloster, um sicher zu sein, daß Sie diesen Brief beim Erwachen erhalten. Der Mann hätte mich niemals gefunden, wenn ich ihn nicht beim Verlassen der Oper angesprochen hätte. Ich werde ihn nicht mehr brauchen. Antworten Sie mir nicht.«

Nachdem ich den Brief versiegelt und ihm gegeben hatte, trug ich ihm auf, sofort an die Klosterpforte zu gehen und ihn nur der Nonne persönlich auszuhändigen. Er versprach es mir, ich gab ihm eine Zechine, und er machte sich auf den Weg. Ich wartete voll Ungeduld sechs Stunden, dann maskierte ich mich und fuhr nach Murano; M. M. kam herab, sobald ich sie hatte verständigen lassen. Man hatte mich in das kleine Sprechzimmer eingelassen, wo ich sie mit der Contessa gesehen hatte. Ich warf mich vor ihr auf die Knie; aber sie hieß mich rasch, rasch aufzustehen, weil man mich sehen könnte. Ihr Gesicht war im Augenblick von Rot übergossen. Sie setzte sich, und ich setzte mich ihr gegenüber; so verbrachten wir eine gute Viertelstunde damit, uns gegenseitig anzublicken. Schließlich brach ich das Schweigen und fragte sie, ob ich auf Begnadigung rechnen könne. Da streckte sie ihre schöne Hand durch das Gitter; ich netzte sie mit meinen Tränen und küßte sie hundertmal. Sie meinte, daß unsere Bekanntschaft, die mit einem so wilden Ungewitter begonnen habe, nun ewigen Frieden erhoffen lasse.

»Heute sprechen wir zum erstenmal miteinander«, sagte sie; »aber wir haben genug erlebt, um uns schmeicheln zu dürfen, daß wir einander gründlich kennen. Ich hoffe, daß unsere Freundschaft ebenso zärtlich wie aufrichtig sein wird und daß wir beide Nachsicht für die Fehler des andern aufbringen werden.«

»Wann, Signora, darf ich Sie außerhalb dieser Mauern und in der ganzen Freude meines Herzens von meinen Gefühlen überzeugen?«

»Wir werden in meinem Landhaus zu Abend essen, wann immer Sie wollen; ich muß es nur zwei Tage vorher wissen. Oder bei Ihnen in Venedig, wenn es Ihnen nicht unangenehm ist.«

»Das würde mein Glück vollkommen machen; ich darf Ihnen mitteilen, daß ich sehr gut gestellt und weit davon entfernt bin, den Aufwand zu scheuen, ihn vielmehr schätze, und daß alles, was ich habe, dem Wesen gehört, das ich anbete.«

»Dieses Geständnis gefällt mir, lieber Freund. Auch ich kann Ihnen sagen, daß ich ziemlich reich bin und das Gefühl habe, meinem Liebhaber nichts verweigern zu können.«

»Aber Sie haben gewiß schon einen.«

»Ja, ich habe einen; er macht mich reich, und ihm bin ich unumschränkt zu eigen. Deshalb verschweige ich ihm auch nie etwas. Übermorgen, in meinem Landhaus, werden Sie mehr erfahren.«

»Aber ich hoffe, daß Ihr Liebhaber ...«

»Nicht dort sein wird? Seien Sie unbesorgt! Haben Sie auch eine Geliebte?«

»Ach! Ich hatte eine, und man hat sie mir entrissen. Ich lebe seit sechs Monaten in vollkommenem Zölibat.«

»Aber Sie lieben sie noch?«

»Ich kann mich nur in Liebe an sie erinnern; aber ich sehe voraus, daß Ihre verführerischen Reize mich sie vergessen lassen werden.«

»Wenn Sie glücklich waren, bedaure ich Sie. Man hat sie Ihnen entrissen; und Sie hingen Ihrem Gram nach und mieden die große Welt. Das habe ich erraten. Aber wenn ich ihren Platz erobern sollte, lieber Freund, so wird mich niemand von Ihrem Herzen reißen.«

»Aber was wird Ihr Liebhaber sagen?«

»Er wird entzückt sein, mich mit einem Geliebten, wie Sie es sind, zärtlich und glücklich zu sehen. Das liegt in seiner Art.«

»Eine bewundernswerte Veranlagung! Ein Heroismus, der meine Kraft übersteige.«

»Was treiben Sie in Venedig?«

»Theater, Gesellschaft und Spielsäle, in denen ich mein Glück herausfordere, manchmal mit Erfolg und manchmal vergeblich.«

»Auch bei ausländischen Gesandten?«

»Nein, denn ich bin zu eng mit Patriziern befreundet; aber ich kenne sie alle.«

»Wieso kennen Sie sie, wenn Sie keinen aufsuchen?«

»Ich habe sie im Ausland kennengelernt; in Parma den Herzog von Montealegre, den spanischen Botschafter, in Wien den Grafen von Rosenberg, in Paris vor ungefähr zwei Jahren den französischen Gesandten.«

»Lieber Freund, ich rate Ihnen aufzubrechen, weil es gleich zu Mittag läuten wird. Kommen Sie übermorgen um die gleiche Zeit, dann werde ich Ihnen alle nötigen Anweisungen geben, damit Sie mit mir zu Abend essen können.«

»Zu zweit?«

»Das versteht sich.«

»Darf ich wagen, Sie um ein Unterpfand zu bitten? Denn ein solches Glück ist übergroß.«

»Was wollen Sie als Unterpfand?«

»Ich möchte Sie am kleinen Fenster stehen sehen, und mich an der Stelle der Contessa S.«

Sie erhob sich, und mit dem anmutigsten Lächeln öffnete sie den Riegel. Nach einem Kuß, dessen Leidenschaftlichkeit ihr ebenso gefallen mochte wie seine Süße, verließ ich sie. Ihr verliebter Blick begleitete mich bis zur Tür.

Die Freude und die Ungeduld ließen mich an diesen beiden Tagen weder essen noch schlafen. Mir schien, als sei ich in der Liebe noch nie glücklich gewesen und als sollte ich es nun zum erstenmal werden. Außer der Herkunft, der Schönheit und dem Geist M. M.s, ihren wirklichen Vorzügen, spielte auch meine Voreingenommenheit mit hinein und machte mir die Größe meines Glücks unfaßbar. Sie war doch eine Vestalin[10]. Ich sollte eine verbotene Frucht genießen. Ich sollte die Rechte eines allmächtigen Gatten verletzen und mich in seinem göttlichen Serail der schönsten aller seiner Sultaninnen bemächtigen.

Wäre in jenen Augenblicken mein Verstand ungetrübt gewesen, so hätte ich wohl erkannt, daß diese Nonne auch nicht anders sein konnte als alle die hübschen Frauen, die ich in den dreizehn Jahren meiner Kämpfe im Bereiche Amors geliebt hatte; aber welcher verliebte Mann verweilt bei einem solchen Gedanken? Taucht er in seinem Geist auf, so weist er ihn mit Verachtung von sich. M. M. mußte unbedingt anders sein, und auch schöner als alle Frauen der Erde.

Die animalische Natur, wie die Alchimisten das Naturreich nennen, verschafft sich instinktiv die drei Mittel, die sie zum Fortbestand braucht. Es sind drei wirkliche Bedürfnisse. Sie muß sich ernähren; und damit das nicht zu einer einfachen Vorrichtung wird, ist ihr das Gefühl, das man Appetit nennt, eigen, und sie empfindet Lust, wenn sie ihn stillt. Zweitens muß sie ihre eigene Art durch Fortpflanzung erhalten; und sicherlich würde sie sich dieser Aufgabe nicht entledigen, was auch immer der heilige Augustinus[11] dazu sagt, wenn sie nicht bei ihrer Erfüllung Lust empfände. Drittens hat sie einen unbezwinglichen Hang, den Feind zu vernichten; und nichts ist besser bedacht, denn um sich zu erhalten, muß sie alles hassen, was ihre Vernichtung bewirkt oder anstrebt. Unter diesem allgemeinen Gesetz handelt jedoch jede Gattung anders. Die drei Empfindungen Hunger, Paarungstrieb und Haß bis zur Vernichtung des Feindes, finden bei den Tieren ihre gewöhnliche Befriedigung. Hüten wir uns aber, dann von Lust zu sprechen! Denn Lust verlangt Bewußtheit, und Tiere sind dazu nicht fähig. Einzig der Mensch ist wirklicher Lust fähig, denn er ist mit dem Vermögen des Denkens begabt; er erwartet die Lust, er sucht sie, er verschafft sie sich und erinnert sich ihrer, wenn er sie genossen hat. Lieber Leser, ich bitte dich, mir zu folgen, denn wenn du mich im Stich läßt, bist du unhöflich. Wie liegen also die Dinge? Der Mensch steht auf der gleichen Stufe wie die Tiere, wenn er sich den drei Trieben überläßt, ohne sein Denken dabei zu beteiligen. Wenn unser Geist das seine dazu beiträgt, werden diese drei Befriedigungen zur Lust, zur Lust und noch einmal zur Lust; das ist eine unerklärliche Empfindung, die uns das sogenannte Glück genießen läßt, das wir auch nicht erklären, sondern nur fühlen können.

Der sinnenfreudige, denkende Mensch verachtet die Gefräßigkeit, die Hurerei und die brutale Rache in einer ersten Zornesaufwallung. Er ist vielmehr ein Feinschmekker; er verliebt sich, aber er will das geliebte Geschöpf nur besitzen, wenn er sicher ist, geliebt zu werden; wenn er sich beleidigt fühlt, so wird er sich erst rächen, wenn er kaltblütig die geeignetsten Mittel zu seiner Rache gefunden hat, die ihn die Lust auskosten lassen. Er mag sich dabei als grausamer empfinden; aber es tröstet ihn, daß er sich für vernünftiger hält. Diese drei Verhaltensweisen sind das Werk des Verstandes, der auf der Jagd nach Lust zum Diener der Leidenschaften wird, »quae nisi parent imperant« (die, wenn sie nicht gehorchen, befehlen)[12]. Wir erdulden den Hunger, um das Fleischgericht besser zu genießen; wir zögern den Höhepunkt der Lust hinaus, um sie zu steigern; und wir warten mit einer Rache, um sie mörderischer zu machen. Es ist freilich richtig, daß man häufig an verdorbenem Magen stirbt, daß wir uns in der Liebe durch Trugschlüsse täuschen oder täuschen lassen und daß der Feind, den wir vernichten wollen, häufig unserer Rache entgeht; aber diese Gefahren nehmen wir gern in Kauf.

Nichts kann dem denkenden Menschen teurer sein als das Leben; dennoch beweist der am meisten Sinnenfreude, der die allzu schwierige Kunst am besten versteht, es rasch verstreichen zu lassen. Man will es nicht verkürzen, sondern man möchte, daß sein Verstreichen durch das Vergnügen unmerklich wird. Es ist gut, wenn man seine Pflichten nicht versäumt hat. Wer aber nur solche zu haben glaubt, die den Sinnen schmeicheln, täuscht sich; und möglicherweise hat sich auch Horaz getäuscht, als er zu Julius Florus[13] sagte: »Nec metuam quid de me judicet heres, quod non plura datis inveniet« (Auch soll es mich nicht kümmern, was der Erbe über mich sagt, weil er nicht mehr findet, als was mir gegeben wurde).[14]

Am glücklichsten ist der Mensch, der in der Kunst wohl bewandert ist, glücklich zu werden, ohne seine Pflichten

zu vernachlässigen; besonders unglücklich aber ist, wer
einen Beruf ergriffen hat, in dem er tagtäglich von morgens bis abends die traurige Verpflichtung hat, an die
Zukunft zu denken.

Da ich sicher war, daß M. M. Wort halten würde, fand
ich mich zwei Stunden vor der Mittagszeit im Sprechzimmer ein. Mein Aussehen veranlaßte sie sofort zu der
Frage, ob ich krank sei.

»Nein«, antwortete ich, »das nicht; aber in der ungeduldigen Erwartung eines Glücks, das mich überwältigt,
sehe ich wohl so aus. Ich habe Appetit und Schlaf einge-
büßt; wenn es aufgeschoben wird, kann ich für mein
Leben nicht mehr einstehen.«

»Nichts soll aufgeschoben werden, lieber Freund; aber
welche Ungeduld! Setzen wir uns doch! Hier ist der
Schlüssel für das Landhaus, in das Sie kommen sollen. Es
sind Leute dort, denn man wird uns dort bedienen; aber
niemand wird Sie ansprechen, und Sie sind auch nicht
gezwungen, mit jemandem zu reden. Sie müssen maskiert
sein. Kommen Sie erst um die zweite Stunde nach Sonnenuntergang[15] und nicht früher. Steigen Sie die Treppe hinauf, die der Haustür gegenüber liegt; am oberen Ende der
Treppe werden Sie im Schein einer Lampe eine grüne Tür
entdecken. Diese öffnen Sie und treten in eine Wohnung,
die erleuchtet sein wird. Im zweiten Zimmer werden Sie
mich finden; wenn ich noch nicht da bin, so warten Sie auf
mich. Ich werde mich höchstens einige Minuten verspä-
ten. Sie können die Maske abnehmen, sich an das Feuer
setzen und lesen. Sie werden Bücher finden. Die Tür zum
Landhaus ist an folgender Stelle.«

Die Beschreibung konnte nicht genauer sein, und ich
war froh, daß ich nicht fehlgehen konnte. Ich küßte die

Hand, die mir den Schlüssel gab, und auch den Schlüssel,
bevor ich ihn in die Tasche steckte. Ich fragte sie, ob ich sie
weltlich gekleidet finden würde oder als Heilige, wie ich
sie jetzt sähe.

»Ich gehe im Nonnengewand aus, aber im Haus ziehe
ich mich um. Dort habe ich auch alles Nötige, um mich zu
maskieren.«

»Ich hoffe aber, daß Sie sich an diesem Abend nicht
weltlich kleiden werden.«

»Warum denn nur?«

»Ich habe Sie am liebsten mit der Haube, die Sie
tragen.«

»Ach ja, ich verstehe. Sie haben Angst, weil Sie glauben, ich hätte keine Haare; aber Sie müssen wissen, daß
ich eine erstklassige Perücke habe.«

»Gott! Was sagen Sie? Schon das Wort Perücke ist mir
widerlich. Aber nein. Nein, nein, zweifeln Sie nicht
daran, daß ich Sie trotzdem reizend finden werde. Tun Sie
mir nur den Gefallen, sie nicht in meiner Gegenwart auf-
zusetzen! Aber nun habe ich Sie gekränkt. Verzeihung!
Ich bin untröstlich, daß ich überhaupt davon angefangen
habe. Sind Sie sicher, daß Sie niemand sieht, wenn Sie das
Kloster verlassen?«

»Sie können sich selbst davon überzeugen, wenn Sie in
der Gondel um die Insel fahren und sich den Platz ansehen, wo sich die kleine Anlegestelle befindet. Sie führt
zu einem Zimmer, zu dem ich den Schlüssel habe; und die
Laienschwester, die mir dient, ist zuverlässig.«

»Und die Gondel?«

»Mein Liebhaber bürgt für die Zuverlässigkeit der
Gondolieri.«

»Ein trefflicher Mann, Ihr Liebhaber! Ich stelle mir vor,
daß er alt ist.«

»Eigentlich nicht. Dann würde ich mich schämen. Ich bin sicher, daß er noch nicht vierzig ist. Er hat alles, mein lieber Freund, um liebenswert zu sein, Schönheit, Geist, ein zuvorkommendes Wesen und Lebensart.«

»Und er verzeiht Ihnen Seitensprünge?«

»Was verstehen Sie unter Seitensprüngen? Vor einem Jahr hat er mich zu seiner Geliebten gemacht. Vor ihm habe ich keinen Mann gekannt, so wie ich auch vor Ihnen niemanden gekannt habe, der in mir ein Verlangen erweckt hätte. Als ich ihm alles erzählte, war er ein wenig erstaunt; dann lachte er darüber und machte mir nur kurz Vorhaltungen, daß ich Gefahr liefe, einem Schwätzer in die Hände zu fallen. Er hätte gewünscht, daß ich wenigstens wüßte, wer Sie seien, bevor ich mich auf die Sache einließe; aber dafür war es zu spät. Ich verbürgte mich für Sie, und er hat wiederum gelacht, daß ich mich für jemanden verbürge, den ich nicht kenne.«

»Wann haben Sie ihm denn alles anvertraut?«

»Vorgestern, und das in aller Aufrichtigkeit. Ich zeigte ihm die Abschrift meiner Briefe, dazu die Ihren, nach deren Lektüre er Sie für einen Franzosen hielt, wenn Sie sich mir gegenüber auch als Venezianer ausgegeben hätten. Er ist neugierig zu erfahren, wer Sie sind, und das ist alles; aber befürchten Sie nichts, da ich diese Neugierde nicht teile. Ich gebe Ihnen mein Ehrenwort, daß ich nie den geringsten Versuch unternehmen werde, es zu erfahren.«

»So wenig wie ich, um zu wissen, wer dieser Mann ist, der so einzigartig ist wie Sie selbst. Ich bin untröstlich, wenn ich an den Kummer denke, den ich Ihnen bereitet habe.«

»Sprechen wir nicht mehr davon, seien Sie vielmehr

ganz beruhigt! Wenn ich es recht bedenke, konnten Sie, ohne überheblich zu sein, gar nicht anders handeln.«

Bei meinem Abschied gab sie mir erneut am kleinen Fenster ein Unterpfand ihrer Zuneigung und blieb dort, bis ich das Sprechzimmer verlassen hatte.

Zur festgesetzten Nachtstunde fand ich das Haus ohne die geringste Schwierigkeit; ich öffnete die Tür und, ihren Anweisungen folgend, fand ich sie in weltlicher Kleidung von größter Eleganz. Das Zimmer war von Kerzen erhellt, die in Wandarmen vor Spiegelscheiben steckten, und von vier weiteren Leuchtern, die auf einem Tisch mit Büchern standen. M. M. erschien mir in ganz anderer Weise schön, als ich sie im Sprechzimmer gesehen hatte. Sie trug eine Frisur mit Knoten, der üppiges Haar verriet; aber meine Augen glitten nur darüber hinweg, denn nichts wäre in diesem Augenblick alberner gewesen als ein Kompliment für ihre schöne Perücke. Vor ihr in die Knie sinken, ihr hunderte Male meine überströmende Dankbarkeit beteuern und immer wieder ihre schönen Hände küssen, das waren die Vorboten einer Leidenschaft, die zu einem Liebesspiel nach allen Regeln führen mußte; aber M. M. hielt es zunächst für ihre Pflicht, sich zu verteidigen. Welch köstliches Sträuben! Die Kraft zweier Hände, die den Ansturm eines ritterlichen und zarten, zugleich aber auch kühnen und beharrlichen Liebhabers abwehrten, war nur geringfügig mit im Spiel; die Waffen, die sie anwandte, um meine Leidenschaft zu zügeln, um mein Feuer zu dämpfen, waren Einwände, in ebenso liebevolle wie energische Worte gekleidet und immer wieder durch so verliebte Küsse bekräftigt, daß mir das Herz schmolz. In diesem für beide ebenso süßen wie aufreibenden Geplänkel verbrachten wir zwei Stunden. Schließlich

beglückwünschte sich jeder zu seinem angeblichen Sieg;
sie, daß sie sich aller meiner Angriffe hatte erwehren können, und ich, daß ich meine ungeduldigen Gefühle im
Zaum gehalten hatte.

Gegen elf Uhr sagte sie, daß sie großen Appetit habe
und von mir das gleiche hoffe. Auf ihr Läuten erschien
eine sauber gekleidete Frau mittleren Alters, der man die
Rechtschaffenheit am Gesicht ansah, deckte einen Tisch
für zwei Personen, stellte uns alles, was wir brauchen
mochten, in Reichweite und bediente uns. Das Geschirr
war aus Sèvres-Porzellan[16]. Das Abendessen bestand aus
acht Gerichten; sie standen auf silbernen, mit heißem
Wasser gefüllten Untersätzen, welche die Speisen warm-
hielten. Es war ein köstliches und erlesenes Essen. »Der
Koch muß ein Franzose sein«, rief ich aus, und sie bestätigte es mir. Wir tranken nur Burgunder, leerten eine Flasche Champagner und zur Aufmunterung noch eine Flasche Schaumwein. Den Salat bereitete sie selbst zu; ihr
Appetit stand dem meinen nicht nach. Sie läutete erst, um
den Nachtisch und alles das bringen zu lassen, was man
zum Punsch braucht. Bei allem, was sie tat, konnte ich
nicht anders, als ihre Lebensart, ihr Geschick und ihre
Anmut bewundern. Ganz offenbar hatte sie einen Liebhaber, von dem sie gelernt hatte. Ich wurde so begierig zu
erfahren, wer es sei, daß ich mich bereit erklärte, ihr meinen Namen zu nennen, wenn sie mir den des Glücklichen
anvertrauen wolle, der ihr mit Herz und Seele zu eigen
war. Sie erwiderte, wir müßten es der Zeit überlassen,
unsere Neugierde zu befriedigen.

Sie trug am Gehänge ihrer Uhr unter anderem ein kleines Fläschchen aus Bergkristall, völlig das gleiche, wie ich
es an der Kette der meinen trug. Ich zeigte es ihr und

rühmte die Rosenessenz, die es, auf ein kleines Stück Watte geträufelt, enthielt. Sie zeigte mir das ihre, das mit der gleichen Essenz in flüssiger Form gefüllt war.

»Ich bin erstaunt«, sagte ich, »sie ist doch sehr selten und kostet sehr viel.«

»Man kann sie auch gar nicht kaufen.«

»Das stimmt. Der Besitzer dieser Essenz ist der König von Frankreich; er hat ein Pfund davon herstellen lassen, das ihn zehntausend Taler gekostet hat.«

»Es ist ein Geschenk an meinen Liebhaber, der es mir gegeben hat.«

»Madame de Pompadour hat vor zwei Jahren Signor Mocenigo, dem venezianischen Botschafter in Paris, durch A. de B.[17], der gegenwärtig hier französischer Gesandter ist, eine kleine Phiole davon geschickt.«

»Kennen Sie ihn?«

»Ich habe ihn bei jener Gelegenheit kennengelernt, da ich die Ehre hatte, mit ihm zu speisen. Kurz vor seiner Abreise hierher kam er zu mir, um sich zu verabschieden. Das Glück war ihm stets gewogen; aber er ist auch ein hochverdienter und sehr geistreicher Mann, außerdem von adliger Geburt, denn er ist Graf von Lyon[18]. Wegen seines hübschen Gesichts erhielt er den Spitznamen ›Belle-Babet‹[19]. Es gibt auch einen kleinen Gedichtband von ihm[20], der ihm Ehre macht.«

Mitternacht hatte geschlagen, und die Zeit wurde allmählich kostbar. Wir erhoben uns von der Tafel, und vor dem Kamin begann ich, sie zu bestürmen. Ich sagte, wenn sie schon nicht der Liebe nachgeben wolle, so könne sie doch der Natur ihr Recht nicht verweigern, die nach einem so ausgiebigen Abendessen fordere, daß sie sich schlafen lege.

»Sie sind also müde?«

»Keineswegs; aber um diese Stunde geht man zu Bett.
Lassen Sie mich Ihnen dabei helfen und an Ihrem Lager
wachen, solange Sie ruhen wollen! Erlauben Sie mir
andernfalls, daß ich mich zurückziehe.«

»Wenn Sie mich verlassen, bereiten Sie mir großen
Kummer.«

»Gewiß keinen größeren, als ich empfinden würde,
wenn ich Sie verließe; aber was machen wir hier vor dem
Kamin bis zum Tagesanbruch?«

»Wir können beide angekleidet auf diesem Sofa hier
schlafen.«

»Angekleidet, meinetwegen. Ich will Sie auch gern
schlafen lassen; aber werden Sie es mir verzeihen, wenn
ich nicht schlafe? Wie könnte ich neben Ihnen und überdies durch meine Kleidung behindert schlafen?«

»Nun gut! Dieses Sofa ist übrigens ein richtiges Bett. Sie
werden gleich sehen.«

Damit stand sie auf, zog das Sofa quer, schlug die Kissen, die Leintücher und eine Decke auseinander, und ich
sah ein richtiges Bett vor mir. Sie band mir ein großes
Taschentuch um die Haare und gab mir ein zweites, damit
ich ihr den gleichen Dienst erweise, da sie, wie sie sagte,
keine Nachthaube habe. Ich unterdrückte meinen Abscheu gegen ihre Perücke und machte mich ans Werk;
da bereitete mir ein unerwartetes Wunder die angenehm-
ste Überraschung. An Stelle einer Perücke fand ich das
allerschönste natürliche Haar. Sie lachte herzlich und
sagte, eine Nonne habe nur die Verpflichtung, keine weltlichen Leute ihr Haar sehen zu lassen; dann warf sie sich
ausgestreckt auf das Sofa. Schnell entledigte ich mich meines Rockes, strampelte meine Schuhe von den Füßen und

fiel mehr auf als neben sie. Sie nahm mich fest in ihre Arme und glaubte in ihrer unnatürlichen Selbstverleugnung, ich müsse ihr alle Qualen verzeihen, die mir ihr Widerstreben zwangsläufig bereitete.

Mit zitternder Hand und Nachsicht heischenden Blikken löste ich zaghaft sechs breite Schleifen, die ihr Kleid vorn schlossen; zu meiner überströmenden Freude wehrte sie es mir nicht, und ich fand mich im glücklichen Besitz des herrlichsten Busens. Nun war es zu spät. Sie mußte es dulden, daß ich ihn bewunderte und mich auf ihn stürzte; als ich meine Augen zu ihrem Gesicht hob, sah ich zärtliche Liebe, die von mir forderte: ›Sei damit zufrieden und lerne von mir, Enthaltsamkeit zu üben.‹ Von der Liebe und der allmächtigen Natur übermannt und in meiner Verzweiflung, daß sie meinen Händen kein weiteres Vordringen gestatten wollte, tat ich mein möglichstes, um eine ihrer Hände dorthin zu bringen, wo sie sich davon hätte überzeugen können, daß ich Gnade verdiente; aber sie widerstrebte mit einer mir überlegenen Kraft und wollte ihre Hände nicht von meiner Brust lösen, wo sie doch nichts Interessantes finden konnte. Trotzdem fand ihr Mund dorthin, als er sich von dem meinen trennte.

So verbrachte ich manche Stunde, ohne etwas anderes tun zu können, als beständig ihren Speichel, vermischt mit dem meinigen, zu schlucken, und schlief schließlich, sei es aus Bedürfnis, sei es aus Müdigkeit, sie eng umschlungen haltend, in ihren Armen ein. Ein lauter Glockenschlag schreckte mich plötzlich auf.

»Was war das?«

»Ziehen wir uns rasch an, mein zärtlicher, lieber Freund; ich muß ins Kloster zurück.«

»Dann ziehen Sie sich zuerst an! Ich möchte das Schauspiel genießen, wie Sie sich wieder in eine Heilige verwandeln.«

»Gern. Wenn du nichts versäumst, kannst du hier schlafen.«

Nun schellte sie wieder nach der Frau, die die große Vertraute aller ihrer Liebesgeheimnisse sein mußte. Sie ließ sich frisieren, zog das Kleid aus, legte ihre Uhr an, ihre Ringe und ihren ganzen weltlichen Schmuck in einen Sekretär, den sie abschloß. Dann zog sie ihre Nonnenschuhe an und ein Korsett, in das sie wie in ein enges Gefängnis die reizenden Kinder zwängte, die allein mich mit ihrem Nektar gelabt hatten; schließlich schlüpfte sie in ihre Kutte. Als die Vertraute hinausging, um den Gondoliere zu verständigen, kam sie, schlang ihre Arme um meinen Hals und sagte, daß sie mich am übernächsten Tag erwarte, um mit mir zu verabreden, welche Nacht sie bei mir in Venedig verbringen werde, in der wir uns, wie sie versprach, vollkommen glücklich machen würden; dann verließ sie mich. Sehr zufrieden mit meinem Los, wenn auch voll unbefriedigter Wünsche, löschte ich die Kerze und schlief tief bis Mittag.

Ich verließ das Landhaus, ohne jemanden zu sehen, und ging wohlmaskiert zu Laura, die mir einen Brief von C. C. folgenden Inhalts gab:

»Mein lieber Gemahl, hier hast Du eine gute Probe meiner Denkungsart! Du wirst mich gewiß immer würdiger finden, Deine Frau zu sein. Du darfst glauben, daß ich trotz meiner jungen Jahre fähig bin, ein Geheimnis zu wahren, und auch taktvoll genug, um Dir Deine Zurückhaltung nicht zu verübeln. Da ich Deines Herzens sicher bin, kann ich nicht eifersüchtig sein auf etwas, das Dich zerstreuen und Dir helfen wird, unsere Trennung in Geduld zu ertragen.

Ich muß Dir erzählen, daß ich gestern durch den kleinen Gang kam, der über dem Sprechzimmer liegt; um einen Zahnstocher aufzuheben, der mir aus der Hand gefallen war, mußte ich einen Schemel an die Wand rükken. Als ich nach ihm griff, sah ich durch eine fast unmerkliche Ritze zwischen Fußboden und Mauer Dich in höchsteigener Person, wie Du sehr angelegentlich mit meiner lieben Freundin, der Schwester M. M., sprachst. Du kannst Dir schwerlich vorstellen, wie überrascht und froh ich war. Doch wichen diese beiden Gefühle im nächsten Augenblick der Furcht, gesehen zu werden und irgendeine Plaudertasche neugierig zu machen. Rasch stellte ich den Schemel an seinen Platz zurück und ging fort. Ach, lieber Freund, ich bitte Dich, erzähle mir alles! Wie könnte ich bei meiner Liebe zu Dir nicht neugierig sein zu erfahren, wie es dazu gekommen ist! Erzähle mir, ob sie Dich kennt und wie Du ihre Bekanntschaft gemacht hast. Sie ist meine liebe Freundin, von der ich Dir erzählt habe und deren Namen ich Dir nicht glaubte nennen zu müssen. Von ihr habe ich Französisch gelernt, und sie hat mir in ihrem Zimmer Bücher zu lesen gegeben, die mich über sehr wichtige Dinge aufklärten, von denen wenige Frauen wissen. Ohne sie, weißt Du, wäre meine schlimme Krankheit, die mich fast umgebracht hat, entdeckt worden. Sie hat mir Wäsche und Tücher gegeben; ich verdanke ihr meinen guten Ruf. Sie erfuhr auf diese Weise, daß ich einen Geliebten gehabt hatte; ich weiß, daß auch sie einen hat, aber wir waren niemals auf unsere gegenseitigen Geheimnisse neugierig. Schwester M. M. ist eine einzigartige Frau. Ich bin sicher, lieber Freund, daß Du sie liebst und daß sie Dich liebt; da ich aber gar nicht eifersüchtig bin, verdiene ich, daß Du mir alles erzählst. Doch ich beklage Euch beide; denn alles, was Ihr tun könnt, kann Eure Leidenschaft, glaube ich, nur verschlimmern. Das ganze Kloster meint, Du seiest krank; ich vergehe vor Sehnsucht, Dich zu sehen. Komm doch wenigstens einmal! Leb wohl.«

Dieser Brief beunruhigte mich, denn von C. C. hatte ich zwar nichts zu befürchten, aber dieser Spalt in der Decke konnte uns anderen verraten. Überdies sah ich mich gezwungen, meine liebe Freundin anzulügen, denn die Ehre und die Liebe verboten mir, ihr die Wahrheit zu gestehen. In der Antwort, die ich ihr sofort schickte, wies ich sie an, sie solle unverzüglich ihrer Freundin mitteilen, sie habe sie durch den Spalt im Gespräch mit einer Maske gesehen. Was die Bekanntschaft mit der Nonne betraf, schrieb ich ihr, ich hätte von deren außerordentlichen Vorzügen gehört und sie unter Angabe eines falschen Namens ans Gitter rufen lassen; sie müsse sich deshalb auch hüten, von mir zu sprechen, denn die Nonne habe mich als den erkannt, der die Messe in ihrer Kirche besuche. Ich versicherte ihr, daß von Liebe keine Rede wäre, gab aber zu, daß sie eine reizende Frau sei.

Am Tag der heiligen Katharina[21], dem Namenstag von C. C., ging ich in ihrer Kirche zur Messe. Auf dem Weg zum Landeplatz, wo ich eine Gondel nehmen wollte, merkte ich, daß mir jemand folgte. Ich mußte mir Klarheit verschaffen. Ich beobachtete, daß der gleiche Mann ebenfalls eine Gondel nahm und mir folgte; das konnte Zufall sein, aber um Gewißheit zu haben, stieg ich in Venedig am Palazzo Morosini del Giardino aus und sah, daß der gleiche Mann ebenfalls ausstieg. Nun zweifelte ich nicht

mehr. Ich verließ den Palazzo und blieb in einer engen
Straße bei der Flandrischen Post[22] stehen; als der Spitzel
kam, drängte ich ihn mit einem Messer in der Hand in
einen Winkel, setzte ihm die Spitze an die Kehle und
wollte ihn zwingen, mir zu sagen, in wessen Auftrag er
mir folge. Er hätte mir vielleicht alles gesagt, wenn nicht
zufällig jemand in die Straße eingebogen wäre. Da ent-
wischte er mir, und ich erfuhr nichts. Aber mir wurde
klar, daß ein Neugieriger, wenn er es sich in den Kopf
setzte, allzuleicht herausbringen konnte, wer ich war; so
entschloß ich mich, nur mehr maskiert oder bei Nacht
nach Murano zu fahren.

Am folgenden Tag wollte mich M. M. die näheren
Umstände für unser gemeinsames Abendessen wissen lassen; ich ging also sehr zeitig ins Sprechzimmer. Ich sah auf
ihrem Gesicht die deutlichen Anzeichen einer Befriedigung, die ihr Herz restlos erfüllte. Das erste Kompliment,
das sie mir machte, betraf mein Erscheinen in ihrer Kirche, in der man mich seit drei Wochen nicht mehr gesehen
hatte. Sie sagte mir, daß die Äbtissin sich sehr darüber
gefreut habe, weil sie sicher zu wissen glaube, wer ich sei.
Ich teilte ihr nun die ganze Geschichte von dem Spitzel
mit und dazu meinen Entschluß, nicht mehr in ihrer Kirche zur Messe zu gehen. Sie antwortete, ich täte gut daran,
mich so wenig wie möglich in Murano zu zeigen. Dann
berichtete sie mir ausführlich die Geschichte von dem
Spalt im alten Fußboden und sagte, er sei bereits verstopft.
Sie erzählte mir, eine Pensionärin, die ihr gewogen sei,
habe sie gewarnt; aber sie sagte mir keinen Namen.

Nach diesen einleitenden Gesprächen fragte ich sie, ob
mein Glück aufgeschoben sei; sie antwortete, das sei es
nur um vierundzwanzig Stunden, weil die neuaufgenom-

mene Schwester sie zum Abendessen in ihr Zimmer eingeladen habe.

»Solche Einladungen kommen selten vor«, sagte sie mir; »aber wenn, dann kann man sich ihnen nicht entziehen, sonst macht man sich die Gastgeberin zur Feindin.«

»Kann man nicht sagen, daß man krank ist?«

»Ja, aber dann muß man Besuche über sich ergehen lassen.«

»Ich verstehe, denn wenn du sie abweist, könnte man unerlaubten Ausgang argwöhnen.«

»Ach, das nicht. Unerlaubten Ausgang hält man für unmöglich.«

»Du bist also hier die einzige, die dieses Wunder zustande bringt?«

»Du kannst davon überzeugt sein, daß ich die einzige bin, und daß das Gold die Allmacht besaß, dieses Wunder zu bewirken. Sag mir also, wo du mich morgen genau zwei Stunden nach dem Angelusläuten erwarten willst.«

»Könnte ich dich nicht hier in deinem Landhaus erwarten?«

»Nein, denn mein Liebhaber wird mich nach Venedig bringen.«

»Dein Liebhaber?«

»Er selbst.«

»Das ist einmalig. Ich werde dich also auf der Piazza dei S. S. Giovanni e Paolo hinter dem Sockel der Reiterstatue des Bartolomeo Colleoni erwarten.«

»Ich habe diese Statue und auch den Platz bisher zwar nur auf Stichen gesehen, doch werde ich sie nicht verfehlen. Das genügt. Nur ein abscheuliches Wetter könnte mich am Kommen hindern; aber hoffen wir auf gutes. Also auf Wiedersehen! Wir werden morgen abend viel zu reden haben, und wenn wir schlafen sollten, werden wir zufriedener einschlummern.«

Ich mußte rasch handeln, denn mir gehörte kein Haus. Ich nahm deshalb einen zweiten Ruderer, um in einer knappen Viertelstunde ins Viertel San Marco zu gelangen. Fünf oder sechs Stunden verbrachte ich damit, eine große Anzahl von Häusern zu besichtigen, und wählte schließlich das vornehmste und folglich auch teuerste. Es hatte Lord Holderness, dem englischen Botschafter, gehört, der es bei seiner Abreise einem Koch für billiges Geld verkauft hatte. Dieser vermietete es mir bis Ostern für hundert Zechinen, zahlbar im voraus, unter der Bedingung, daß ich mir die Diners und Soupers, die ich geben würde, von ihm zubereiten ließ.

Das Haus hatte fünf Räume, die mit erlesenem Geschmack möbliert waren. Alles und jedes war wohl vorbedacht für die Freuden der Liebe und der guten Tafel, überhaupt für jede Art von Luxus. Man reichte das Essen durch eine in die Wand eingelassene blinde Öffnung, die von einer drehbaren Anrichte völlig ausgefüllt war. Herrschaft und Diener konnten einander nicht sehen. Dieses Zimmer war mit Spiegeln, Kronleuchtern und einem weißen Marmorkamin geschmückt, dessen prächtiger Aufsatz auf kleinen gemalten chinesischen Kacheln reizvolle Liebespaare im paradiesischen Zustand zeigte, die durch ihre lüsternen Stellungen die Phantasie entzündeten. Kleine Armsessel paßten harmonisch zu den Sofas, die links und rechts standen. Ein anderes Zimmer war achteckig und ganz mit Spiegeln ausgekleidet, ebenfalls der Fußboden und die Decke. Alle diese einander gegenüberstehenden Spiegel zeigten ein und denselben Gegenstand von tausend verschiedenen Seiten. Dieses Zimmer grenzte an

ein Bettgemach, das zwei verborgene Türen hatte, auf der
einen Seite zu einem Ankleidezimmer, auf der anderen zu
einem Boudoir mit einer Badewanne und einem englischen Örtchen[23]. Alle Täfelungen waren mit Goldstaub
belegt oder mit Blumen und Arabesken bemalt. Nachdem
ich den Koch angewiesen hatte, er solle nicht vergessen,
das Bett zu überziehen und in jedem Zimmer auf alle
Lüster und Leuchter Kerzen zu stecken, bestellte ich bei
ihm für den Abend ein Souper für zwei Personen und
sagte ihm ausdrücklich, daß ich keine anderen Weine
wolle als Burgunder und Champagner und nicht mehr als
acht Küchengerichte, deren Wahl ich ihm ohne Rücksicht
auf die Kosten überließe. Auch der Nachtisch sollte seine
Angelegenheit sein. Als ich den Schlüssel zur Haustür
einsteckte, schärfte ich ihm ein, daß ich beim Kommen
niemanden sehen wolle. Das Souper sollte um acht Uhr
bereit sein und auf mein Läuten hin serviert werden. Mit
Freude stellte ich fest, daß die Uhr im Bettgemach einen
Wecker hatte, denn trotz der Liebe begann der Schlaf
Macht über mich zu gewinnen.

Nachdem ich diese Anordnungen getroffen hatte, ging
ich zu einer Modewarenhändlerin, erstand Pantoffeln und
eine Nachthaube, die ganz mit doppelten Spitzen im
Alençonstich[24] besetzt war, und steckte sie in meine
Tasche. Ich sollte der allerschönsten Sultanin des Welten-
herrschers ein Souper geben; deshalb wollte ich mich am
Vorabend vergewissern, daß alles in Ordnung war. Da ich
ihr gesagt hatte, ich besäße ein Haus, durfte ich ihr gegenüber in nichts als Neuling erscheinen.

Wie verblüfft war der Koch, als er mich um acht Uhr
abends ganz allein kommen sah. Ich beanstandete sofort,
daß nicht überall Kerzen brannten, obwohl doch über die
angegebene Zeit kein Zweifel bestehen konnte.

»Ich werde es das nächstemal nicht versäumen.«

»Machen Sie also Licht und tragen Sie auf.«

»Sie haben mir gesagt für zwei.«

»Servieren Sie für zwei. Bleiben Sie dieses erstemal bei meinem Souper zugegen, damit ich Ihnen alles gleich sagen kann, was ich gut oder schlecht finde.«

Das Abendessen kam in der gehörigen Reihenfolge durch die drehbare Anrichte, jeder Gang jeweils auf zwei Tellern. Zu allem machte ich meine Bemerkungen, fand aber alles ausgezeichnet zubereitet, auf sächsischem Porzellan²⁵ gereicht, Wildbret, Stör, Trüffeln, Austern, dazu vortreffliche Weine. Ich tadelte nur, daß er vergessen habe, auf einem Teller harte Eier und Sardellen zu bringen, dazu gemischten Essig, um den Salat anzurichten. Da blickte er mit zerknirschter Miene himmelwärts und schalt sich, einen groben Fehler begangen zu haben. Ich sagte ihm auch, ich wolle das nächstemal bittere Orangen haben, um dem Punsch Geschmack zu geben; außerdem wolle ich Rum und nicht Arrak. Nachdem ich zwei Stunden bei Tisch zugebracht hatte, sagte ich, er solle mir die Rechnung über alle Ausgaben bringen. Er brachte sie mir eine Viertelstunde später, und ich fand sie angemessen. Ich bezahlte und trug ihm auf, mir Kaffee zu bringen, wenn ich läuten würde; dann legte ich mich in das ausgezeichnete Bett, das im Nebenraum stand. Dieses Bett und das gute Essen verschafften mir den glücklichsten Schlaf. Sonst hätte ich bei dem Gedanken nicht schlafen können, daß ich in der folgenden Nacht im gleichen Bett meine Göttin in den Armen halten würde. Am Morgen, als ich das Haus verließ, wies ich meinen Mann an, daß ich zum Nachtisch alle Sorten frisches Obst haben wolle, die er auftreiben könne, und vor allem Eis. Um mir den Tag zu verkürzen, spielte ich bis zum Abend und hatte dabei nicht weniger Glück als in meiner Liebe. Alles ging nach meinen Wünschen. Aus tiefstem Herzen dankte ich dafür dem mächtigen Schutzgeist meiner schönen Nonne.

Schon um sieben Uhr nahm ich am Standbild des Helden Colleoni Aufstellung. Sie hatte mir zwar gesagt, ich solle dort erst um acht Uhr sein, aber ich wollte die süße Freude des Wartens genießen. Die Nacht war kalt, aber herrlich und ohne den geringsten Lufthauch. Genau um acht Uhr sah ich eine zweirudrige Gondel anlegen und eine maskierte Gestalt aussteigen, die mit dem vorderen Gondoliere sprach und dann auf das Standbild zuschritt. Da ich einen maskierten Mann sah, erschrak ich, wich zurück und ärgerte mich, keine Pistole bei mir zu haben. Die Maske ging um das Standbild herum, näherte sich mir und streckte mir friedlich eine Hand entgegen, die mir jeden Zweifel nahm. Ich erkannte meinen als Mann verkleideten Engel. Sie lachte über meine Überraschung und hängte sich an meinen Arm; ohne ein einziges Wort zu wechseln, gingen wir dem Markusplatz zu, überquerten ihn und betraten das Haus, das nur hundert Schritte vom Theater San Moisè entfernt lag.

Alles war so, wie ich es angeordnet hatte. Wir stiegen hinauf, und ich legte gleich meine Maske ab; M. M. aber gefiel es, langsam durch alle Ecken der reizenden Wohnung zu schlendern, in der sie sich zu Gast sah. Sie freute sich auch darüber, daß ich von allen Seiten, und oft auch von vorn, alle Reize ihrer Gestalt bewunderte und mich angesichts ihres Schmuckes staunend fragte, wer der Liebhaber sein mochte, der sie besaß. Sie war überrascht von dem Gaukelspiel, das ihr, obwohl sie sich ganz still verhielt, überall und zur gleichen Zeit ihre Person von hunderterlei Seiten zeigte. Ihre vervielfältigten Spiegelbilder im Glanz aller der eigens deshalb aufgesteckten Kerzen boten ihr einen neuen Anblick, der sie in sich selbst verliebt machte. Ich saß auf einem Hocker und musterte bedachtsam ihre äußerst elegante Aufmachung. Eine rosenfarbene Jacke aus kurzgeschorenem Samt, an den Rändern mit Goldplättchen bestickt, eine passende handgestickte Weste von unwahrscheinlich reicher Ausführung, Hosen aus schwarzem Atlas, Venezianer Nadelspitzen, Brillanten-Ohrringe, ein kostbarer Solitär an ihrem kleinen Finger und an der anderen Hand ein Ring, der auf einer weißen Taftoberfläche einen gewölbten Kristall trug. Ihr Umhang aus schwarzer Seidenspitze war nach Feinheit und Zeichnung das Allerschönste, was man sich denken konnte. Damit ich sie noch besser betrachten könne, stellte sie sich aufrecht vor mich hin. Ich untersuchte ihre Taschen und fand darin Tabatiere, Zuckerwerksdose, Fläschchen, Zahnstocheretui, Lorgnette und Taschentücher, die mit ihrem Wohlgeruch die Luft erfüllten. Ich untersuchte aufmerksam ihre beiden reich gearbeiteten Uhren und die schönen, an Kettchen angehängten, juwelengeschmückten Petschafte. Ich forschte in ihren Seitentaschen und fand Pistolen mit flachem Federzünder, feinste englische Arbeit.

»Alles, was ich sehe«, sagte ich, »ist deiner noch nicht würdig; aber laß mich mit tiefstem Erstaunen jenem bewundernswerten Menschen huldigen, der dich davon überzeugen will, daß du tatsächlich seine Herrin bist.«

»Genau das sagte er zu mir, als ich ihn bat, mich nach Venedig zu bringen und mich dort allein zu lassen; darüber hinaus wünschte er mir, ich möge mich dort gut unterhalten und mich immer mehr davon überzeugen, daß derjenige, den ich glücklich machen würde, es verdiene.«

»Das ist unfaßbar, liebe Freundin. Ein Liebhaber dieses
Schlages ist einzigartig, und ich werde niemals ein solches
Glück verdienen, das mich jetzt schon blendet.«

»Erlaube, daß ich allein die Maske ablegen gehe.«

Eine Viertelstunde später erschien sie wieder, nach
Männerart frisiert. Ihre schönen ungepuderten Haare,
deren lange Schläfenlocken ihr bis über die Wangen reichten, waren mit einem schwarzen Band rückwärts zusammengebunden und hingen ihr als wehender Schweif bis zu
den Kniekehlen herab. Als Frau glich M. M. Henriette
und als Mann einem Gardeoffizier namens L'Etorière[26],
den ich in Paris kennengelernt hatte, oder vielmehr jenem
Antinoos[27], von dem es noch Statuen gibt, wenn mir ihre
französische Kleidung nicht diese Illusion genommen
hätte.

Von so vielen Reizen überwältigt, glaubte ich mich dem
Umsinken nahe. Ich warf mich auf das Sofa und hielt mir
den Kopf.

»Ich habe jedes Vertrauen verloren«, sagte ich; »du
wirst mir nie angehören. Noch in dieser Nacht wird
irgendein verhängnisvoller Zwischenfall dich mir unerreichbar machen; vielleicht ein Zauberwerk deines göttlichen Gemahls, der auf einen Sterblichen eifersüchtig
geworden ist. Ich fühle mich vernichtet. In einer Viertelstunde werde ich vielleicht nicht mehr sein.«

»Du bist närrisch; noch in diesem Augenblick, wenn du
willst, werde ich dir gehören. Ich bin zwar hungrig, aber
das Souper ist mir unwichtig. Gehen wir zu Bett!«

Ihr war kalt. Wir setzten uns an den Kamin. Sie sagte
mir, daß sie keine Weste trage. Ich öffnete die herzförmige

Brillantbrosche, die ihren Hemdkragen verschloß, und
bevor meine Augen sahen, fühlten meine Hände, daß nur
das Hemd die beiden Lebensspender, die ihre Brust zier-
ten, vor der Luft schützte. Ich geriet in Glut; aber um
mich zu beruhigen, bedurfte es nur eines Kusses und
dreier Worte: »Nach dem Souper.«

Ich läutete nun, und da ich ihre Besorgnis sah, zeigte ich
ihr die drehbare Anrichte.

»Niemand wird dich sehen«, sagte ich; »du mußt das
deinem Liebhaber erzählen, der dieses Geheimnis vielleicht nicht kennt.«

»Er kennt es gewiß; aber er wird deine Umsicht bewundern und feststellen, daß du in der Kunst des Gefallens
kein Neuling bist, und daß ich offenbar nicht die einzige
bin, die mit dir die Annehmlichkeiten dieses kleinen Hauses genießt.«

»Und er wird mir unrecht tun. Ich habe hier nur ganz
allein gegessen und geschlafen; und ich verabscheue die
Lüge. Du bist nicht meine erste Liebe, göttliche Freundin,
aber du wirst die letzte sein.«

»Ich bin glücklich, mein Freund, wenn du treu bist.
Mein Geliebter ist es; er ist freundlich, er ist liebevoll, aber
er hat mein Herz immer leer gelassen.«

»Das seine muß es auch sein, denn wenn seine Liebe der
meinen gleich käme, würde er dir eine Trennung wie die
heute abend nicht gestatten. Er könnte es nicht ertragen.«

»Er liebt mich so, wie ich dich liebe. Glaubst du, daß
ich dich liebe?«

»Ich muß es wohl glauben; aber du würdest auch nicht
dulden ...«

»Sei still; denn ich fühle, ich würde dir alles verzeihen,
vorausgesetzt, daß du mir nichts verschweigst. Die

Freude, die ich in diesem Augenblick empfinde, entspricht mehr der Gewißheit, daß ich keinen deiner Wünsche unerfüllt lassen werde, als der Erwartung, mit dir eine bezaubernde Nacht zu verbringen. Es wird die erste meines Lebens sein.«

»Hast du denn mit deinem würdigen Liebhaber noch keine verbracht?«

»Doch. Aber diese Nächte entsprangen nur der Freundschaft, der Dankbarkeit und der Gefälligkeit. Die Liebe ist das Wesentliche. Dennoch ist dir mein Geliebter ähnlich. Er ist heiter veranlagt, wie du stets gut gelaunt und auch hinsichtlich Wuchs und Gestalt sehr liebenswert; darin aber gleicht er dir kaum. Ich halte ihn auch für reicher als dich, obwohl man nach diesem Haus auf das Gegenteil schließen könnte. Aber du darfst nicht glauben, ich würde dich geringer achten als ihn, weil du dir nicht den Heroismus zutraust, mir eine Abwesenheit zu gestatten; denn ich weiß im Gegenteil, daß du mich nicht so lieben würdest, wie du es zu meiner Freude tust, wenn du mir sagen würdest, du hättest für eine meiner Launen die gleiche Nachsicht wie er.«

»Wird er auf die Einzelheiten dieser Nacht neugierig sein?«

»Er wird glauben, es mache mir Freude, wenn er mich danach fragt; und ich werde ihm alles erzählen, ausgenommen das, was ihn kränken könnte.«

Nach dem Abendessen, das sie, einschließlich Eis und Austern, wohlschmeckend und köstlich fand, machte sie einen Punsch. Als ich einige Gläser getrunken hatte, bat ich sie in meiner verliebten Ungeduld, sie möge doch bedenken, daß wir nur sieben Stunden vor uns hätten und sehr unrecht täten, wenn wir sie nicht im Bett verbringen würden. Da gingen wir in die von zwölf flackernden Kerzen erleuchtete Bettkammer und von dort in den Ankleideraum, wo ich ihr das schöne Spitzenhäubchen überreichte und sie bat, sich als Frau zu frisieren. Sie fand es wunderschön und sagte, ich solle zum Ausziehen in das Zimmer gehen; sie versprach mir, mich zu rufen, sobald sie im Bett sei.

Es dauerte nur zwei Minuten. Ich flog vor Liebe glühend in ihre heißen Arme und gab ihr hierfür sieben Stunden lang die feurigsten Beweise, die wir nur durch ebenso viele Viertelstunden unterbrachen, um uns mit den zärtlichsten Worten anzuspornen. Sie lehrte mich nichts Neues, was den Akt selbst betraf; aber eine ungeahnte Vielfalt an Seufzern, Verzückungen, Ausbrüchen und Sinnesempfindungen, die man nur in solchen Augenblikken erlebt. Jede Entdeckung beschwingte mein Herz zur Liebe, die mir neue Kräfte schenkte, um ihr meine Dankbarkeit zu zeigen. Staunend erfuhr sie, für welche Wonnen sie empfänglich war, als ich ihr so manches zeigte, was sie für unmöglich gehalten hatte. Ich tat mit ihr, was zu fordern sie nicht gewagt hätte, und ich belehrte sie, daß die geringste Scheu die größten Wonnen schmälert. Beim Läuten des Weckers hob sie wie eine Götzendienerin ihre Augen zum dritten Himmel, um Mutter und Sohn zu danken,[28] daß sie ihr so reichlich gelohnt hatten, was sie an Opfern gebracht hatte, als sie mir ihre Liebe gestand.

Wir zogen uns in Eile an; als sie sah, daß ich ihr die hübsche Haube in die Tasche steckte, versicherte sie mir, diese werde ihr immer unendlich teuer sein. Wir tranken noch Kaffee und gingen dann eiligen Schritts zum Platz an der Kirche S. S. Giovanni e Paolo, wo ich sie mit der

Zusage verließ, daß ich sie am übernächsten Tag besuchen würde. Als ich sie wohlbehalten in ihrer Gondel sah, ging ich nach Hause, wo zehn Stunden Schlaf mir meine Kräfte wiedergaben.

Am übernächsten Tag ging ich nach dem Mittagessen in das Sprechzimmer. Ich ließ sie rufen, und sie kam sofort, um mir zu sagen, ich solle fortgehen, denn sie erwarte ihren Freund; aber ich solle unbedingt tags darauf wiederkommen. Ich empfahl mich. Am Fuß der Brücke sah ich, wie eine schlecht maskierte Maske aus einer Gondel stieg; der Ruderer war mir bekannt und stand damals meines Wissens nach im Dienst des französischen Gesandten. Er trug keine Livree, und die Gondel war so einfach wie alle, die Venezianern gehören.

Ich wandte den Kopf und sah, daß die Maske auf das Kloster zuschritt. Ein Zweifel war ausgeschlossen, und ich kehrte nach Venedig zurück, höchst befriedigt über die Entdeckung und entzückt, daß dieser Diplomat mein Gönner war. Ich beschloß, M. M. nichts davon zu sagen.

Ich besuchte sie tags darauf, und sie erzählte mir, daß ihr Freund gekommen sei, um sich von ihr bis zu den Weihnachtsfeiertagen zu verabschieden.

»Er fährt nach Padua«, sagte sie; »aber es ist alles vorbereitet, damit wir in seiner Villa soupieren können, so oft wir Lust dazu haben.«

»Warum nicht in Venedig?«

»Bis zu seiner Rückkehr nicht in Venedig. Er hat mich darum gebeten, denn er ist sehr vorsichtig.«

»Nun gut. Wann werden wir also in der Villa soupieren?«

»Sonntag, wenn du willst.«

»Sonntag also; ich werde in der Dämmerung hingehen

und lesen, bis du kommst. Hast du deinem Freund gesagt, daß du in meinem Haus nicht schlecht aufgehoben warst?«

»Lieber Freund, ich habe ihm alles erzählt; aber eine Sache beunruhigte ihn sehr. Er will, daß ich dich bitte, du mögest mich nicht der Gefahr aussetzen, einen Bauch zu bekommen.«

»Ich will tot umfallen, wenn ich es je im Sinn gehabt hätte. Aber bist du bei ihm dagegen gefeit?«

»Unbedingt.«

»Wir müssen also in Zukunft vorsichtig sein. Ich denke gerade daran, daß neun Tage vor Weihnachten Maskenverbot[29] herrscht, und ich deshalb auf dem Wasserweg in dein Haus kommen muß; denn wenn ich zu Fuß hinginge, könnte ich leicht als jener erkannt werden, der deine Kirche besuchte.«

»Das ist sehr vernünftig. Ich kann dir sehr leicht erklären, wie du die Anlegestelle findest. Ich denke, du müßtest auf diesem Wege auch in der Fastenzeit kommen können, in der wir nach Gottes Willen unsere Sinne kasteien sollen. Ist es nicht komisch, daß zu der einen Zeit Gott unsere Vergnügen billigt und wir ihm zu einer anderen nur durch Enthaltsamkeit wohlgefällig sein können? Was kann ein Jahrestag mit dem Göttlichen gemein haben? Ich sehe nicht ein, welchen Einfluß das Tun eines Geschöpfes auf den Schöpfer haben soll, den sich meine Vernunft nur ganz unabhängig vorstellen kann. Ich meine, wenn Gott den Menschen mit der Fähigkeit erschaffen hätte, ihn zu beleidigen, hätte dieser recht, alles zu tun, was er ihm verboten hat, und wäre es nur, um ihn das Erschaffen zu lehren. Kann man sich vorstellen, daß Gott in der Fastenzeit trauert?«

»Meine himmlische Freundin, du folgerst richtig; aber darf ich erfahren, wo du so zu denken gelernt hast, und wie es dir gelungen ist, den Graben zu überspringen?«

»Mein Freund hat mir gute Bücher gegeben, und das Licht der Wahrheit hat sehr rasch die Wolken des Aberglaubens zerstreut, die meinen Geist verdunkelten. Ich versichere dir, wenn ich über mich nachdenke, empfinde ich mehr Glück darüber, jemanden gefunden zu haben, der meinen Geist erleuchtet hat, als daß ich unglücklich wäre, den Schleier genommen zu haben. Denn das größte Glück besteht darin, in Ruhe zu leben und zu sterben; und das kann man nicht erhoffen, würde man den Worten der Priester Glauben schenken.«

»Das ist nur allzu wahr; aber laß mich dich bewundern, denn es konnte wohl nicht das Werk weniger Monate sein, einen Geist zu erleuchten, der so außerordentlich voreingenommen gewesen sein muß, wie der deine.«

»Ich hätte bedeutend weniger rasch das Licht gesehen, hätte ich nicht so voller Irrtümer gesteckt. Es war wie ein Vorhang, der in meinem Geist das Wahre vom Falschen trennte; nur die Vernunft konnte ihn wegziehen, aber man hatte mich gelehrt, sie zu mißachten. Sobald man mir bewies, daß ich sie überaus hoch schätzen müsse, habe ich ihr freie Bahn gegeben, und sie hat den Vorhang fortgezogen. Die Wahrheit leuchtete mit überwältigender Gewißheit auf, die Torheiten verschwanden; ich habe auch keinen Anlaß, deren neuerliches Erscheinen zu befürchten, denn ich werde von Tag zu Tag sicherer. Ich kann behaupten, daß ich Gott erst zu lieben begonnen habe, seit ich mich von den irrigen Vorstellungen freimachte, die mir die Religion von ihm gegeben hat.«

»Ich beglückwünsche dich. Du bist darin glücklicher

gewesen als ich. Du hast in einem Jahr einen größeren
Weg zurückgelegt als ich in zehn.«

»Hast du denn noch nicht gelesen, was Lord Bolingbroke[30] geschrieben hat? Vor fünf oder sechs Monaten
habe ich das Buch ›Über die Weisheit‹ von Charron[31]
gelesen, und irgendwie hat unser Beichtvater das erfahren.
Er wagte es, mir bei der Beichte zu sagen, ich müsse mit
dieser Lektüre aufhören. Ich antwortete ihm, daß mein
Gewissen nicht dagegenspreche, ich ihm daher nicht
gehorchen könne. Er erklärte, er werde mir nicht die
Absolution erteilen, und ich erwiderte, ich würde trotzdem zur Kommunion gehen. Der Priester ging zum
Bischof Diedo, um zu hören, was er tun solle, und der
Bischof kam, um mit mir zu sprechen und mir nahezu-
legen, ich solle mich meinem Beichtvater fügen. Ich antwortete ihm, daß mein Beichtvater dazu da sei, mir die
Absolution zu erteilen, und daß er das Recht, mir Ratschläge zu geben, nur dann habe, wenn ich ihn darum
bäte. Ich sagte ihm freimütig, daß ich, um nicht dem ganzen Kloster ein Ärgernis zu geben, notgedrungen auch
dann zur Kommunion gehen würde, wenn er es sich einfallen ließe, mir die Absolution zu verweigern. Der
Bischof befahl nun dem Priester, mich meinem Gewissen
zu überlassen. Doch ich war nicht damit zufrieden. Mein
Liebhaber erwirkte mir ein päpstliches Breve, das mir zu
beichten erlaubt, bei wem ich will. Alle meine Mitschwe-
stern sind eifersüchtig auf dieses Privileg; aber ich habe
mich seiner nur ein einziges Mal bedient, denn es lohnt
sich nicht. Ich beichte immer beim gleichen Priester, der
nach meiner Beichte keinerlei Schwierigkeiten hat, mir die
Absolution zu erteilen, denn ich sage ihm tatsächlich
nichts Wichtiges.«

So lernte ich diese Frau als bewundernswert freien Geist kennen; aber es konnte ja nicht anders sein, denn sie hatte es noch nötiger, ihr Gewissen zu beruhigen, als ihre Sinne zu befriedigen.

Ich versicherte ihr, daß sie mich in der Villa antreffen werde, und kehrte nach Venedig zurück. Am Sonntag nach Tisch fuhr ich in einer zweirudrigen Gondel rings um die Insel Murano, um zu sehen, wo die Anlegestelle der Villa sein mochte und wo die kleine Treppe, auf der M. M. das Kloster verließ; aber ich fand mich nicht zurecht. Ich habe die Treppe der Villa erst während der Novene[32] kennengelernt, und die kleine des Klosters erst sechs Monate später unter Lebensgefahr. Ich werde davon erzählen, wenn wir soweit sind.

Zur ersten Nachtstunde begab ich mich zum Tempel meiner Liebe, und während ich dort auf die Ankunft meines Idols wartete, sah ich mir zum Zeitvertreib die Bücher an, die im Boudoir eine kleine Bibliothek bildeten. Sie waren nicht zahlreich, aber erlesen. Man fand dort alles, was die weisesten Philosophen gegen die Religion, und alles, was die wollüstigsten Federn einzig und allein über den Gegenstand Liebe geschrieben hatten. Verführerische Bücher, deren aufreizender Stil den Leser zwingt, der Wirklichkeit nachzujagen, die allein fähig ist, das Feuer zu löschen, das er in seinen Adern brennen fühlt. Außer den Büchern gab es Foliobände, die nur laszive Stiche enthielten. Ihr großer Wert beruhte weit mehr auf der Schönheit der Zeichnung als auf der Schlüpfrigkeit der Darstellung. Ich entdeckte die Stiche des Kartäuserpförtners[33], die aus England stammten, sowie jene von Meursius oder Aloisia Sigea Toletana[34], die zu dem Schönsten gehörten, was ich je gesehen hatte. Außerdem waren die kleinen Bilder, die das Zimmer schmückten, so gut gemalt, daß die Figuren zu leben schienen. Eine Stunde verflog mir im Nu.

M. M. entlockte mir durch ihr Erscheinen in Nonnentracht einen Schrei. Ich fiel ihr um den Hals und sagte, sie habe nicht gelegener kommen können, um eine Selbstbefriedigung nach Schülerart zu verhindern, auf die ich nach allem, was ich seit einer Stunde gelesen hatte, unweigerlich verfallen wäre.

»Aber so, als Heilige gekleidet, berückst du mich. Mein Engel, laß mich dir auf der Stelle huldigen.«

»In einem Augenblick werde ich weltlich gekleidet sein. Ich brauche nur eine Viertelstunde. Ich fühle mich in diesen Wollsachen nicht wohl.«

»Beileibe nicht. Du sollst die Huldigung der Liebe in dem Kleid empfangen, in dem du sie erweckt hast.«

Sie antwortete mit ganz ergebener Miene nur ein »fiat voluntas tua« (Dein Wille geschehe) und ließ sich auf das große Sofa fallen, wo ich sie trotz ihres Widerstrebens beglückte. Hinterher half ich ihr, sich auszuziehen und in ein unübertrefflich elegantes Hauskleid aus Pekingseide zu schlüpfen. Schließlich diente ich ihr noch als Kammerzofe und setzte ihr die Nachthaube auf.

Nach dem Abendessen, bevor wir uns niederlegten, kamen wir überein, uns nicht vor dem ersten Tag der Novene wiederzusehen, während derer die Theater zehn Tage lang geschlossen sind und keine Masken getragen werden dürfen. Dann gab sie mir den Schlüssel für die Tür an der Wassertreppe. Ein blaues Band am darüberliegenden Fenster sollte mich am Tage die Stelle erkennen lassen, damit ich sie später bei Nacht wiederfinden konnte. Ganz glücklich machte sie mein Entschluß, in der Villa zu wohnen, ohne sie bis zur Rückkehr ihres Freundes jemals zu verlassen. In den zehn Tagen, die ich dort verbrachte, besaß ich sie viermal; dadurch überzeugte ich sie, daß ich nur für sie lebte. Ich unterhielt mich mit Lektüre und schrieb an C. C.; aber mein Verlangen nach ihr war ruhig geworden. An den Briefen, die sie mir schrieb, interessierte mich hauptsächlich, was sie über ihre liebe Freundin, Schwester M. M., erzählte. Sie meinte, ich hätte unrecht getan, die Bekanntschaft mit ihr nicht zu pflegen; ich antwortete ihr, aus Angst, erkannt zu werden, hätte ich darauf verzichtet. So bestärkte ich sie darin, mein Geheimnis unverbrüchlich zu wahren.

Man kann nicht zwei Frauen zugleich lieben, und man kann auch die Liebe weder durch allzu reichliche Erfüllung noch durch Enthaltsamkeit lebendig erhalten. Meine Leidenschaft für M. M. blieb unveränderlich stark, weil ich sie immer nur in der übergroßen Angst besitzen konnte, sie zu verlieren. Ich sagte ihr, es sei nicht ausgeschlossen, daß irgendwann einmal eine Nonne das Bedürfnis habe, in einem Augenblick mit ihr zu sprechen, da sie weder in ihrem Zimmer noch im Kloster sei. Sie bestritt, daß so etwas je geschehen könne, denn nichts werde im Kloster höher geachtet als die Freiheit einer Nonne, sich in ihrem Zimmer einzuschließen und selbst für die Äbtissin unerreichbar zu bleiben. Nur eine Feuersbrunst hätte sie zu fürchten, weil es dann nämlich bei der allgemeinen Aufregung unnatürlich wäre, daß sich eine Klosterschwester ruhig und gleichgültig verhielte; dann würde ihre Abwesenheit unweigerlich entdeckt. Glücklicherweise war es ihr gelungen, eine Laienschwester, den Gärtner und noch eine andere Nonne, deren Namen sie mir nie nennen wollte, für sich zu gewinnen. Die Geschicklichkeit und das Gold ihres Geliebten hatten alles das bewirkt; er bürgte ihr auch für die Treue des Kochs und dessen Frau, die die Villa besorgten. Er war außerdem seiner Bootsleute sicher, obwohl einer von ihnen unweigerlich ein Spion der Staatsinquisitoren sein mußte.

Am Weihnachtsabend teilte sie mir mit, daß sie ihren Liebhaber zurückerwarte, am Stephanstag mit ihm in die Oper[35] gehen und am dritten Feiertag mit ihm in der Villa soupieren solle. Sie sagte mir, sie erwarte mich am letzten Tag des Jahres zum Abendessen, gab mir einen Brief und bat mich, ihn erst zu Hause zu lesen. Eine Stunde vor Tagesanbruch schnürte ich mein Bündel und ging in den Palazzo Bragadin[36], wo ich mich voll Ungeduld, den Brief zu lesen, den sie mir gegeben hatte, sofort einschloß. Er lautete folgendermaßen: »Du hast mich ein wenig gekränkt, lieber Freund, als wir vorgestern von dem Geheimnis sprachen, das ich hinsichtlich der Person meines Liebhabers wahren muß. Du sagtest, Du seiest zufrieden, mein Herz zu besitzen, und ließest meinem Geist freie Hand. Diese Unterscheidung zwischen Herz und Geist ist eine sophistische Teilung, und wenn sie Dir nicht als solche erscheint, mußt Du doch wenigstens zugeben, daß Du nicht alles an mir liebst; denn es ist unmöglich, daß ich ohne Geist lebe, und ebenso, daß Du mein Herz zärtlich lieben kannst, wenn es mit ihm nicht in Einklang steht. Wenn Deine Liebe sich mit weniger zufriedengeben kann, besitzt sie nicht sehr viel Zartgefühl.

Aber da der Fall eintreten könnte, daß Du mir mit Recht vorwirfst, Dir gegenüber nicht mit der ganzen Aufrichtigkeit gehandelt zu haben, die eine wahre Liebe erheischt, habe ich mich entschlossen, Dir ein Geheimnis zu enthüllen, das meinen Freund betrifft, obwohl ich weiß, daß er sich ganz auf meine unverbrüchliche Verschwiegenheit verläßt; denn was ich tue, ist Verrat. Du jedoch wirst mich deshalb nicht weniger lieben. In der Zwangslage, zwischen Euch beiden wählen und entweder Dich oder den anderen täuschen zu müssen, hat die Liebe gesiegt, aber nicht blindlings. Du sollst meine Gründe erwägen, deren Gewicht die Waagschale auf Deiner Seite sinken ließ.

Als ich dem Verlangen nicht mehr widerstehen konnte, Dich näher kennenzulernen, mochte ich es nicht befriedigen, ohne mich meinem Freunde anzuvertrauen. Ich habe an seiner Gefälligkeit nie gezweifelt. Er hat sich eine sehr vorteilhafte Meinung von Deinem Charakter gebildet, als er Deinen ersten Brief las, in dem Du das Sprechzimmer wähltest; und er hat es ehrenhaft von Dir gefunden, daß Du, nachdem wir uns kennengelernt hatten, der Villa in Murano den Vorzug vor der Deinen gabst. Aber sobald er es erfuhr, bat er mich auch um die Gefälligkeit, ihm zu gestatten, daß er unserer ersten Begegnung von einem Ort aus, der ein richtiges Versteck ist, beiwohne; von dort aus konnte er, ohne selbst gesehen zu werden, nicht nur alles sehen, was wir taten, sondern auch alle unsere Gespräche hören. Es ist ein unauffindbares Gemach. Du hast es in den zehn Tagen, die Du in der Villa zugebracht hast, nicht entdeckt; aber ich werde es Dir am letzten Tag des Jahres zeigen. Sage mir, ob ich ihm dieses Vergnügen verweigern konnte? Ich habe zugestimmt; und nichts war natürlicher, als es Dir zu verheimlichen. Nun weißt Du also, daß mein Freund Zeuge alles dessen war, was wir bei unserem ersten Zusammensein gesagt und getan haben. Aber nimm es nicht übel auf, mein Liebster! Du hast ihm gefallen, nicht nur durch Dein ganzes Benehmen, sondern auch durch alle hübschen Scherze, die Du mir erzählt hast. Ich hatte große Angst, als unser Gespräch sich dem Charakter zuwandte, den mein Freund haben müsse, um so überaus duldsam zu sein; aber glücklicherweise konnte ihm alles, was Du sagtest, nur schmeicheln. Das ist das ganze Bekenntnis meines Verrats, den Du mir als kluger Liebhaber um so leichter verzeihen solltest, als er Deinem Ruf in keiner Weise schadet. Ich kann Dir versichern, daß mein Freund das größte Interesse hat zu erfahren, wer Du bist. In jener Nacht benahmst Du Dich natürlich und sehr liebenswürdig; wenn Du gewußt hättest, daß Du einen Zeugen hast, weiß Gott, wie Du gewesen wärest. Hätte ich Dich in die Sache eingeweiht, wärst Du möglicherweise gar nicht einverstanden gewesen, und das vielleicht mit Recht.

Nun muß ich, da ich mich über jeden Vorwurf erhaben weiß, alles wagen, um alles zu gewinnen, und meine innere Ruhe wiederzufinden. Wisse, mein Lieber, daß mein Freund am letzten Tag des Jahres in der Villa sein und sie erst am nächsten Morgen verlassen wird. Du wirst ihn nicht sehen, aber er wird alles sehen. Da Du es ja nicht wissen darfst, begreifst Du, wie natürlich Du Dich in allem geben mußt; denn wenn Du das nicht tust, könnte mein Freund, der viel Scharfsinn besitzt, argwöhnen, daß ich das Geheimnis verraten habe. Vor allem bei den Gesprächen mußt Du auf der Hut sein. Er besitzt alle Tugenden, ausgenommen die christliche Kardinaltugend, die man den Glauben nennt; in diesem Bereich hast Du freie Hand. Du könntest auch von Literatur, Reisen und Politik sprechen und so viele Anekdoten erzählen, wie Du willst, und dabei sicher sein, seine Billigung zu finden.

Es erhebt sich nun die Frage, ob Du aufgelegt bist, Dich in jenen Augenblicken, in denen Du Dich Deiner verliebten Tollheit überläßt, vor einem Mann sehen zu lassen. Diese Ungewißheit quält mich jetzt. Ja oder nein; es gibt keinen Mittelweg. Begreifst Du, wie schrecklich meine Angst ist? Siehst Du ein, wie schwer mir der Entschluß zu diesem Schritt fallen mußte? Ich werde die nächste Nacht nicht schlafen. Ich werde erst Ruhe finden, wenn ich Deine Antwort gelesen habe. Ich muß eine Entscheidung treffen, falls Du mir antwortest, daß es Dir nicht möglich ist, in Gegenwart eines anderen zärtlich zu sein, vor allem, wenn Dir dieser andere unbekannt ist. Ich hoffe jedoch, daß Du trotzdem kommst und daß es keine nachteiligen Folgen haben wird, wenn Du die Rolle des Verliebten nicht so wie das erstemal spielen könntest. Mein Freund wird glauben, und ich werde ihn in diesem Glauben lassen, daß Deine Liebe sich abgekühlt hat.«

Dieser Brief überraschte mich sehr; dann, nach einigem Überlegen, lachte ich darüber. Er hätte mich allerdings nicht zum Lachen gereizt, wenn ich nicht gewußt hätte, welcher Art der Mann war, der Zeuge meiner verliebten Heldentaten werden sollte. In der Überzeugung, daß M. M. bis zum Erhalt meiner Antwort sehr beunruhigt sein mußte, schrieb ich ihr sofort folgendes zurück:

»Ich möchte, mein himmlischer Engel, daß Du die Antwort auf Deinen Brief noch vor Tisch erhältst. Du sollst ohne die geringste Unruhe zu Mittag essen.

Ich werde die Silvesternacht mit Dir verbringen, und ich versichere Dir, daß Dein Freund als unser Zuschauer nichts sehen und hören wird, was ihn vermuten lassen könnte, Du hättest mir sein Geheimnis verraten. Sei gewiß, daß ich meine Rolle mit Vollendung spielen werde. Wenn es die Pflicht des Mannes ist, stets Sklave seiner Vernunft zu sein, wenn er sich, solange es von ihm abhängt, nichts erlauben darf, ohne sie zur Richtschnur zu nehmen, werde ich niemals verstehen können, warum ein Mann sich schämen sollte, wenn ein Freund ihn in einem Augenblick sieht, in dem er einer sehr schönen Frau den größten Beweis seiner Liebe gibt. Mir macht das nichts aus. Ich möchte Dir jedoch sagen, daß es falsch gewesen wäre, mich schon beim erstenmal davon zu unterrichten. Ich hätte mich rundweg geweigert. Ich hätte geglaubt, dabei meine Ehre zu verlieren; ich hätte auch geglaubt, daß Du mich nur als gefällige Geliebte eines Freundes zum Abendessen eingeladen hättest, eines Sonderlings, dessen seltsamer Geschmack für alles bestimmend gewesen wäre, und ich hätte mir eine so unvorteilhafte Meinung von Dir gebildet, daß ich vielleicht von einer Liebe geheilt worden wäre, die damals erst aufkeimte. So ist das menschliche Herz, meine bezaubernde Freundin; aber heute liegt der Fall ganz anders. Alles, was Du mir von Deinem ehrenwerten Freund erzähltest, ließ mich seinen Charakter erkennen; ich glaube, er ist nun auch mein Freund, und ich schätze ihn. Wenn Dich kein Schamgefühl hindert, Dich vor ihm sehen zu lassen, während Du mit mir zärtlich und verliebt bist, wie sollte ich, statt mich zu schämen, dabei nicht stolz sein? Kann der Mann über seinen eigenen Ruhm erröten? Ich, meine liebe Freundin, kann weder darüber erröten, Dich erobert zu haben, noch darüber, in Augenblicken gesehen zu werden, wo ich mir schmeicheln kann, mich dessen nicht unwürdig zu erweisen. Ich weiß jedoch, daß es den meisten Männern aus einem natürlichen Gefühl heraus, das der Verstand nicht tadeln kann, widerstrebt, sich in solchen Augenblicken sehen zu lassen. Wer für diese Abneigung keine guten Gründe angeben kann, muß Anteil an

der Natur der Katze haben; aber er mag gute Gründe
haben, ohne daß er sich für verpflichtet hält, jemandem
darüber Rechenschaft zu geben. Der Hauptgrund wäre
der, daß ein dritter als Zuschauer ihn ablenken würde und
daß jede Ablenkung die Lust der Vereinigung zwangsläufig vermindert. Als weiterer gewichtiger Grund könnte
auch der als berechtigt gelten, daß den Beteiligten bewußt
wird, ihre Art und Weise des Genießens könne das Mitleid der Zuschauer erregen. Diese Unglücklichen haben
recht, wenn sie mit einer Handlung, die eher Eifersucht
erregen sollte, keine Gefühle des Mitleids erwecken wollen. Aber wir wissen, meine Liebe, daß wir gewiß keine
Mitleidsgefühle erwecken. Alles, was Du mir erzählt hast,
bestärkt mich in der Überzeugung, daß die engelhafte
Seele Deines Freundes bei unserem Anblick unsere Freuden teilen wird. Aber weißt Du, wozu es kommen wird?
Und das täte mir leid, denn Dein Liebhaber kann nur ein
sehr schätzenswerter Mensch sein. Es wird dazu kommen, daß er, durch unseren Anblick toll geworden, entweder fliehen oder sich gezwungen sehen wird, sein Versteck zu verlassen und sich vor mir auf die Knie zu werfen,
um mich zu bitten, ich möge Dich dem Ungestüm seiner
Gelüste überlassen, da er unbedingt den Brand löschen
müsse, den unsere Freuden in seinem Herzen entfacht
haben. Wenn es dazu kommt, werde ich lachen und Dich
ihm überlassen; aber ich werde fortgehen, denn ich fühle,
daß ich das, was ein anderer mit Dir täte, nicht ruhig mit
ansehen könnte. Leb also wohl, mein Engel; alles wird gut
gehen. Ich siegle diesen Brief rasch und werde ihn Dir
unverzüglich ins Haus bringen.«

Ich verbrachte diese sechs Tage Wartezeit mit meinen
Freunden und im Ridotto[37], das man damals am Ste-

phanstag eröffnete. Da ich dort keine Bank auflegen konnte, weil das nur den Patriziern in Robe[38] erlaubt war, spielte ich von früh bis spät und verlor ununterbrochen. Wer setzt, muß verlieren. Der Verlust von vier- oder fünftausend Zechinen, die meinen ganzen Reichtum bildeten, ließ meine Liebe nur noch stärker werden.

Gegen Ende des Jahres 1774 verbot ein Gesetz des Großen Rates alle Glücksspiele, und der sogenannte Ridotto mußte geschlossen werden. Der Große Rat war erstaunt, als sich bei der Stimmenzählung herausstellte, daß er ein Gesetz beschlossen hatte, das er eigentlich nicht hätte beschließen können, denn wenigstens drei Viertel der Abstimmenden hatten es nicht gewollt, und trotz allem bewiesen drei Viertel der Stimmkugeln[39], daß sie es gewollt hatten. Die Abstimmenden blickten einander voller Verwunderung an. Das war sichtlich ein Wunder des glorreichen Evangelisten Markus, den Signor Flangini, damals Primo dei Correttori[40] und heute Kardinal, und die drei Staatsinquisitoren angerufen hatten.

Am vereinbarten Tag fand ich mich zur gewohnten Stunde in der Villa bei der schönen M. M. ein, die mich, als Weltdame gekleidet, mit dem Rücken zum Kamin stehend, erwartete.

»Der Freund ist noch nicht gekommen«, sagte sie; »aber sobald er da ist, werde ich dir zublinzeln.«

»Wo ist dieser Raum?«

»Hier. Schau dir die Lehne dieses Sofas an, die an der Wand anliegt. Alle diese geschnitzten Blumen, die du siehst, haben in der Mitte Löcher, die in das Gemach gehen, das dahinter ist. Dort sind Bett, Tisch und alles, was ein Mann braucht, der dort sieben bis acht Stunden allein bleiben und zu seiner Unterhaltung allem zusehen will, was man hier tut. Du kannst es dir anschauen, wenn du willst.«

»Hat er selbst es anlegen lassen?«

»Nein, das nicht; er konnte ja nicht ahnen, daß er daraus Vorteil ziehen würde.«

»Ich verstehe, daß ihm dieses Schauspiel großes Vergnügen bereiten mag; was wird er aber tun, wenn die Natur bewirkt, daß er ganz dringend nach dir verlangt und dich nicht haben kann?«

»Das ist seine Sache. Er kann übrigens fortgehen, wenn er sich langweilt, und er kann auch schlafen; aber wenn du dich natürlich verhältst, wird er Gefallen daran haben.«

»Das werde ich tun; aber ich werde höflicher sein.«

»Beileibe keine Höflichkeit, mein Lieber, denn du würdest gleich unnatürlich wirken. Hast du je gefunden, daß zwei Verliebte, die sich den Tollheiten der Liebe hingeben, es sich einfallen ließen, höflich zu sein?«

»Du hast recht, mein Herz; aber ich werde zartfühlend sein.«

»Meinetwegen. Das warst du ja immer. Dein Brief hat mir gefallen. Du hast das Thema gründlich behandelt.«

M. M. hatte ihre Haare frisiert, aber schlicht. Ein gestepptes himmelblaues Gewand war ihre ganze Bekleidung. An den Ohren trug sie Brillantknöpfe; ihr Hals war ganz entblößt. Ein flüchtig umgelegtes Tüchlein aus Seidenmusselin mit Silberfäden ließ die ganze Schönheit ihres Busens ahnen, der im Ausschnitt des Keides durchschimmerte. Ihre Füße steckten in Pantoffeln. Ihr scheues und zurückhaltend lächelndes Gesicht schien mir zu sagen: ›Da ist die Frau, die du liebst‹. Was ich ungewöhnlich fand und was mir außerordentlich gefiel, war das Rouge, das sie nach Art der Hofdamen in Versailles aufgelegt hatte.

Der Reiz dieser Schminke liegt in der Unbekümmertheit, mit der sie auf die Wangen aufgetragen wird. Man will gar nicht, daß dieses Rouge natürlich wirkt; man schminkt sich zur Augenweide derer, die darin Anzeichen einer Berauschtheit sehen, die ihnen Ausschweifungen und verliebte Tollheiten verheißt. Sie sagte mir, sie habe ihrem Freunde zuliebe Rouge aufgelegt, der es gern sehe. Ich antwortete, nach seinem Geschmack sei ich versucht, ihn für einen Franzosen zu halten. Bei diesen Worten zwinkerte sie mir zu; der Freund war gekommen. Nun mußte die Komödie beginnen.

»Je länger ich dein Gesicht betrachte, um so mehr grolle ich deinem Gatten.«

»Man sagt, er sei häßlich.«

»Das hat man also gesagt; dann verdient er auch, daß man ihm Hörner aufsetzt, und wir werden die ganze Nacht daran arbeiten. Ich lebe seit acht Tagen im Zölibat, aber zuerst muß ich essen, denn ich habe nur eine Tasse Schokolade im Magen, dazu das Eiweiß von sechs frischen Eiern, das ich mit Öl aus Lucca[41] und Gewürzkräuteressig als Salat angemacht gegessen habe.«

»Du bist wohl krank!«

»Ja; aber es wird mir besser gehen, habe ich sie erst, eins nach dem andern, in deine Liebeskammer destilliert.«

»Ich hätte nicht geglaubt, daß du ein Reizmittel brauchst.«

»Wer sollte bei dir eines brauchen; aber ich habe Grund zur Besorgnis, denn wenn ich vor dir versage, würde ich mir eine Kugel durch den Kopf jagen.«

»Was heißt versagen?«

»Versagen heißt im übertragenen Sinn, wenn man nicht zum Ziel kommt. Eigentlich bedeutet es, daß der Hahn nicht zündet, wenn ich mit der Pistole auf einen Feind schießen will. Ich treffe ihn nicht.«

»Nun verstehe ich dich. Wirklich, mein lieber Braunschopf, das wäre ein Unglück; aber es wäre kein Grund, dir eine Kugel durch den Kopf zu jagen.«

»Was machst du?«

»Ich nehme dir den Mantel ab. Gib mir auch deinen Muff[42]!«

»Das wird schwierig sein, denn er ist angenagelt.«

»Wieso angenagelt?«

»Steck eine Hand hinein! Versuch's!«

»So ein Schäker! Liefert dir das Eiweiß diesen Nagel?«

»Nein, mein Engel, nur deine bezaubernde Gestalt.«

Damit hob ich sie auf, und sie umfaßte meine Schultern, um mich weniger zu belasten. Ich ließ nun den Muff fallen, packte sie bei den Schenkeln, und der Nagel gab ihr festen Halt. Aber nachdem ich eine kleine Promenade rings durch das Zimmer gemacht hatte und Folgen befürchtete, stellte ich sie wieder auf den Teppich. Dann setzte ich mich und sie auf mich, und sie war so huldvoll, mit ihrer schönen Hand das Werk zu Ende zu bringen, indem sie das Weiße des ersten Eies in ihre hohle Hand pflückte.

»Bleiben fünf«, meinte sie, reinigte mit einem Büschel wohlriechender Kräuter ihre schöne Hand und überließ sie mir dann, damit ich sie hundertmal küßte. Ruhig geworden, verbrachte ich eine Stunde damit, ihr lustige Geschichten zu erzählen; schließlich setzten wir uns zu Tisch.

Sie aß für zwei, ich aber für vier. Das Geschirr war aus Porzellan, zum Dessert aber aus vergoldetem Silber, ebenso wie die beiden Leuchter, von denen jeder vier Ker-

zen trug. Als sie sah, daß ich deren Schönheit bewunderte,
sagte sie, daß sie ein Geschenk ihres Freundes seien.

»Hat er dir auch eine Lichtputzschere geschenkt?«
»Nein.«

»Daraus schließe ich, daß dein Liebhaber ein Grand-
seigneur ist, denn solche hohe Herren wissen nicht, daß
man Kerzen putzen muß.«

»Die Dochte unserer Kerzen haben das nicht nötig.«

»Sag mir, wer hat dich Französisch gelehrt? Denn du
sprichst es zu gut, als daß ich nicht darauf neugierig
wäre.«

»Der alte La Forêt, der voriges Jahr gestorben ist. Ich
war sechs Jahre seine Schülerin; er hat mich auch gelehrt,
Verse zu machen. Aber von dir habe ich Wörter gelernt,
die ich aus seinem Munde niemals gehört habe, wie ›à
gogo, frustratoire, dorloter‹[43]. Wer hat sie dich gelehrt?«

»Die gute Pariser Gesellschaft, Madame de Boufflers
zum Beispiel, eine sehr geistreiche Frau, die mich eines
Tages fragte, warum man ›con rondo‹[44] italienisch ausspricht. Ich lachte darüber, aber ich wußte nicht, was ich
antworten sollte.«

»Das sind, glaube ich, Abkürzungen aus früheren
Zeiten.«

Wir machten Punsch und ergötzten uns damit, Austern
zu essen, indem wir sie austauschten, wenn wir sie schon
im Munde hatten. Sie reichte mir die ihre auf der Zunge,
während ich ihr gleichzeitig die meine in den Mund schob;
es gibt kein aufreizenderes und wollüstigeres Spiel zwischen zwei Liebenden. Es ist auch komisch, aber die Komik nimmt ihm nichts von seinem Reiz, denn das Lachen
ist nur für Glückliche gemacht. Welch köstliche Austern-
sauce, aus dem Munde des angebeteten Geschöpfs ge-

schlürft, ist doch ihr Speichel! Wie sollte die Kraft der Liebe nicht wachsen, wenn ich eine solche Auster zerbeiße, wenn ich sie hinunterschlucke.

Sie sagte mir, sie wolle sich umziehen und in der Nachthaube zurückkommen. Da ich nun nicht wußte, was ich tun sollte, vertrieb ich mir die Zeit damit, nachzusehen, was sie in ihrem offenstehenden Sekretär hatte. Die Briefe rührte ich nicht an, aber als ich eine Schachtel öffnete und Kondome[45] fand, steckte ich sie in die Tasche und schrieb in Eile folgende Verse, die ich anstelle der Beute hinterlegte:

> »Ihr Diener der Sorge und Kinder der Liebe,
> Vor Amor erbebt und zeigt Ehrfurcht dem Diebe!
> Und du, Gottes Braut, fürchte nicht zu gebären,
> Dem Sohne wird er sich als Vater erklären.
> Doch wenn du dran festhältst, dich zu verschließen,
> So sag's, denn dann wird man kastrieren mich
> müssen.«[46]

M. M. erschien wieder in neuer Aufmachung. Sie trug ein Hausgewand aus indischem Musselin, in den mit Goldfäden Blumen gestickt waren, und ihre Nachthaube war einer Königin würdig. Ich warf mich ihr zu Füßen und flehte sie an, auf der Stelle mein Verlangen zu stillen; aber sie gebot mir, mein Feuer aufzusparen, bis wir im Bett wären.

»Ich will keine Sorge haben«, sagte sie schalkhaft, »daß deine Quintessenz auf den Teppich fällt. Du wirst sehen.«

Hierauf ging sie zum Sekretär, aber statt der Überzüge fand sie meine sechs Verse. Sie las sie, las sie noch einmal laut, nannte mich einen Dieb, gab mir Küsse über Küsse und wollte mich überreden, ihr die Beute zurückzugeben.

Nachdem sie meine Verse erneut langsam und ganz laut gelesen hatte, tat sie, als denke sie darüber nach, und ging unter dem Vorwand hinaus, eine bessere Feder zu holen. Als sie zurückkam, schrieb sie folgende Antwort:

> »Wenn ein Engel mich . . ., ist mir klar jedenfalls,
> Daß mein einziger Gatte der Schöpfer des Alls.
> Aber um sein Geblüt des Verdachts zu entheben,
> Muß mein Amor sofort die Kondome mir geben.
> Denn so füg' ich mich stets seinem heil'gen
> Verlangen,
> Und der Freund soll mich . . ., ohne zu bangen«.[47]

Da gab ich sie ihr zurück und spielte sehr überzeugt den Erstaunten; denn das war ja wirklich zu stark.

Mitternacht hatte geschlagen, und als ich ihr den kleinen Gabriel zeigte, der nach ihr schmachtete, machte sie das Sofa zurecht und sagte, daß wir hier schlafen wollten, weil die Bettkammer zu kalt sei. Der Grund war, daß uns der Freund in der Bettkammer nicht hätte sehen können.

Unterdessen hüllte ich mein Haar in ein Tuch aus indischer Baumwolle, das mir viermal um den Kopf reichte und mir das furchterregende Aussehen eines asiatischen Despoten in seinem Serail gab. Gebieterisch brachte ich meine Sultanin in den Naturzustand und verfuhr mit mir desgleichen; dann legte ich sie hin, bezwang sie nach allen Regeln der Kunst und genoß ihre Verzückungen. Mit dem Kissen, das ich ihr unter das Kreuz geschoben hatte, und dem angewinkelten Knie, das sie von der Sofalehne wegstreckte, mußte sie ihrem verborgenen Freund einen besonders wollüstigen Anblick bieten. Nach dem Reigen, der eine Stunde dauerte, pflückte sie den Überzug ab und freute sich, als sie darin die Quintessenz sah. Da sie sich aber von ihrer eigenen Destillation überschwemmt fühlte, kamen wir überein, uns mit einer kurzen Abwaschung vorerst wieder in den Status quo zu versetzen. Danach stellten wir uns nebeneinander vor einen großen Wandspiegel, und jeder legte einen Arm um den Rücken des anderen. Bei der Bewunderung unserer schönen Spiegelbilder überkam uns die Lust, sie zu besitzen; wir kämpften, immer stehend, auf alle erdenkliche Weise. Nach dem letzten Kampf fiel sie auf den Perserteppich, der das Parkett bedeckte. Mit geschlossenen Augen, den Kopf zur Seite geneigt, Arme und Beine von sich gestreckt, als hätte man sie soeben vom Andreaskreuz[48] abgenommen, lag sie auf dem Rücken und hätte einer Toten geglichen, wäre nicht das Klopfen ihres Herzens sichtbar gewesen. Der letzte Kampf hatte ihre Kräfte erschöpft. Ich hatte sie die Kerze[49] machen lassen und sie in dieser Stellung aufgehoben, um ihre Liebeskammer inbrünstig zu küssen, die ich nicht anders erreichen konnte, wenn ich sie gleichzeitig in die Lage versetzen wollte, ihrerseits meine Waffe zu verschlingen, die sie zu Tode traf, ohne ihr das Leben zu rauben.

Nach diesem Heldenstück mußte ich sie vor Erschöpfung um Waffenstillstand bitten und stellte sie wieder auf die Füße; aber einen Augenblick später forderte sie mich zur Revanche heraus. Nun war es an mir, die Kerze zu machen, und sie faßte mich bei den Hüften, um mich zu stützen. In dieser Stellung hielt sie sich mit gespreizten Schenkeln aufrecht. Schrecken ergriff sie, als sie meine Seele mit Blutstropfen vermischt auf ihren Brüsten sah.

»Was ist das«, rief sie aus, ließ mich fallen und fiel zugleich mit mir hin. Gerade schlug die Uhr.

Ich brachte sie zum Lachen und damit ins Leben zurück.

»Sei ohne Sorge, mein Engel«, sagte ich, »das ist der Dotter vom letzten Ei, der oft rot ist.«

Ich wusch ihr selbst die schönen Brüste, die bis zu diesem Augenblick noch nie menschliches Blut befleckt hatte. Sie war in großer Sorge, daß sie einige Tropfen geschluckt hätte; aber ich überzeugte sie leicht davon, daß so etwas kein Unglück war, selbst wenn es stimmte. Sie zog ihre Nonnentracht an und beschwor mich, bevor sie ging, in der Villa zu schlafen und ihr vor der Rückfahrt nach Venedig zu schreiben, wie es mir gehe. Sie versprach mir, am nächsten Tag das gleiche zu tun. Ich würde den Brief bei der Pförtnerin finden. Ich gehorchte ihr. Sie brach erst eine halbe Stunde später auf, die sie sicher mit ihrem Freund verbrachte.

Ich schlief bis zum Abend, und kaum erwacht, schrieb ich ihr, daß es mir gut gehe. Ich fuhr nach Venedig, wo ich, um mein Versprechen einzulösen, den gleichen Maler aufsuchte, der mein Porträt für C. C. gemacht hatte. Er brauchte nur drei Sitzungen. Ich ließ es ein wenig größer machen als das erste, weil M. M. es als Medaillon wollte, von irgendeinem Heiligenbild überdeckt, damit es aller Welt verborgen sei; sie allein sollte das Geheimnis kennen, wie man es öffnete. Dem Goldschmied oblag es, einen geheimen Verschluß anzubringen, der sich vom ersten unterschied. Der gleiche Maler malte mir eine Verkündigung, die den Engel Gabriel mit braunem Haar zeigte, dazu eine blonde Jungfrau Maria, wie sie ihre Arme dem göttlichen Sendboten entgegenstreckte. Der berühmte Maler Mengs folgte der gleichen Idee in der Verkündigung, die er zehn Jahre später in Madrid malte.[50]

Kapitel 7

Die Flucht aus den Bleikammern

Nach seiner Verhaftung im Juli 1755, deren Grund ihm nicht mitgeteilt worden ist, untersteht Casanova der Aufsicht des ebenso dummen wie habsüchtigen Wärters Lorenzo[1]. Der Jude Gabriel Schalom, Casanovas Zellengenosse, ist eben verlegt worden, als dieser seine Ausbruchsarbeit beginnt.

Damit mein Leser die Flucht aus einem derartigen Ort besser versteht, muß ich ihm zur Vorbereitung die Örtlichkeit beschreiben. Die Gefängnisse, die dazu bestimmt sind, die Staatsverbrecher aufzunehmen, sind tatsächlich im Dachboden des Dogenpalastes untergebracht. Sein Dach ist weder mit Schiefer noch mit Ziegeln gedeckt, sondern mit Bleiplatten von drei Fuß im Geviert und ein zwölftel Zoll[2] stark, die diesen Gefängnissen den Namen Bleikammern geben. Man kann zu ihnen nur durch die Tore des Palazzo oder durch das Gefängnisgebäude gelangen, durch das man mich über die Brücke, die man die Seufzerbrücke nennt und von der ich schon gesprochen habe, hereingeführt hatte. Zu diesen Gefängnissen kann man nur hinaufsteigen, wenn man den Saal durchquert, in dem sich die Staatsinquisitoren versammeln; ihr Sekretär hat als einziger den Schlüssel, den der Wärter der Bleikammern ihm zurückgeben muß, sobald er am frühen Morgen seinen Dienst bei den Häftlingen versehen hat. Das geschieht bei Tagesanbruch, denn später würde das Kommen und Gehen der Büttel an einem Ort zu sehr auffallen, wo sich alle diejenigen drängen, die Anliegen an die Herren vom Rate der Zehn haben. Diese halten alle Tage Sitzung im anschließenden Saal, der die Bussola[3] heißt und den die Büttel zwangsläufig durchqueren müssen.

Die Gefängnisse befinden sich zu beiden Seiten des Dachfirstes des Palazzo. Drei liegen westwärts, zu denen das meine gehörte, und vier ostwärts. Die Traufe am Dachrand derer, die nach dem Westen zu liegen, geht in den Hof des Palazzo; die im Osten ist lotrecht über dem Kanal, den man Rio di Palazzo nennt. Auf dieser Seite sind die Kerker sehr hell, und man kann dort aufrecht stehen, ein Vorzug, der dem Gefängnis, in dem ich war, fehlte und das man deshalb »il trave«[4] nannte. Der Fußboden meines Kerkers befand sich genau über der Decke des Saales, in dem sich die Inquisitoren gewöhnlich nur während der Nacht nach der täglichen Sitzung des Rates der Zehn versammeln, dem sie alle drei angehören.

Da ich das alles wußte und eine genaue Vorstellung von der Örtlichkeit hatte, bestand nach meinem Dafürhalten der einzige aussichtsreiche Weg zu einer Flucht darin, daß ich den Fußboden meines Gefängnisses durchbrach; aber dazu brauchte ich Werkzeuge, eine schwierige Angelegenheit an einem Ort, wo jede Verbindung mit der Außenwelt verboten war, wo man keine Besuche gestattete, nicht einmal brieflichen Verkehr mit jemandem. Da ich kein Geld hatte, um einen Büttel zu bestechen, konnte ich auf niemanden zählen. Selbst wenn ich annahm, daß der Wärter und die beiden Trabanten, die ihn begleiteten, so willfährig gewesen wären, sich erdrosseln zu lassen, denn ich hatte ja keine Waffen, so stand ein weiterer Büttel vor der verschlossenen Tür des Ganges und öffnete diese erst, wenn der Kamerad, der hinausgehen wollte, ihm das Losungswort nannte. Der einzige Gedanke, der mich beherrschte, war die Flucht, und da ich im Boethius[5] keinen Weg dazu fand, las ich ihn nicht mehr. Ich dachte ständig darüber nach, da ich überzeugt war, daß mir nur dann etwas einfallen würde, wenn ich nachdachte. Ich habe immer daran geglaubt, daß ein Mensch, der es sich in den Kopf setzt, irgendeinen Plan auszuführen, und sich mit nichts anderem beschäftigt, trotz aller Schwierigkeiten zum Ziel kommen muß; ein solcher Mensch wird Großwesir, er wird Papst, er stürzt einen Monarchen, vorausgesetzt, daß er sich beizeiten damit befaßt; denn ein Mensch in vorgerücktem Alter kommt zu nichts mehr, weil das Glück ihn übersieht. Ohne dessen Hilfe aber hat man nichts zu erhoffen. Es ist nötig, auf das Glück zu bauen, aber gleichzeitig Rückschlägen Trotz zu bieten. Das ist einer der schwierigsten politischen Leitsätze. [...]

Sobald ich mich allein sah, machte ich mich mit größtem Eifer an meine Arbeit. Ich mußte unbedingt rasch machen, bevor irgendein neuer Gast kam, der ausgekehrt haben wollte. Ich zog mein Bett heraus, zündete meine Lampe an und legte mich mit meinem Spuntone[6] in der Hand auf den Boden. Neben mir breitete ich ein Tuch aus, um die kleinen Holzsplitter aufzusammeln, die ich mit der Spitze des Riegels absprengte. Es ging darum, das Brett zu durchstoßen, indem ich das Eisen hineintrieb. Die Splitter waren zu Beginn meiner Arbeit nicht größer als ein Weizenkorn; aber später wurden sie zu großen Spänen. Der Boden bestand aus Lärchenholzbrettern von sechzehn Zoll Breite[7]. Ich begann an der Trennfuge zwischen zwei Bohlen; kein Nagel und keine Eisenzwinge hinderten mich, und mein Werk ging gleichmäßig vonstatten. Nach sechsstündiger Arbeit knotete ich mein Tuch zusammen und legte es beiseite, um es am nächsten Tag hinter dem Stoß Hefte zu leeren, der am Ende des Dachbodens lag.

Die losgesprengten Stücke bildeten einen vier- bis fünfmal
so großen Haufen als die Höhlung, aus der ich sie heraus-
gebrochen hatte; der Einschnitt mochte etwa dreißig Grad
eines Kreises haben, dessen Durchmesser ungefähr zehn
Zoll[8] war. Ich schob mein Bett wieder an seinen Platz,
und als ich am nächsten Tag mein Tuch ausleerte, stellte
ich fest, daß ich keinen Anlaß zur Sorge hatte, meine
Späne entdeckt zu sehen.

Am zweiten Tag fand ich unter dem ersten Brett, das
eine Stärke von zwei Zoll hatte, ein zweites Brett, das mir
ebenso dick vorkam wie das erste. Da ich nie das Unglück
hatte, durch einen neuen Besucher gestört zu werden, obwohl mich ständig die Angst davor quälte, gelang es mir
in drei Wochen, drei Bretter ganz zu durchbohren; unter
ihnen fand ich einen mit kleinen Marmorstücken ausge-
legten Boden, den man in Venedig »Terrazzo marmorin«[9]
nennt. Es ist der gewöhnliche Fußboden der Wohnungen
in allen Häusern Venedigs, die nicht gerade armen Leuten
gehören. Die großen Herren ziehen den Terrazzo sogar
einem Parkett vor. Mit Bestürzung stellte ich fest, daß
mein Riegel in ihn nicht eindrang; ich mochte mich noch
so sehr dagegen stemmen und stoßen, die Spitze glitt aus.
Dieser Umstand machte mich verzagt. Ich erinnerte mich
daran, wie Hannibal nach Titus Livius sich einen Weg
quer durch die Alpen gebahnt hatte.[10] Dabei soll er den
Felsen, den er mit Hilfe von Essig mürbe gemacht hatte,
mit Axtschlägen ausgebrochen haben; ich hatte die Sache
unglaublich gefunden, weniger hinsichtlich der Schärfe
der Säure, vielmehr wegen der ungeheuren Menge Essig,
die er gehabt haben müßte. Ich hatte geglaubt, daß Hannibal sein Ziel nicht durch »aceto« (Essig) erreichte, sondern
durch »asceta«, das im Paduaner Latein das gleiche bedeu-

ten konnte wie »ascia« (Axt), und daß der Irrtum beim
Abschreiben entstanden sein mochte.[11] Dennoch goß ich
in die Höhlung eine Flasche mit starkem Weinessig, die
ich besaß; sei es nun infolge des Essigs oder infolge meiner
größeren Beharrlichkeit, am nächsten Tag merkte ich, daß
ich Erfolg haben würde, denn es war nicht nötig, die kleinen Marmorstücke zu zerbrechen, sondern es genügte,
mit der Spitze meines Werkzeugs den Zement zu zerklei-
nern, der sie verband. Ich war sehr befriedigt, als ich
merkte, daß nur die Oberfläche eine so große Schwierigkeit bot; in vier Tagen durchbrach ich den ganzen Boden,
ohne daß die Spitze meines Spuntone Schaden nahm. Die
geschliffenen Flächen glänzten im Gegenteil viel schöner.

Unter dem Terrazzo marmorin fand ich, wie erwartet,
ein weiteres Brett; dieses mußte das letzte sein bezie-
hungsweise das erste von unten her in jedem Raum, in
welchem Balken die Decke tragen. Ich machte mich an
dieses Brett mit größeren Schwierigkeiten, weil mein
Loch bereits zehn Zoll tief war. Ich empfahl mich ohne
Unterlaß der Barmherzigkeit Gottes. Die Freigeister, die
behaupten, das Gebet sei zu nichts nütze, bedenken nicht,
was sie sagen. Ich weiß, daß ich mich immer viel stärker
fühlte, wenn ich zu Gott gebetet hatte, und das genügt,
die Nützlichkeit des Betens zu beweisen, ob nun die Ver-
mehrung meiner Kraft unmittelbar von Gott stammte,
oder ob sie eine physische Folge des Vertrauens in ihn
war.

So kam der fünfundzwanzigste Juni heran, der Tag, an
dem einzig und allein die Republik Venedig den Evangelisten Markus feiert, der gegen Ende des elften Jahrhunderts unter der sinnbildlichen Gestalt eines geflügelten
Löwen in der Kapelle des Dogen erschienen war. Das

Ereignis überzeugte damals den weisen Senat, daß es an der Zeit war, den heiligen Theodor[12] zu verabschieden, dessen Einfluß nicht mehr groß genug war, um ihm bei seinen weitreichenden Plänen beizustehen und als Patron den würdigen Schüler des heiligen Paulus oder nach Eusebius[13] des heiligen Petrus zu wählen, den Gott ihm gesandt hatte. An diesem Tag lag ich um drei Uhr nachmittags vollkommen nackt und schweißgebadet ausgestreckt auf dem Bauch und arbeitete in dem Loch, neben das ich, um sehen zu können, meine angezündete Lampe gestellt hatte, als ich mit tödlichem Erschrecken das kreischende Schnappen des Riegels an der Tür des ersten Korridors hörte. Das war ein Augenblick! Ich blies die Lampe aus, ließ meinen Spuntone in der Höhlung, warf mein Tuch hinein, sprang auf, schob in aller Eile die Böcke und Bretter meines Bettes in den Alkoven, warf den Strohsack und die Matratzen darauf und ließ mich, weil ich nicht mehr die Zeit hatte, das Leintuch darüber zu breiten, wie ein Toter auf das Bett fallen, gerade als Lorenzo bereits meine Zelle aufschloß. Einen einzigen Augenblick früher hätte er mich ertappt. Lorenzo wäre auf mich getreten, wenn ich nicht einen Schrei ausgestoßen hätte; so zog er sich gebückt durch die Tür zurück und sagte in übertriebenem Ton:

»Ach mein Gott! Sie tun mir leid, Signore, denn hier brät man in der Hitze wie in einem Backofen. Stehen Sie auf und danken Sie Gott, der Ihnen eine treffliche Gesellschaft schickt! Treten Sie ein, treten Sie ein, Illustrissimo Signore«, sagte er zu dem Unglücklichen, der ihm folgte. Der Flegel hatte auf meine Nacktheit nicht geachtet, und so drückte sich der ›Illustrissimo‹ an mir vorbei, während ich, ohne zu wissen, was ich tat, die Leintücher zusam-

menraffte, sie auf das Bett warf und nirgendwo ein Hemd
fand, das ich anstandshalber hätte überstreifen sollen. Der
Neuankömmling glaubte, in der Hölle angekommen zu
sein, und rief:

»Wo bin ich? Wohin bringt man mich? Welche Hitze!
Welcher Gestank! Wer ist der andere da?«

Lorenzo schickte ihn nun hinaus und bat mich, ein
Hemd anzuziehen und auf den Dachboden hinauszukom-
men; dem anderen sagte er, er habe Auftrag, ihm aus seiner Wohnung ein Bett zu holen und alles, was er sich
wünsche; er könne auch bis zu seiner Rückkehr auf dem
Dachboden auf und ab gehen und warten, bis sich der
Gestank, der nur vom Öl komme, durch die offene Tür
aus dem Kerker verziehe. Welche Überraschung für mich,
als ich ihn sagen hörte, der Gestank komme vom Öl!
Tatsächlich stammte er von der Lampe, die ich ausgelöscht hatte, ohne sie zu schneuzen. Lorenzo stellte mir
darüber keinerlei Fragen; er wußte es also. Der Jude hatte
ihm demnach alles gesagt; wie glücklich war ich, daß er
ihm nicht noch mehr hatte sagen können! In diesem
Augenblick erfaßte mich eine gewisse Hochachtung vor
Lorenzo.

Rasch zog ich ein Hemd und einen Schlafrock an und
ging hinaus. Der neue Gefangene schrieb gerade mit Bleistift auf, was er haben wollte. Er kam mir zuvor und sagte
bei meinem Anblick:

»Das ist ja Casanova.«

Ich erkannte sogleich den Abate Graf Fenaroli[14] aus
Brescia, einen fünfzigjährigen, liebenswürdigen und reichen Mann, der in allen guten Gesellschaften geachtet
wurde. Er umarmte mich, und als ich sagte, ich hätte hier
oben jedermann eher erwartet als ihn, konnte er die Trä-

nen nicht zurückhalten; auch meine flossen aus Teilnahme.

Sobald wir allein geblieben waren, sagte ich ihm, ich würde ihm, wenn sein Bett käme, den Alkoven anbieten, bäte ihn aber um die Freundlichkeit, das abzulehnen; ferner möge er nicht verlangen, daß man den Kerker ausfege, und es mir überlassen, ihm die Gründe hierfür zur gegebenen Zeit zu erklären. Ich sagte ihm auch, warum es nach Öl stank, und nachdem er mir Stillschweigen über alles zugesichert hatte, gab er seiner Freude Ausdruck, zu mir gebracht worden zu sein. Er erzählte mir, niemand wisse, was ich verbrochen hätte, und deshalb rätsele jeder daran herum. Man sage, ich sei das Oberhaupt einer neuen Religion; andere meinten, daß Signora Memmo das Tribunal davon überzeugt habe, ich erziehe ihre Söhne zum Atheismus.[15] Man behaupte, daß der Staatsinquisitor Signor Antonio Condulmer mich als Störer der öffentlichen Ordnung habe einsperren lassen, weil ich die Komödien des Abate Chiari[16] ausgepfiffen hätte; und ich hätte eigens nach Padua fahren wollen, um ihn umzubringen.

Alle diese Anschuldigungen hatten etwas für sich, was sie glaubhaft machte; aber sie waren alle aus der Luft gegriffen. Die Religion lag mir nicht genügend am Herzen, um mich zur Einführung einer neuen zu veranlassen. Die drei Söhne der Signora Memmo waren von einem Geiste erfüllt, der eher andere verführte, als daß er sich selbst verführen ließ; und Signor Condulmer hätte viel zu tun gehabt, wenn er alle hätte einsperren wollen, die den Abate Chiari auspfiffen. Was diesen Abate betraf, der Jesuit gewesen war, so hatte ich ihm verziehen. Der berühmte Pater Origo, auch ein Jesuit, hatte mich gelehrt, mich auf die Weise zu rächen, daß ich von ihm in großen

Gesellschaften nur Gutes sagte. Mein Lob veranlaßte die Anwesenden, Spottreden zu halten, und ich sah mich gerächt, ohne mir Unannehmlichkeiten zuzuziehen.

Gegen Abend brachte man das Bett, einen Lehnstuhl, Wäsche, wohlriechendes Wasser, ein gutes Essen und gute Weine. Der Abate konnte nichts zu sich nehmen; aber ich tat es ihm keinesfalls gleich. Man stellte sein Bett auf, ohne das meine zu verrücken, und schloß uns ein.

Nun zog ich meine Lampe aus dem Loch, und auch das Tuch, das in den Topf gefallen und voll Öl war. Ich habe darüber sehr gelacht. Über einen Zwischenfall ohne große Folgen, der aus Gründen eintritt, die auch böse enden können, ist man berechtigt zu lachen; ich brachte alles wieder in die richtige Ordnung und zündete meine Lampe an, über deren Geschichte der Abate herzlich lachte. Wir verbrachten die Nacht, ohne zu schlafen, nicht so sehr wegen der Million Flöhe, die uns peinigten, als wegen hundert interessanten Gesprächen, die kein Ende nahmen. Hier die Geschichte seiner Verhaftung, wie er sie mir selbst erzählte:

»Gestern gegen fünf Uhr nachmittags stiegen wir, Signora Alessandri, Graf Paolo Martinengo und ich, in eine Gondel; eine Stunde später kamen wir nach Fusina und vier Stunden später nach Padua, wo wir uns die Oper ansehen und nachher zurückfahren wollten. Im zweiten Akt gab mir mein böser Geist ein, in den Spielsaal zu gehen, wo ich den Wiener Gesandten Graf von Rosenberg bemerkte, der die Maske abgenommen hatte, und zehn Schritte von ihm Signora Ruzzini, deren Gatte im Begriff ist, als Gesandter der Republik an den dortigen Hof zu reisen. Ich verbeugte mich vor ihr wie vor ihm und wollte weitergehen, als der Gesandte vernehmlich zu mir sagte:

›Sie sind glücklich, daß Sie einer so liebenswerten Dame den Hof machen dürfen; in derartigen Augenblicken macht mir der Hof, den ich vertrete, das schönste Land der Welt zu einer Galeere. Bitte sagen Sie ihr, daß die Gesetze, die mich hier hindern, mit ihr zu sprechen, in Wien keine Gültigkeit haben; und wenn ich sie dort das nächste Jahr treffe, werde ich ihr den Krieg erklären‹. Signora Ruzzini, die gemerkt hatte, daß wir von ihr sprachen, fragte mich, was der Graf gesagt habe, und ich wiederholte es ihr Wort für Wort. ›Antworten Sie ihm‹, sagte sie, ›daß ich die Kriegserklärung annehme; wir werden ja sehen, wer von uns beiden sich besser darauf versteht.‹ Ich glaubte, kein Verbrechen zu begehen, wenn ich diese Antwort, die nichts als eine Höflichkeit war, weitergab. Nach der Oper aßen wir ein Hühnchen und kamen gegen ein Uhr mittags wieder hier an. Ich legte mich zu Bett und wollte bis fünf Uhr schlafen, als ein Bursche mir ein Schreiben mit dem Befehl brachte, um vier Uhr in der Bussola zu sein, um zu hören, was Signor Businello, der Circospetto Segretario des Rates der Zehn, mir zu sagen habe. Dieser Befehl, der immer Schlechtes bedeutet, überraschte mich, und ich war sehr ärgerlich, daß ich ihm gehorchen mußte. Um die vorgeschriebene Stunde begab ich mich zur Audienz bei dem Ratsherrn, der mich hierher bringen ließ, ohne ein einziges Wort an mich zu richten.«[17]

Nichts war unschuldiger als dieser Verstoß; aber es gibt auf Erden Gesetze, die man in aller Unschuld verletzen kann und deren Übertreter nichtsdestoweniger schuldig ist. Ich beglückwünschte ihn zur Kenntnis seines Vergehens, zum Vergehen selbst und zur Form seiner Verhaftung; da sein Fehler sehr unbedeutend war, sagte ich ihm,

daß er nur acht Tage bei mir bleiben und man ihn anschlie-
ßend verpflichten werde, für sechs Monate bei sich zu
Hause in Brescia zu bleiben. Er antwortete mir ernsthaft,
er glaube nicht, daß man ihn acht Tage hier lassen werde,
und zeigte damit, daß ein Mann, der sich nicht schuldig
fühlt, nicht begreifen kann, daß man ihn bestrafen könne.
Ich ließ ihn bei seiner Einbildung; aber was ich ihm gesagt
hatte, traf ein. Ich war gern bereit, ihm gute Gesellschaft
zu leisten, um nach Möglichkeit den großen Seelen-
schmerz zu lindern, den ihm seine Haft verursachte. Ich
habe mir sein Unglück so zu Herzen genommen, daß ich
während der ganzen Zeit, die er mit mir verbrachte, mein
eigenes völlig vergaß.

Am nächsten Tag in aller Frühe brachte Lorenzo Kaffee
und einen großen Korb Essen für den gräflichen Abate,
der nicht begriff, wie man annehmen könne, daß ein
Mensch um diese Stunde Lust habe zu essen. Man ließ uns
eine Stunde auf und ab gehen und schloß uns dann wieder
ein. Die Flöhe, die uns quälten, veranlaßten ihn zu der
Frage, warum ich nicht auskehren ließ. Ich konnte weder
zulassen, daß er mich für ein Schwein hielt, noch daß er
glaubte, meine Haut sei unempfindlicher als die seine;
so erzählte ich ihm alles und zeigte es ihm sogar. Er
war verdutzt und betroffen, daß er mich gewissermaßen
gezwungen hatte, ihm ein so bedeutsames Geständnis zu
machen. Er ermunterte mich, weiterzuarbeiten und die
Öffnung wenn möglich noch am gleichen Tag fertigzu-
stellen, damit er mich hinunterlassen und mein Seil heraufziehen könne; er seinerseits wolle nicht gern seine
Sache durch eine Flucht verschlimmern. Ich zeigte ihm
das Modell einer Vorrichtung, mit der ich, wenn ich mich
hinuntergelassen hatte, die Leinwand, die mir als Seil

gedient hatte, mit Sicherheit würde herunterziehen können. Ich hatte zu diesem Zweck an das eine Ende eines
Holzstückes eine lange Schnur befestigt. Mein Leintuch
durfte an einem Bock meines Bettes nur mit diesem Holz
gesichert werden, das seinerseits in den Seitenteilen des
Bockes ruhte und an dem in einer Schlinge das Seil herab-
hing. Die Schnur zum Lösen des Holzes mußte bis zum
Fußboden des Zimmers der Inquisitoren reichen; sobald
ich unten stand, hätte ich sie heruntergezogen. Er zweifelte nicht am Erfolg und wünschte mir Glück dazu, um
so mehr, als diese Vorsichtsmaßnahme für mich unbedingt notwendig war; denn wenn ich das Bettuch hätte
dortlassen müssen, hätte es unweigerlich Lorenzos Blicke
auf sich gezogen, der zu unserem jetzigen Aufenthaltsort
nur durch dieses Zimmer gelangen konnte. Er hätte mich
sogleich gesucht, gefunden und festgenommen. Mein vornehmer Gefährte war davon überzeugt, daß ich meine
Arbeit aufschieben mußte; denn ich hatte eine Entdek-
kung um so mehr zu fürchten, als ich noch einige Tage
brauchte, um das Loch zu beenden, das Lorenzo das
Leben kosten würde. Aber wie hätte der Gedanke, meine
Freiheit auf Kosten seines Daseins zu gewinnen, mein
Streben nach ihr verzögern können? Ich hätte nicht anders
gehandelt, selbst wenn meine Flucht den Untergang aller
Büttel der Republik und sogar des Staates zur Folge
gehabt hätte. Liebe zum Vaterland wird für einen Men-
schen, der von ihm unterdrückt wird, zu einem leeren
Schemen.

Meine gute Laune hinderte jedoch meinen lieben Gefährten nicht, viertelstundenlang in Traurigkeit zu ver-
sinken. Er war in Signora Alessandri verliebt, die Sängerin
gewesen war und nun als Geliebte oder Gattin mit seinem

Freund Martinengo lebte. Und er mußte erhört worden sein; aber je glücklicher ein Liebender ist, um so unglücklicher wird er, wenn man ihn aus den Armen des Gegenstandes seiner Liebe reißt. Er seufzte, vergoß viele Tränen und war mit sich darüber eins, eine Frau zu lieben, die in sich alle Tugenden vereinte. Ich bedauerte ihn aufrichtig, ohne es mir einfallen zu lassen, ihn mit den Worten zu trösten, die Liebe sei nur ein Spiel, ein jämmerlicher Trost, den nur Schwachköpfe den Liebenden spenden; denn es ist nicht einmal wahr, daß Liebe nur ein Spiel ist.

Die acht Tage, die ich vorhergesagt hatte, gingen rasch vorüber; dann büßte ich diese angenehme Gesellschaft ein. Aber ich nahm mir nicht die Zeit, dies zu bedauern. Ich hielt es keinesfalls für nötig, diesen ehrenwerten Mann um Verschwiegenheit zu bitten; hätte ich daran nur im geringsten gezweifelt, hätte ich seine schöne Seele gekränkt.

Am dritten Juli sagte ihm Lorenzo, er solle sich bereit halten, uns zur Terza zu verlassen, die in diesem Monat um neun Uhr geläutet wurde. Aus diesem Grund brachte er ihm auch kein Essen mehr. In diesen acht Tagen hatte sich der Abate nur von Suppe, Früchten und kanarischem Wein[18] ernährt. Ich hingegen ließ es mir zur großen Befriedigung meines Freundes, der meine glückliche Veranlagung bewunderte, gut schmecken. Wir verbrachten die letzten drei Stunden in Beteuerung zärtlichster Freundschaft. Lorenzo erschien, brachte ihn hinunter und kam nach einer Viertelstunde zurück, um alles fortzutragen, was diesem liebenswerten Mann gehört hatte.

Am nächsten Tag rechnete Lorenzo mit mir die Ausgaben des Monats Juni ab; ich stellte fest, daß mir vier Zechinen übrigblieben. Er war gerührt, als ich ihm sagte, seine

Frau möge sie als Geschenk behalten. Ich sagte ihm nicht,
daß ich damit die Miete für meine Lampe bezahlte; aber er
hat es sich vielleicht gedacht.

Ich ging ganz in meiner Arbeit auf und erlebte am dreiundzwanzigsten August ihre Vollendung. Diese lange
Dauer wurde durch einen sehr natürlichen Umstand her-
vorgerufen. Als ich das letzte Brett wie stets mit größter
Vorsicht aushöhlte, ließ ich nur eine ganz dünne Schicht
stehen; als ich nun ganz nahe bis zur anderen Seite vorge-
drungen war, legte ich das Auge auf ein kleines Loch,
durch das ich das Zimmer der Inquisitoren sehen mußte,
was auch tatsächlich der Fall war; aber zur gleichen Zeit
bemerkte ich nur wenig von diesem kleinen Loch entfernt, das nicht größer als eine Fliege war, eine senkrechte
Fläche von ungefähr acht Zoll. Das war, was ich immer
gefürchtet hatte, einer der Balken, die die Decke trugen.
Ich sah mich gezwungen, das Loch nach der Richtung
vom Balken weg zu vergrößern; denn er machte den
Durchschlupf so eng, daß ich mit meinem immerhin be-
trächtlichen Umfang nie hindurchgekommen wäre. Ich
mußte die Öffnung um ein Viertel erweitern, immer noch
in Sorge, daß der Abstand zwischen zwei Balken nicht
breit genug war. Nach der Vergrößerung zeigte mir ein
zweites kleines Loch gleicher Größe, daß Gott meine
Arbeit gesegnet hatte. Ich verstopfte die beiden Löcher,
um zu verhindern, daß kleine Splitter in das Zimmer hin-
unterfielen, oder daß ein Lichtstrahl meiner Lampe
durchschimmerte und jemandem, der das durch Zufall
bemerkt hätte, mein Vorhaben verriet.

Ich setzte den Zeitpunkt meiner Flucht auf die Nacht
vor dem Fest des heiligen Augustinus[19] fest, weil ich
wußte, daß sich aus diesem Anlaß der große Rat versam-

melte und deshalb niemand in der Bussola sein würde, die
neben dem Zimmer lag, durch das ich notwendigerweise
auf meiner Flucht kommen mußte. Ich nahm mir also
vor, in der Nacht des siebenundzwanzigsten August zu
fliehen.

Am Mittag des fünfundzwanzigsten stieß mir etwas zu,
was mich noch jetzt erschauern läßt, da ich es niederschreibe. Genau zur Mittagszeit hörte ich das Kreischen
der Schlösser; ich glaubte mich dem Tode nahe. Mein
Herz schlug heftig, drei oder vier Daumen breit tiefer, als
wo es hingehörte, und ich fürchtete, mein letztes Stünd-
lein sei gekommen. Ich warf mich bestürzt in meinen
Lehnstuhl. Lorenzo betrat den Dachboden, brachte sein
Gesicht dicht an das Gitter und sagte mir in freudigem
Ton:

»Ich beglückwünsche Sie zu der guten Nachricht, die
ich Ihnen bringe.«

Da ich zuerst glaubte, es handle sich um meine Freiheit,
fühlte ich mich verloren; denn ich wußte nicht, was eine
gute Nachricht anderes hätte bedeuten sollen. Die Entdeckung des Loches hätte zum Widerruf meiner Begnadigung geführt.

Lorenzo kam herein und hieß mich, ihm zu folgen.

»Warten Sie, bis ich mich angezogen habe.«

»Nicht nötig, denn Sie kommen nur aus diesem garstigen Kerker in einen anderen, hellen und ganz neuen, von
dem aus Sie durch zwei Fenster halb Venedig sehen werden, wo Sie aufrecht werden stehen können, wo . . .«

Aber ich konnte nicht mehr, mir war sterbenselend.

»Geben Sie mir Essig«, sagte ich. »Und sagen Sie dem
Signor Segretario, daß ich dem Tribunal für diese Vergünstigung danke, daß ich es aber anflehe, mich um Gottes
willen hier zu lassen.«

»Sie sind komisch. Sind Sie verrückt geworden? Man will Sie aus der Hölle befreien und in ein Paradies versetzen, und Sie weigern sich? Auf, auf, Sie müssen gehorchen; stehen Sie auf! Ich werde Sie stützen und Ihnen Ihre Sachen und Ihre Bücher nachbringen lassen.«

Wie vor den Kopf geschlagen und ohne den geringsten Widerspruch erhob ich mich, verließ die Zelle und fühlte sogleich eine gewisse Erleichterung, als ich hörte, wie Lorenzo einem seiner Männer befahl, mit dem Lehnstuhl nachzukommen. Mein Spuntone war wie immer im Stroh verborgen, und das war immerhin etwas. Ich hätte gern gesehen, wenn mir auch das schöne Loch gefolgt wäre, das ich mit solcher Mühe gemacht hatte und das ich nun zurücklassen mußte; aber das war unmöglich. Mein Leib ging fort, aber meine Seele blieb zurück.

Ich stützte den Arm auf die Schulter dieses Mannes, der mir durch seine Scherze Mut zuzusprechen glaubte. So ging ich durch zwei enge Korridore, stieg drei Stufen hinunter und betrat einen sehr großen hellen Saal. An dessen Ende in der Ecke linker Hand betrat ich durch eine kleine Tür einen Gang, der zwei Fuß breit und zwölf Fuß lang war und zwei vergitterte Fenster zur Rechten hatte, durch die man deutlich die Dächer des Teiles der großen Stadt sah, der zum Lido hin lag. Aber ich war nicht in der Verfassung, mich mit einem schönen Anblick zu trösten.

Die Tür des Kerkers befand sich in der Ecke des Ganges; ich bemerkte ein vergittertes Fenster, das dem einen der beiden, die den Gang erhellten, gegenüberlag, so daß der Gefangene, obgleich er eingeschlossen war, einen guten Teil dieser angenehmen Aussicht genießen konnte. Noch wichtiger war, daß dieses Fenster offenstand und einen sanften frischen Luftzug einließ, der die unerträgliche Hitze milderte und besonders zu dieser Jahreszeit ein wahres Labsal für die arme Kreatur war, die hier atmen mußte.

Derartige Erwägungen stellte ich nicht in diesem Augenblick an, wie sich der Leser wohl vorstellen kann. Sobald Lorenzo mich in meine Zelle gebracht hatte, ließ er den Lehnstuhl hinstellen, in den ich mich sofort fallen ließ; dann ging er mit den Worten, er werde mir gleich mein Bett mit allem, was mir gehörte, bringen lassen.

Der Stoizismus des Zenon, die Ataraxia des Pyrrhon[20] geben zu recht außergewöhnlichen Urteilen Anlaß. Man feiert sie, man macht sie zum Gespött, man bewundert sie, man macht sich über sie lustig, und die Weisen erkennen ihre Möglichkeiten nur mit Vorbehalt an. Jeder Mensch, der zum Urteil über moralische Möglichkeit oder Unmöglichkeit aufgerufen wird, hat recht, wenn er von nichts anderem ausgeht als von sich selbst; denn wenn er es ehrlich meint, kann er keine innere Kraft bei irgend jemand anderem anerkennen, wenn er nicht den Keim dazu in sich selbst fühlt. Was ich über diese Frage in mir selbst finde, ist, daß der Mensch mit Hilfe großer Übung fähig werden kann, Schmerzensschreie zu unterdrücken und gegen den Impuls der unmittelbaren Reaktionen stark zu bleiben. Darin liegt der Kern. Das »abstine et sustine« (verzichte und dulde)[21] kennzeichnet den guten Philosophen; aber der leibliche Schmerz, der einen Stoiker befällt, wird nicht geringer sein als der, der einen Epikureer quält, und der Kummer wird peinigender für den, der ihn verbirgt, als für den, der sich durch Klagen eine wirkliche Erleichterung verschafft. Ein Mensch, der von einem Ereignis unberührt erscheinen will, das auf sein Befinden Einfluß hat, tut nur so, als ob, wenn er nicht schwachsin-

nig oder toll ist. Wer sich vollkommenen Gleichmutes
rühmt, lügt, und ich bitte Sokrates tausendmal um Entschuldigung. Ich werde Zenon alles glauben, wenn er mir
beweisen kann, daß er das Geheimnis gelöst hat, ein
natürliches Erbleichen, Erröten, Lachen und Weinen zu
unterdrücken.

Ich saß in meinem Lehnstuhl, von Entsetzen betäubt.
Erstarrt wie eine Statue, wurde mir bewußt, daß alle
Mühen, denen ich mich unterzogen hatte, umsonst gewesen waren; aber sie konnten mich nicht gereuen. Ich fand
mich aller Hoffnung beraubt; die einzige Erleichterung,
die ich mir verschaffen konnte, war, nicht an die Zukunft
zu denken.

Als ich meine Gedanken zu Gott erhob, erschien mir
meine gegenwärtige Lage wie eine unmittelbar von ihm
verhängte Strafe dafür, daß er mir für die Fertigstellung
meines Werkes Zeit gelassen, ich aber seine Huld mißbraucht hatte, indem ich drei Tage mit meiner Flucht
gewartet hatte. Es war richtig, daß ich mich drei Tage
früher hätte hinablassen können; aber ein Aufschub auf
Grund sorgfältiger Überlegungen schien mir nicht eine
derartige Bestrafung zu verdienen. Daß ich mich so bedachtsam verhalten hatte, weil mich kluge Voraussicht
dazu zwang, hätte im Gegenteil einen Lohn verdient;
denn wenn ich mich von meiner ganzen natürlichen
Ungeduld hätte hinreißen lassen, hätte ich mich allen
Gefahren ausgesetzt.

Um die vernünftige Überlegung umzustoßen, die mich
meine Flucht bis zum siebenundzwanzigsten August
hatte aufschieben lassen, hätte es einer Offenbarung
bedurft; aber die Lektüre der Maria de Agreda[22] hatte
mich nicht so verrückt gemacht.

Eine Minute später brachten mir zwei Sbirren mein Bett und entfernten sich wieder, um sogleich mit allen meinen sonstigen Sachen zurückzukommen; aber zwei Stunden vergingen, ohne daß jemand wieder auftauchte, obwohl die Türen meines Kerkers offenstanden. Diese Säumnis stürzte mich in einen Wust von Gedanken; aber ich konnte keine Lösung finden. Da ich alles befürchten mußte, versuchte ich, mich in einen Zustand der Ruhe zu versetzen, der mich befähigte, alles, was mir an Unangenehmem zustoßen konnte, zu überstehen.

Außer den Bleikammern und den »Quattro« verfügen die Staatsinquisitoren noch über neunzehn andere schreckliche unterirdische Gefängnisse im Dogenpalast selbst, zu denen sie die Verbrecher verurteilen, die den Tod verdient haben. Alle unumschränkten Richter der Erde waren immer der Meinung, daß man jemandem, der den Tod verdient habe, eine Gnade erweise, wenn man ihn am Leben lasse, wie schrecklich auch die Strafe sei, die man ihm dafür auferlegte. Ich meine jedoch, daß sie nur dann eine Gnade sein kann, wenn sie auch dem Schuldigen als solche erscheint; aber sie wird ihm erwiesen, ohne daß man ihn fragt. So wird sie zur Ungerechtigkeit.

Diese neunzehn unterirdischen Gefängnisse gleichen in jeder Weise einer Gruft; aber man nennt sie die »Pozzi«, denn in ihnen steht immer zwei Fuß hoch das Meerwasser,[23] das durch das gleiche vergitterte Loch hereinströmt, durch das sie etwas Licht erhalten; diese Löcher sind einen Quadratfuß groß. Wenn der Gefangene nicht den ganzen Tag bis zum Knie in Salzwasser baden will, ist er gezwungen, auf einem Gestell zu hocken, auf dem sein Strohsack liegt und auf das man ihm bei Tagesanbruch sein Wasser, seine Suppe und seinen Schiffszwieback stellt; er muß das sofort essen, denn wenn er zögert, erscheinen die riesigen Meeresratten und reißen es ihm aus den Händen. In diesem schrecklichen Gefängnis, zu dem die Häftlinge gewöhnlich für den Rest ihrer Tage verurteilt werden, leben verschiedene mit einer derartigen Nahrung bis in ein hohes Alter. Ein Verbrecher, der dieser Tage starb, war mit vierundvierzig Jahren dort eingesperrt worden. Wenn man überzeugt ist, den Tod verdient zu haben, mag einem dieses Gefängnis als Gnade erscheinen. Es gibt Leute, die nichts fürchten als den Tod. Der Mann, von dem ich spreche, nannte sich Beguelin und war Franzose. Er hatte im Range eines Hauptmanns bei den Truppen der Republik gedient, als diese im Jahre 1716 ihren letzten Krieg gegen die Türken führte, und zwar auf Korfu unter dem Befehl des Marschalls Graf von der Schulenburg, der den Großwesir zwang, die Belagerung abzubrechen. Dieser Beguelin diente dem Marschall als Spion, verkleidete sich als Türke und gesellte sich kühn zur feindlichen Armee; aber zur gleichen Zeit diente er dem Großwesir als Spion. Da man ihn der doppelten Spionage für schuldig befand, verdiente er den Tod, und als man ihn zum Sterben in die Pozzi schickte, erwies man ihm eine Gnade; es war auch eine, denn er lebte dort siebenunddreißig Jahre. Er kann sich nur gelangweilt und dauernd Hunger gehabt haben. Er mag sich gesagt haben: »Dum vita superest bene est« (Solange man lebt, ist nichts verloren)[24]. Aber die Gefängnisse, die ich in Spielberg[25] in Mähren sah, in die man aus Milde die zum Tode Verurteilten steckte und in denen die Verbrecher nie länger als ein Jahr überleben, sind so, daß man einen Tod stirbt, wie ihn »Siculi non invenere tyranni« (die sizilianischen Tyrannen nicht ersonnen haben)[26].

Während dieses zweistündigen Wartens konnte ich nicht umhin, mir vorzustellen, daß man mich vielleicht in die ›Pozzi‹ bringen würde. An einem Ort, wo sich der Unglückliche von eingebildeten Hoffnungen nährt, muß er auch panische wahnwitzige Ängste ausstehen. Das Tribunal, das über Dach und Keller des großen Palazzo verfügt, hätte sehr gut jemanden in die Hölle schicken können, der versucht hatte, dem Fegefeuer zu entfliehen.

Schließlich hörte ich jemanden mit stürmischen Schritten kommen. Lorenzo erschien, vom Zorn entstellt. Schäumend vor Wut, Gott und alle Heiligen verfluchend, verlangte er sogleich von mir, ich solle ihm die Hacke und die Werkzeuge geben, die ich benutzt hätte, um den Fußboden zu durchbohren, und ihm sagen, welcher von seinen Sbirren sie mir gegeben habe. Ich antwortete ihm, ohne mich zu rühren, daß ich nicht wisse, wovon er spreche. Er befahl nun, daß man mich durchsuche. Bei diesem Befehl stand ich rasch auf, bedrohte die Strolche, zog mich ganz nackt aus und sagte ihnen, sie sollten ihres Amtes walten. Er ließ meine Matratze untersuchen, meinen Strohsack ausleeren, er ließ sogar in meinem stinkenden Fäßchen nachsehen. Er nahm das Kissen meines Lehnstuhls in die Hand, und da er darin nichts Hartes fühlte, warf er es aus Verdruß auf die Erde.

»Sie wollen mir also nicht verraten«, sagte er, »wo die Werkzeuge sind, mit denen Sie die Höhlung gemacht haben; aber Sie werden durch jemanden zum Sprechen gezwungen werden.« – »Wenn ich wirklich ein Loch in den Fußboden gemacht habe, so werde ich sagen, daß ich die Werkzeuge von Ihnen selbst erhalten und sie Ihnen zurückgegeben habe.«

Bei dieser Antwort nickten die Leute, die er offenbar

verärgert hatte, beifällig; er brüllte, schlug den Kopf gegen die Zwischenwand und stampfte mit den Füßen. Ich glaubte, er würde tobsüchtig; dann ging er auf den Flur. Seine Leute brachten mir meine Sachen, meine Bücher, meine Flaschen und alles übrige, außer meiner Lampe und meinem Stein. Als das geschehen war, schloß er, bevor er den Gang verließ, die Flügel der beiden Fenster, durch die ich etwas frische Luft bekam. Dadurch war ich in einen kleinen Raum eingeschlossen, in den durch keine andere Öffnung Luft gelangte. Ich gestehe, daß ich nach seinem Fortgehen fand, ich sei billig davongekommen. Obwohl er sein Handwerk verstand, hatte er nicht daran gedacht, den Lehnstuhl umzudrehen. Da ich also im Besitz meines Riegels blieb, dankte ich der Vorsehung, weil ich noch mit ihm rechnen und ihn zum Werkzeug meiner Flucht machen konnte.

Die große Hitze und die Aufregungen dieses Tages hinderten mich am Schlaf. Am nächsten Tag in aller Frühe brachte mir Lorenzo Wein, der zu Essig geworden war, stinkendes Wasser, verfaulten Salat, verdorbenes Fleisch und sehr hartes Brot; er ließ nicht ausfegen, und als ich ihn bat, die Fenster zu öffnen, würdigte er mich keiner Antwort. Am gleichen Tag begann man mit einer außerordentlichen Vorsichtsmaßnahme; ein Büttel machte nämlich mit einer Eisenstange die Runde durch meine Zelle und klopfte überall den Fußboden und die Wände ab, hauptsächlich unter dem Bett. Ich bemerkte, daß der Büttel, der damit beauftragt war, nie an die Decke klopfte. Diese Beobachtung brachte mich auf den Plan, durch das Dach zu fliehen; aber um das Projekt zur Reife zu bringen, waren Umstände nötig, die nicht von mir abhingen, denn ich konnte nichts tun, das nicht aufgefallen wäre.

Die Zelle war ganz neu gemacht; der geringste Kratzer
wäre jedem der Büttel gleich beim Eintritt in die Augen
gesprungen.

Ich verbrachte einen qualvollen Tag. Die große Hitze
begann gegen Mittag. Ich glaubte tatsächlich zu ersticken.
Ich befand mich in einem richtigen Ofen. Ich konnte
nichts essen oder trinken, denn alles war verdorben.
Durch die Hitze und den Schweiß, der in großen Tropfen
aus meinem Körper quoll, war ich so schwach, daß ich
weder gehen noch lesen konnte. Am nächsten Tag war das
Essen im gleichen Zustand; der Gestank des Kalbflei-
sches, das er mir brachte, stieg mir sogleich in die Nase.
Ich fragte ihn, ob er Befehl habe, mich an Hunger und
Hitze sterben zu lassen; aber er entfernte sich, ohne zu
antworten. Das gleiche tat er am folgenden Tag. Ich bat
ihn, mir einen Bleistift zu geben, denn ich wolle einige
Zeilen an den Segretario schreiben; aber er ging fort, ohne
mir zu antworten. Aus Ärger aß ich die Suppe und
weichte das Brot in Zyperwein auf, um mich bei Kräften
zu erhalten und ihn am nächsten Tag umzubringen, indem
ich ihm den Spuntone in die Gurgel stieß. Die Lage war so
ernst geworden, daß ich fand, ich hätte keine andere
Wahl; aber statt am nächsten Morgen meinen Plan auszuführen, begnügte ich mich damit, ihm zu schwören, ich
würde ihn töten, sobald man mich in Freiheit setze. Er
lachte darüber und entfernte sich ohne Antwort. Ich
begann es für möglich zu halten, daß er im Auftrag des
Segretario so handelte, dem er vielleicht den Ausbruchs-
versuch angezeigt hatte. Ich wußte nicht, was ich tun
sollte; meine Geduld kämpfte mit der Verzweiflung, und
ich fühlte mich dem Hungertode nahe.

Am achten Tag verlangte ich mit grimmiger Stimme

und in Gegenwart seiner Büttel von ihm die Abrechnung über mein Geld und nannte ihn dabei einen gemeinen Henker. Er antwortete mir, ich bekäme die Abrechnung am nächsten Tag; aber bevor er die Zelle abschloß, ergriff ich mit Ungestüm den Kübel mit dem Unrat und ließ ihn durch meine Haltung merken, daß ich ihn in den Gang ausleeren würde. Nun befahl er einem Büttel, ihn fortzutragen, und da die Luft verpestet war, öffnete er ein Fenster; aber als ihn mir der Büttel zurückbrachte, schloß er es wieder und ging, ungeachtet meiner Rufe. So war meine Lage; aber da ich gesehen hatte, was ich durch die Beleidigungen, die ich ihm gesagt hatte, erreichen konnte, beschloß ich, ihn am nächsten Tag noch viel schlechter zu behandeln.

Am nächsten Tag wurde mein Zorn besänftigt. Bevor er mit mir abrechnete, gab er mir einen Korb voll Zitronen, den Signor Bragadin mir schickte; außerdem erhielt ich eine große Flasche Wasser, das offenbar gut war, und bei meinem Essen war ein Hühnchen, das delikat aussah. Schließlich öffnete ein Büttel die beiden Fenster. Als er mir die Abrechnung vorlegte, blickte ich nur flüchtig auf die Schlußsumme und sagte, er möge den Rest seiner Frau geben; eine Zechine solle er unter seine Leute verteilen, die zugegen waren und mir dankten. Als er mit mir allein geblieben war, sagte er mir mit recht heiterer Miene folgendes:

»Sie haben mir bereits gesagt, daß Sie von mir selbst alles Nötige bekommen haben, um das riesige Loch in dem anderen Kerker zu machen; deshalb interessiert mich das nicht mehr. Aber möchten Sie mir vielleicht gütigst erklären, wer Ihnen das Nötige gegeben hat, um eine Lampe anzufertigen?«

»Sie selbst.«

»Meiner Treu, ich hätte nicht gedacht, daß Geist sich durch Unverschämtheit beweist.«

»Ich lüge nicht. Sie ganz allein haben mir mit eigenen Händen alles gegeben, was ich brauchte: Öl, Flintsteine und Holzspäne; alles übrige hatte ich.«

»Sie haben recht. Könnten Sie mich mit der gleichen Leichtigkeit davon überzeugen, daß ich Ihnen auch alles Nötige besorgt habe, um das Loch zu machen?«

»Ja, mit der gleichen Leichtigkeit. Ich habe hier nichts erhalten, wenn nicht von Ihnen.«

»Möge der Himmel Mitleid mit mir haben! Was höre ich? Erklären Sie mir doch, wie ich Ihnen ein Beil besorgt habe!«

»Das werde ich Ihnen alles erklären, wenn Sie wollen, aber in Gegenwart des Segretario.«

»Ich will nichts mehr wissen, und ich glaube Ihnen. Schweigen Sie und denken Sie daran, daß ich ein armer Mann bin und daß ich Kinder habe.«

Er griff sich an den Kopf und entfernte sich.

Ich war sehr befriedigt, daß ich ein Mittel entdeckt hatte, diesem Halunken Angst einzujagen, dem es bestimmt war, durch mich sein Leben einzubüßen. Nun wurde mir klar, daß sein eigenes Interesse ihn zwang, dem Segretario nichts von alledem zu sagen, was ich getan hatte.

Ich hatte Lorenzo aufgetragen, alle Werke des Marchese Maffei[27] für mich zu kaufen. Diese hohe Ausgabe war ihm nicht recht; aber er wagte nicht, es mir zu sagen. Er fragte mich, wozu ich Bücher brauche, wenn ich schon so viele hätte.

»Ich habe alles gelesen und brauche neue.«

»Ich werde Ihnen Bücher von jemand anderem auslei-
hen, der hier ist, wenn Sie ihm auch welche von sich leihen
wollen; so werden Sie Ihr Geld sparen.«

»Das sind doch nur Romane, die ich nicht schätze.«

»Es sind wissenschaftliche Bücher; und wenn Sie glauben, der einzige gescheite Kopf hier zu sein, so täuschen
Sie sich.«

»Das soll mir recht sein. Wir werden sehen. Dieses
Buch hier will ich dem gescheiten Kopf leihen. Bringen Sie
mir auch eines!«

Ich gab ihm das Rationarium von Pétau[28], und vier
Minuten später brachte er mir den ersten Band von
Wolff[29]. Recht befriedigt widerrief ich meinen Auftrag,
den Maffei zu besorgen; er verließ mich, sehr froh darüber, daß er mich in diesem wichtigen Punkt zur Vernunft
gebracht hatte.

Ich war weniger darauf aus, mich dieser gelehrten Lektüre hinzugeben, als die Gelegenheit zu ergreifen, einen
Briefwechsel mit irgend jemandem einzufädeln, der mir
bei einem Fluchtplan helfen konnte, den ich bereits im
Kopf entworfen hatte. Beim Öffnen des Buches fand ich
auf einem Papier in sechs guten Versen eine Auslegung des
Satzes von Seneca: »Calamitosus est animus futuri anxius«
(Jeder Geist, der sich um Zukünftiges sorgt, ist unglücklich)[30]. Ich schrieb sogleich sechs neue Verse. Ich hatte
den Nagel des kleinen Fingers meiner rechten Hand
wachsen lassen, um mir das Ohr zu reinigen. Ich spitzte
ihn zu und machte eine Feder daraus: an Stelle der Tinte
verwendete ich den Saft von schwarzen Maulbeeren und
schrieb meine sechs Verse auf das gleiche Papier. Außerdem schrieb ich eine Liste der Bücher auf, die ich hatte,
und steckte sie unter den Rücken des gleichen Buches.

Alle in Italien in Karton gebundenen Bücher haben rückwärts im Einband eine Art Tasche. Auf den Rücken des
Buches, dort wo der Titel steht, schrieb ich »latet« (es ist
versteckt). Ungeduldig, eine Antwort zu erhalten, sagte
ich Lorenzo gleich am nächsten Tag, ich hätte bereits das
ganze Buch gelesen und würde mich freuen, wenn der-
selbe Mann mir ein anderes schicken würde. Er brachte
mir sogleich den zweiten Band.

Ein loser Zettel zwischen den Blättern des Buches besagte in lateinischer Sprache folgendes: »Wir beide, die
gemeinsam in diesem Gefängnis sind, empfinden die
größte Freude über die Dummheit eines Geizhalses, die
uns eine beispiellose Vergünstigung verschafft. Ich, der
ich dieses schreibe, bin Marin Balbi[31], ein adliger Venezianer, und gehöre dem Orden der Somasker an. Mein
Gefährte ist Graf Andrea Asquin[32] aus Udine, der Haupt-
stadt des Friaul. Er trägt mir auf, Ihnen zu sagen, Sie
könnten gern über alle seine Bücher verfügen, über die Sie
eine Liste im Rücken des Einbandes finden. Wir müssen
in jeder Weise vorsichtig sein, um unsern kleinen Briefwechsel vor Lorenzo zu verbergen.«

Daß wir beide die gleiche Idee hatten, uns die Bücherli-
ste zu schicken und ebenso das Geschriebene in der Höhlung unter dem Rücken des Buches zu verbergen, überraschte mich nicht, denn dazu schien mir nur guter Haus-
verstand nötig; aber die Mahnung zur Vorsicht erschien
mir ungewöhnlich, da doch der Brief, der sie aussprach,
nur lose im Buch lag. Lorenzo konnte nicht nur, sondern
mußte das Buch öffnen; und wenn er den Brief fand und
ihn nicht lesen konnte, hätte er ihn in die Tasche gesteckt,
um ihn sich von dem ersten Priester, den er auf der Straße
traf, auf italienisch vorlesen zu lassen. Damit wäre bereits

alles im Anfangsstadium entdeckt worden. Ich schloß daraus sogleich, daß dieser Pater Balbi recht unbedacht sein mußte.

Ich las die Liste und schrieb ihnen auf der anderen Hälfte des Blattes, wer ich war, wie man mich verhaftet hatte, daß ich nicht wisse, worin mein Verbrechen bestehe, und daß ich hoffte, bald nach Hause entlassen zu werden. Mit einem neuen Buch schickte mir Pater Balbi einen Brief von sechzehn Seiten. Graf Asquin schrieb mir niemals. Der Mönch ließ es sich einfallen, mir die ganze Geschichte seines Mißgeschicks zu berichten. Er war seit vier Jahren[33] unter den Bleidächern, weil er von drei armen Mädchen, lauter Jungfrauen, drei Bastarde gehabt und sie auf seinen Namen hatte taufen lassen. Sein Pater Superior hatte ihn das erste Mal getadelt, das zweite Mal mit Strafe gedroht, beim dritten Mal aber vor dem Tribunal Klage geführt, das ihn hatte einsperren lassen. Der Pater Superior schickte ihm jeden Morgen zu essen. Seine Verteidigung beanspruchte die Hälfte des Briefes und bestand aus hundert Plattheiten. Er behauptete, sein Superior und ebenso das Tribunal seien nichts als Tyrannen, denn sie hätten keine Gewalt über sein Gewissen. Er meinte, daß er die Bastarde, die sicherlich von ihm stammten, nicht der Vorteile berauben könne, die ihnen sein Name bieten werde; ihre Mütter seien achtbar, wenn auch arm, denn sie hätten vor ihm keinen anderen Mann erkannt. Er schloß damit, daß ihn sein Gewissen verpflichte, die Kinder, die diese anständigen Mädchen ihm geschenkt hätten, öffentlich als die seinen anzuerkennen, um Verleumdungen zu verhindern, die sie anderen zugeschrieben hätten. Und übrigens könne er weder die Natur noch das Herz des Vaters verleugnen, das er in sich für die armen Unschuldigen schlagen fühle. Es bestehe keine Gefahr, setzte er hinzu, daß sich sein Superior den gleichen Fehler zuschulden kommen lasse, da sich dessen fromme Zärtlichkeit nur seinen Schülern gegenüber äußere.

Mehr brauchte ich nicht, um den Mann kennenzulernen; ein wunderlicher Kauz, sinnlich, mäßig klug, boshaft, albern, unvorsichtig und undankbar. Als er mir in einem Brief schrieb, daß er in der Gesellschaft des siebzigjährigen, gebildeten und begüterten Grafen Asquin sehr glücklich sei, verschwendete er zwei Seiten darauf, mir Schlechtes über ihn zu sagen und ihn mit allen Fehlern und lächerlichen Seiten zu schildern. Außerhalb des Gefängnisses hätte ich einem Menschen dieser Art nicht geantwortet; aber hier oben mußte ich Nutzen aus allem ziehen. Ich fand im Rücken des Buches einen Bleistift, Federn und Papier, was mich in die Lage setzte, mit aller Bequemlichkeit zu schreiben.

Der ganze Rest seines langen Briefes handelte von der Geschichte aller Gefangenen, die unter den Bleidächern waren, oder während der vier Jahre, die er selbst hier war, dagewesen waren. Er erzählte mir, daß der Sbirre Niccolo ihm heimlich alles kaufe, was er wolle, und ihm die Namen aller jener sage, die man verhafte, und alles was in den anderen Kerkern vor sich gehe; um mich davon zu überzeugen, berichtete er mir alles, was er über das Loch, das ich gemacht hatte, wußte. »Man hat Sie dort herausgenommen«, schrieb er, »um den Patrizier Priuli Gran Can darin unterzubringen, und Lorenzo hat zwei Stunden darauf gewendet, die Höhlung, die Sie gemacht hatten, durch einen Tischler und einen Schlosser schließen zu lassen, denen er, ebenso wie auch allen seinen Bütteln, unter

Todesstrafe Stillschweigen gebot. Niccolo versicherte mir, daß Sie einen einzigen Tag später auf einem Weg verschwunden wären, der viel von sich reden gemacht hätte, und daß man Lorenzo erdrosselt hätte. Es sei ganz klar gewesen, daß er zwar beim Anblick des Loches überrascht getan und sich den Anschein gegeben hätte, auf Sie erbost zu sein, daß aber nur er es gewesen sein konnte, der Ihnen die Werkzeuge zum Durchbrechen des Fußbodens geliefert hatte, die Sie ihm wohl zurückgegeben haben. Niccolo erzählte mir auch, daß Signor Bragadin Lorenzo tausend Zechinen versprochen habe, wenn er Ihnen den Weg zur Flucht ebnen könne; Lorenzo bilde sich nun ein, diese mit Unterstützung von Signor Diedo, dem Liebhaber seiner Frau, verdienen zu können, ohne seine Stellung zu verlieren. Er sagte mir noch, daß keiner der Sbirren gewagt habe, dem Segretario den Vorfall zu erzählen, aus Angst, daß Lorenzo, wenn er sich aus der Affäre ziehe, sich an dem Hinterbringer durch Entlassung rächen werde. Ich bitte Sie, Vertrauen in mich zu haben und mir in allen Einzelheiten die Geschichte dieser Ereignisse zu erzählen, besonders wie Sie es angestellt haben, um die nötigen Werkzeuge zu bekommen. Ich verspreche Ihnen, daß meine Verschwiegenheit ebenso groß sein wird wie meine Neugier.«

Ich zweifelte keineswegs an seiner Neugier, aber sehr an seiner Verschwiegenheit, denn bereits seine Bitte verriet mir, daß er ein sehr schwatzhafter Mann war. Indessen sah ich ein, daß ich mich mit ihm abfinden mußte, denn ein Mannsbild mit diesen Eigenschaften schien mir wie dafür geschaffen, alles zu tun, was ich ihm auftrug und was mir zur Wiedererlangung der Freiheit nützen konnte. Ich verbrachte den Tag damit, ihm zu antworten; aber ein arger Verdacht ließ mich die Übersendung der Antwort verschieben. Mir kam der Gedanke, dieser briefliche Verkehr könne eine List Lorenzos sein, um herauszubringen, wer mir die Werkzeuge für den Durchbruch gegeben habe und wo ich sie verberge. Ich schrieb ihm also in kurzen Worten, daß ein großes Messer, mit dem ich das Loch gemacht hätte, sich unterhalb des Fenstergesimses im Korridor meiner jetzigen Zelle befinde, wo ich es im Vorbeigehen selbst hingelegt hätte. Dieses falsche Geständnis zerstreute in weniger als drei Tagen meine Befürchtungen, denn Lorenzo untersuchte das Fenstergesims nicht, und er hätte es untersucht, wenn er meinen Brief abgefangen hätte.

Pater Balbi schrieb mir, er wisse, daß ich ein so großes Messer besitzen könne, denn Niccolo habe ihm erzählt, man habe mich nicht untersucht, bevor man mich einsperrte; das wußte auch Lorenzo, und dieser Umstand hätte ihn vielleicht gerettet, wenn meine Flucht geglückt wäre, denn er hätte sich darauf berufen, daß er bei der Übernahme eines Menschen aus den Händen des Messergrande[34] annehmen müsse, daß er bereits untersucht sei. Der Messergrande hätte angegeben, er habe mich aus dem Bett aufstehen sehen und sei daher sicher, daß ich keine Waffe bei mir trug. Der Brief schloß mit der Bitte, ihm das Messer durch Niccolo zu schicken, dem ich vertrauen könne.

Die Leichtfertigkeit des Mönches wunderte mich. Ich glaubte zwar, sicher zu sein, daß meine Briefe nicht abgefangen wurden, schrieb ihm jedoch, daß ich keineswegs geneigt sei, seinem Niccolo irgendwie Vertrauen zu schenken, und daß ich mein Geheimnis nicht einmal dem Papier anvertrauen könne. Aber seine Briefe machten mir

Vergnügen. Einer behandelte die Gründe, warum man den Grafen Asquin unter den Bleidächern eingesperrt hatte. Dieser könne sich schwer bewegen, denn außer daß er siebzig Jahre alt sei, mache ihm ein dicker Bauch und ein früher gebrochenes Bein zu schaffen, das schlecht zusammengewachsen sei. Er berichtete mir, daß dieser keineswegs reiche Graf in Udine den Beruf eines Advokaten ausgeübt und das Recht der Bauern im Rat der Stadt gegen den Adel vertreten habe, der ihnen das Stimmrecht in den Provinzialversammlungen entziehen wollte. Da die Forderungen der Bauern angeblich die öffentliche Ordnung gefährdeten, erstatteten die Adligen Anzeige beim Tribunal der Staatsinquisitoren, die dem Grafen Asquin befahlen, seine Klienten aufzugeben. Graf Asquin antwortete, das städtische Recht ermächtige ihn, die Verfassung zu verteidigen, und verweigerte den Gehorsam; aber die Inquisitoren ließen ihn ungeachtet der Verfassung festnehmen und unter die Bleidächer stecken, wo er bereits seit fünf Jahren[35] war. Er erhielt wie ich fünfzig Soldi je Tag, aber er hatte das Vorrecht, sein Geld selbst zu verwalten. Der Mönch, der nie einen Soldo besessen hatte, erzählte mir dazu viel Übles über seinen Gefährten im Hinblick auf dessen Geiz. Er berichtete mir, daß in dem Kerker auf der anderen Seite des Saales zwei Edelleute aus den sieben Gemeinden seien, die man auch wegen Ungehorsam eingesperrt habe; der ältere sei verrückt geworden, und man habe ihn deshalb gefesselt. In einer anderen Zelle seien zwei Notare.

Gerade zu dieser Zeit wurde ein Veroneser Marchese aus der Familie Pindemonte eingesperrt, weil er dem Befehl nicht gefolgt war, sich vorzustellen. Dieser Adlige genoß große Vorrechte, und man hatte sogar seiner Dienerschaft gestattet, ihm seine Briefe eigenhändig zu bringen. Er blieb nur acht Tage.

Als mein Verdacht zerstreut war, kam ich bei meiner Gemütsverfassung zu folgenden Überlegungen. Ich wollte mir die Freiheit verschaffen. Mein Spuntone war ausgezeichnet; aber ich konnte mich seiner unmöglich bedienen, denn jeden Morgen wurde mein Kerker mit Stockschlägen in allen Ecken mit Ausnahme der Decke abgeklopft. Mir blieb daher nur die Möglichkeit, durch diese Decke zu entweichen, indem ich sie von außen durchbrechen ließ. Derjenige, der sie durchbrach, konnte mit mir fliehen und mir helfen, in der gleichen Nacht ein Loch in das große Dach des Palazzo zu brechen. Ich konnte mir zutrauen, mein Ziel zu erreichen, wenn ich für den Durchbruch einen Gefährten fand. Sobald ich auf dem Dach war, konnte ich feststellen, was zu tun war; es war also nötig, einen Entschluß zu fassen und ihn auszuführen. Ich hatte niemanden als diesen Mönch, der achtunddreißig Jahre alt war; und wenn er auch keinen besonderen Verstand hatte, konnte er doch meine Anweisungen ausführen. Ich mußte mich also entschließen, ihm vollkommen zu vertrauen und auf ein Mittel sinnen, ihm meinen Riegel zu schicken. Zunächst fragte ich ihn, ob er sich die Freiheit wünsche und ob er bereit sei, alles zu tun, um sie sich zu verschaffen und mit mir zu fliehen. Er antwortete mir, sowohl er wie sein Gefährte seien bereit, alles zu tun, um ihre Ketten zu brechen; aber es sei nutzlos, an etwas Unmögliches zu denken; dabei zählte er mir eine lange Liste von Schwierigkeiten auf, die vier Seiten füllten und mit denen ich niemals fertig werden würde, wenn ich sie überwinden wollte. Ich antwortete ihm, daß die allgemeinen Schwierigkeiten mich nicht kümmern sollten; und da ich bereits einen Plan gemacht hätte, dächte ich nur an die Lösung der speziellen, die ich dem Papier nicht anvertrauen könne. Ich stellte ihm die Freiheit in Aussicht, wenn er mir sein Ehrenwort gäbe, blind meinen Befehlen zu gehorchen. Er versprach mir, alles zu tun.

Ich schrieb ihm also, ich hätte ein zugespitztes Eisenstück von zwanzig Zoll Länge; damit müsse er die Decke seines Kerkers durchbrechen und hinaussteigen. Wenn er einmal draußen wäre, müsse er die Zwischenwand durchstoßen, die uns trenne, durch diese Öffnung schlüpfen, um auf die Decke meiner Zelle zu gelangen, diese von obenher durchbrechen und mich hinaufziehen. Sobald er das alles getan habe, schrieb ich ihm, habe er nichts mehr zu tun, denn alles übrige wäre dann mein Werk. Ich würde ihn und den Grafen Asquin befreien.

Er antwortete mir, wenn er mich aus meinem Kerker befreit habe, sei ich immer noch im gleichen Gefängnis, das sich von dem ersten nur durch die Größe unterscheide. Er schrieb, wir würden uns auf den Dachböden hinter drei verschlossenen Türen befinden. ›Das weiß ich, ehrwürdiger Vater‹, antwortete ich; ›es ist auch nicht meine Absicht, daß wir durch diese Türen fliehen. Ich habe meinen Plan, und er wird sicher gelingen; von Ihnen erwarte ich nur Genauigkeit in der Ausführung und keine Einwände. Denken Sie nur über einen Weg nach, wie ich Ihnen mein zwanzig Zoll langes Eisenstück in die Hände spielen kann, ohne daß der Überbringer weiß, daß er es Ihnen bringt, und teilen Sie mir Ihre Gedanken darüber mit. Inzwischen lassen Sie von Lorenzo vierzig oder fünfzig genügend große Heiligenbilder kaufen, um die ganzen Innenwände Ihres Kerkers zu verkleiden. Diese vielen Kupferstiche religiösen Inhalts werden Lorenzo nicht auf

den Verdacht kommen lassen, daß sie Ihnen nur dazu
dienen, das Loch zu verbergen, das Sie in die Decke schlagen und durch das Sie fliehen werden. Sie werden mehrere
Tage brauchen, um dieses Loch zu machen; Lorenzo aber
wird am Morgen die am Vortag gemachte Öffnung nicht
sehen können, denn Sie werden den Kupferstich an seinem früheren Platz befestigen, und er wird Ihre Arbeit
verdecken. Ich kann es nicht tun, denn ich bin verdächtig,
und man glaubt mir nicht, daß ich Kupferstiche verehre.
Tun Sie das, und denken Sie über einen Weg nach, damit
mein Eisen in Ihre Hände gelangt.‹

Auch ich dachte darüber nach und trug Lorenzo auf,
mir eine Bibel zu kaufen, die man neuerdings in Folio
gedruckt hatte und in der die Vulgata[36] und die Septuaginta[37] enthalten waren. Ich hatte an dieses Buch gedacht,
weil dessen Größe mich hoffen ließ, daß ich in seinem
Rücken meinen Spuntone würde verbergen und dem
Mönch schicken können; aber als ich es erhielt, stellte
ich fest, daß der Riegel zwei Zoll länger war als die Bibel,
die gerade anderthalb Fuß maß. Der Mönch hatte mir
geschrieben, daß sein Kerker bereits mit Kupferstichen
vollgeklebt sei; ich hatte ihm meinerseits meinen Plan mit
der Bibel mitgeteilt, ihn auch über die große Schwierigkeit
unterrichtet, die von der Länge meines Riegels herrührte,
da ich ihn ohne eine Schmiede nicht verkürzen konnte. In
seiner Antwort machte er sich über die Unfruchtbarkeit
meiner Phantasie lustig und meinte, ich könnte ihm den
Riegel doch in meinem Fuchspelz schicken. Er schrieb,
Lorenzo habe ihm erzählt, daß ich diesen schönen Pelz
besäße, und der Graf Asquin könne keinerlei Verdacht
erregen, wenn er ihn zu sehen wünsche, um sich einen
gleichen besorgen zu lassen. Ich solle ihn nur zusammen-

gelegt schicken. Ich war jedoch sicher, daß Lorenzo ihn
unterwegs auseinanderfalten würde, denn ein zusammen-
gelegter Pelz ist dem Träger lästiger als ein offener. Aber
um den Mönch nicht zu entmutigen und ihn gleichzeitig
davon zu überzeugen, daß ich weniger unbesonnen war
als er, schrieb ich ihm, er solle den Pelz nur holen lassen.
Lorenzo verlangte ihn am folgenden Morgen von mir,
und ich gab ihn ihm zusammengelegt, aber ohne den Riegel. Eine Viertelstunde später brachte er ihn mir zurück
und sagte, man habe ihn sehr schön gefunden.

Der Mönch schrieb mir am nächsten Tag einen Brief, in
dem er zugab, daß sein Rat schlecht gewesen war; aber er
sagte mir auch, ich hätte ihn nicht befolgen sollen. Seiner
Meinung nach war der Spuntone verloren; Lorenzo habe
den Pelz bereits auseinandergefaltet gebracht und müsse
das Eisen in die Tasche gesteckt haben. Alle Hoffnung sei
demnach verloren. Ich klärte ihn auf und tröstete ihn
damit, bat ihn aber gleichzeitig, mit seinen Ratschlägen in
Zukunft vorsichtiger zu sein. Nun entschloß ich mich,
dem Mönch meinen Riegel in der Bibel zu schicken und
Lorenzo durch ein sicheres Mittel daran zu hindern, die
Ecken des großen Bandes zu mustern. Ich sagte ihm also,
ich wolle den Tag des heiligen Michael[38] mit zwei großen
Schüsseln Makkaroni[39] in Butter und Parmesan feiern.
Ich würde zwei Schüsseln brauchen, denn ich wolle die
eine davon dem würdigen Mann zum Geschenk machen,
der mir die Bücher leihe. Bei dieser Gelegenheit sagte mir
Lorenzo, daß der besagte würdige Mann das dicke Buch
zu lesen wünsche, das drei Zechinen gekostet habe. Ich
antwortete ihm, ich würde es ihm mit einer Platte Makkaroni schicken; ich wolle dazu aber die größte Platte, die er
im Hause habe, und ich wolle auch selbst zurichten. Er

versprach mir, alles getreulich auszuführen. Inzwischen
wickelte ich den Riegel in Papier und steckte ihn in den
Rücken des Einbandes der Bibel. Ich teilte die zwei Zoll
auf; jedes Ende des Riegels stand einen Zoll aus der Bibel
vor. Wenn ich auf die Bibel eine große Platte Makkaroni
in Butter stellte, war ich überzeugt, daß Lorenzo sein
Augenmerk ganz auf die Butter konzentrieren würde, aus
Angst, er könne sie über die Bibel gießen, so daß er keine
Zeit hatte, nach den Ecken des Bandes zu blicken. Ich
unterrichtete Pater Balbi über alles und empfahl ihm,
beim Empfang der Makkaroni aus Lorenzos Händen geschickt vorzugehen und auf keinen Fall zuerst die Platte
zu nehmen und die Bibel nachher, sondern beide gemeinsam; denn wenn er die Platte allein abnähme, wäre die
Bibel unbedeckt geblieben, und Lorenzo hätte leicht die
beiden hervorstehenden Enden entdecken können.

Am Tag des heiligen Michael erschien Lorenzo in aller
Frühe mit einem großen Kessel, in dem die Makkaroni
kochten; ich stellte sogleich Butter auf ein Kohlenbecken,
um sie zu schmelzen, und bereitete meine zwei Platten
vor, die ich mit Parmesan bestreute, den er mir fertig
gerieben gebracht hatte. Ich nahm die Schaumkelle und
begann anzurichten, wobei ich nach jedem Löffel Butter
dazugab und Käse darüber streute; ich hörte nicht eher
auf, als bis die große Platte, die für den Mönch bestimmt
war, nichts mehr faßte. Die Nudeln schwammen in Butter, die bis zum äußersten Rand reichte. Der Durchmesser
der Platte war fast doppel so groß wie die Breite des
Buches.[40] Ich nahm die Schüssel und stellte sie auf die
Bibel, die neben der Tür meines Kerkers lag, nahm diese
mit dem Buchrücken gegen Lorenzo in meine Hände,
hieß ihn die Arme heben und die Hände aufhalten und

übergab ihm alles mit großer Sorgfalt und vorsichtig, damit die Butter nicht über den Rand lief. Als ich ihm diese ansehnliche Last übergab, blickte ich scharf auf seine Augen und stellte mit großer Freude fest, daß er sie nicht von der Butter wandte, die er zu verschütten fürchtete. Er wollte die Makkaroni überbringen und für die Bibel nochmals zurückkommen; aber ich sagte ihm lachend, daß mein Geschenk dadurch seinen ganzen Reiz verlöre. Er übernahm es endlich, beklagte sich, ich hätte zuviel Butter darauf getan, und meinte, wenn sie über die Bibel liefe, so sei das nicht seine Schuld. Ich war von meinem Sieg überzeugt, sobald ich die Bibel in seinen Händen sah, denn die beiden Enden des Riegels, die, von mir aus gesehen, auf der anderen Seite des Buches waren, blieben ihm so, wie er sie hielt, verborgen; sie befanden sich neben seinen Schultern, und es bestand kein Grund, der ihn hätte veranlassen können, nach der einen oder der anderen Ecke zu blicken, die ihn in keiner Weise interessieren konnten. Er mußte sich einzig darum bemühen, seine Schüssel waagrecht zu halten. Ich folgte ihm mit den Augen, bis er die drei Stufen hinunterstieg, die zum Vorraum des Kerkers führten, in dem der Mönch untergebracht war. Dieser schneuzte sich dreimal und gab mir damit das verabredete Zeichen, daß alles ordnungsgemäß in seine Hände gelangt war. Lorenzo kam zurück, um mir zu berichten, daß er alles getreulich übergeben habe.

Pater Balbi benötigte acht Tage, um ein genügend großes Loch in die Decke zu machen; ohne Schwierigkeiten verdeckte er es jeden Tag durch einen Kupferstich, den er herunternahm und mit Brotkrumen wieder anklebte.

Am achten Oktober schrieb er mir, er habe die ganze Nacht mit der Arbeit an der Mauer zugebracht, die uns trennte, es sei ihm jedoch erst gelungen, einen einzigen Stein herauszubrechen; er übertrieb mir gegenüber die Schwierigkeit, die durch einen allzu festen Mörtel verbundenen Ziegel zu lösen. Er versprach mir weiterzumachen, wiederholte mir aber in allen seinen Briefen, wir würden unsere Lage nur verschlimmern, denn wir könnten nicht mit Erfolg rechnen. Ich antwortete ihm, ich sei vom Gegenteil überzeugt.

Leider war ich von nichts überzeugt; aber ich mußte so tun oder alles aufgeben. Wie hätte ich ihm sagen können, daß ich selbst nicht weiter wußte? Ich wollte hier heraus, das war alles, was ich wußte. Ich dachte nur daran, Schritte zu unternehmen und weiterzukommen; und nichts hätte mich aufgehalten, außer ich wäre auf ein unüberwindliches Hindernis gestoßen. Ich hatte in dem großen Buch der Erfahrung gelesen und gelernt, daß es nicht genügt, große Unternehmungen zu beraten; man muß sie ausführen, ohne der Glücksgöttin die Herrschaft abzuerkennen, die sie über alle Taten der Menschen ausübt. Hätte ich diese großen Geheimnisse der Moralphilosophie Pater Balbi mitgeteilt, so hätte er behauptet, ich sei verrückt.

Seine Arbeit war einzig und allein in der ersten Nacht schwierig; je mehr Ziegel er in den folgenden Nächten herausbrach, um so leichter fiel es ihm, weitere zu lockern. Bei Beendigung seiner Arbeit hatte er sechsunddreißig Ziegel entfernt.

Am sechzehnten Oktober um ein Uhr mittags, gerade als ich mir mit der Übersetzung einer Ode von Horaz die Zeit vertrieb, hörte ich ein Scharren oberhalb meiner Zelle und ein dreimaliges Pochen. Ich antwortete sogleich mit drei gleichen Schlägen; das war das vereinbarte Zeichen,

um sicher zu sein, daß wir uns nicht getäuscht hatten. Er
arbeitete bis zum Abend; am nächsten Tag schrieb er mir,
daß er, wenn meine Decke nur aus zwei Lagen Bretter
bestehe, seine Arbeit am gleichen Tag beenden werde,
denn ein Brett sei nur einen Zoll stark. Er versicherte mir,
er werde den kleinen Durchschlupf kreisförmig machen,
wie ich es ihm aufgetragen habe, und unbedingt darauf
bedacht sein, das letzte Brett nicht ganz zu durchstoßen.
Das hatte ich ihm besonders ans Herz gelegt; denn das
geringste Anzeichen einer Beschädigung im Innern meiner Zelle hätte den Verdacht einer Beschädigung von
außen nahegelegt. Er teilte mir mit, er habe das Loch so
weit vorgetrieben, daß er in der Lage sei, es in einer Viertelstunde zu vollenden. Diesen Zeitpunkt hatte ich bereits
für zwei Tage später festgesetzt; dann wollte ich meinen
Kerker bei Nacht verlassen, um nie mehr dorthin zurückzukehren, denn im Verein mit einem zweiten war ich
überzeugt, in drei oder vier Stunden eine Öffnung in das
große Dach des Dogenpalastes brechen zu können, hin-
durchzusteigen und dann die nächstbeste, vom Zufall
gebotene Möglichkeit zu nutzen, um hinabzusteigen.

Gerade an diesem Tag, einem Montag, zwei Stunden
nach Mittag, während Pater Balbi an der Arbeit war, hörte
ich, wie die Tür des an meine Zelle anschließenden Raumes geöffnet wurde; mir stockte das Blut. Ich hatte aber
die Geistesgegenwart, zweimal zu klopfen, das vereinbarte Zeichen der Gefahr, auf das hin Pater Balbi rasch
durch das Loch in der Mauer schlüpfen und in seinen
Kerker zurückkehren mußte. Eine Minute später erschien
Lorenzo und bat mich um Entschuldigung, daß er mir
einen Strolch, einen üblen Kerl, zur Gesellschaft gebe.
Dieser war ein Mann von vierzig bis fünfzig Jahren, klein,

mager, häßlich, schlecht gekleidet, mit einer schwarzen
runden Perücke. Zwei Büttel lösten seine Fesseln. Ich
zweifelte nicht daran, daß er ein Spitzbube war, denn
Lorenzo bezeichnete ihn in meiner Gegenwart als solchen, ohne daß dieser sich durch die Bezeichnung
gekränkt fühlte. Ich entgegnete, das Tribunal habe zu
bestimmen. Lorenzo ließ ihm nun einen Strohsack bringen und entfernte sich mit den Worten, daß ihm das Tribunal zehn Soldi täglich gebe. Mein neuer Gefährte antwortete: »Gott möge sie ihm ersetzen.«

Voll Bestürzung über diesen verhängnisvollen Streich
des Schicksals, betrachtete ich den Spitzbuben, den sein
Gesicht schon als solchen verriet. Ich hatte vor, ihn zum
Reden zu bringen, aber da begann er bereits von selbst,
mir für den Strohsack zu danken, den ich ihm hatte bringen lassen. Als ich ihm erklärte, er könne mit mir essen,
küßte er mir die Hand und fragte, ob er sich trotzdem die
zehn Soldi auszahlen lassen könne, die das Tribunal ihm
zumaß; ich sagte ja. Nun warf er sich auf die Knie, zog
einen Rosenkranz aus der Tasche und blickte in alle Winkel der Zelle.

»Was suchen Sie, mein Freund?«

»Ich suche, Sie werden es mir verzeihen, irgendein Bild
der unbefleckten Jungfrau Maria, oder wenigstens ein
armseliges Kruzifix, denn ich bin Christ und hatte es noch
nie so nötig wie in diesem Augenblick, mich dem heiligen
Franz von Assisi zu empfehlen, dessen Namen ich unwür-
digerweise trage.«

Ich hatte Mühe, einen Lachanfall zu unterdrücken,
nicht wegen seiner christlichen Frömmigkeit, die ich ach-
tete, sondern wegen seiner Ausdrucksweise; seine Bitte
um Verzeihung ließ mich annehmen, daß er mich für

einen Juden hielt. Ich beeilte mich, ihm das Offizium der Heiligen Jungfrau[41] zu geben; aber nachdem er das Bild geküßt hatte, reichte er mir das Buch zurück und sagte, sein Vater, ein Galeerenprofoß, habe versäumt, ihm das Lesen beibringen zu lassen. Er erzählte, er sei ein Verehrer des heiligen Rosenkranzes, von dem er mir allerhand Wunder berichtete, die ich mit Engelsgeduld anhörte, und bat mich um Erlaubnis, ihn angesichts des heiligen Bildes auf dem Titelblatt meines Stundenbuches hersagen zu dürfen. Nach dem Rosenkranz, den ich mit ihm betete, fragte ich ihn, ob er gegessen habe, und er antwortete, er sterbe vor Hunger. Ich gab ihm, was ich hatte; er verschlang alles mit Wolfshunger und trank meinen ganzen Wein dazu. Als er davon beschwipst war, begann er zu weinen und dabei durcheinander über alles und jedes zu reden. Ich fragte ihn nach dem Grund seines Unglücks und er erzählte folgendes:

»Mein einziges leidenschaftliches Streben auf dieser Welt, verehrter Meister, galt stets dem Ruhm dieser heiligen Republik und der genauen Befolgung ihrer Gesetze; unablässig überwachte ich die Betrügereien der Gauner, deren Streben es ist, ihre Obrigkeit zu täuschen, sie in ihren Rechten zu schmälern und ihre eigenen Winkelzüge zu verbergen. Ich habe mich bemüht, hinter ihre Schliche zu kommen, und habe dem Messergrande stets getreulich alles berichtet, was ich zu entdecken vermochte; es ist wahr, daß man mich stets dafür bezahlte, aber das Geld, das ich erhielt, befriedigte mich nie so sehr wie das Bewußtsein, dem glorreichen Evangelisten San Marco nützlich zu sein. Ich scherte mich nie um das Vorurteil derer, die mit dem Wort Spion üble Vorstellungen verbinden; es klingt nur in den Ohren jener schlecht, die der

Regierung übelwollen, denn ein Spion ist nichts anderes als ein Freund des Staatswohles, ein Schrecken der Verbrecher und ein getreuer Untertan seiner Obrigkeit. Wenn es sich darum handelte, meine Dienstbeflissenheit zu beweisen, zählten für mich keine freundschaftlichen Gefühle, die über andere eine gewisse Macht ausüben können, und noch weniger, was man Dankbarkeit nennt; ich habe oft Verschwiegenheit geschworen, um jemandem ein wichtiges Geheimnis zu entlocken, das ich, sobald ich es erfahren hatte, regelmäßig weitergab; denn mein Beichtvater hatte mir versichert, ich dürfe es preisgeben, nicht nur, weil ich beim Schwören gar nicht die Absicht gehabt hätte, das beschworene Schweigen zu bewahren, sondern auch, weil man überhaupt an keinen Eid gebunden sei, wenn es sich um das öffentliche Wohl handle. Ich habe den Eindruck, daß ich im Banne meines Eifers sogar meinen Vater angezeigt und es verstanden hätte, die Stimme der Natur zum Schweigen zu bringen.

Vor drei Wochen beobachtete ich also in Isola, einer kleinen Insel, auf der ich wohnte, eine Zusammenkunft von vier oder fünf Honoratioren der Stadt, von denen ich wußte, daß sie mit der Regierung unzufrieden waren, weil ein Schmuggeltransport ertappt und beschlagnahmt worden war und die Hauptbeteiligten im Gefängnis dafür hatten büßen müssen. Der erste Kaplan der Pfarre, ein gebürtiger Untertan der regierenden Kaiserin,[42] nahm an dem Komplott teil, dessen Geheimnis zu entschleiern ich entschlossen war. Die Leute pflegten sich des Abends in einem Raum der Schenke zu versammeln, in dem auch ein Bett stand; wenn sie getrunken und miteinander gesprochen hatten, gingen sie wieder fort. Eines Tages, als ich sicher war, daß mich niemand sah, und ich den Raum leer und offen fand, beschloß ich beherzt, mich unter dem Bett zu verstecken. Gegen Abend kamen meine Leute und sprachen über die Stadt Isola, die ihrer Meinung nach nicht der Gerichtsbarkeit von San Marco unterstand, sondern der des Freihafens Triest, denn man könne sie keineswegs als einen Teil von Venezianisch-Istrien betrachten. Der Kaplan sagte zum Anführer der Verschwörung, einem gewissen Pietro Paolo, wenn er ein Schriftstück unterzeichnen wolle und die andern es auch täten, würde er persönlich zum kaiserlichen Gesandten gehen; die Kaiserin würde sich dann nicht nur der Stadt bemächtigen, sondern sie auch dafür belohnen. Sie erklärten sich alle dem Kaplan gegenüber dazu bereit, und dieser machte sich anheischig, das Schriftstück am nächsten Tag zu bringen und dann gleich hierher zu fahren, um es dem Gesandten zu übergeben. Ich beschloß, den heimtückischen Plan in Dunst aufgehen zu lassen, obwohl einer der Beschwörer mein Taufpate war, eine geistliche Bindung, die ihm auf mich ein heiligeres und unverbrüchlicheres Anrecht gab, als wenn er mein eigener Bruder gewesen wäre.

Als sie gegangen waren, konnte ich mich in aller Ruhe davonmachen; ich hielt es für unnötig, mich erneut der Gefahr auszusetzen und mich nochmals unter dem Bett zu verstecken. Ich hatte genug entdeckt. Um Mitternacht fuhr ich mit dem Boot ab und war tags darauf noch vor Mittag hier; ich ließ mir die Namen der sechs Rebellen aufschreiben, überbrachte sie dem Sekretär der Staatsinquisitoren und berichtete ihm, was vorgefallen war. Er befahl mir, mich am nächsten Morgen zeitig beim Messergrande einzufinden, der mir einen Mann mitgeben würde, mit dem ich nach Isola fahren sollte, um ihm den Kaplan zu zeigen, der wohl noch nicht aufgebrochen wäre; hernach dürfe ich mich nicht weiter mit der Sache befassen. Ich führte seinen Befehl aus. Der Messergrande gab mir den Mann mit; ich führte ihn nach Isola, zeigte ihm den Kaplan und ging dann meinen Geschäften nach.

Nach dem Essen ließ mich mein Taufpate rufen, damit ich ihn rasieren solle, denn ich bin Barbier. Nachdem ich ihm den Bart geputzt hatte, gab er mir ein Glas sehr guten Refosco[43] und einige Scheiben Knoblauchwurst, die wir gemeinsam in aller Freundschaft verzehrten. Da überwältigte die gevatterliche Zuneigung mein Herz; ich griff nach seiner Hand und riet ihm unter Tränen der Rührung, den Verkehr mit dem Kaplan aufzugeben und sich vor allem zu hüten, das bewußte Schriftstück zu unterzeichnen. Daraufhin sagte er mir, er sei mit dem Kaplan nicht enger befreundet als mit irgend jemand anderem, und schwor mir, er wisse nicht, von welchem Schriftstück ich spräche. Ich begann nun zu lachen und sagte, ich hätte nur einen Scherz gemacht; beim Fortgehen bereute ich, auf die Stimme meines Herzens gehört zu haben.

Am nächsten Tag sah ich weder ihn noch den Kaplan, und acht Tage später kam ich von Isola hierher. Ich suchte den Messergrande auf, der mich kurzerhand einsperren ließ, und so bin ich also hier bei Ihnen, verehrter Meister. Ich danke dem heiligen Franz, daß ich mich in Gesellschaft eines guten Christen befinde, der aus Gründen hier ist, nach denen ich nicht frage, denn ich bin nicht neugierig. Ich heiße Soradaci[44], und meine Frau ist eine Legrenzi, die Tochter eines Sekretärs vom Rat der Zehn, die sich über alle Vorurteile hinwegsetzte und mich heiraten wollte. Sie wird verzweifelt sein, weil sie nicht weiß, was aus mir geworden ist; aber ich hoffe, nur wenige Tage

hierzubleiben. Ich bin wohl nur zur Bequemlichkeit des
Sekretärs hier, der mich anscheinend für ein Verhör benö-
tigt.«

Nach dieser gefühlsrohen Erzählung, die mich erkennen ließ, welcher Art dieses Scheusal war, tat ich, als
beklagte ich ihn; ich lobte seinen Patriotismus und sagte
ihm seine Freilassung innerhalb weniger Tage voraus.
Eine halbe Stunde später schlief er ein. Ich schrieb Pater
Balbi alles und betonte, daß es notwendig sei, unsere
Arbeit bis zu einem günstigeren Zeitpunkt zu unterbrechen. Tags darauf befahl ich Lorenzo, mir ein hölzernes
Kruzifix und einen Kupferstich der Heiligen Jungfrau zu
kaufen, sowie ein Fläschchen Weihwasser zu besorgen.
Soradaci verlangte seine zehn Soldi, und Lorenzo gab ihm
mit verächtlicher Miene zwanzig. Außerdem hieß ich ihn,
viermal soviel Wein und Knoblauch zu bringen, den mein
Gefährte über alles liebte. Nachdem er gegangen war, zog
ich geschickt aus dem Buch den Brief Pater Balbis hervor,
in dem er mir seinen Schrecken beschrieb. Er war mehr tot
als lebendig in seinen Kerker zurückgekehrt und hatte
schnell das Loch wieder mit dem Heiligenbild verdeckt.
Alles wäre verloren gewesen, meinte er, wenn es Lorenzo
eingefallen wäre, Soradaci in seine Zelle zu stecken,
anstatt zu mir. Er hätte Balbi nicht in seiner Zelle ange-
troffen, und er hätte das Loch entdeckt.

Was Soradaci mir über seinen Fall berichtet hatte, ließ
mich zu dem Schluß kommen, daß man ihn sicher Verhö-
ren unterziehen würde; denn der Sekretär konnte ihn nur
deshalb eingesperrt haben, weil er ihn der Verleumdung
verdächtigte oder seinen Bericht unklar fand. Ich beschloß also, ihm zwei Briefe anzuvertrauen, die mir,
falls er sie den Empfängern überbrachte, weder nützten

noch schadeten, die mir aber zum Vorteil gereichten, wenn sie der Verräter dem Sekretär aushändigte, um ihm einen Beweis seiner Treue zu geben. Ich verwandte zwei Stunden darauf, diese Briefe mit Bleistift zu schreiben. Am nächsten Tag brachte mir Lorenzo das Kruzifix, das Bild der Jungfrau, die Flasche mit Weihwasser und alles, was ich bestellt hatte.

Ich gab dem Schurken gut zu essen und sagte ihm dann, ich müsse ihn um eine Gefälligkeit bitten, von der mein Glück abhänge.

»Ich zähle, mein lieber Soradaci, auf Ihre Freundschaft und auf Ihren Mut. Bitte bestellen Sie diese beiden Briefe an die angegebenen Adressen, sobald man Sie auf freien Fuß gesetzt hat. Mein Glück hängt von Ihrer Treue ab; aber verstecken Sie die Briefe gut, denn wenn man sie bei Ihrer Entlassung bei Ihnen findet, sind wir beide verloren. Sie müssen mir vor diesem Kreuz und bei der Heiligen Jungfrau schwören, daß Sie mich nicht verraten werden.«

»Ich bin bereit, Meister, alles zu schwören, was Sie verlangen; ich bin Ihnen zu sehr verpflichtet, als daß ich Sie verraten könnte.«

Er begann zu weinen und nannte sich einen unglücklichen Menschen, weil ich ihm einen solchen Verrat zutrauen könne. Nachdem ich ihm ein Hemd und eine Mütze geschenkt hatte, nahm ich die meine ab, besprengte die Zelle mit Weihwasser und sprach vor den beiden heiligen Bildnissen eine Eidesformel mit Verfluchungen, die zwar keinen Sinn hatten, aber schrecklich klangen. Nach mehrmaligen Kreuzzeichen hieß ich ihn niederknien und ließ ihn unter furchterregenden Verwünschungen schwören, daß er die Briefe zustellen werde. Danach gab ich sie ihm; er selbst wollte sie in den Rücken seiner Weste zwischen Stoff und Futter einnähen.

Insgeheim war ich davon überzeugt, daß er sie dem Sekretär übergeben würde; daher wandte ich alle Kunst darauf, damit man meine List keinesfalls aus meinem Stil erkennen konnte. Die Briefe waren in einer Weise abgefaßt, die mir die Milde und sogar die Achtung des Tribunals eintragen sollte. Ich schrieb an Signor Bragadin und an Abate Grimani, sie sollten nichts unternehmen und sich um mein Schicksal keine Sorgen machen, da ich Grund hätte, auf meine baldige Freilassung zu hoffen. Ich schrieb ihnen, sie würden bei meiner Rückkehr finden, daß diese Bestrafung mir eher genützt als geschadet habe, denn niemand in Venedig hätte eine innere Erneuerung nötiger gehabt als ich. Ich bat Signor Bragadin, mir für den Winter ein Paar gefütterte Stiefel zu schicken, denn meine Zelle sei hoch genug, um darin stehen und auf und ab gehen zu können. Ich wollte nicht, daß Soradaci erfuhr, wie harmlos meine Briefe waren, denn sonst hätte es ihm in den Sinn kommen können, den ehrlichen Mann zu spielen und sie tatsächlich zu überbringen.

Zwei oder drei Tage später kam Lorenzo mit dem Schlag der Terza herauf und nahm Soradaci mit nach unten. Da ich vergeblich auf seine Rückkehr wartete, glaubte ich, ihn nicht mehr wiederzusehen; aber gegen Ende des Tages wurde er zu meiner Überraschung wieder zu mir gebracht. Nachdem Lorenzo gegangen war, erzählte er mir, der Sekretär verdächtige ihn, den Kaplan gewarnt zu haben, da der Priester nie beim Gesandten erschienen sei, und man bei ihm keinerlei Schriftstück gefunden habe. Er berichtete, nach einem langen Verhör habe man ihn sieben Stunden lang ganz allein in eine sehr kleine Zelle gesteckt; danach habe man ihn erneut gefesselt und so dem Sekretär wieder vorgeführt, der ihn zu dem Geständnis bringen wollte, daß er in Isola zu jemandem gesagt habe, der Priester werde nicht mehr zurück-kehren; er habe es aber nicht gestehen können, da er das nie gesagt hätte. Schließlich habe der Sekretär geklingelt und ihn zu mir zurückbringen lassen.

Mit Bitterkeit in der Seele erkannte ich, daß man ihn möglicherweise lange bei mir lassen würde. In der Nacht berichtete ich Pater Balbi den ganzen Vorfall. Damals gewöhnte ich mich auch daran, im Dunkeln zu schreiben.

Am nächsten Morgen, als ich meine Suppe ausgelöffelt hatte, wollte ich mich über das vergewissern, was ich bereits argwöhnte.

»Ich möchte«, sagte ich zu dem Spitzel, »dem Brief an Signor Bragadin noch etwas hinzufügen; geben Sie ihn mir! Nachher mögen Sie ihn wieder einnähen.«

»Das ist gefährlich«, antwortete er, »denn man könnte gerade in diesem Augenblick kommen und uns überraschen.«

»Kümmern Sie sich nicht darum. Geben Sie mir meine Briefe wieder!«

Da warf sich das Scheusal vor mir auf die Knie und schwor mir, bei seinem zweiten Verhör vor dem gefürchteten Sekretär habe ihn ein solches Zittern und ein unerträglicher Druck genau an der Stelle des Rückens befallen, wo er meine Briefe trug, daß er, als der Sekretär ihn fragte, was er denn habe, nicht anders gekonnt hätte, als ihm die Wahrheit zu gestehen. Daraufhin habe dieser geklingelt; Lorenzo habe ihm die Fesseln gelöst, die Weste ausgezogen und die Briefe herausgetrennt, die der Sekretär gelesen und in eine Schublade gelegt habe. Er fügte noch hinzu, der Sekretär habe ihm gesagt, man hätte, wenn er die Briefe zugestellt hätte, das doch erfahren, und mit diesem Fehltritt wäre sein Leben verwirkt gewesen.

Nun tat ich, als werde mir schlecht. Ich schlug die
Hände vors Gesicht, warf mich im Bett vor dem Kruzifix
und der Jungfrau auf die Knie und flehte um Bestrafung
des Ungeheuers, das mich unter Verletzung der feierlich-
sten Eide verraten habe. Danach legte ich mich mit dem
Gesicht zur Wand auf die Seite, brachte es fertig, den
ganzen Tag so liegen zu bleiben, ohne ein einziges Wort
zu sagen, und tat so, als hörte ich das Winseln, Ächzen
und Reuebekenntnis des Schandbuben nicht. Meine Rolle
paßte vortrefflich zu einer Komödie, deren ganzen Plan
ich bereits im Kopfe hatte. In der Nacht schrieb ich Pater
Balbi, er solle genau um zwei Uhr mittags kommen, keine
Minute früher oder später, um seine Arbeit zu vollenden,
und nur vier Stunden arbeiten; er müsse sich unbedingt
zurückziehen, sobald er sechs Uhr schlagen höre. Ich
betonte, unsere Freiheit hänge von der getreulichen Erfüllung ab, und er habe nichts zu befürchten.

Es war der 25. Oktober, und die Tage näherten sich, an
denen ich meinen Plan ausführen oder für immer aufgeben
mußte. Jedes Jahr verbrachten die Staatsinquisitoren und
sogar der Sekretär die ersten Tage des November in
irgendeinem Ort der »Terra ferma«[45]. An diesen drei
Ferientagen seiner Vorgesetzten betrank sich Lorenzo am
Abend, schlief bis zur Terza und erschien erst sehr spät
unter den Bleidächern. Schon vor einem Jahr hatte ich das
alles festgestellt. Wenn ich fliehen wollte, mußte ich ver-
nünftigerweise eine dieser drei Nächte wählen, um sicher
zu sein, daß meine Flucht erst ziemlich spät am Morgen
entdeckt würde. Ein weiterer Grund für diese Eile, die
mich den Entschluß zu einer Zeit fassen ließ, als ich an
der Ruchlosigkeit meines Gefährten nicht mehr zweifeln
konnte, war sehr wirksam und verdient, wie mir scheint,
festgehalten zu werden.

Die größte Erleichterung, die ein Mensch im Unglück haben kann, ist die Hoffnung, ihm bald zu entrinnen. Er sehnt den glücklichen Augenblick herbei, der ihm das Ende seines Unglücks bringen wird, er redet sich ein, es sei nicht mehr fern; er würde auch alles in der Welt tun, um den genauen Zeitpunkt zu erfahren, wann es soweit sein wird. Aber niemand kann wissen, wann ein solches Ereignis, das vom Willen eines anderen abhängt, eintreten wird, es sei denn, jener habe es einem gesagt. Der Mensch wird dennoch ungeduldig und schwach und glaubt schließlich, man könne diesen Zeitpunkt auf irgendeinem okkulten Weg erfahren. GOTT, sagt er sich, muß es wissen, und GOTT kann es zulassen, daß mir das Schicksal wenigstens ungefähr den Zeitpunkt enthüllt. An diesem Punkt angelangt, zögert der Neugierige nicht mehr, das Schicksal zu befragen, mag er nun bereit sein oder nicht, für unfehlbar zu halten, was es ihm verrät. So dachten jene, die einst die Orakel befragten, und so denken auch die Leute, die heute noch die Kabbala zu Rate ziehen, die in einem Bibeltext oder in einem Vers Vergils eine Offenbarung suchen; das hat die »Sortes virgilianae«[46], von denen viele Autoren uns berichten, so berühmt gemacht.

Da ich nicht wußte, auf welche Weise ich das Schicksal bewegen könnte, mir durch die Bibel den Zeitpunkt zu enthüllen, an dem ich meine Freiheit wiedererlangen sollte, entschloß ich mich, das himmlische Epos des »Orlando Furioso« von Messer Lodovico Ariosto zu befragen, das ich hundertmal und auch hier oben mit Entzücken gelesen hatte. Ich vergötterte sein Genie und hielt ihn für weitaus geeigneter als Vergil, mir mein Glück vorherzusagen.

In dieser Absicht brachte ich eine kurze Frage zu Papier, in der ich von dem angeblichen Geistwesen zu

wissen begehrte, in welchem Gesang Ariosts mir der Tag
meiner Befreiung vorhergesagt werde. Dann formte ich
eine umgekehrte Pyramide aus den Zahlen, die sich aus
den Worten meiner Frage ergaben, und durch Abziehen
der Zahl neun von jedem Ziffernpaar fand ich als letzte
Zahl eine Neun. Also mußte die gesuchte Prophezeiung
im neunten Gesang zu finden sein. Ich wandte die gleiche
Methode an, um zu erfahren, in welcher Stanze sich diese
Prophezeiung verbarg, und das Resultat war eine Sieben.
Schließlich wollte ich noch wissen, in welchem Vers dieser
Stanze das Orakel zu finden war, und die gleiche Methode
lieferte die Zahl eins. So hatte ich nun die Zahlen 9, 7, 1;
ich nahm das Gedicht, und mit klopfendem Herzen las ich
im neunten Gesang in der siebenten Stanze den ersten
Vers:

>»Tra il fin d'ottobre, e il capo di novembre«
>(Zwischen Ende Oktober und Anfang
>   November).[47]

Daß der Vers so deutlich war und so genau paßte, erschien
mir so wunderbar, daß ich zwar nicht behaupten will, ich
hätte mich gänzlich darauf verlassen, aber, der Leser wird
es mir verzeihen, mich doch anschickte, von mir aus alles
in meinen Kräften Stehende zu tun, um dem Orakel zur
Erfüllung zu verhelfen. Das Seltsame daran ist, daß es »tra
il fin d'ottobre, e il capo di novembre« nur Mitternacht
gibt, und daß ich tatsächlich diesen Ort verließ, als die
Glocke am 31. Oktober zwölf Uhr Mitternacht schlug,
wie der Leser noch sehen wird. Ich bitte ihn, mich nach
diesem getreuen Bericht nicht für einen Menschen zu halten, der abergläubischer ist als andere, denn er würde sich
irren. Ich erzähle die Sache, weil sie wahr und ungewöhn-

lich ist und weil ich, hätte ich sie nicht beachtet, vielleicht nicht entkommen wäre. Diese Tatsache wird auch jene belehren, die noch nicht zur Einsicht gekommen sind, daß verschiedene Ereignisse, die tatsächlich eingetreten sind, ohne Vorhersage niemals eingetreten wären. Das Eintreffen erweist der Vorhersage den Dienst, ihre Wahrheit zu bestätigen. Tritt das Ereignis nicht ein, so wird die Vorhersage null und nichtig; aber ich verweise den wohlwollenden Leser auf die Weltgeschichte, in der er viele Ereignisse finden wird, die niemals eingetreten wären, wenn man sie nicht vorhergesagt hätte. Man verzeihe mir die Abschweifung!

Den ganzen Vormittag hindurch bis ein Uhr tat ich nun alles, um das Denkvermögen dieser bösartigen Kreatur zu erschüttern, durch Wunderbilder seinen schwachen Verstand zu verwirren und ihn dadurch unfähig zu machen, mir zu schaden. Am Morgen, nachdem Lorenzo gegangen war, sagte ich zu Soradaci, er solle kommen und seine Suppe essen. Der Schandkerl lag noch, und er hatte zu Lorenzo gesagt, er sei krank. Er hätte es nicht gewagt, in meine Nähe zu kommen, wenn ich ihn nicht gerufen hätte. Er stand auf, legte sich vor mir auf den Bauch, küßte mir schluchzend die Fußspitzen und sagte, er werde heute noch sterben, wenn ich ihm nicht verzeihe. Er fühle bereits die Verdammnis nahen, die der von mir herabbeschworenen Rache der Heiligen Jungfrau entspringe; er fühle Krämpfe in seinen Eingeweiden wühlen, und seine Zunge sei von Geschwüren bedeckt. Er zeigte sie mir, und ich sah, daß sie tatsächlich dick belegt war; ich weiß nicht, ob er es schon tags zuvor gewesen war. Ich gab mir jedenfalls keine allzu große Mühe, um zu ergründen, ob er die Wahrheit sagte; in meinem Interesse lag es, so zu tun, als glaubte ich es, und ihn sogar Verzeihung erhoffen zu lassen. Zunächst mußte ich ihn zum Essen und Trinken bringen. Der Verräter hatte vielleicht die Absicht mich zu betrügen; aber da ich selbst entschlossen war, ihn zu täuschen, handelte es sich darum zu sehen, wer von uns beiden der Geschicktere sein würde. Ich hatte einen Angriff auf ihn vorbereitet, dessen er sich gewiß nicht erwehren konnte.

Ich gab meinem Gesicht plötzlich einen verklärten Ausdruck und gebot ihm, sich zu setzen.

»Essen wir die Suppe«, sagte ich; »dann werde ich Ihnen Ihr Heil verkünden. Hören Sie zu! Mir ist bei Tagesanbruch die Heilige Jungfrau vom Rosenkranz erschienen und hat mir befohlen, Ihnen zu verzeihen. Sie werden nicht sterben, und Sie werden zusammen mit mir hier herauskommen.«

Völlig verwirrt löffelte er kniend mit mir die Suppe, weil es keine Stühle gab; dann setzte er sich auf den Strohsack, um mir zuzuhören. Ich hielt ihm folgende Rede:

»Der Schmerz über Ihren Verrat ließ mich die ganze Nacht ohne Schlaf verbringen, weil die Briefe, die Sie dem Sekretär ausgeliefert haben, mich, wenn sie zur Kenntnis der Staatsinquisitoren gelangten, dazu verdammen mußten, mein ganzes ferneres Leben hier zu verbringen. Mein einziger Trost, ich gestehe es, war meine sichere Überzeugung, Sie innerhalb von drei Tagen vor meinen Augen sterben zu sehen. Erfüllt von solchen eines Christen unwürdigen Gefühlen, denn GOTT gebietet uns zu verzeihen, hatte ich, während ich im Morgengrauen kurz einnickte, wahrhaftig eine Erscheinung. Ich sah, wie die Heilige Jungfrau, deren Bild Sie dort sehen, lebendig wurde, sich bewegte, auf mich zukam, den Mund öffnete

und die folgenden Worte zu mir sprach: ›Soradaci verehrt
meinen heiligen Rosenkranz; ich beschütze ihn und will,
daß du ihm verzeihst. Dann wird die Verdammnis, die er
auf sein Haupt gezogen hat, sogleich aufhören zu wirken.
Zur Belohnung deiner großherzigen Tat werde ich einem
meiner Engel befehlen, Menschengestalt anzunehmen
und sogleich vom Himmel herabzusteigen, um das Dach
dieses Kerkers aufzubrechen und dich in fünf oder sechs
Tagen daraus zu befreien. Der Engel wird sein Werk heute
um zwei Uhr beginnen und bis eine halbe Stunde vor
Sonnenuntergang arbeiten, denn er muß noch bei hellem
Tageslicht wieder zum Himmel emporsteigen. Wenn du,
geleitet von meinem Engel, diesen Raum verläßt, wirst du
Soradaci mit dir nehmen und für ihn sorgen, vorausgesetzt, daß er den Beruf eines Spitzels aufgibt. Du wirst
ihm alles mitteilen.‹ Kaum hatte die Heilige Jungfrau diese
Worte gesprochen, verschwand sie, und ich bemerkte,
daß ich wach war.«

Ich setzte meine ernsteste Miene auf und blickte dem
Verräter, der wie versteinert wirkte, scharf ins Gesicht.
Dann nahm ich mein Stundenbuch, besprengte den Ker-
ker mit Weihwasser und begann so zu tun, als bete ich zu
GOTT; dabei küßte ich von Zeit zu Zeit das Bildnis der
Jungfrau. Nach einer Stunde fragte mich die Kreatur
rundheraus, um welche Zeit der Engel vom Himmel kom-
men sollte, und ob wir ihn hören würden, wenn er den
Kerker aufbreche.

»Ich bin überzeugt, daß er um zwei Uhr kommen wird,
daß wir ihn arbeiten hören werden und daß er um sechs
Uhr wieder gehen wird; ich glaube, vier Stunden Arbeit
müßten für einen Engel genügen.«

»Vielleicht haben Sie geträumt.«

»Bestimmt nicht. Sind Sie bereit, mir zu schwören, daß Sie den Beruf eines Spions aufgeben?«

Statt mir zu antworten, schlief er ein, und erst zwei Stunden später, als er erwachte, fragte er mich, ob er den Eid, daß er seinen Beruf aufgebe, nicht verschieben könne.

»Das können Sie tun«, antwortete ich, »bis der Engel hier erscheint, um mich mit sich zu nehmen; aber ich mache Sie darauf aufmerksam, daß ich Sie hierlassen werde, wenn Sie nicht durch Eid Ihrem üblen Beruf abschwören; denn so lautet der Auftrag der Heiligen Jungfrau an mich.«

Ich sah ihm seine Befriedigung darüber an; denn er hielt es für sicher, daß der Engel nicht kommen würde. Seine Miene verriet Mitleid mit mir. Ich konnte kaum erwarten, bis es zwei Uhr schlug; die Komödie machte mir ungeheuren Spaß, denn ich war überzeugt, daß die Ankunft des Engels den armseligen Verstand dieser Kreatur völlig durcheinanderbringen mußte. Sie konnte nur ausbleiben, wenn Lorenzo zu meinem großen Bedauern vergessen haben sollte, das Buch zu überbringen.

Um ein Uhr wollte ich essen und trank dazu nur Wasser. Soradaci trank den ganzen Wein und aß als Nachspeise meinen ganzen Knoblauch; für ihn war er Konfekt. Als ich zwei Uhr schlagen hörte, warf ich mich auf die Knie und gebot ihm mit furchterregender Stimme, das gleiche zu tun. Er gehorchte und blickte mich dabei verstört und mit schwimmenden Augen an. Als ich das leise Geräusch hörte, das mir den Durchstieg durch die Mauer anzeigte, sagte ich: »Der Engel kommt.«

Dann legte ich mich auf den Bauch und versetzte ihm gleichzeitig einen solchen Stoß auf die Schultern, daß er in die gleiche Stellung fiel. Das Durchbrechen der Decke verursachte einen starken Lärm, und ich blieb eine gute Viertelstunde hingestreckt liegen. War es nicht zum Lachen, wie der Schurke regungslos in der gleichen Stellung verharrte? Aber ich lachte nicht; es handelte sich um die höchst verdienstvolle Aufgabe, ihn verrückt zu machen oder zumindest zu behexen. Seine schwarze Seele konnte nur menschlich werden, wenn man sie mit Schrekken überschwemmte. Ich verbrachte dreieinhalb Stunden damit, den Rosenkranz vorzusagen, und er, ihn nachzubeten, wobei er von Zeit zu Zeit einschlief; sonst wagte er nicht, den Mund zu öffnen. Er blickte nur zur Decke, wenn er hörte, wie der Mönch geräuschvoll das Brett zersplitterte. In seiner Bestürzung machte er mit dem Kopf Zeichen zum Bild der Heiligen Jungfrau hinüber, was mehr als komisch war. Als es sechs Uhr schlug, gebot ich ihm, es mir gleichzutun, denn der Engel werde nun verschwinden. Wir warfen uns zu Boden; Pater Balbi zog sich zurück, und wir hörten nicht mehr das leiseste Geräusch. Als ich mich erhob, sah ich auf dem Gesicht des üblen Kerls mehr Schrecken als Erstaunen.

Ich unterhielt mich eine Weile damit, im Gespräch mit ihm herauszubringen, was er dachte. Unter andauerndem Schluchzen führte er Reden, die nur durch ihre Narrheit zusammenhingen; es war ein Gemisch nicht zu Ende geführter Gedanken. Er sprach von seinen Sünden, von seinen besonderen Andachten, von seinem Eifer für den heiligen Markus, von seinen Pflichten gegenüber der Obrigkeit; diesen Verdiensten schrieb er auch die Gnade zu, die ihm nun durch die Heilige Jungfrau zuteil werde. Ich mußte mir dann geduldig eine lange Aufzählung von Wundern des Rosenkranzes anhören, die seine Frau, deren Beichtvater ein Dominikaner war, ihm erzählt hatte. Er meinte, er könne sich nicht vorstellen, was ich mit einem Nichtswisser wie ihm anfangen solle.

»Sie werden in meinem Dienst stehen und alles haben, was Sie brauchen, ohne länger dem gefährlichen und schändlichen Beruf eines Spions nachzugehen.«

»Aber wir werden nicht mehr in Venedig bleiben können.«

»Gewiß nicht. Der Engel wird uns in einen Staat geleiten, der nicht dem heiligen Markus untersteht. Sind Sie bereit zu schwören, diesen Beruf aufzugeben? Und wenn Sie es schwören, werden Sie abermals meineidig werden?«

»Wenn ich es schwöre, werde ich meinen Eid nicht mehr verletzen, das ist sicher; aber geben Sie zu, daß Sie ohne meinen Meineid nicht die Gnade erlangt hätten, die Ihnen die Heilige Jungfrau erwiesen hat. Mein Vertrauensbruch ist die Ursache Ihres Glücks. Sie müssen mir also dankbar sein und meinen Verrat schätzen.«

»Lieben Sie Judas, der Jesus Christus verraten hat?«

»Nein.«

»Sie sehen also, daß man den Verräter verachtet und gleichzeitig die Vorsehung verehrt, die das Böse zum Guten zu wenden weiß. Bis heute waren Sie ein Schurke, mein Lieber. Sie haben GOTT und die Heilige Jungfrau beleidigt, und ich kann mich mit Ihrem Schwur nicht zufriedengeben, wenn Sie für Ihre Sünde nicht Buße tun.«

»Welche Sünde habe ich denn begangen?«

»Sie haben aus Stolz gesündigt, indem Sie glaubten, ich müsse Ihnen dankbar sein, daß Sie meine Briefe dem Sekretär übergeben haben.«

»Worin soll also die Buße für meine Sünde bestehen?«

»Hören Sie zu: Morgen, wenn Lorenzo kommt, bleiben Sie regungslos auf dem Strohsack mit dem Gesicht zur Wand liegen, ohne Lorenzo je anzusehen. Wenn er Sie anspricht, antworten Sie ihm, ohne ihn anzusehen, daß Sie nicht schlafen konnten. Versprechen Sie mir, gehorsam zu sein?«

»Ich verspreche, alles zu tun, was Sie mir sagen.«

»Versprechen Sie es hier diesem heiligen Bild. Schnell!«

»Ich verspreche dir, Heiligste Jungfrau, daß ich Lorenzo nicht ansehen werde, wenn er kommt, und daß ich mich nicht von meinem Strohsack rühren werde.«

»Und ich, Heiligste Jungfrau, schwöre dir beim Herzen Jesu Christi, deines göttlichen Sohnes, daß ich, sobald Soradaci sich Lorenzo zuwendet, auf ihn zuspringen und ihn erwürgen werde, dir zur Ehre und zum Ruhm.«

Ich fragte ihn, ob er etwas gegen meinen Schwur einzuwenden habe, und er antwortete, das genüge ihm. Ich gab ihm nun zu essen und gebot ihm, sich hinzulegen, weil ich schlafen müsse. Ich brachte zwei Stunden damit zu, dem Mönch die ganze Geschichte zu berichten; ich schrieb ihm, wenn seine Arbeit beendet sei, solle er erst wieder auf das Dach meiner Zelle kommen, um das Brett zu durchstoßen und einzusteigen. Ich fügte hinzu, wir würden in der Nacht des 31. Oktober ausbrechen, und zwar zu viert, seinen und meinen Gefährten mitgerechnet. Wir hatten den 28. Oktober. Früh am Morgen des nächsten Tages unterrichtete mich der Mönch, der Durchschlupf sei fertig, und er brauche nur noch auf das Zellendach zu steigen, um das Loch zu öffnen; dazu werde er höchstens vier Minuten benötigen. Soradaci spielte seine Rolle aufs beste. Er stellte sich schlafend, und Lorenzo sprach ihn nicht einmal an. Ich behielt ihn scharf im Auge. Ich glaube, ich hätte ihn tatsächlich erwürgt, wenn ich

bemerkt hätte, daß er Lorenzo den Kopf zuwandte; um
mich zu verraten, hätte ein Wink mit den Augen genügt.

Ich verbrachte den Tag damit, durch feierliche Reden
seinen Glaubenseifer zu schüren, und ließ ihn nur in Frieden, wenn ich sah, daß er angetrunken und am Einschlafen oder aber nahe daran war, unter der Wucht einer
Metaphysik, die seinem bisher nur an die Schliche eines
Spitzels gewohnten Kopf gänzlich neu war, in Krämpfe
zu verfallen.

Er brachte mich in Verlegenheit, als er sagte, er verstünde nicht, wieso ein Engel so lange zu arbeiten hätte,
um das Dach meiner Zelle aufzubrechen; aber ich redete
mich damit heraus, daß ich erklärte, er arbeite nicht als
Engel, sondern in Menschengestalt. Zu allem übrigen
sagte ich ihm noch, daß sein tückischer Gedanke die Heilige Jungfrau schon wieder beleidigt habe.

»Und Sie werden sehen«, fügte ich hinzu, »daß wegen
dieser Sünde der Engel heute nicht mehr kommen wird.
Sie denken nie wie ein ehrlicher, frommer und ergebener
Mensch, sondern wie ein abgefeimter Sünder, der glaubt,
es mit dem Messergrande und den Sbirren zu tun zu
haben.«

Da begann er zu weinen, und zu meiner Freude sah ich
ihm die Verzweiflung an, als es zwei Uhr schlug und
nichts von der Ankunft des Engels zu hören war. Ich
stimmte nun Klagen an, die ihn tief bekümmerten, und
ließ ihn den ganzen Rest des Tages in seinem Kummer
schmoren. Am nächsten Morgen befolgte er genau meine
Anweisungen, und als Lorenzo ihn nach seinem Gesund-
heitszustand fragte, antwortete er, ohne ihn anzusehen.
Auch am folgenden Tag verhielt er sich so, bis ich endlich
Lorenzo am Morgen des einunddreißigsten zum letzten-

mal sah und ihm dabei das Buch gab, durch das ich den
Mönch anwies, um elf Uhr vormittags zu kommen und
die Öffnung durchzustoßen. Diesmal fürchtete ich kein
Mißgeschick mehr, denn von Lorenzo selbst hatte ich
erfahren, daß nicht nur die Inquisitoren, sondern auch der
Sekretär aufs Land gefahren waren. Die Einlieferung eines
neuen Häftlings hatte ich nicht mehr zu befürchten, und
es war auch nicht mehr nötig, auf diesen niederträchtigen
Schurken Rücksicht zu nehmen.

Aber ich habe das Bedürfnis, mich Lesern gegenüber zu
rechtfertigen, die sich ein vernichtendes Urteil über meine
Religion und Moral wegen des Mißbrauchs bilden könnten, den ich mit den heiligen Geheimnissen getrieben,
auch wegen des Eides, den ich diesem Tölpel abverlangt,
und wegen der Lügen, die ich ihm über die Erscheinung
der Heiligen Jungfrau erzählt hatte.

Da es meine Absicht ist, die Geschichte meiner Flucht
mit allen tatsächlichen Begleitumständen zu erzählen,
halte ich mich für verpflichtet, nichts zu verbergen. Ich
kann das nicht eine Beichte nennen, denn mich quält keine
Reue; ich kann auch nicht sagen, daß ich mir etwas darauf
einbilde, denn ich habe mich nur widerstrebend der Heuchelei bedient. Hätte ich bessere Mittel gewußt, hätte ich
ihnen sicher den Vorzug gegeben. Ich glaube, um meine
Freiheit wiederzugewinnen, würde ich heute noch das
gleiche tun, und vielleicht noch viel mehr.

Die Natur befahl mir die Flucht, und die Religion
konnte sie mir nicht verwehren; ich hatte keine Zeit zu
verlieren. Es war notwendig, einen Spitzel, mit dem ich
zusammen eingesperrt war, und der mir einen deutlichen
Beweis seiner Falschheit geliefert hatte, in eine solche Verfassung zu bringen, daß er außerstande war, Lorenzo vom

Durchbrechen der Zellendecke zu unterrichten. Was
sollte ich tun? Ich hatte nur zwei Möglichkeiten, und es
galt zu wählen; entweder mußte ich, wie ich es auch tat,
die Seele dieses Strolches durch Angst lähmen, oder aber
ihn einfach erwürgen, wie es jeder andere vernünftige und
grausamere Mensch getan hätte. Das wäre für mich viel
leichter und sogar gefahrloser gewesen, denn ich hätte
gesagt, er sei eines natürlichen Todes gestorben; man hätte
sich keine große Mühe gemacht festzustellen, ob es wahr
war oder nicht. Welcher Leser möchte nun behaupten, ich
hätte besser getan, ihn zu erwürgen? Wenn es einen gibt,
möge GOTT ihn erleuchten; seine Religion wird nie die
meine sein. Ich glaube, getan zu haben, was getan werden
mußte, und der Sieg, der mein Unternehmen krönte, mag
ein Beweis dafür sein, daß meine Mittel von der ewigen Vorsehung nicht mißbilligt wurden. Von meinem
Schwur, stets für ihn zu sorgen, hat er mich Gott sei Dank
selbst entbunden, denn er hatte nicht den Mut, mit mir zu
fliehen; aber selbst wenn er ihn besessen hätte, gestehe ich
dem Leser, daß ich mir nicht eidbrüchtig vorgekommen
wäre, wenn ich ihm den Schwur nicht gehalten hätte. Ich
hätte mich bei der erstbesten Gelegenheit dieses Scheusals
entledigt, selbst wenn es notwendig gewesen wäre, ihn
an einem Baum aufzuknüpfen. Als ich ihm ewige Hilfe
schwor, wußte ich, daß seine Treue nicht länger dauern
würde als seine überspannte Schwärmerei, die verfliegen
mußte, sobald er sah, daß der Engel nur ein Mönch war.
»Non merta fé chi non la serba altrui« (Wer nicht an
andere glaubt, verdient selbst kein Vertrauen).[48] Der
Mensch hat viel mehr Recht, alles der Selbsterhaltung zu
opfern, als ein Herrscher für die Erhaltung des Staates.

Nachdem Lorenzo gegangen war, sagte ich zu Soradaci, der Engel werde um elf Uhr kommen und ein Loch

in die Decke meiner Zelle brechen. »Er wird auch eine Schere bringen«, fügte ich hinzu, »und Sie werden mir und dem Engel den Bart scheren.«

»Hat denn der Engel einen Bart?«

»Ja, Sie werden es sehen. Dann machen wir uns auf und durchbrechen das Dach des Palazzo; und in der Nacht steigen wir zum Markusplatz hinunter und gehen nach Deutschland.«

Er antwortete nicht; er aß ganz allein, denn mein Herz und mein Verstand waren zu sehr von der Sache erfüllt, als daß ich imstande gewesen wäre zu essen. Ich hatte nicht einmal schlafen können.

Schlag elf Uhr erschien der Engel. Soradaci wollte sich zu Boden werfen, aber ich sagte ihm, das sei nun nicht mehr nötig. In weniger als drei Minuten durchstieß er die Öffnung, ein schönes rundes Brett fiel mir vor die Füße, und Pater Balbi sank mir in die Arme.

»Damit«, sagte ich, als ich ihn umarmte, »ist Ihre Arbeit beendet; nun beginnt die meine.«

Er übergab mir den Spuntone und die Schere, die ich an Soradaci weiterreichte, damit er uns gleich hier den Bart stutze. Diesmal konnte ich mich des Lachens nicht mehr enthalten, als ich sah, wie dieser Schafskopf völlig verdutzt den Engel anglotzte, der eher einem Teufel glich. Völlig verwirrt befreite er uns mit der Schere auf mustergültige Weise von unseren Bärten.

Begierig, die Örtlichkeiten zu erkunden, gebot ich dem Mönch, mit Soradaci hierzubleiben, denn ich wollte diesen nicht allein lassen. Ich stieg hinaus und fand das Loch in der Mauer zwar eng, aber ich kam durch; ich befand mich nun auf der Decke der Zelle des Grafen, stieg hinunter und begrüßte den armen Greis herzlich. Ich sah an seiner Gestalt, daß er nicht imstande sein würde, den Schwierigkeiten und Gefahren zu trotzen, denen wir uns bei einer solchen Flucht über ein schräges, ganz mit Bleiplatten bedecktes Dach aussetzten. Er fragte mich sogleich, was für einen Plan ich hätte, wobei er nicht verschwieg, daß ich seiner Meinung nach allzu leichtfertig vorgegangen wäre.

»Ich will nicht ruhen noch rasten«, antwortete ich, »bis ich die Freiheit finde oder den Tod.«

Er drückte mir die Hand und meinte, falls ich beabsichtigen sollte, das Dach aufzubrechen und auf den Bleiplatten herumlaufend einen Weg nach unten zu suchen, sehe er keine Möglichkeit, es sei denn, ich hätte Flügel.

»Ich habe nicht den Mut, mit Ihnen zu gehen«, fügte er hinzu; »ich werde hier bleiben und für Sie zu Gott beten.«

Ich stieg nun hinaus, um das große Dach zu untersuchen; dabei näherte ich mich, so weit es ging, den seitlichen Rändern des Dachbodens. Es gelang mir, im innersten Winkel die Unterseite des Daches zu erreichen, und ich setzte mich ins Gebälk, das die Dachböden aller großen Palazzi ausfüllt. Ich untersuchte die Bretter mit der Spitze meines Spuntone und fand sie ganz morsch. Bei jedem Stoß mit dem Spieß zerfiel, wo ich hintraf, alles zu Staub. Als ich die Gewißheit hatte, daß ich in weniger als einer Stunde ein ziemlich großes Loch machen konnte, kehrte ich in meine Zelle zurück, wo ich vier Stunden darauf verwandte, Leintücher, Handtücher, Matratzen und alles, was ich hatte, zu zerschneiden und daraus ein Seil zu machen. Ich bestand darauf, alle Stücke selbst durch Weberknoten zusammenzuknüpfen, denn ein schlechter Knoten hätte sich lösen können, und der

Mann, der in diesem Augenblick am Seil hing, wäre abgestürzt. Insgesamt brachte ich es auf hundert Armlängen[49] Seil. Bei großen Wagnissen gibt es Punkte, die alles entscheiden und in denen sich ein Führer, der Erfolg verdient, auf niemand andern verläßt.

Als das Seil fertig war, schnürte ich meinen Anzug, meinen seidenverbrämten Mantel, einige Hemden, Strümpfe und Taschentücher in ein Bündel; dann begaben wir uns alle drei mit dem ganzen Gepäck in die Zelle des Grafen. Der Graf beglückwünschte sogleich Soradaci, daß er das Glück gehabt habe, zu mir gesteckt zu werden und nun im Begriffe sei, mir zu folgen. Dieser war so verdutzt, daß ich kaum das Lachen verbeißen konnte. Ich tat mir keinen Zwang mehr an; ich schickte die Maske des Tartüff[50], die ich seit einer Woche den ganzen Tag lang getragen hatte, um diesen doppelten Schurken am Verrat zu hindern, zum Teufel. Ich sah ihm an, daß er sich für betrogen hielt; aber er begriff nichts davon, denn er kam nicht dahinter, wie ich mich mit dem angeblichen Engel hatte verständigen können, um ihn zur gewünschten Stunde kommen und gehen zu lassen. Er hörte, wie der Graf sagte, wir würden uns aller Wahrscheinlichkeit nach der Gefahr aussetzen umzukommen, und feige, wie er zwangsläufig war, wälzte er in seinem Kopf den Plan, sich vor dieser gefährlichen Reise zu drücken. Ich sagte dem Mönch, er solle sein Bündel schnüren, während ich beginnen würde, am Rande des Dachbodens ein Loch zu machen.

Ohne irgendwelcher Hilfe zu bedürfen, hatte ich die Öffnung gegen acht Uhr abends fertig. Ich zerstieß die Bretter zu Pulver. Der Durchbruch war zweimal so groß wie nötig, und ich legte eine ganze Bleiplatte frei. Der

Mönch half mir, sie hochzuheben, denn sie war angenietet oder um den Rand der marmornen Dachrinne gebogen; aber mit dem Spuntone, den ich kräftig zwischen die Dachrinne und die Platte stieß, brach ich sie los. Dann bogen wir sie mit den Schultern so weit auf, daß die Öffnung, durch die wir hinausschlüpfen sollten, groß genug war. Als ich den Kopf durch das Loch steckte, sah ich zu meiner großen Betrübnis den hellen Schein der Mondsichel, die tags darauf ihr erstes Viertel erreichen mußte. Das war ein Hindernis, das nur mit Geduld zu überwinden war; wir mußten mit dem Hinaussteigen bis Mitternacht warten, bis der Mond weitergewandert war, um die andere Seite der Erde zu beleuchten. In einer wundervollen Nacht, in der jedermann, der etwas auf sich hielt, auf dem Markusplatz promenieren mußte, konnte ich es nicht darauf ankommen lassen, daß man mich da oben herumspazieren sah. Man hätte unseren stark verlängerten Schatten auf dem Pflaster des Platzes bemerkt; man hätte nach oben geblickt, und unsere Gestalten hätten ein recht außergewöhnliches Schauspiel geboten, das die Neugier erweckt hätte, besonders diejenige des Messergrande, dessen Sbirren, die einzige Bewachung der großen Stadt Venedig, die ganze Nacht hindurch wachsam sind. Er hätte bald Mittel und Wege gefunden, einen Trupp von ihnen hier heraufzuschicken, die meinen ganzen schönen Plan vereitelt hätten. Ich entschied daher gebieterisch, daß wir erst nach Untergang des Mondes aufbrechen würden. Ich rief die Hilfe GOTTES an, aber ich bat nicht um Wunder. Den Launen Fortunas ausgesetzt, durfte ich ihr so wenig wie möglich überlassen. Falls mein Unternehmen scheiterte, wollte ich mir selbst nicht den geringsten Fehler vorzuwerfen haben. Der Mond mußte unweiger-

lich um elf Uhr untergehen und die Sonne mußte um halb
acht aufgehen; es verblieben uns sieben Stunden vollster
Dunkelheit, in denen wir handeln konnten.

Ich sagte Pater Balbi, wir würden uns noch drei Stunden lang mit dem Grafen Asquin unterhalten, und er solle
gleich allein zu ihm gehen und ihm mitteilen, daß ich mir
von ihm dreißig Zechinen leihen müsse, die ich wohl
genauso notwendig brauchen würde, wie für alles, was ich
bisher getan hatte, den Spuntone. Er richtete die Botschaft
aus; vier Minuten später kam er zurück, um mir zu sagen,
ich möge allein zu ihm gehen, denn er wolle ohne Zeugen
mit mir sprechen. Der arme Greis sagte mir gleich zucker-
süß, daß ich zur Flucht kein Geld benötigen würde, er
besitze auch keines; er habe eine zahlreiche Familie, und
wenn ich umkomme, wäre das Geld, das er mir gegeben
hätte, verloren. Er brachte noch vielerlei andere Gründe
vor, um seinen Geiz zu bemänteln. Meine Gegenrede
dauerte eine halbe Stunde; vortreffliche Gründe, die aber,
seit die Welt besteht, ohne Wirkung bleiben, denn kein
Redner vermag eine Leidenschaft auszurotten. Es war
ein Fall von »nolenti baculus« (dem Widerstrebenden
gebührt der Stock), aber ich war nicht roh genug, diesem
unglücklichen Greis gegenüber Gewalt anzuwenden.
Schließlich sagte ich ihm, wenn er mit mir fliehen wolle,
würde ich ihn auf meinen Schultern tragen wie einst
Aeneas den Anchises;[51] aber wenn er hier bleiben wolle,
um GOTT zu bitten, er möge uns geleiten, müsse er
begreifen, daß sein Gebet inkonsequent sei, denn er bitte
GOTT, eine Sache gelingen zu lassen, zu der er mit men-
schenmöglichen Mitteln nichts beigetragen habe. Am
Klang seiner Stimme erkannte ich, daß er weinte, und das
ging mir auf die Nerven; er fragte, ob mir zwei Zechinen

genügen würden, und ich antwortete, daß mir mit allem gedient sei. Er gab sie mir, bat mich aber dabei, sie ihm zurückzugeben, falls ich nach einem Rundgang auf dem großen Dach des Palazzo zu dem weisen Entschluß gekommen sein sollte, in meine Zelle zurückzukehren. Ich war fest davon überzeugt, daß ich nicht umkehren würde.

Ich rief meine Gefährten zusammen, und wir legten unser ganzes Gepäck neben das Loch. Die hundert Ellen Seil teilte ich in zwei Bündel. Dann verbrachten wir zwei Stunden im Gespräch, wobei wir uns, nicht ohne Vergnügen, an alle Wechselfälle unseres Unternehmens erinnerten. Schon dabei gab mir Pater Balbi die erste Probe seines reizenden Charakters, indem er mir zehnmal wiederholte, ich hätte ihn hintergangen, weil ich ihm in meinen Briefen versichert hätte, mein Plan sei fertig und unfehlbar; das aber sei keineswegs der Fall, und er erklärte unverfroren, daß er, wenn er dies im voraus gewußt hätte, mich nicht aus meiner Zelle geholt hätte. Mit der Würde seiner siebzig Jahre sagte mir der Graf, der beste Entschluß, den ich fassen könnte, wäre der, die Sache aufzugeben; denn die Unmöglichkeit, vom Dach herunterzukommen, sei ebenso unleugbar wie die Gefahr, die mich das Leben kosten könnte. In aller Sanftmut erklärte ich ihm, diese Unleugbarkeiten kämen mir gar nicht so unleugbar vor; aber als Advokat von Beruf hielt er mir folgende Standrede, durch die er mich zu überzeugen glaubte. Dazu befeuerten ihn die beiden Zechinen, die ich ihm hätte zurückgeben müssen, wenn er mich zum Bleiben überredet hätte.

»Die Schräge des mit Bleiplatten belegten Daches«, führte er aus, »wird Ihnen nicht gestatten, darauf zu

gehen, denn Sie werden darauf kaum aufrecht stehen können. Auf dem Dach gibt es sieben oder acht Luken, aber
sie sind alle mit Eisen vergittert und so schwer zugänglich,
daß man davor keinen festen Stand hat, weil sie alle vom
Rand entfernt sind. Ihre Seile werden Ihnen nichts nützen, weil Sie keine geeignete Stelle finden werden, um
daran ein Ende sicher zu befestigen; und selbst wenn Sie
trotzdem eine solche entdecken, kann sich ein Mann, der
sich aus so großer Höhe herunterläßt, weder so lange an
seinen Armen hängend festhalten, noch sich hinunterhan-
teln. Einer von Ihnen dreien müßte also jeweils einen der
anderen beiden festbinden und ihn hinablassen, wie man
einen Eimer in einen Brunnenschacht hinabläßt; und derjenige, der diese Arbeit übernimmt, müßte hierbleiben
und in seine Zelle zurückkehren. Wer von Ihnen dreien
hat Lust dazu, dieses Werk der Nächstenliebe zu vollbringen? Und selbst wenn einer von Ihnen den Heroismus
besäße, sich mit dem Hierbleiben abzufinden, so sagen Sie
mir doch, auf welcher Seite Sie sich denn abseilen wollen.
Bestimmt nicht zur Piazzetta mit den Säulen hin, denn
man würde Sie sehen. Auch nicht auf der Seite der Markuskirche, denn dort kämen Sie nicht weiter. Ebensowenig auf der Hofseite des Palazzo, denn die Wache der
Arsenalotti[52] macht dort ständig ihre Runde. Sie können
also nur auf der Seite zum Kanal hinunter; aber dort haben
Sie weder eine Gondel noch ein Boot, das Sie erwartet; Sie
müßten also ins Wasser springen und bis Santa Apollonia
schwimmen; dort würden Sie in einem jämmerlichen
Zustand ankommen, ohne zu wissen, wohin Sie sich in
der Nacht wenden sollen, um sich zu erholen und ihre
Flucht fortzusetzen. Bedenken Sie auch, daß Sie auf dem
Bleidach leicht ausgleiten; und wenn Sie in den Kanal stür-

zen, können Sie nicht hoffen, dem Tod zu entrinnen, selbst wenn Sie schwimmen können, denn die Höhe ist so groß und der Kanal ist so seicht, daß Sie an den Verletzungen durch den Sturz sterben werden, bevor Sie ertrinken. Drei oder vier Fuß tiefes Wasser bildet kein genügendes Flüssigkeitspolster, um die Gewalt des Aufschlags eines festen Körpers zu mildern. Das geringste Unglück wäre, daß Sie sich nur die Arme oder die Beine brechen.«

Ich hörte mir diese Rede, die im Hinblick auf die Anforderungen unserer Lage recht unvernünftig war, mit einer Geduld an, die sonst nicht meine Art war. Die hemmungslosen Vorwürfe des Mönchs brachten mich auf und reizten mich, sie scharf zurückzuweisen. Aber ich hätte meinen ganzen Bau zum Einsturz gebracht, denn ich hatte es mit einem Feigling zu tun, der fähig gewesen wäre, mir zu antworten, er sei nicht verzweifelt genug, um den Tod herauszufordern, und ich solle mich daher allein auf den Weg machen; und allein konnte ich nicht auf Erfolg hoffen. Ich redete diesen Schwarzsehern gut zu. Ich erklärte ihnen, wir würden sicher entkommen, obgleich ich nicht in der Lage sei, meine Mittel im einzelnen anzugeben. Zum Grafen Asquin sagte ich, seine weisen Mahnungen würden mich veranlassen, mit größter Umsicht vorzugehen, und ich hätte so viel Vertrauen zu GOTT, daß mir dieses alles andere ersetze.

Ich streckte öfters die Hand nach Soradaci aus, um mich zu vergewissern, daß er noch da war, denn er sprach die ganze Zeit über kein einziges Wort; ich lachte bei dem Gedanken, was in seinem Schandhirn, das nun erkannt haben mußte, wie ich ihn hineingelegt hatte, wohl vorgehen mochte. Gegen halb elf Uhr hieß ich ihn nachzusehen, an welcher Stelle des Himmels der Mond stehe. Als er zurückkam, berichtete er, in einer halben Stunde werde er verschwunden sein; außerdem mache ein dichter Nebel das Bleidach sicher sehr gefährlich.

»Es genügt mir, mein Lieber, daß der Nebel nicht aus Öl besteht. Rollen Sie Ihren Mantel mit einem Teil unserer Seile, die wir unter uns teilen müssen, zu einem Bündel.«

Zu meiner Überraschung spürte ich in diesem Augenblick, wie der Mann mir zu Füßen meine Hände ergriff, sie küßte und mich weinend anflehte, nicht seinen Tod zu wollen.

»Ich falle bestimmt in den Kanal«, erklärte er; »ich kann Ihnen in keiner Weise nützlich sein. Ach, lassen Sie mich doch hier! Ich werde auch die ganze Nacht hindurch für Sie zum heiligen Franziskus beten. Sie haben die Macht, mich umzubringen; aber ich werde mich nie entschließen, Ihnen zu folgen.«

Der Dummkopf wußte nicht, daß ich der Meinung war, seine Gesellschaft bringe mir Unheil.

»Sie haben recht«, sagte ich, »bleiben Sie hier, aber unter der Bedingung, daß Sie zum heiligen Franziskus beten; und gehen Sie gleich alle meine Bücher holen, die ich dem Grafen hinterlassen will.«

Er gehorchte augenblicklich. Meine Bücher waren mindestens hundert Scudi[53] wert. Der Graf sagte, er werde sie mir bei meiner Rückkehr wiedergeben.

»Seien Sie fest davon überzeugt, daß Sie mich hier nicht wiedersehen werden«, antwortete ich; »ich bin sehr froh, daß dieser Feigling nicht den Mut hat mitzukommen. Er würde mir zur Last fallen, und außerdem ist ein Feigling nicht würdig, sich mit Pater Balbi und mir in die Ehre einer so schönen Flucht zu teilen, nicht wahr, mein wak-

kerer Gefährte«, sagte ich zu dem Mönch, einem anderen
Feigling, den ich bei der Ehre packen wollte.

»Das stimmt«, antwortete dieser, »vorausgesetzt, daß
er morgen nicht Grund hat, sich zu beglückwünschen.«

Ich bat nun den Grafen um Tinte, Feder und Papier, die
er trotz des Verbotes besaß, denn Verbotsvorschriften
bedeuteten für Lorenzo nichts, der um einen Scudo den
heiligen Markus verkauft hätte. Damit schrieb ich den
folgenden Brief, den ich Soradaci übergab, ohne ihn nochmals lesen zu können, denn ich schrieb im Dunkeln. An
den Beginn setzte ich einen erhabenen Wahlspruch, der
mir für diesen Anlaß sehr passend erschien:

> »Non moriar sed vivam, et narrabo opera domini«
> (Ich werde nicht sterben, sondern leben und von den
> Taten des Herrn erzählen).[54]

»Die hochlöblichen Staatsinquisitoren müssen alles tun,
um einen Schuldigen mit Gewalt im Gefängnis festzuhal-
ten; der Schuldige, der so glücklich ist, nicht Gefangener
auf Ehrenwort zu sein, muß ebenso alles tun, um sich die
Freiheit zu verschaffen. Ihr Recht stützt sich auf das
Gesetz, das des Schuldigen stützt sich auf die Natur.
Ebenso wie sie nicht seiner Zustimmung bedurften, um
ihn einzusperren, bedarf er nicht der ihren, um sich der
Haft zu entziehen.

Giacomo Casanova, der diese Worte mit Bitterkeit im
Herzen schreibt, weiß, daß ihm das Unglück zustoßen
kann, wieder aufgegriffen zu werden, bevor er das Staats-
gebiet verläßt, und daß man ihn in die Hände jener
zurückbringt, deren Schwert zu entfliehen er im Begriff
ist. In diesem Fall ruft er auf den Knien die Menschlichkeit
seiner großherzigen Richter an, sein Los nicht noch zu

erschweren, indem sie ihn für etwas bestrafen, was er nur unter dem Zwang der Vernunft und der Natur getan hat. Er bittet inständig, daß man ihm, wenn er aufgegriffen wird, wieder alles zurückgibt, was ihm gehört und was er in der Zelle zurückläßt, aus der er entwichen ist. Wenn ihm jedoch das Glück beschieden ist zu entkommen, so schenkt er alles, was er hier hinterläßt, Francesco Soradaci, der ein Gefangener bleibt, weil er die Gefahren fürchtet, denen ich mich aussetzen werde, und weil er nicht wie ich die Freiheit mehr liebt als das Leben. Casanova appelliert an die großmütige Milde Eurer Excellenzen, diesem Elenden nicht das hiermit gemachte Geschenk abzusprechen. Geschrieben eine Stunde vor Mitternacht ohne Licht in der Zelle des Grafen Asquin am 31. Oktober 1756.«

»Castigans castigavit me Deus, et morti non tradidit me«
(Oft züchtigte mich der Herr, aber dem Tod gab er mich nicht preis).[55]

Ich übergab ihm den Brief mit dem Auftrag, ihn nicht Lorenzo, sondern dem Sekretär selbst auszuhändigen, der es sicher nicht unterlassen werde, heraufzukommen. Der Graf sagte zu ihm, die Wirkung des Briefes könne nicht ausbleiben; aber er müsse mir alles wiedergeben, wenn ich wieder zurückkäme. Der Dummkopf entgegnete, er würde mich lieber wiedersehen und mir alles zurückgeben.

Aber es war Zeit zum Aufbruch. Der Mond war nicht mehr zu sehen. Ich band Pater Balbi die Hälfte der Seile auf der einen Seite auf den Nacken und das Bündel mit seinem armseligen Plunder auf die andere Schulter. Das

gleiche tat ich an mir selbst. Beide in Weste, den Hut auf
dem Kopf, machten wir uns zu unserem Abenteuer auf
den Weg.

>»E quindi uscimmo a rimirar le stelle«
(Dann traten wir hinaus und sahn die Sterne).[56]

Ich stieg als erster hinaus; Pater Balbi folgte mir. Ich gebot
Soradaci, die Platte wieder in ihre ursprüngliche Lage zu
bringen, dann schickte ich ihn, damit er zum heiligen
Franziskus bete. Kniend und auf allen vieren umklam-
merte ich mit der Hand den Spuntone, stieß ihn mit ausge-
strecktem Arm jeweils schräg in die Verbindungsstelle
zweier Bleiplatten und bog sie hoch, bis ich mich mit vier
Fingern am Plattenrand festhalten und auf diese Weise
zum Dachfirst hinaufsteigen konnte. Um mir zu folgen,
hatte sich der Mönch mit vier Fingern seiner rechten Hand
an der Schnalle meines Gürtels angeklammert, so daß mir
das traurige Los des Lasttieres beschieden war, das zugleich trägt und zieht, und das beim Aufstieg über eine
infolge des Nebels schlüpfrige Schräge.

Mitten in dieser ziemlich gefährlichen Kletterei bat
mich der Mönch einzuhalten, weil eines der Bündel sich
von seinem Hals losgelöst habe und hinabgerollt sei, vielleicht nur bis zur Dachrinne. In der ersten Aufwallung
war ich versucht, ihm einen Tritt zu versetzen; mehr hätte
es nicht bedurft, um ihn blitzschnell seinem Bündel nach-
zuschicken; aber GOTT gab mir die Kraft, mich zu
beherrschen. Die Strafe wäre für beide Teile zu hart gewesen, denn allein hätte ich auf keinen Fall entkommen können. Ich fragte ihn, ob es das Bündel mit den Seilen gewesen sei; aber als er mir erklärte, es sei das mit seinem
schwarzen Gehrock, zwei Hemden und einem kostbaren

Manuskript, das er unter den Bleidächern gefunden habe
und von dem er behauptete, er werde sein Glück damit
machen, sagte ich ihm in aller Ruhe, wir müßten uns
damit abfinden und den eingeschlagenen Weg fortsetzen.
Er seufzte und folgte mir, indem er sich weiter an meinem
Hinterteil festhielt.

Ich kletterte über fünfzehn oder sechzehn Platten hinauf, bis ich den Dachfirst erreicht hatte; dort spreizte ich
die Beine und setzte mich bequem rittlings hin. Der
Mönch tat hinter mir dasselbe. Wir hatten die kleine Insel
San Giorgio Maggiore[57] im Rücken und zweihundert
Schritte vor uns die vielen Kuppeln der Markuskirche, die
einen Teil des Dogenpalastes bildet. Sie ist die Kapelle des
Dogen, und kein Monarch der Erde kann sich rühmen,
eine ähnliche zu besitzen. Ich entledigte mich sogleich
meines Gepäcks und sagte zu meinem Gefährten, er
könne das gleiche tun. Er legte das Bündel mit den Seilen
recht ordentlich zwischen die Oberschenkel; aber sein
Hut, den er noch drauflegen wollte, verlor das Gleichgewicht und fiel, nachdem er alle erdenklichen Purzelbäume
geschlagen hatte, um bis zur Dachrinne zu gelangen, in
den Kanal. Mein Gefährte war verzweifelt.

»Ein schlechtes Zeichen«, sagte er; »kaum hat das
Unternehmen begonnen, habe ich schon meine Hemden,
meinen Hut und das Manuskript verloren, das die kostbare und für jedermann neue Geschichte aller Feste des
Palazzo der Republik enthielt.«

Weniger erbittert als während des Aufstieges sagte ich
in beruhigendem Ton, daß die beiden Mißgeschicke, die
ihm eben zugestoßen seien, weiter nichts Besonderes
seien, und daß auch ein Abergläubischer sie nicht als
schlechte Zeichen werten könne; ich würde sie jedenfalls

nicht als solche auffassen und mich durch sie nicht entmutigen lassen. Sie sollten ihm aber eine letzte Lehre sein, sich vorsichtig und besonnen zu verhalten. Auch solle er sich überlegen, daß wir verloren gewesen wären, wenn sein Hut anstatt nach rechts nach links gerollt wäre; denn dann wäre er in den Hof des Palazzo gefallen, wo ihn die Arsenalotti aufgelesen und in der richtigen Annahme, daß sich Leute auf dem Dach des Dogenpalastes befinden müßten, zweifellos ihrer Pflicht gemäß Mittel und Wege gefunden hätten, um uns einen Besuch abzustatten.

Nachdem ich mich einige Minuten lang nach allen Seiten umgesehen hatte, sagte ich dem Mönch, er solle bis zu meiner Rückkehr, ohne sich von der Stelle zu rühren, mit den Bündeln dort bleiben. Nur mit dem Spuntone in der Hand und ohne die geringste Schwierigkeit rittlings auf dem Dachfirst weiterrutschend, entfernte ich mich. Ich verwandte fast eine Stunde darauf, alles zu untersuchen, zu beobachten und zu prüfen; da ich aber an keinem der Ränder etwas fand, woran ich ein Seilende hätte befestigen können, um an einer Stelle, die mir sicher schien, hinunterzuklettern, war ich in größter Verlegenheit. An den Kanal und auch an den Hof des Palastes war nicht zu denken. Das Dach der Kirche bot meinen Augen nur Abgründe zwischen den Kuppeln, die in lauter ausweglose Stellen führten. Um über die Kirche hinaus zur Calle Canonica[58] zu gelangen, hätte ich über gekrümmte abschüssige Flächen klettern müssen; selbstverständlich schloß ich alles als unmöglich aus, was ich als undurchführbar erkannte. Ich war genötigt, Verwegenheit mit Vorsicht zu verbinden. In der Praxis gibt es, wie ich glaube, wohl keinen Mittelweg, der schwieriger einzuhalten wäre.

Mein Blick und meine Gedanken blieben an einer Luke haften, die etwa auf zwei Drittel der Dachschräge gegen den Rio di Palazzo zu lag. Sie war weit genug von der Stelle entfernt, an der ich ausgestiegen war, um mich überzeugt sein zu lassen, daß der von ihr erhellte Dachboden nicht mehr zum abgeschlossenen Bereich der Gefängnisse gehörte, aus denen ich ausgebrochen war. Sie konnte nur irgendeiner bewohnten oder unbewohnten Dachkammer über irgendeiner Wohnung des Palazzo Licht geben, in der ich bei Tagesanbruch die Türen selbstverständlich offen finden würde. Ich war so gut wie sicher, daß die Diener des Palazzo oder die der Familie des Dogen[59], die uns hätten sehen können, uns rasch hinausgelassen und alles eher getan hätten, als uns der Gewalt der Inquisition auszuliefern, selbst wenn sie in uns die größten Staatsverbrecher erkannt hätten. Entsprechend diesen Erwägungen mußte ich die Vorderseite der Dachluke untersuchen und machte mich sogleich daran, indem ich das eine Bein über den Dachfirst hob und mich hinabgleiten ließ, bis ich sozusagen auf dem kleinen Giebeldach saß, das etwa drei Fuß lang und eineinhalb Fuß breit war.[60] Ich beugte mich sogleich weit vor, hielt mich mit den Händen an den Rändern fest und reckte den Hals. Ich sah, oder besser gesagt spürte tastend ein dünnes Eisengitter und dahinter ein Fenster aus bleigefaßten Butzenscheiben. Das Fenster, obwohl geschlossen, machte mir keine Sorgen, aber das Gitter, so dünn es auch war, erforderte eine Feile, und ich besaß nichts als meinen Spuntone.

Nachdenklich, traurig und verwirrt, wußte ich nicht, was ich tun sollte, als zu meinem Erstaunen ein ganz natürliches Geschehen auf meine Seele wie ein richtiges Wunder wirkte. Ich hoffe, mein aufrichtiges Geständnis

setzt mich nicht in den Augen eines philosophisch veran-
lagten Lesers herab, wenn er bedenkt, daß ein Mensch im
Zustand der Unruhe und der Bedrängnis nicht die Hälfte von dem ist, was er in ausgeglichenem Zustand sein
kann. Daß die Glocke von San Marco gerade in diesem
Augenblick Mitternacht schlug, war das Ereignis, das
meinen Verstand beeindruckte und ihn durch eine heftige Erschütterung aus der gefährlichen und lähmenden
Unschlüssigkeit aufrüttelte. Die Glocke erinnerte mich
daran, daß der eben beginnende Tag Allerheiligen war,
der Tag, an dem auch mein Schutzpatron, wenn ich einen
hatte, eingeschlossen sein mußte; aber was meinen Mut
noch viel stärker aufrichtete und tatsächlich meine körperlichen Fähigkeiten vermehrte, war das weltliche Orakel, das ich meinem geliebten Ariost verdankte: »Tra il fin
d'Ottobre, et il capo di Novembre«. Wenn ein großes
Unglück bewirkt, daß ein Freigeist fromm wird, ist es fast
unmöglich, daß der Aberglaube dabei nicht seine Hand im
Spiel hätte. Der Klang der Glocke sprach zu mir, befahl
mir zu handeln und verhieß mir den Sieg. Flach auf dem
Bauch liegend, den Kopf gegen das kleine Gitter geneigt,
stieß ich meinen Riegel in den Holzrahmen, in den es
eingelassen war, denn ich war entschlossen, ihn zu zerbrechen, um das Gitter als Ganzes zu entfernen. Ich brauchte
nur eine Viertelstunde, um den ganzen Rahmen auf allen
vier Seiten in Stücke zu brechen. Das Gitter, das mir
unversehrt in den Händen blieb, legte ich neben die Dachluke. Ich hatte auch nicht die geringste Schwierigkeit, das
ganze Butzenscheibenfenster einzudrücken, ohne dabei
auf das Blut an meiner linken Hand zu achten, die ich mir
beim Herausreißen einer Glasscheibe leicht verletzte.

Mit Hilfe meines Riegels kehrte ich nach der schon vorher geübten Methode auf den Dachfirst zurück und

rutschte rittlings zu der Stelle hin, an der ich meinen Gefährten verlassen hatte. Ich fand ihn verzweifelt, voller Grimm und wütend; er beschimpfte mich, weil ich ihn gute zwei Stunden allein gelassen hatte. Er versicherte mir, er hätte nur noch bis ein Uhr gewartet und wäre dann in sein Gefängnis zurückgekehrt.

»Was dachten Sie von mir?«

»Ich glaubte, Sie seien in irgendeinen Abgrund gestürzt.«

»Und sie freuen sich nicht, wenn Sie sehen, daß ich nicht abgestürzt bin?«

»Was haben Sie denn so lange getrieben?«

»Sie werden sehen. Folgen Sie mir.«

Ich band mir wieder das Gepäck und die Seile um den Hals und machte mich gegen die Luke zu auf den Weg. Als wir uns an der Stelle befanden, wo wir sie zu unserer Rechten hatten, berichtete ich ihm genauestens alles, was ich getan hatte, und beriet mich mit ihm, wie wir beide auf den Dachboden gelangen könnten. Für einen von uns bot es keine Schwierigkeiten, denn der andere konnte ihn mit Hilfe des Seils hinunterlassen; aber ich wußte nicht, welchen Weg der andere einschlagen sollte, um ebenfalls hinabzugelangen, denn ich sah keine Möglichkeit, das Seil zu befestigen, um mich daran hinabzulassen. Wenn ich einstieg und mich einfach fallen ließ, konnte ich mir ein Bein brechen, denn ich wußte nicht, wie tief dieser allzu kühne Sprung sein würde. Auf diese vernünftigen und im freundschaftlichen Ton vorgebrachten Erwägungen entgegnete der Mönch, ich solle ihn nur abseilen; dann hätte ich Zeit genug, darüber nachzudenken, wie ich nachkommen könne. Ich beherrschte mich so weit, daß ich ihm nicht die ganze Feigheit seiner Antwort vorhielt, aber doch nicht genug, um ihn noch ein wenig in der Gefahr zappeln zu lassen. Ich löste sogleich mein Seil, knüpfte es ihm unter den Achseln um die Brust, hieß ihn, sich auf den Bauch zu legen, und ließ ihn rücklings zum Dach der Luke hinab. Während ich dann, rittlings auf dem First sitzend, das Seil ganz sicher hielt, befahl ich ihm, mit den Beinen voraus bis zur Hüfte hineinzuschlüpfen und sich mit dem Ellbogen auf dem Dach zu stützen. Dann ließ ich mich wie das erstemal über die Schräge hinabgleiten, legte mich auf den Bauch und sagte ihm, er solle, ohne etwas zu befürchten, einfach loslassen, denn ich hielte das Seil ganz sicher. Als er auf dem Boden des Dachbodens angelangt war, band er sich los; beim Heraufziehen des Seiles stellte ich fest, daß die Entfernung von der Luke bis zum Boden zehnmal der Länge meines Armes[61] entsprach. Das war zu viel, um einen Sprung zu wagen. Er meinte, ich könne die Seile hereinwerfen, aber ich hütete mich, diesen törichten Rat zu befolgen. Ich kehrte auf den First zurück, und da ich nicht wußte, was ich tun sollte, rutschte ich zu einer Stelle neben einer Kuppel hinüber, die ich noch nicht besichtigt hatte. Ich entdeckte eine flache, mit Bleiplatten belegte Terrasse vor einem großen, mit zwei Läden verschlossenen Dachfenster und fand dort einen Bottich mit einem Haufen ungelöschtem Kalk, daneben eine Kelle und eine Leiter, die lang genug war, um mir den Abstieg zu der Stelle, an der sich mein Gefährte befand, zu ermöglichen; ausschließlich diese Leiter interessierte mich. Ich schlang das Seil um die erste Sprosse, setzte mich wieder rittlings auf das Dach und schleppte sie bis zur Luke. Nun handelte es sich darum, sie hineinzubringen. Die Leiter war zwölfmal so lang wie mein Arm.[62]

Die Schwierigkeiten, die ich beim Hineinbringen der Leiter zu überwinden hatte, waren so groß, daß es mich sehr reute, mich der Hilfe des Mönches beraubt zu haben. Ich hatte die Leiter so gegen die Dachrinne geschoben, daß ein Ende an die Öffnung der Luke stieß und das andere mit einem Drittel der Länge über die Dachrinne hinausragte. Nun ließ ich mich auf das Dach der Luke hinabgleiten, zog die Leiter seitlich herauf und zu mir heran und befestigte das Seil an der achten Sprosse. Dann schob ich sie wieder hinunter und legte sie erneut in Richtung auf die Luke; nun zog ich das Seil an, brachte aber die Leiter nur bis zur fünften Sprosse hinein, dann stieß sie von innen gegen das Dach der Luke, und keine Kraft hätte vermocht, sie weiterzubewegen. Es war unbedingt nötig, sie am äußersten Ende anzuheben; dann würde sich das innere Ende senken, und dann konnte ich die Leiter ganz hineinschieben. Ich hätte die Leiter quer vor die Öffnung legen, das Seil daran befestigen, und mich gefahrlos abseilen können; aber die Leiter wäre dort zurückgeblieben, und am Morgen hätte sie den Sbirren und Lorenzo den Ort verraten, wo ich mich vielleicht noch aufhielt.

Es war also nötig, die Leiter ganz in die Luke zu bringen, und da ich niemanden zur Hilfe hatte, mußte ich mich entschließen, selbst zur Dachrinne hinabzusteigen, um das Ende anzuheben. Das tat ich dann auch und setzte mich dabei einer Gefahr aus, die mich ohne eine ganz außergewöhnliche Hilfe der Vorsehung das Leben gekostet hätte. Ich wagte es, das Seil und damit auch die Leiter loszulassen, ohne zu befürchten, daß sie in den Kanal fiel, da sie mit der dritten Sprosse an der Dachrinne hing. Vorsichtig, den Spuntone in der Hand, rutschte ich neben der Leiter zur Dachrinne hinab. Ich legte das Eisen neben

mich und drehte mich behutsam um, so daß ich die Luke
vor mir und die Leiter rechter Hand hatte. Die marmorne
Dachrinne gab meinen Fußspitzen Halt, da ich nicht
stand, sondern bäuchlings auf dem Dach lag. In dieser
Stellung hatte ich die Kraft, die Leiter einen halben Fuß
aufzuheben und sie zugleich weiterzuschieben. Mit
Befriedigung stellte ich fest, daß sie gut einen Fuß weit
vorrückte. Der Leser wird erkennen, daß ihr Gewicht sich
dabei bedeutend vermindern mußte. Nun handelte es sich
darum, sie noch um zwei Fuß höher zu heben; dann traute
ich es mir sicher zu, sie ganz hineinzubringen, indem ich
wieder auf das Dach der Luke kletterte und das an der
Sprosse befestigte Seil anzog. Um sie also noch zwei Fuß
aufzuheben, richtete ich mich auf die Knie auf; aber die
dazu aufgewandte Kraft bewirkte, daß ich mit den Fußspitzen ausglitt, mit dem Körper bis zur Brust über den
Rand hinausrutschte und nur noch an den Ellbogen hing.
In diesem entsetzlichen Augenblick wandte ich meine
ganze Körperkraft auf, um mich mit Hilfe der Ellbogen
hochzustemmen und mit den Rippen Halt zu finden, und
es gelang mir auch. Sorgsam bedacht, nicht den Halt
zu verlieren, brachte ich es mit Hilfe der Unterarme so
weit, daß ich mit dem ganzen Unterleib sicher auf der
Dachrinne lag. Für die Leiter hatte ich nichts zu befürchten, denn sie steckte fest, nachdem sie bei den beiden
Anstrengungen mehr als drei Fuß weit eingedrungen war.
Ich lag also praktisch mit den Handballen und der Lei-
stengegend zwischen Unterleib und Ansatz der Oberschenkel auf der Dachrinne und erkannte, daß ich die
große Gefahr völlig überwunden hätte, wenn es mir
gelänge, den rechten Oberschenkel hoch genug zu heben,
um zuerst ein Knie und dann das andere in die Dachrinne

zu bringen. Bei der Ausführung dieser Absicht verkrampften sich vor Anstrengung meine Nerven, und ein solcher Schmerz ist imstande, den stärksten Mann zu überwältigen. Er erfaßte mich in dem Augenblick, als ich mit einem Knie bereits die Dachrinne berührte; aber diese schmerzhafte Kontraktion, die man Krampf nennt, lähmte mich an allen Gliedern und zwang mich, innezuhalten und zu warten, bis sie von selbst verging, wie ich es schon bei anderen Gelegenheiten erlebt hatte. Ein schrecklicher Augenblick! Zwei Minuten später versuchte ich es erneut, und diesmal erreichte ich Gott sei Dank zuerst mit dem einen, dann mit dem anderen Knie die Dachrinne. Sobald ich glaubte, einigermaßen bei Atem zu sein, richtete ich mich auf, allerdings kniend, und hob die Leiter so hoch ich konnte; es gelang mir, sie in waagrechte Lage zur Dachluke zu bringen. Die Gesetze des Hebels und des Gleichgewichtes waren mir vertraut genug; ich nahm also wieder den Riegel und kletterte nach der schon bekannten Methode wieder auf die Luke hinauf, von wo aus ich nunmehr die Leiter leicht ganz hineinschob und meinem Gefährten das Ende in die Arme gleiten ließ. Ich warf die Seile, meine Habseligkeiten und die ganzen Reste des zerbrochenen Fensters in den Dachraum; dann stieg ich hinab, mit Freuden empfangen von dem Mönch, der vorsorglich die Leiter hereinzog. Uns an den Händen haltend, machten wir die Runde durch den finsteren Raum, in dem wir uns befanden; er mochte etwa dreißig Fuß lang und zehn Fuß breit sein.

An dem einen Ende fanden wir eine zweiflügelige Tür aus eisernen Stäben; sie ließ sich durch Drehen einer Türklinke in der Mitte öffnen. Wir tasteten uns an den Wänden entlang, und als wir den Raum durchqueren wollten, stießen wir auf einen großen Tisch, der von Hockern und Stühlen umgeben war. Wir kehrten dorthin zurück, wo wir Fenster festgestellt hatten; ich öffnete eines, auch die Läden, und im Schein der Sterne erblickten wir Abgründe zwischen Kuppeln. Ich verschwendete keinen Augenblick auf den Gedanken, dorthin abzusteigen; ich wollte wissen, wohin ich ging, und diese Stelle kannte ich nicht. Ich schloß die Läden wieder; wir verließen den Saal und kehrten dorthin zurück, wo wir unsere Bündel gelassen hatten. Müde zum Umfallen, ließ ich mich auf den Boden nieder, legte mir eine Seilrolle unter den Kopf, streckte mich aus und fiel, an Körper und Geist vollkommen erschöpft, in einen äußerst sanften Schlummer; so unwiderstehlich übermannte mich der Schlaf, daß ich wohl auch zum Sterben bereit gewesen wäre, und selbst in der sicheren Erwartung des Todes hätte ich mich nicht dagegen gewehrt, denn die Wonne, die ich beim Einschlafen empfand, war unbeschreiblich.

Mein Schlaf dauerte dreieinhalb Stunden. Durch Rütteln und lautes Geschrei weckte der Mönch mich auf. Er sagte, es habe eben sechs Uhr geschlagen; wie ich in unserer Lage schlafen könne, sei ihm unbegreiflich. Das war es für ihn auch, aber mein Schlaf hing nicht von meinem Willen ab; mein übermüdeter Körper hatte ihn erzwungen, wohl auch die vorangegangene Entkräftung, weil ich seit zwei Tagen weder gegessen noch geschlafen hatte. Der Schlaf hatte mir jedoch meine ganze Spannkraft wiedergegeben, und zu meiner Freude sah ich, daß die Dunkelheit des Dachbodens ein wenig gewichen war.

Ich erhob mich mit den Worten:

»Das hier ist kein Gefängnis, es muß einen einfachen Ausgang geben, und der muß leicht zu finden sein.«

Wir suchten also auf der der Gittertür gegenüberliegenden Seite des Raumes, und in einer sehr schmalen Nische glaubte ich eine Tür zu fühlen. Ich ertastete ein Schlüsselloch und in der Hoffnung, daß es kein Schrank sein möge, stieß ich den Riegel hinein. Drei- oder viermal rüttelte ich; dann war die Tür offen und ich erblickte ein kleines Gemach. Dort fand ich auf einem Tisch einen Schlüssel; ich probierte ihn an der Tür und sah, daß er schloß. Ich öffnete und hieß den Mönch, rasch unsere Bündel zu holen; sobald er sie gebracht hatte, schloß ich die Tür wieder ab und legte den Schlüssel dorthin, wo er gewesen war. Ich verließ den kleinen Raum und fand mich in einem Gang, dessen Nischen mit Akten angefüllt waren. Er diente als Archiv. Ich entdeckte eine kurze, schmale Treppe in Stein, die ich hinabstieg; an deren Ende fand ich eine weitere mit einer Glastür. Ich öffnete sie und gelangte endlich in einem Saal, den ich kannte; wir waren in der Cancelleria ducale[63]. Ich öffnete ein Fenster und sah, daß es leicht gewesen wäre, sich dort hinabzulassen; aber ich wäre in das Labyrinth der kleinen Höfe gelangt, die die Markuskirche umgeben. Gott bewahre mich davor! Auf einem Schreibtisch entdeckte ich ein eisernes Werkzeug mit einem Holzgriff und abgerundeter Spitze, wie es die Sekretäre der Cancelleria benützen, um die Pergamente zu durchbohren, an denen mit einer Schnur bleierne Siegel[64] befestigt werden sollen. Ich öffnete den Schreibtisch und fand die Abschrift eines Briefes, der dem Provveditore Generale[65] in Korfu dreitausend Zechinen zur Instandsetzung der alten Festung ankündigte. Ich sah nach, ob ich nicht auch das Geld finden würde, aber es war nicht da. Gott weiß, mit welchem Vergnügen ich es an mich genommen und wie wenig ich mich um den Mönch

gekümmert hätte, wenn er es gewagt hätte zu sagen, das
sei Diebstahl. Ich hätte es für ein Geschenk der Vorsehung
gehalten und mich seiner mit dem Recht des Eroberers
bemächtigt.

Ich ging zur Tür der Cancelleria und steckte den Spuntone in das Schloß, erkannte aber in weniger als einer
Minute, daß ich es damit nicht aufbrechen konnte; so
beschloß ich, rasch ein Loch in einen der beiden Türflügel
zu stoßen. Ich wählte die Stelle, wo das Holz am wenigsten Äste hatte. Ich nahm ein Brett an der Spalte zum
anderen Flügel hin in Angriff, und die Sache ging gut. Ich
ließ den Mönch das Werkzeug mit dem Holzgriff in die
Fugen hineintreiben, die ich mit dem Spuntone auf-
sprengte; diesen riß ich mit aller Kraft hin und her. So
brach, spaltete und zersprengte ich das Holz, ohne auf
den gewaltigen Lärm zu achten, der bei dieser Art des
Arbeitens entstand; der Mönch zitterte, denn es mußte
weithin zu hören sein. Ich kannte die Gefahr, aber ich war
gezwungen, ihr zu trotzen.

Nach einer halben Stunde war das Loch groß genug,
und zum Glück reichte es für uns, denn es wäre recht
schwierig gewesen, es noch größer zu machen. Äste
rechts, links, oben und unten hätten eine Säge erfordert.
Die Umrandung des Loches sah angsterregend aus, denn
sie war ringsum mit Splittern gespickt, die die Kleider
zerreißen und die Haut verletzen konnten. Es befand sich
in einer Höhe von fünf Fuß;[66] ich stellte einen Hocker
davor, und der Mönch stieg hinauf. Er steckte die zusam-
mengelegten Arme und den Kopf durch die Öffnung, und
ich stellte mich auf einem zweiten Hocker dahinter und
schob ihn zuerst an den Oberschenkeln, dann an den Beinen nach draußen, wo es sehr dunkel war; das machte mir

aber keine Sorgen, weil ich die Räume kannte. Sobald mein Gefährte draußen war, warf ich ihm alles hinaus, was mir gehörte; nur die Seile ließ ich in der Cancelleria zurück.

Dann stellte ich zwei Hocker nebeneinander unter das Loch, einen dritten darauf, und stieg hinauf; so befand sich die Öffnung etwa in Höhe meiner Oberschenkel. Mit Mühe zwängte ich mich bis zum Unterleib hindurch und holte mir wegen der Enge einige böse Schrammen; da ich niemanden hinter mir hatte, der mir hätte weiterhelfen können, sagte ich dem Mönch, er solle mich packen und ohne Erbarmen herausziehen, wenn es sein müßte, stückweise. Er führte den Auftrag aus, und ich verbiß schweigend die großen Schmerzen, die mir die aufgerissene Haut an den Hüften und an den Oberschenkeln verursachte.

Sobald ich draußen war, raffte ich schnell meine Habseligkeiten zusammen, stieg zwei Treppen hinab und öffnete ohne die geringste Schwierigkeit die Tür zu dem Wandelgang, in dem sich neben dem Arbeitszimmer des Savio alla scrittura[67] das Tor zur Prachttreppe[68] befindet. Diese große Tür war, wie auch die Tür zur Sala delle Quattro Porte[69], verschlossen. Die Tür zur Treppe war mächtig wie ein Stadttor; schon ein kurzer Blick darauf ließ mich erkennen, daß ihm ohne Rammbock oder Sprengladung nicht beizukommen war, und mein Riegel schien mir in diesem Augenblick zu sagen: »Hic fines posuit (hier hat er die Grenzen gesetzt)[70], ich kann dir nicht mehr weiterhelfen«. O du Werkzeug meiner heißbegehrten Freiheit, du würdest es verdienen, als ex-voto[71] am Altar der Schutzgottheit aufgehängt zu werden! Ruhig und gelassen setzte ich mich hin und sagte zu dem Mönch, mein Werk sei getan; es liege nun an GOTT oder dem Glück, das übrige zu tun.

»Abbia chi regge il ciel cura del resto
O la Fortuna, se non tocca a lui.«
(Der Rest mag nach des Himmels Will'n geschehen
Oder Fortunens, wenn's ihn nicht betrifft.)[72]

»Ich weiß nicht«, sagte ich zu ihm, »ob es den Männern,
die den Palazzo säubern, einfallen wird, heute zu Allerheiligen, oder morgen am Allerseelentag, hierherzukom-
men. Wenn jemand kommt, werde ich mich davonmachen, sobald ich die Tür offen sehe, und Sie folgen mir auf
dem Fuß. Wenn aber niemand kommt, rühre ich mich
nicht vom Fleck; und wenn ich verhungere; ich weiß keinen anderen Weg.«

Auf diese Rede hin geriet der arme Mann in Wut. Er
nannte mich einen Verrückten, einen Desperado, einen
Verführer, einen Lügner und wer weiß was sonst noch.
Meine Geduld war heroisch. Es schlug sieben Uhr. Erst
eine Stunde war vergangen, seit ich im Dachboden unter
der Luke erwacht war. Vor allem erschien es mir wichtig,
mich vollständig umzuziehen. Pater Balbi sah aus wie ein
Bauer, aber er war unversehrt. Er war weder zerfetzt noch
blutete er; seine Weste aus rotem Flanell und seine kurzen
Hosen aus violettem Leder waren nicht zerrissen. Ich hingegen sah jämmerlich, ja abscheulich aus. Alles hing in
Fetzen und war voll Blut. Als ich meine Seidenstrümpfe
von den Wunden an meinen beiden Knien losriß, bluteten
sie. Die Dachrinne und die Bleiplatten waren schuld
daran. Das Loch in der Tür der Cancelleria hatte mir
Weste, Hemd, Hosen, Hüften und Schenkel zerrissen;
ich hatte überall schreckliche Abschürfungen. Ich zerriß
Taschentücher und machte mir Verbände, so gut es ging,
und band sie mit einer Schnur fest, von der ich einen
Knäuel in der Tasche hatte. Ich zog meinen hübschen

Anzug an, der an dem ziemlich kalten Tag komisch aussah; ich ordnete, so gut es ging, meine Haare und legte sie in den Beutel; ich zog meine Strümpfe und ein Spitzenhemd an, weil ich kein anderes hatte, und steckte mir zwei weitere Hemden, Taschentücher und Strümpfe in die Taschen; die alte Hose, das zerrissene Hemd und alles übrige warf ich hinter einen Stuhl. Meinen schönen Mantel hing ich dem Mönch um die Schultern, was ihm den Anschein gab, als hätte er ihn gestohlen. Ich glich einem Mann, der nach einem Ball in eine Lasterhöhle geraten war, wo man ihn gerupft hatte. Die sichtbaren Verbände um die Knie störten die sonstige Eleganz meiner Erscheinung.

So gekleidet und mit meinem schönen goldbetreßten spanischen Dreispitz samt weißem Federbusch auf dem Kopf, öffnete ich ein Fenster. Einige Nichtstuer im Hof des Palazzo entdeckten sogleich mein Gesicht, und da sie sich nicht erklären konnten, wie ein Mann meines Aussehens zu so früher Stunde an diesem Fenster auftauchen konnte, benachrichtigten sie denjenigen, der die Schlüssel zu dem Raum hatte. Der Mann glaubte, er hätte vielleicht, ohne es zu bemerken, am Vorabend jemanden eingeschlossen; er holte seine Schlüssel und kam herbei. Das alles erfuhr ich erst fünf oder sechs Monate später in Paris.

Ärgerlich darüber, daß ich mich am Fenster hatte sehen lassen, setzte ich mich neben den Mönch, der mir Frechheiten an den Kopf warf. Da hörte ich jemanden schlüsselklappernd die Prachttreppe heraufkommen. Aufgeregt erhob ich mich, blickte durch einen Spalt in dem großen Tor und sah, wie ein Mann in schwarzer Perücke und ohne Hut,[73] ganz allein, mit einem Schlüsselbund in der Hand gemächlich herauftrottete. Ich gebot dem Mönch strengstens, den Mund zu halten, sich hinter mich zu stellen und mir auf dem Fuß zu folgen. Unter den Kleidern versteckt, umfaßte ich fest den Spuntone und stellte mich so hinter die Tür, daß ich beim Öffnen gleich die Treppe erreichen konnte. Ich schickte ein Stoßgebet zum Himmel, der Mann möge keinen Widerstand leisten; denn andernfalls hätte ich mich genötigt gesehen, ihm an den Kragen zu gehen. Ich war zum Äußersten entschlossen.

Als die Tür sich öffnete, sah ich, daß er mich entgeistert anstarrte. Ohne mich aufzuhalten und ohne ein einziges Wort zu sagen, ging ich, gefolgt von dem Mönch, in größter Eile an ihm vorüber. Ohne zu zaudern, aber auch ohne zu laufen, stieg ich die prachtvolle Treppe hinab, die man die Scala dei Giganti nennt, ohne auf die Stimme des Pater Balbi zu hören, der hinter mir ständig wiederholte:

»Gehen wir in die Kirche!«

Das Tor zur Kirche war rechter Hand keine zwanzig Schritte von der Treppe entfernt.

Die Kirchen Venedigs genießen nicht die geringste Immunität, um irgendeinen Schuldigen, sei es nach dem Straf- oder nach dem Zivilrecht, zu schützen; daher gibt es auch niemanden mehr, der sich hineinflüchtet, um die Sbirren zu hindern, sich seiner zu bemächtigen. Der Mönch wußte es; aber das genügte nicht, um ihm diese Versuchung aus dem Kopf zu treiben. Später sagte er mir, religiöse Gefühle, die ich achten müsse, hätten ihn getrieben, beim Altar Zuflucht zu suchen.

»Warum sind Sie nicht allein hineingegangen?«

»Weil ich es nicht übers Herz brachte, Sie im Stich zu lassen.«

Die Immunität, die ich suchte, lag jenseits der Grenzen der Allerdurchlauchtigsten Republik[74].

Kapitel 8

Voltaire

In der Kutsche nach Genf hat Casanova 1760 einen Priester kennengelernt, der ihm dabei behilflich ist, bei Voltaire eingeführt zu werden.

Ich fand den Pastor in meinem Zimmer. Er lud mich zum Mittagessen ein und sagte, ich würde dort Monsieur Villars Chandieu treffen, der mich nach dem Mahl zu Monsieur de Voltaire führen würde, wo man mich schon seit mehreren Tagen erwarte. Nach kurzer Toilette begab ich mich also zu dem Pastor, wo ich die ganzen interessanten Leute antraf, vor allem aber seine Nichte[1], die junge Theologin, die der Onkel erst beim Dessert wie folgt ins Gespräch zog:

»Womit haben Sie sich heute morgen unterhalten, meine liebe Nichte?«

»Ich las Augustinus, aber da ich im sechzehnten Kapitel nicht seiner Ansicht war, gab ich es auf; ich glaube, ich hätte ihn mit wenigen Worten widerlegt.«

»Worum handelt es sich?«

»Er behauptet, die Heilige Jungfrau habe Jesus durch die Ohren[2] empfangen. Das ist absurd, und zwar aus drei Gründen. Erstens bedurfte Gott, da er nicht stofflich ist, keiner Öffnung, um in den Körper der Jungfrau einzudringen. Zweitens haben die Gehörgänge keinerlei Verbindung mit der Gebärmutter. Drittens hätte sie bei einer Empfängnis durch die Ohren auch auf dem gleichen Wege gebären müssen; und in diesem Fall«, sagte sie mit einem Blick auf mich, »hätten Sie das Recht, sie während und auch nach ihrer Entbindung als Jungfrau zu betrachten.«

Alle Tischgäste waren ebenso verblüfft wie ich, aber ich durfte mich nicht aus der Fassung bringen lassen. Der göttliche Geist der Theologie weiß sich über jede fleischliche Gegebenheit zu erheben, und man muß ihm dieses große Vorrecht zumindest zubilligen. Die gelehrte Nichte fürchtete keinen Mißbrauch; auf jeden Fall fühlte sie sich seiner Gnade sicher. An mich hatte sie sich um Antwort gewandt.

»Ich wäre Ihrer Ansicht, Mademoiselle, wenn ich Theologe wäre und mir erlaubte, Wunder mit der Vernunft zu erklären; da ich aber keiner bin, gestatten Sie mir, daß ich mich bei aller Bewunderung für Sie darauf beschränke, den heiligen Augustinus zu verurteilen, weil er das Wirken der Verkündigung ergründen wollte. Für sicher halte ich nur, daß die Fleischwerdung nicht hätte stattfinden können, wenn die Heilige Jungfrau taub gewesen wäre. Das ist in der Anatomie ebenso wahr wie die Tatsache, daß die drei Nervenpaare, die das Hören ermöglichen, keine Abzweigung zur Gebärmutter haben; man kann sich deshalb auch nicht vorstellen, wie das hätte geschehen können. Aber es ist eben ein Wunder.«

Sie antwortete mir mit größter Liebenswürdigkeit, daß ich nun meinerseits wie ein bedeutender Theologe zu ihr gesprochen hätte, und ihr Onkel dankte mir, seiner Nichte eine so gute Lehre erteilt zu haben. Sie schwatzte bei dieser Gesellschaft noch über alle möglichen Themen, aber sie glänzte nicht dabei. Ihre Stärke war das Neue Testament. Ich werde gelegentlich meiner Rückkehr nach Genf noch von ihr zu berichten haben.

Wir gingen dann zu Monsieur de Voltaire, der eben in diesem Augenblick von der Tafel kam. Er war von Adligen und Damen umgeben; so fiel meine Vorstellung recht feierlich aus. Diese Feierlichkeit war weit davon entfernt, mich bei Voltaire in günstiger Weise einzuführen.

»Dies ist der glücklichste Augenblick meines Lebens«, sagte ich zu ihm. »Endlich sehe ich meinen Lehrmeister; schon seit zwanzig Jahren, Monsieur, bin ich Ihr Schüler.«

»Beehren Sie mich mit weiteren zwanzig und versprechen Sie mir, daß Sie mir dann meinen Lohn bringen werden.«

»Ich verspreche es Ihnen; Sie aber müssen mir auch versprechen, auf mich zu warten.«

»Darauf gebe ich Ihnen mein Wort; eher werde ich mein Leben verlieren als mein Wort brechen.«

Allgemeines Gelächter zollte dieser ersten Voltaireschen Pointe Beifall. Das war in Ordnung. Die Lacher sind dazu da, um einen der beiden in Schwung zu halten, immer auf Kosten des anderen; und der, für den sie sich entscheiden, hat stets gewonnenes Spiel. Ein solches geheimes Einverständnis erlebt man auch in bester Gesellschaft. Ich war darauf gefaßt, hoffte aber meinerseits, ebenfalls zum Zuge zu kommen. Man stellte ihm zwei eben angekommene Engländer vor. Er erhob sich mit den Worten:

»Die Herren sind Engländer; das möchte ich auch gern sein.« Ein schlechtes Kompliment, denn er zwang sie damit zu der Antwort, sie würden gern Franzosen sein; dabei wollten sie vielleicht gar nicht lügen, oder aber sie mußten sich schämen, die Wahrheit zu sagen. Ich meine, ein Ehrenmann darf seine eigene Nation über alle anderen stellen.

Kaum saßen wir wieder, wandte er sich von neuem mir zu und sagte in sehr höflichem, aber immer noch lachendem Ton, als Venezianer müsse ich doch den Grafen Algarotti[3] kennen.

»Ich kenne ihn, aber nicht, weil ich Venezianer bin, denn sieben Achtel meiner lieben Landsleute wissen nichts von seiner Existenz.«

»Ich müßte wohl sagen, als Literat.«

»Ich kenne ihn, weil ich vor sieben Jahren zwei Monate mit ihm in Padua verbrachte; ich bewunderte ihn hauptsächlich deshalb, weil er Sie verehrt.«

»Wir sind gute Freunde; aber um die Wertschätzung aller Leute zu verdienen, die ihn kennen, hat er es nicht nötig, andere zu bewundern.«

»Hätte er nicht mit dem Bewundern angefangen, wäre er nicht berühmt geworden. Als Verehrer Newtons brachte er es zustande, daß nun auch die Damen über das Licht reden können.«[4]

»Brachte er das wirklich zustande?«

»Nicht ganz so gut wie Monsieur de Fontenelle in seinen ›Dialogen über die Mehrheit der Welten‹[5]; aber immerhin kann man sagen, er hatte Erfolg.«

»Das stimmt. Wenn Sie ihn in Bologna sehen, richten Sie ihm bitte aus, daß ich seine Briefe über Rußland[6] erwarte. Er kann sie mir schicken, indem er sie dem Bankier Bianchi in Mailand zustellt. Man hat mir erzählt, die Italiener seien mit seiner Sprache nicht einverstanden.«

»Das glaube ich gern. In allem, was er italienisch schreibt, hat er seine ganz eigene Sprache; sie ist verseucht mit Gallizismen[7]; es ist ein Jammer.«

»Machen denn die französischen Wendungen Ihre Sprache nicht schöner?«

»Sie machen sie ungenießbar, wie es auch die französische wäre, wenn man sie mit italienischen Redensarten spickte, selbst wenn Sie der Verfasser wären.«

»Sie haben recht, man muß einen reinen Stil pflegen. Auch Titus Livius[8] wurde angegriffen, weil sein Latein die paduanische Herkunft verrate.«

»Als ich die Anfangsgründe der Schriftstellerei erlernte, sagte mir der Abbé Lazzarini[9], er stelle Titus Livius über Sallust[10].«

»Der Abbé Lazzarini, der Verfasser der Tragödie ›Der junge Odysseus‹[11]. Sie waren damals wohl noch recht jung; ich hätte ihn auch gern kennengelernt. Jedoch den Abbé Conti kannte ich sehr gut, der Newtons Freund gewesen ist, und dessen vier Tragödien[12] die ganze römische Geschichte umfassen.«

»Auch ich habe ihn gekannt und bewundert. Als ich die Gesellschaft dieser großen Männer genoß, schätzte ich mich glücklich, jung zu sein. Augenblicklich, in Ihrer Gegenwart, ist es mir, als wäre ich erst vorgestern geboren; aber das beschämt mich nicht. Ich möchte der Jüngste des ganzen Menschengeschlechts sein.«

»Sie wären als sein Ältester jedenfalls nicht so glücklich. Dürfte ich Sie fragen, welcher Art von Literatur Sie sich zugewandt haben?«

»Noch keiner, aber das wird vielleicht noch kommen. Einstweilen lese ich, so viel ich kann, und habe meine Freude daran, auf meinen Reisen den Menschen zu studieren.«

»Das ist das beste Mittel, ihn kennenzulernen; aber das Buch ist allzu umfangreich. Leichter gelangt man zu diesem Ziel, wenn man die Geschichte liest.«

»Sie lügt, denn man kennt die Tatsachen nicht mit Gewißheit; sie ist verdrießlich. Das Studium der Welt im Umherreisen hingegen macht mir Vergnügen. Horaz, den ich auswendig kann, zeigt mir den Weg, und ich finde ihn überall.«

»Algarotti hat ihn ebenfalls vollständig im Kopf. Sie lieben sicher die Posie?«

»Sie ist meine Leidenschaft.«

»Haben Sie viele Sonette gemacht?«

»Zehn oder zwölf, die ich liebe, und zwei- oder dreitausend, die ich vielleicht nie mehr angesehen habe.«

»In Italien ist man ganz versessen auf Sonette.«

»Gewiß, sofern man die Neigung, irgendeinen Gedanken in eine harmonische Form zu kleiden, um ihn ins schönste Licht zu rücken, als Versessenheit bezeichnen kann. Das Sonett ist schwierig, Monsieur de Voltaire, denn seine vierzehn Verse erlauben nicht, den Gedanken auszudehnen oder zu verkürzen.«

»Es ist wie das Bett des Tyrannen Prokrustes[13]. Deshalb gibt es bei Ihnen auch so wenige gute. Wir haben kein einziges, aber daran ist unsere Sprache schuld.«

»Vielleicht auch die französische Wesensart, die glaubt, ein ausgesponnener Gedanke müsse seine Prägnanz verlieren.«

»Sind Sie nicht dieser Ansicht?«

»Verzeihen Sie, es handelt sich nur darum, den gedanklichen Gehalt zu prüfen. Ein Scherzwort zum Beispiel genügt nicht für ein Sonett.«

»Welchen italienischen Dichter verehren Sie am meisten?«

»Ariost. Dabei kann ich nicht sagen, ich liebe ihn mehr als die anderen; denn ich liebe nur ihn. Ich habe jedoch alle Dichter gelesen. Als ich vor fünfzehn Jahren las, wie abfällig Sie über ihn urteilten,[14] behauptete ich sofort, Sie würden das widerrufen, sobald Sie ihn gelesen hätten.«

»Ich danke Ihnen für Ihre Meinung, ich hätte ihn nicht gelesen. Ich hatte ihn gelesen; aber da ich jung war, Ihre

Sprache nur unvollkommen beherrschte und durch Briefe
italienischer Verehrer Tassos voreingenommen war, veröffentlichte ich leider eine Stellungnahme, die ich in
gutem Glauben als meine eigene ansah. Sie war es nicht.
Ich bewundere Ihren Ariost grenzenlos.«

»Ich atme auf. Lassen sie also das Buch, in dem Sie ihn
lächerlich gemacht haben, auf den Index setzen.«

»Meine Bücher stehen schon alle auf dem Index; aber
ich werde Ihnen gleich eine schöne Probe meines Wider-
rufes liefern.«

Und nun setzte mich Voltaire wirklich in Erstaunen. Er
rezitierte auswendig die zwei langen Abschnitte des vier-
unddreißigsten und fünfunddreißigsten Gesanges dieses
gottbegnadeten Dichters, die von dem Gespräch zwischen Astolfo und dem Apostel Johannes[15] handeln, ohne
auch nur einen einzigen Vers auszulassen, ohne ein einziges Wort metrisch falsch zu betonen; und er stellte über
deren Schönheiten Betrachtungen an, die dieses wahrhaft
großen Mannes würdig waren. Auch von den hervorra-
genden italienischen Kommentatoren hätte man nicht
mehr erwarten können. Ich lauschte atemlos und wie
gebannt, in der vergeblichen Hoffnung, ihn bei einem
Fehler zu ertappen; zur Gesellschaft gewandt sagte ich,
ich sei von Staunen überwältigt und würde ganz Italien
von meiner berechtigten Bewunderung unterrichten.

»Ganz Europa«, antwortete er, »wird von mir selbst
über meine sehr bescheidene Wiedergutmachung unterrichtet werden, die ich dem größten Genie dieses Konti-
nents schulde.«

Des Rühmens nicht müde, gab er mir tags darauf seine
Übersetzung der Strophe Ariosts: »Quindi avvien che tra
principe e signori«.[16] So lautete sie:

»Les papes, les césars apaisant leur querelle
Jurent sur l'Evangile une paix éternelle;
Vous les voyez demain l'un de l'autre ennemis;
C'était pour se tromper qu'ils s'étaient réunis:
Nul serment n'est gardé, nul accord n'est sincère;
Quand la bouche a parlé, le cœur dit le contraire.
Du ciel qu'ils attestaient ils bravaient le courroux,
L'intérêt est le dieu qui les gouverne tous.«

(Daher zerfallen auch der großen Leute,
Der Herren und Fürsten Bünde so geschwind.
Papst, Kaiser, König einigen sich heute,
Die morgen schon geschworene Feinde sind.
Denn ob der Schein auf Lieb' und Frieden deute,
Sind anders doch Gemüt und Herz gesinnt,
Die weder Recht noch Unrecht je beachten
Und immer nur nach eigenem Nutzen trachten.)

Am Ende des Vortrags, der Monsieur de Voltaire den
Beifall aller Anwesenden eintrug, obwohl keiner von
ihnen Italienisch verstand, fragte mich Madame Denis,
seine Nichte, ob ich glaube, daß jenes lange Stück, das ihr
Onkel vorgetragen habe, eines der schönsten des großen
Dichters sei.

»Ja, Madame, aber nicht das schönste.«

»Man hat also entschieden, welches das schönste ist?«

»Man mußte wohl, denn sonst hätte man Signor Lodovico nicht in den Himmel gehoben.«

»Man hat ihn also heiliggesprochen, das wußte ich
nicht.«

Alle Lacher, Voltaire als erster, waren auf Seiten von
Madame Denis, außer mir selbst; ich blieb vollkommen
ernst. Ungehalten über meinen Ernst, meinte Voltaire:

»Ich weiß, weshalb Sie nicht lachen. Sie behaupten, daß
man ihn wegen eines das menschliche Vermögen übersteigenden Teiles des Gedichtes gottbegnadet nennt.«

»So ist es.«

»Und welcher wäre das?«

»Die letzten sechsunddreißig Strophen[17] des dreiundzwanzigsten Gesanges, die in allen Einzelheiten beschreiben, wie Roland wahnsinnig wird. Seit die Welt besteht,
hat niemand gewußt, wie man wahnsinnig wird, außer
Ariost, der es beschreiben konnte und gegen Ende seines
Lebens ebenfalls wahnsinnig wurde.[18] Ich bin überzeugt,
daß diese Strophen Sie haben erzittern lassen; sie jagen
Schauer ein.«

»Ich erinnere mich; sie machen die Liebe zu etwas
Furchtbarem. Ich brenne darauf, sie nochmals zu lesen.«

»Monsieur würde vielleicht die Güte haben, sie uns
vorzutragen«, sagte Madame Denis mit einem leichten
Augenzwinkern zu ihrem Onkel.

»Warum nicht, Madame, wenn Sie die Güte haben, mir
zuzuhören.«

»Sie haben sich also die Mühe gemacht, sie auswendig
zu lernen?«

»Da ich seit meinem fünfzehnten Lebensjahr Ariost
zwei- oder dreimal jedes Jahr gelesen habe, prägte er sich
mir vollständig ein, ohne daß ich mir die geringste Mühe
gab und sozusagen ohne meinen Willen, mit Ausnahme
der Genealogien und der historischen Abschweifungen,
die den Geist ermüden, ohne das Herz zu rühren. Nur
Horaz ist mir ohne jede Ausnahme im Gedächtnis geblieben, trotz der oft allzu prosaischen Verse seiner Episteln.«

»Horaz mag noch angehen«, meinte Voltaire, »aber bei
Ariost ist das eine Leistung, denn es handelt sich um
sechsundvierzig lange Gesänge.«

»Sagen Sie besser einundfünfzig.«[19]

Voltaire verstummte.

»Schon gut, schon gut«, lenkte Madame Denis ein; »aber nun die sechsunddreißig Strophen, die erschauern lassen und dem Dichter den Titel eines Gottbegnadeten eingebracht haben.«

Da trug ich sie vor, aber nicht deklamierend, wie wir es in Italien tun. Um zu gefallen, hat Ariost es nicht nötig, daß der gleichförmig metrische Vortrag den poetischen Bau unterstreicht. Die Franzosen haben recht, wenn sie diese Art des Deklamierens unerträglich finden. Ich trug die Verse wie Prosa vor und beseelte sie durch Ausdruck und Blicke und durch die zur Verdeutlichung der Gefühle nötigen Schwankungen der Stimme. Man sah und fühlte, wie ich mir Gewalt antat, um meine Tränen zurückzuhalten, und man weinte; als ich jedoch zu den Versen kam:

> »Poichè allargare il freno al dolor puote
> Che resta solo senza altrui rispetto,
> Giù dagli occhi rigando per le gote
> Sparge un fiume di lacrime sul petto.«
>
> (Da er den Schmerz nun nicht mehr zügeln muß
> Und sich allein und ohne Zeugen weiß,
> Strömt aus den Augen seiner Tränen Fluß
> Hinab die Wangen auf die Brust ihm heiß.)[20]

entströmten auch meinen Augen die Tränen so stürmisch und so überreich, daß alle Anwesenden ebenfalls Tränen vergossen; Madame Denis erschauerte und Voltaire stürzte herbei, um mich zu umarmen. Ich ließ mich jedoch nicht unterbrechen, denn um gänzlich den Verstand zu verlieren, mußte Roland noch erfahren, daß er im gleichen Bett lag, in dem Angelica kurz zuvor ganz nackt in den Armen des allzu glücklichen Medoro gelegen hatte;[21] das war in der folgenden Strophe beschrieben. Meinem klagenden und düsteren Ton folgte nun der des Erschreckens über seine Raserei, die ihn durch seine gewaltige Kraft Verheerungen anrichten ließ, wie sie sonst nur ein Erdbeben oder ein Unwetter verursachen kann. Als ich meinen Vortrag geendet hatte, nahm ich traurig den Beifall der ganzen Gesellschaft entgegen. Voltaire rief aus:

»Ich habe es immer schon gesagt: Wenn man zu Tränen rühren will, muß man selbst weinen; aber um zu weinen, muß man empfinden, und dann kommen die Tränen aus dem Herzen.«

Er umarmte mich, dankte mir und versprach, am nächsten Tag die gleichen Stanzen vorzutragen und ebenfalls zu weinen.

Er hat sein Wort gehalten.

Im weiteren Verlauf des Gesprächs über Ariost meinte Madame Denis, es sei erstaunlich, daß Rom ihn nicht auf den Index gesetzt habe. Voltaire erklärte ihr, daß im Gegenteil Leo X.[22] durch eine Bulle alle exkommuniziert habe, die ihn zu verurteilen wagten. Die beiden großen Familien der Este und Medici[23] hätten sich sehr für ihn eingesetzt.

»Denn sonst«, fügte er hinzu, »hätte allein der Vers über die Schenkung Roms durch Konstantin an Sylvester,[24] in dem es heißt ›puzza forte‹ (sie stinkt ganz erheblich)[25], genügt, um das Epos verbieten zu lassen.«

Mit der Bitte um Verzeihung bemerkte ich, daß jener andere Vers noch weit mehr Protest erregt habe, in dem Ariost die Auferstehung der ganzen Menschheit am jüngsten Tag in Zweifel stellt.

»Ariost schildert«, erklärte ich, »als er von dem Eremiten spricht, der Rodomonte hindern will, sich Isabellas, der Witwe Zerbinos, zu bemächtigen, wie der Afrikaner, seiner Predigten überdrüssig, ihn packt und so weit fortschleudert, daß er an einem Felsen zerschmettert wird und auf der Stelle tot ist,[26] in so tiefem Todesschlaf,

> »Che al novissimo di forse fia desto.«
> (daß er vielleicht am jüngsten Tag erwachen wird).[27]

Dieses ›forse‹ (vielleicht), mit dem der Dichter seinen Vers lediglich ausgeschmückt hatte, erregte einen Anstoß, über den der Dichter sehr gelacht hätte.«

»Es ist schade«, sagte Madame Denis, »daß Ariost nicht auf seine Übertreibungen verzichtet hat.«

»Schweigen Sie, liebe Nichte; sie sind alle wohldurchdacht, und alle von höchster Schönheit.«

Wir sprachen noch über andere literarische Themen, und schließlich auch über die Aufführung der ›Schottin‹ in Solothurn. Man wußte alles. Voltaire bot mir an, wenn ich bei ihm spielen wolle, würde er an Monsieur de Chavigny schreiben, er möge Madame de... bitten, zu kommen und die Lindane zu spielen; er selbst werde die Rolle des Monrose übernehmen. Ich dankte ihm und sagte, Madame de... sei in Basel; außerdem müsse ich am nächsten Tag abreisen. Da erhob er lauten Protest, brachte die Gesellschaft auf und behauptete, mein Besuch werde zu einer Beleidigung, wenn ich nicht mindestens acht Tage bliebe. Ich entgegnete ihm, ich sei nur nach Genf gekommen, um ihn zu sehen, und hätte nun hier nichts mehr zu tun.

»Sind Sie hergekommen, um mit mir zu sprechen, oder damit ich mit Ihnen spreche?«

»Hauptsächlich, damit Sie mit mir sprechen.«

»Dann bleiben Sie wenigstens drei Tage hier, und kommen Sie immer zum Mittagessen zu mir, damit wir miteinander sprechen können.«

Ich sagte zu und verabschiedete mich, um in meinen Gasthof zu gehen, da ich viel zu schreiben hatte.

Ein Syndikus[28] der Stadt, den ich nicht nennen will und der den Tag bei Voltaire verbracht hatte, kam eine Viertelstunde später, um mich zu bitten, mit mir soupieren zu dürfen.

»Ich war bei Ihrer Auseinandersetzung mit dem großen Mann zugegen«, erklärte er, »ohne mich daran zu beteiligen. Ich hätte gern eine Stunde mit Ihnen allein verbracht.«

Ich umarmte ihn, entschuldigte mich, daß ich bereits in der Nachthaube sei, und sagte, es stehe ihm frei, die ganze Nacht bei mir zu verbringen.

Dieser liebenswürdige Herr blieb zwei Stunden, ohne auch nur einmal von Literatur zu sprechen; aber er bedurfte ihrer nicht, um mir zu gefallen. Er war ein großer Anhänger des Epikur und des Sokrates; Anekdote auf Anekdote, Lachen um die Wette, Plauderei über alle Freuden, die man sich als Einwohner von Genf verschaffen konnte, vertrieben uns bis Mitternacht die Zeit. Als er sich verabschiedete, lud er mich mit der Versicherung, unser Souper werde vergnüglich sein, für den nächsten Abend zum Essen ein. Er bat mich, zu niemandem etwas von unserer Verabredung zu sagen.

Am nächsten Vormittag kam der junge Fox mit den beiden Engländern, die ich bei Monsieur de Voltaire kennengelernt hatte, zu mir ins Zimmer. Sie schlugen mir eine Partie Quinze[29] zu zwei Louis Einsatz vor; nachdem ich in weniger als einer Stunde fünzig Louis verloren hatte, gab ich auf. Wir sahen uns Genf an, und als es Zeit zum Mittagessen war, begaben wir uns nach »Les Délices«[30]. Der Herzog von Villars war eben angekommen, um Tronchin zu konsultieren, der ihn seit zehn Jahren mit seiner Kunst am Leben erhielt.

Während des Essens sprach ich nicht. Dann aber verwickelte mich Voltaire in Betrachtungen über die Regierungsform Venedigs, da er bereits wußte, daß ich Grund zur Unzufriedenheit hatte; ich enttäuschte ihn jedoch in seiner Erwartung. Ich versuchte zu beweisen, daß es kein Land auf der Erde gebe, in dem man mehr Freiheit genieße. Als er merkte, daß mir das Thema nicht zusagte, erhob er sich und führte mich in seinen Garten, als dessen Schöpfer er sich bezeichnete. Die große Allee führte zu einem Wasserlauf hinab; er erklärte mir, das sei die Rhone, die er nach Frankreich schicke. Er ließ mich den schönen Blick auf Genf und den Montblanc, den höchsten Gipfel der Alpen, bewundern.

Nachdem er selbst das Gespräch auf die italienische Literatur gelenkt hatte, begann er, mit Geist und großer Gelehrsamkeit über sie zu plaudern, gelangte jedoch am Schluß stets zu einem falschen Urteil. Ich ließ ihn reden. Er sprach über Homer, über Dante und Petrarca, und jedermann weiß, was er von diesen großen Geistern hielt. Da er sich nicht enthalten konnte, alles niederzuschreiben, was er dachte, hat er sich viel geschadet. Ich hielt ihm entgegen, man würde diesen Dichtern, wenn sie nicht die Wertschätzung aller Kenner verdienten, nicht den hohen Ruf zubilligen, den sie genießen.

Der Herzog von Villars und der berühmte Arzt Tronchin gesellten sich zu uns. Tronchin bezauberte mich. Er war groß, wohlgebaut, schön von Angesicht, höflich, wortgewandt, ohne ein Schwätzer zu sein, ein gelehrter Naturkenner, ein Mann von Geist und Arzt, ein hochgeschätzter Schüler Boerhaaves, und weder vom Kauderwelsch noch von den Gauklerkünsten der Mitglieder dieser Fakultät angekränkelt. Seine ärztliche Kunst beruhte hauptsächlich auf Diät; aber um sie verordnen zu können, mußte er ein großer kritischer Geist sein. Angeblich heilte er einen Schwindsüchtigen von einer Geschlechtskrankheit, indem er ihm Quecksilber in der Milch einer Eselin verabreichte, die er zuvor dreißigmal von drei oder vier Bärenkerlen mit kräftigen Armen abreiben ließ. Ich schreibe es, weil man es mir erzählt hat; aber daran zu glauben, fällt mir schwer.

Die Persönlichkeit des Herzogs von Villars zog meine ganze Aufmerksamkeit auf sich. Als ich seine Haltung und sein Gesicht musterte, glaubte ich, eine als Mann verkleidete, siebzigjährige, hagere, eingefallene und müde Frau zu sehen, die in ihrer Jugend schön gewesen sein mochte. Er hatte kupferrote, mit Rouge bedeckte Wangen, karminrote Lippen, schwarzgetuschte Wimpern, Zähne, die ebenso falsch waren wie die mit viel Ambrapomade an den Kopf geklebten Haare, und im obersten Knopfloch ein Bukett, das ihm bis ans Kinn reichte. Er gab sich in allen Gesten sehr huldvoll und sprach so leise, daß man kaum verstehen konnte, was er sagte. Im übrigen war er sehr höflich, umgänglich und geziert, ganz im Stil der Zeit der Régence.[31] Man erzählte mir, er habe in seiner Jugend die Frauen geliebt, begnüge sich aber jetzt im Alter damit, die Frau von drei oder vier hübschen Lustknaben zu werden, die er sich zu Diensten hielt und die abwechselnd die Ehre genossen, mit ihm zu schlafen. Der Herzog

war Gouverneur der Provence. Er hatte den ganzen Rükken voll brandiger Schwären, und nach den Gesetzen der
Natur hätte er schon vor zehn Jahren daran sterben müssen; aber Tronchin erhielt ihn am Leben, indem er durch
seine Diät die wunden Stellen ernährte, die ohne diese
Ernährung abgestorben wären, und der Herzog mit
ihnen. Das nennt man künstlich am Leben bleiben.

Ich begleitete Voltaire in sein Schlafzimmer, wo er seine
Perücke und die Haube wechselte, die er darüber trug, um
sich vor Erkältung zu schützen. Auf einem großen Tisch
sah ich die »Summa«[32] des heiligen Thomas und verschiedene Dichter, unter anderem »La Secchia rapita« (Der
geraubte Eimer) von Tassoni[33].

»Das ist das einzige tragikomische Epos, das Italien
besitzt«, sagte er. »Tassoni war Mönch, Schöngeist und
als Dichter ein weises Genie.«

»Zugegeben, aber nicht weise, denn er macht sich über
das System des Kopernikus lustig und behauptet, man
könne mit ihm weder die Mondphasen noch die Eklipsen
erklären.«

»Wo hat er diesen Unsinn gesagt?«

»In seinen ›Discorsi academici‹.«[34]

»Ich besitze sie nicht, werde sie mir aber besorgen.«

Er notierte sich den Titel.

»Aber Tassoni«, fuhr er fort, »kritisierte recht gut
euren Petrarca.«[35]

»Damit machte er seinem Geschmack und seiner Dicht-
kunst keine Ehre, ebenso wenig wie Muratori[36].«

»Hier ist er. Sie werden zugeben, daß er ungeheuer
gelehrt ist.«

»›Est ubi peccat‹ (Gerade das ist sein Fehler).«

Er öffnete eine Tür, und ich erblickte ein Archiv mit fast
hundert dicken Stapeln.

»Das ist meine Korrespondenz«, sagte er. »Sie sehen da etwa fünfzigtausend Briefe[37], die ich beantwortet habe.«

»Besitzen Sie die Abschriften Ihrer Antworten?«

»Zu einem großen Teil. Das ist die Arbeit eines Dieners, den ich allein dafür bezahle.«

»Ich kenne Verleger, die ein ganz schönes Geld dafür geben würden, wenn sie über diesen Schatz verfügen könnten.«

»Nehmen Sie sich vor den Verlegern in acht, wenn Sie etwas veröffentlichen, sofern Sie noch nicht begonnen haben.«

»Ich werde beginnen, wenn ich alt bin.«

In diesem Zusammenhang zitierte ich ihm einen makkaronischen Vers von Merlin Cocai[38].

»Was ist denn das?«

»Es ist ein Vers aus einem berühmten Epos[39] in vierundzwanzig Gesängen.«

»Berühmt?«

»Ja, und was noch mehr ist, mit Recht; aber um es genießen zu können, muß man den Dialekt von Mantua kennen.«

»Ich werde ihn wohl verstehen. Verschaffen sie es mir!«

»Ich werde es Ihnen morgen als Geschenk bringen.«

»Ich bin Ihnen sehr verbunden.«

Man kam, um uns zurückzuholen, und wir verbrachten zwei Stunden mit geselligen Gesprächen, in denen der große Dichter alle seine Zuhörer glänzend unterhielt und stets Beifall erntete, obwohl sein lachend vorgebrachter Spott oft beißend war; er hatte die Lacher immer auf seiner Seite. Er lebte in ganz großem Stil, und man speiste nirgends so gut wie bei ihm. Damals war er sechsundsechzig Jahre alt und hatte ein Einkommen von hundertzwan-

zigtausend Francs. Wer behauptete und noch behauptet,
er sei durch Betrug an seinen Verlegern reich geworden,
ist im Irrtum. Die Buchhändler haben ihn im Gegenteil
vielfach betrogen, ausgenommen die Brüder Cramer[40],
denen er zu einem Vermögen verhalf. Er machte ihnen
seine Werke zum Geschenk und sorgte so für ihre Ver-
breitung. Zur Zeit, als ich dort war, schenkte er ihnen die
»Prinzessin von Babylon«,[41] eine reizende Erzählung, die
er in drei Tagen schrieb.

Mein epikuräischer Syndikus holte mich vom Hotel »A
la Balance« ab, wie er es mir versprochen hatte. Er brachte
mich zu einem Haus in eine nahe gelegene Straße rechter
Hand, die bergan führte. Dort stellte er mich drei jungen
Damen[42] vor; zwei davon waren Schwestern und zur
Liebe wie geschaffen, obwohl man sie eigentlich nicht als
Schönheiten bezeichnen konnte. Der ungezwungene und
anmutige Empfang, ihre lebhaften Gesichtszüge und ihr
offenkundiger Frohsinn enttäuschten mich nicht. Die
halbe Stunde vor dem Essen verging mit schicklichen,
wenn auch freien Gesprächen; aber der Ton, den der Syndikus während des Soupers anschlug, ließ mich erkennen,
wie es unweigerlich enden würde. Da es recht heiß war,
und wir sicher sein konnten, daß niemand uns stören
würde, brachten wir uns unter dem Vorwand, uns Küh-
lung zu verschaffen, fast in den Naturzustand. Ich hätte
Unrecht getan, nicht dem Beispiel der andern vier zu folgen. Welcher Sinnentaumel! Wir wurden so ausgelassen,
daß ich das Gedicht vom Ypsilon von Grécourt[43] dekla-
mierte und es dann unternahm, allen drei Mädchen nach-
einander zu beweisen, aus welchem Grund der Satz »Gaudeant bene nati« (Es freue sich, wer wohlgebaut geboren
ist) darin stand. Der Syndikus war offenbar sehr stolz auf

das Geschenk, das er den drei Mädchen mit meiner Person gemacht hatte, die sich bei ihm nach dem, was ich gesehen hatte, wohl mit sehr magerer Kost bescheiden mußten, da ihm die Begehrlichkeit nur den Kopf erhitzte. Das Gefühl der Dankbarkeit bewog sie, mir eine Stunde nach Mitternacht zu einem Erguß zu verhelfen, den ich wirklich nötig hatte. Wiederholt küßte ich die sechs schönen Hände, die sich zu diesem Werk herbeiließen, das für jede zur Liebe geschaffene Frau stets eine Kränkung ist, das aber in der Posse, die wir gespielt hatten, keine sein konnte, da ich sie bereitwillig geschont hatte und ihnen nun, unterstützt vom wollüstigen Syndikus, den gleichen Dienst erwies. Ihr Dank nahm kein Ende, und sie waren hochbeglückt, als der Syndikus mich zum nächsten Tag erneut einlud.

An mir war es jedoch, ihm millionenfach zu danken, als er mich in den Gasthof zurückgeleitete. Er erklärte, ihm allein komme das Verdienst zu, diese drei Mädchen aufgezogen zu haben, und ich sei der erste Mann, mit dem er sie bekannt gemacht habe. Er bat mich, weiterhin darauf zu achten, daß sie nicht schwanger wurden, denn ein solches Unglück wäre für sie in einer Stadt wie Genf, wo man in diesem Punkt so heikel und kleinlich sei, verhängnisvoll.

Tags darauf schrieb ich Monsieur de Voltaire einen Brief in Blankversen, der mich mehr Mühe kostete, als wenn ich sie gereimt hätte. Das Epos von Teofilo Folengo schickte ich mit; aber das war ein grober Fehler, denn ich hätte wissen müssen, daß es ihm nicht gefallen würde. Dann suchte ich Monsieur Fox auf, zu dem auch die zwei Engländer kamen und mir Revanche anboten. Ich verlor hundert Louis. Nach dem Essen reisten sie nach Lausanne ab.

Da ich vom Syndikus erfahren hatte, daß seine drei Mädchen nicht reich waren, ging ich zu einem Goldschmied, um sechs Achterdublonen[44] einschmelzen zu lassen; ich beauftragte ihn, mir sogleich drei Kugeln zu je zwei Unzen daraus zu gießen. Ich wußte bereits, auf welche Weise ich sie ihnen zum Geschenk machen konnte, ohne sie zu beschämen.

Mittags begab ich mich zu Monsieur de Voltaire, der nicht zu sprechen war; aber Madame Denis entschädigte mich. Sie besaß einen klugen Verstand und viel Geschmack, war belesen, ohne damit aufzutrumpfen, und eine erklärte Feindin des Königs von Preußen. Sie fragte mich nach meiner schönen Haushälterin und war erfreut zu hören, daß der Haushofmeister des Botschafters sie geheiratet hatte. Sie bat mich, ihr zu erzählen, wie ich aus den Bleidächern entkommen sei, und ich versprach, ihr ein andermal diesen Wunsch zu erfüllen.

Monsieur de Voltaire kam nicht zu Tisch. Er erschien erst gegen fünf Uhr mit einem Brief in der Hand.

»Kennen Sie den Marchese Albergati Capacelli[45], Senator in Bologna, und den Conte Paradisi[46]?« fragte er.

»Paradisi kenne ich nicht, aber Signor Albergati dem Namen und dem Ruf nach; er ist jedoch nicht Senator, sondern ›Vierziger‹[47], geboren in Bologna, wo es fünfzig ›Vierziger‹ gibt.«

»Barmherziger Gott? Das ist ein Rätsel.«

»Kennen Sie ihn?«

»Nein, aber er schickt mir die Theaterstücke von Goldoni[48], Bologneser Würste[49] und die Übersetzung meines ›Tankred‹[50]; außerdem will er mich besuchen.«

»Er wird nicht kommen, so dumm ist er nicht.«

»Inwiefern dumm? Es gehört allerdings ein wenig Dummheit dazu, mich aufzusuchen.«

»Ich meine nur Albergati. Er weiß, daß er dabei verlieren würde, denn er genießt die hohe Meinung, die Sie
vielleicht von ihm haben. Er ist sicher, daß Sie ihn bei
einer Begegnung ganz durchschauen würden, und die Illusion wäre dahin. Dabei ist er ein braver Edelmann mit
sechstausend Zechinen Rente und ein Theaternarr. Als
Schauspieler ist er gut; er verfaßt auch Komödien in Prosa
ohne Komik.«

»Sie entwerfen da ein hübsches Bild. Aber was bedeuten die fünzig Vierziger?«

»So etwas, wie daß es in Basel um elf Uhr Mittag ist.«[51]

»Ich verstehe. So wie Ihr Rat der Zehn siebzehn Mitglieder hat.«[52]

»Ganz recht. Aber die verwünschten Vierziger von
Bologna sind etwas anderes.«

»Warum verwünscht?«

»Weil sie nicht der Besteuerung unterliegen. Und so
freveln sie nach Belieben, wohnen außerhalb der Staats-
grenzen und leben dort trotzdem von ihren Einkünften.«

»Das ist ein Segen und kein Fluch; aber zurück zu unserem Thema! Der Marchese Albergati ist sicher ein guter
Literat.«

»Er schreibt gut in der Sprache, die er versteht; aber er
langweilt den Leser, weil er nur sich selbst zuhört und zu
weitschweifig ist. Im übrigen ist sein Kopf recht hohl.«

»Er ist Schauspieler, wie Sie mir sagten.«

»Ein hervorragender, wenn ihm die Rolle entspricht,
besonders als Liebhaber.«

»Ist er schön?«

»Auf der Bühne ja, aber nicht in der Stadt. Sein Gesicht
ist nichtssagend.«

»Doch seine Stücke haben Erfolg.«

»Keineswegs. Man würde sie auspfeifen, wenn man sie verstünde.«

»Und was halten sie von Goldoni?«

»Er ist unser Molière.«

»Warum nennt er sich Hofpoet des Herzogs von Parma[53]?«

»Um einen Titel zu haben; der Herzog weiß nämlich nichts davon. Er nennt sich auch Advokat,[54] hat aber nur die Befugnis dazu. Er ist ein guter Komödiendichter, das ist alles. Ich bin sein Freund, und ganz Venedig weiß es. In Gesellschaft glänzt er nicht, ist nüchtern und schal wie Eibischtee.«

»Man hat es mir geschrieben. Er ist arm und möchte Venedig verlassen. Das wird den Theaterdirektoren, die seine Stücke aufführen, wenig Freude machen.«

»Man sprach davon, ihm eine Pension zu gewähren, aber man lehnte es schließlich doch ab. Man glaubte, sobald er eine Pension hätte, würde er nicht mehr arbeiten.«

»Kyme[55] hat Homer eine Pension verweigert, weil man fürchtete, alle Blinden würden eine verlangen.«

Wir verbrachten den Tag sehr angeregt. Er dankte mir für die »Macaronea« und versprach mir, sie zu lesen. Als er mir einen Jesuiten vorstellte, der in seinen Diensten stand, tat er es mit den Worten, er heiße Adam, sei aber nicht der bewußte erste Mensch. Später hörte ich, er spiele mit ihm zur Unterhaltung Trick-Track,[56] und wenn er verliere, werfe er ihm häufig die Würfel und den Becher ins Gesicht.

Kaum war ich abends wieder im Gasthof, erhielt ich meine drei goldenen Kugeln, und einen Augenblick später erschien mein geschätzter Syndikus, um mich zu seiner Orgie abzuholen.

Unterwegs stellte er Betrachtungen über das Schamgefühl an, das uns hindere, Körperteile sehen zu lassen, die zu verhüllen man uns schon von Kindheit an lehre. Er sagte, das Schamgefühl könne der Tugend entspringen, aber diese Tugend sei noch schwächer als die Macht der Erziehung, da sie einem Angriff nicht widerstehen könne, wenn man es nur geschickt genug anstelle. Die leichteste aller Methoden sei seiner Meinung nach, ein Schamgefühl gar nicht erst vorauszusetzen, zu zeigen, wie wenig Aufhebens man davon mache, und es ins Lächerliche zu ziehen; durch das Beispiel müsse man es herausfordern und seine Schranken überspringen, dann sei der Sieg sicher. Die Keckheit des Angreifers überwinde im Nu die Scham des Angegriffenen.

»Clemens von Alexandria[57]«, sagte er, »ein Gelehrter und Philosoph, schreibt, daß die Schamhaftigkeit der Frauen, so stark eingewurzelt sie scheine, ihnen trotzdem nur im Hemd sitze; denn sobald man sie dazu bringe, es auszuziehen, sei keine Spur mehr davon zu sehen.«

Wir fanden die drei Mädchen, von dünnen Leinenkleidern spärlich verhüllt, auf einem großen Sofa und ließen uns vor ihnen auf Sesseln nieder. Die halbe Stunde bis zum Essen verging wieder unter hübschem Geplauder und zahlreichen Küssen, wie am Abend zuvor. Erst nach dem Essen ging es richtig los.

Sobald wir sicher waren, daß die Bedienerin nicht mehr kommen und uns stören würde, machten wir es uns bequem. Der Syndikus zog sogleich ein Paket feiner englischer Präservative aus der Tasche und pries dieses wunderbare Schutzmittel gegen ein Unglück, das eine schreckliche Reue zur Folge haben könne. Sie kannten es und schienen sich darüber zu freuen, denn sie lachten über die Form, die ein solches Ding ihren Augen bot, wenn es aufgeblasen wird; ich sagte jedoch, ich würde zwar ihre Ehre noch mehr schätzen als ihre Schönheit, könne mich aber nie dazu bereitfinden, in eine leblose Haut gehüllt mit ihnen glücklich zu werden.

»Hier habe ich etwas«, sagte ich und zog dabei meine drei goldenen Kugeln aus der Tasche, »was Sie vor jeder unangenehmen Folge bewahren wird. Nach fünfzehnjähriger Erfahrung bin ich in der Lage, Ihnen zu versichern, daß Sie mit diesen Kugeln nichts zu fürchten haben und in Zukunft nicht mehr auf diese traurigen Futterale angewiesen sein werden. Würdigen Sie mich in dieser Hinsicht Ihres vollen Vertrauens und nehmen Sie von einem Venezianer, der Sie bewundert, dieses kleine Geschenk entgegen.«

»Wir sind Ihnen sehr zu Dank verpflichtet«, meinte die ältere der Schwestern; »aber wie gebraucht man diese hübsche Kugel, um sich vor der unglückseligen Leibesfülle zu bewahren?«

»Es genügt, wenn während des Gefechtes die Kugel in der Tiefe der Liebeskammer liegt. Das Metall besitzt eine Abwehrkraft, die jede Empfängnis verhindert.«

»Aber wie leicht kann es geschehen«, wandte die Cousine ein, »daß die kleine Kugel vor dem Ende des Spiels wieder herausgleitet.«

»Keineswegs, wenn man sich richtig verhält. Es gibt eine Stellung, bei der die Kugel durch ihr eigenes Gewicht am Herausfallen gehindert wird.«

»Zeigen Sie uns doch, wie das geht«, bat der Syndikus und nahm eine Kerze, um mir beim Einlegen der Kugel zu leuchten.

Die reizende Cousine hatte zuviel geredet, als daß sie

hätte wagen können, sich nun zurückzuziehen und die Probe aufs Exempel zu verweigern, die die andern beiden forderten. Ich legte sie so auf das Fußende des Bettes, daß die Kugel, nachdem ich sie eingelegt hatte, unmöglich herausfallen konnte; sie fiel jedoch nachher heraus, und da merkte sie, daß ich nur so getan hatte, als ob. Aber sie ließ sich nichts anmerken, fing die Kugel mit der Hand auf und forderte die beiden Schwestern heraus, es ihr gleichzutun. Sie ließen es sich interessiert gefallen.

Der Syndikus, der nichts von der Wirkung der Kugeln hielt, wollte sich nicht darauf verlassen. Er beschränkte sein Vergnügen aufs Zuschauen und kam bestimmt auf seine Rechnung. Nach einer halbstündigen Erholung begann ich das Fest von neuem, aber ohne Kugeln; doch versicherte ich ihnen, ich würde sie keiner Gefahr aussetzen, und hielt auch wirklich Wort. Beim Abschied sah ich, daß die drei Mädchen, vom Gefühl überwältigt, glaubten, in meiner Schuld zu stehen und mir nichts gegeben zu haben. Sie fragten unter hunderterlei Zärtlichkeiten den Syndikus, wie er in mir den Mann entdeckt habe, der in ihr großes Geheimnis eingeweiht zu werden verdiente.

Beim Aufbruch ermunterte der Syndikus die drei Mädchen, mich zu bitten, ich solle ihnen zuliebe noch einen weiteren Tag in Genf bleiben, und ich stimmte zu. Am nächsten Tag war er verhindert, und auch ich hatte einen Tag Ruhe wirklich nötig. Mit den verbindlichsten Dankesworten geleitete er mich zu meinem Gasthof.

Nach zehn Stunden tiefen Schlafs fühlte ich mich wieder imstande, die reizvolle Gesellschaft von Monsieur de Voltaire zu genießen; aber dem großen Mann gefiel es, an diesem Tag spöttischer, angriffslustiger und beißender

Laune zu sein. Er wußte, daß ich am nächsten Tag abreisen mußte.

Bei Tisch begann er damit, daß er mir für den Merlin Cocai dankte, den ich ihm, sicherlich in guter Absicht, zum Geschenk gemacht hätte; aber er danke mir nicht dafür, daß ich dieses Gedicht gelobt hätte, denn so habe er durch meine Schuld vier Stunden damit verloren, Unsinn zu lesen. Das war haarsträubend, aber ich beherrschte mich. Ich antwortete einigermaßen ruhig, er werde es vielleicht selbst ein andermal einer Lobrede würdig finden, die besser sei als die meine, und führte mehrere Beispiele für die Unzulänglichkeit einer ersten Lesung an.

»Das ist richtig, aber für Ihren Merlin überlasse ich sie Ihnen. Ich habe ihn neben die ›Pucelle‹ von Chapelain[58] gestellt.«

»Die allen Kennern gefällt, trotz des Versbaues. Das Epos ist gut, und Chapelain war ein Dichter; sein Genie ist mir nicht entgangen.«

Meine Erklärung mußte ihn ärgern; das war mir natürlich klar, nachdem er mir gesagt hatte, er stelle die »Macaronea«, die ich ihm geschickt hatte, neben die »Pucelle«. Ich wußte aber auch, daß ein schmutziges Gedicht dieses Titels im Umlauf war, als dessen Autor er galt;[59] da er es aber ableugnete, glaubte ich, er werde sich nicht anmerken lassen, wie peinlich ihm meine Erklärung sein mußte. Aber keineswegs; er widerlegte mich mit Schärfe, und auch ich wurde beißend. Ich sagte, Chapelain komme jedenfalls das Verdienst zu, sein Thema angenehm gebracht zu haben, ohne mit unflätigen und gottlosen Stellen nach der Gunst der Leser zu haschen.

»So denkt jedenfalls mein Lehrer Monsieur de Crébillon[60]«, fügte ich hinzu.

»Sie zitieren da einen bedeutenden Richter. Aber bitte, worin ist mein Dichterkollege Crébillon Ihr Lehrer?«

»Er lehrte mich in weniger als zwei Jahren, Französisch zu sprechen. Zum Zeichen meiner Dankbarkeit übersetzte ich seinen ›Rhadamiste‹[61] in italienische Alexandriner. Ich bin der erste Italiener, der dieses Versmaß unserer Sprache anzupassen wagte.«

»Verzeihen Sie, der erste war mein Freund Pier Jacopo Martelli[62].«

»Ein verzeihlicher Irrtum.«

»Was soll das heißen? Ich habe seine in Bologna gedruckten Werke[63] in meinem Zimmer.«

»Sie können nur vierzehnsilbige Verse ohne Wechsel zwischen männlichen und weiblichen Reimen[64] gelesen haben. Er bildete sich indessen ein, den Alexandriner nachgeahmt zu haben; über sein Vorwort mußte ich lachen. Sie haben es vielleicht nicht gelesen.«

»Monsieur, ich bin auf Vorworte ganz versessen. Martelli legt dar, daß seine Verse italienischen Ohren den gleichen Klang vermitteln wie die Alexandriner den französischen.«

»Er täuscht sich gewaltig, und ich möchte Sie selbst zum Richter aufrufen. Der französische männliche Vers hat nur zwölf Silben, und der weibliche dreizehn; alle Verse Martellis haben vierzehn außer solchen, die mit einer langen Silbe enden; und die zählt am Ende des Verses immer für zwei. Beachten Sie, daß bei Martelli die erste Halbzeile stets sieben Silben hat, während sie in französischen Alexandrinern immer nur sechs aufweist. Entweder war Ihr Freund Pier Jacopo taub, oder seine Ohren schielten.«

»Sie folgen also in der Verslehre allen unseren Regeln?«

»Ja, allen, trotz der Schwierigkeit; denn fast alle unsere Wörter enden mit einer kurzen Silbe.«

»Und welchen Erfolg hatten Sie mit Ihrem neuen Metrum?«

»Es gefiel nicht, weil niemand verstand, meine Verse vorzutragen; wenn ich sie jedoch selbst in unseren Gesellschaften vortrug, fand ich Beifall.«

»Erinnern Sie sich noch an irgendeine Stelle aus Ihrem ›Rhadamiste‹?«

»An so viele, wie Sie wollen.«

Nun rezitierte ich die gleiche Szene, die ich Crébillon vor zehn Jahren in Blankversen vorgetragen hatte[65] und er schien beeindruckt. Er sagte, man merke nichts von den Schwierigkeiten; das war das größte Kompliment, das er mir machen konnte. Er rezitierte mir seinerseits ein Stück aus seinem »Tankred«, der damals, wie ich glaube, noch nicht veröffentlicht war und später mit Recht als Meisterwerk galt.

Es wäre alles gut gegangen; aber als ich, um einen seiner Gedanken hervorzuheben, einen Vers von Horaz zitierte, äußerte er, Horaz sei für das Theater ein großter Lehrmeister gewesen, und seine Regeln würden nie veralten.

»Sie selbst verletzen nur eine davon«, erwiderte ich; »aber Sie tun es, wie es einem großen Mann zusteht.«

»Und welche wäre das?«

»Sie schreiben nicht ›contentus paucis lectoribus‹ (zufrieden mit wenigen Lesern)[66].«

»Hätte Horaz gegen den Aberglauben kämpfen müssen, hätte er wie ich für jedermann geschrieben.«

»Sie könnten sich, wie mir scheint, die Mühe sparen, den Aberglauben zu bekämpfen, denn es wird Ihnen nie gelingen, ihn auszurotten; und selbst wenn es Ihnen gelänge, sagen Sie doch bitte, wodurch Sie ihn ersetzen wollen.«

»So etwas habe ich gern! Wenn ich das Menschengeschlecht von einer wilden Bestie befreie, die es verschlingt, wie kann man mich da fragen, was ich an ihre Stelle setzen werde?«

»Sie verschlingt es nicht, sie ist im Gegenteil für seinen Bestand notwendig.«

»Da ich das Menschengeschlecht liebe, möchte ich es glücklich und frei sehen wie mich; der Aberglaube aber läßt sich nicht mit der Freiheit vereinen. Wo finden Sie, daß Knechtschaft ein Volk glücklich machen könnte?«

»Sie wollen also das Volk souverän sehen?«

»Gott bewahre. Nur einer soll regieren.«

»Also ist der Aberglaube notwendig, denn ohne ihn wird das Volk nie dem Monarchen gehorchen.«

»Ich will keinen Monarchen, denn dieser Name klingt mir nach Despotismus, den ich hassen muß wie die Knechtschaft.«

»Was wollen Sie also? Wenn Sie wünschen, daß ein einziger regieren soll, kann es nach meiner Meinung nur ein Monarch sein.«

»Ich will, daß er über ein freies Volk gebietet; er wäre also sein Oberhaupt, ohne daß man ihn einen Monarchen nennen könnte, denn jede Willkür wäre unmöglich.«

»Addison[67] stellt fest, daß ein solcher Monarch, ein solches Oberhaupt, eine Unmöglichkeit ist. Ich bin für Hobbes[68]. Zwischen zwei Übeln muß man das kleinere wählen. Ein Volk ohne Aberglauben bestünde aus Philosophen; die Philosophen aber wollen nie gehorchen. Das Volk kann nur glücklich sein, wenn es niedergehalten, getreten und an die Kette gelegt wird.«

»Wenn Sie mich gelesen haben, werden Sie auch die Stellen gefunden haben, in denen ich beweise, daß der Aberglaube der Feind der Könige ist.«

»Und ob ich Sie gelesen habe! Gelesen und immer wieder gelesen, und hauptsächlich die Stellen, bei denen ich Ihre Ansichten nicht teile. Sie sind besessen von der Liebe zur Menschheit. ›Est ubi peccas‹ (Und darin liegt Ihr Fehler)[69]. Diese Liebe macht Sie blind. Wenn Sie die Menschheit lieben, so müssen Sie sie lieben, wie sie ist. Sie ist für die Wohltaten, die Sie an sie verschwenden wollen, nicht empfänglich, und wird dadurch nur unglücklicher und böswilliger. Lassen Sie ihr die Bestie, die sie verschlingt, und an der sie hängt. Über nichts habe ich mehr gelacht als über Don Quichote, wie er sich mühsam der Galeerensträflinge erwehrt, denen er aus Herzensgüte eben die Freiheit geschenkt hat.«[70]

»Halten Sie sich in Venedig für frei?«

»Soweit man das unter einer aristokratischen Regierung sein kann. Die Freiheit, die wir genießen, ist nicht so groß wie die der Engländer; aber wir sind zufrieden. Meine Verhaftung beispielsweise war ein Akt reiner Despotie; aber da ich wußte, daß ich selbst die Freiheit mißbraucht hatte, fand ich in manchen Augenblicken, daß man im Recht war, wenn man mich ohne die sonst üblichen Formalitäten einsperren ließ.«

»Auf diese Weise ist in Venedig niemand frei.«

»Das mag sein; aber Sie werden zugeben, daß es, um frei zu sein, genügt, sich für frei zu halten.«

»So leicht können Sie mich nicht überzeugen. Nicht einmal die aristokratischen Mitglieder der Regierung sind es, da sie zum Beispiel nicht ohne Erlaubnis reisen dürfen.«

»Das ist ein Gesetz, das sie sich selbst auferlegt haben,
um ihre Herrschaft zu sichern. Wollen Sie vielleicht
sagen, ein Berner sei nicht frei, weil er den Gesetzen gegen
den Luxus unterliegt? Er selbst ist ja der Gesetzgeber.«

Um das Thema zu wechseln, fragte er mich, von wo ich
käme. »Ich komme aus Roche. Es hätte mir sehr leid
getan, die Schweiz zu verlassen, ohne den berühmten
Haller[71] gesehen zu haben. Ich erweise allen zeitgenössischen Gelehrten meine Reverenz; Sie habe ich mir als das
Beste aufgespart.«

»Monsieur Haller hat Ihnen sicher gefallen.«

»Ich habe drei schöne Tage bei ihm verbracht.«

»Ich beglückwünsche Sie dazu. Vor diesem großen
Mann muß man das Knie beugen.«

»Ich denke ebenso; Sie lassen ihm Gerechtigkeit widerfahren, und ich bedaure es, daß er Ihnen gegenüber nicht
so gerecht ist.«

»Nun ja, es ist sehr gut möglich, daß wir uns beide
täuschen.«

Alle Anwesenden zollten dieser ausnehmend schlagfer-
tigen Antwort Beifall.

Man sprach nicht mehr über Literatur, und ich blieb
stummer Zuhörer bis zu dem Augenblick, da sich Monsieur Voltaire zurückzog; dann wandte ich mich an
Madame Denis und fragte sie, ob sie mir für Rom nichts
aufzutragen habe.

Ich ging recht befriedigt darüber fort, daß ich an diesem
letzten Tag den Wortgewaltigen zur Vernunft gebracht
hatte. Aber in mir blieb eine Mißstimmung gegen ihn
zurück, die mich veranlaßte, zehn Jahre hindurch alles zu
kritisieren, was ich an Altem und Neuem von den Veröf-
fentlichungen dieses großen Mannes las. Ich bereue es

heute, obwohl ich beim nochmaligen Durchlesen dessen, was ich gegen ihn schrieb[72], der Meinung bin, daß meine Kritik berechtigt war. Ich hätte schweigen, ihn achten und an meinem Urteil zweifeln sollen. Ich hätte bedenken müssen, daß ich ihn ohne die Spötteleien, die mir am letzten Tag mißfallen hatten, in jeder Hinsicht überragend gefunden hätte. Schon diese Überlegung allein hätte mir Schweigen auferlegen müssen; aber im Zorn glaubt ein Mensch immer, recht zu haben. Die Nachwelt, die meine Werke liest, wird mich dem Zoilos[73] gleichstellen, und die sehr bescheidene Abbitte, die ich ihm heute leiste, wird vielleicht nicht gelesen werden.

Kapitel 9

Leonilda

In Neapel verkehrt Casanova 1761 beim Herzog von Matalone[1]. Dessen platonische Geliebte ist Leonilda. Sie wird
Casanova in der Oper vorgestellt.

Donna Leonilda ließ mich in tiefste Bewunderung versin-
ken; wenn man sich davon nicht lösen kann, wird sie zur
Anbetung und schließlich zu einer unbesiegbaren Liebe.

Die Oper ging nach fünfstündiger Dauer zu Ende, ohne
daß mir ihre Länge aufgefallen wäre.

Nachdem dieses junge Wundergeschöpf mit seiner Begleiterin gegangen war, sagte mir der Herzog, wir müßten
uns nun trennen, falls ich nicht ein Freund des Glücks-
spiels sei.

»Ich verabscheue es nicht, wenn ich guten Spielern ge-
genübersitze.«

»Ausgezeichnet. Komm also mit! Du wirst zehn oder
zwölf meinesgleichen bei einer Pharaobank und nachher
bei einem einfachen Souper treffen; aber halte reinen
Mund, denn das Spiel ist verboten! Ich werde für dich
bürgen.«

Er führte mich zum Herzog von Monteleone in den
dritten Stock; nachdem wir zehn oder zwölf Zimmer
durchquert hatten, gelangten wir in das, in dem ein Bankhalter Gold und Silber im Wert von drei- bis vierhundert
Zechinen vor sich liegen hatte. Der Herzog wies mir einen
Platz neben sich an und stellte mich als seinen Freund vor.
Ich wollte meine Börse herausziehen, aber er erklärte mir,
man spiele hier nur auf Ehrenwort und zahle nach vierundzwanzig Stunden. Der Bankhalter gab mir ein Blatt

Karten[2] und einen Korb mit etwa tausend einfachen und doppelten Spielmarken. Ich sagte, jede Marke gelte einen neapolitanischen Dukaten. Das genügte. In weniger als zwei Stunden verlor ich meinen ganzen Korb und gab auf. Dann speiste ich sehr heiter. Das Souper bestand aus einer ungeheuren Platte Makkaroni und zehn oder zwölf weiteren Platten mit verschiedenem Meeresgetier. Als wir nach Hause zurückkehrten, gab ich dem Herzog nie Gelegenheit, mir die verwünschte Beileidserklärung über meinen Verlust zu machen. Ich unterhielt ihn köstlich, indem ich die ganze Zeit von Donna Leonilda sprach.

Am nächsten Tag in der Frühe ließ mir der Herzog ausrichten, ich müsse mich, falls ich mit ihm dem König die Hand küssen wolle, in Gala werfen. Ich zog einen Rock aus rosarotem geschorenen Samt an, der mit Goldflitter bestickt war, und küßte die mit Frostbeulen[3] bedeckte Hand des Königs. Er war damals neun Jahre alt. Der Prinz von San Nicandro hatte ihn erzogen, so gut er es verstand; doch wurde aus ihm ein vollendeter Monarch, der leutselig, tolerant, gerecht und großzügig, allerdings auch allzu ungezwungen war, und bei einem König ist das ein ernsthafter Fehler.

Beim Mittagessen hatte ich die Ehre, zur Rechten der Herzogin zu sitzen, die sich durch einen Blick auf meinen Rock zu dem Kompliment verpflichtet fühlte, sie habe nie einen festlicheren gesehen.

»Auf diese Weise, Signora, versuche ich, meine Person einer allzustrengen Prüfung zu entziehen.«

Sie lächelte. Nach Beendigung der Mahlzeit nahm mich der Herzog mit hinunter in die Räume seines Onkels Don Lelio, der sich noch sehr gut an mich erinnerte. Ich küßte dem verehrungswürdigen Greis die Hand und bat ihn für

meine Jugendstreiche um Verzeihung. Er sagte zu seinem
Neffen, vor achtzehn Jahren hätte er mich gern zum Stu-
diengefährten für ihn erkoren. Mit Vergnügen lauschte er
der kurzen Schilderung meiner wechselvollen Erlebnisse
in Rom beim Kardinal Acquaviva. Nach einstündigem
Geplauder bat er mich, ihn häufig zu besuchen.

Gegen Abend sagte mir der Herzog, falls ich in die
komische Oper im »Teatro dei Fiorentini« gehen wolle,
würde sich seine Mätresse über einen Besuch in ihrer Loge
freuen; er gab mir die Nummer und fügte hinzu, er würde
mich gegen Schluß abholen, und wir könnten zusammen
soupieren wie am Vortag.

Ich hatte es nicht nötig, anspannen zu lassen. Im Hof
stand stets ein Wagen zu meiner Verfügung.

Als ich ins »Teatro dei Fiorentini« kam, hatte die Oper
bereits begonnen. Ich ging in die Loge von Donna Leonilda, die mich mit den süßen Worten empfing:

»Lieber Don Giacomo, ich freue mich sehr, Sie wiederzusehen.«

Sie hielt es für angemessen, mich nicht zu duzen. Die
einnehmenden Züge der jungen Dame schienen mir nicht
ganz unbekannt; aber mir fiel nicht ein, an wen sie mich
erinnerte. Leonilda war eine Schönheit; ihr Haar war von
einem hellen Kastanienbraun, einer ganz unverdächtigen
Farbe, und ihre schönen schwarzen Augen konnten zugleich aufmerksam zuhören und neugierig fragen. Vor
allem aber fand ich es bezaubernd und völlig neu, wie sie
bei einer Schilderung mit den Händen, mit den Ellbogen,
mit den Schultern und häufig sogar mit dem Kinn sprach.
Die Worte genügten ihr nicht, um alles auszudrücken,
was sie einem sagen wollte.

Als das Gespräch auf das Epigramm von La Fontaine
kam, das ich ihr wegen seiner Anstößigkeit nicht ganz

hatte zitieren wollen, meinte sie, man könne darüber doch nur lachen.

»Ich habe ein Zimmer, das der Herzog mit chinesischen Karten[4] ausschmücken ließ; sie zeigen eine Reihe von Stellungen, in denen jene Leute sich lieben. Wir halten uns dort manchmal auf, und ich versichere dir, daß sie in mir nicht die geringste Erregung auslösen.«

»Das ist vielleicht ein Mangel an Temperament, denn wenn ich gut gezeichnete Bilder dieser Art sehe, entflammen sie mich; ich bin erstaunt, daß Sie bei ihrem Anblick in Gesellschaft des Herzogs nicht die Lust packt, einige nachzuahmen.«

»Wir hegen füreinander nur Gefühle der Freundschaft.«

»Das glaube, wer will.«

»Ich könnte schwören, daß er ein Mann ist; aber ich könnte nicht schwören, daß er imstande ist, einer Frau überzeugende Beweise seiner Zärtlichkeit zu geben.«

»Er hat einen Sohn.«

»Das ist richtig. Aber er kann, wie er sagt, nur seine eigene Frau lieben.«

»Das ist ein Märchen, denn Sie sind dazu geschaffen, Verlangen einzuflößen; wenn die Sinne eines Mannes, der mit Ihnen lebt, von Ihren Reizen unbeeindruckt bleiben, müßte er sich umbringen.«

»Ich höre mit Freuden, lieber Don Giacomo, daß du mich liebst; aber da du nur wenige Tage in Neapel bleibst, wirst du mich leicht vergessen.«

»Verflucht sei das Spiel; andernfalls würden wir reizende Abende zusammen verbringen.«

»Der Herzog hat mir erzählt, daß du sehr vornehm tausend Dukaten verloren hast. Du hast also Pech.«

»Nicht immer; aber wenn ich am gleichen Tage spiele, an dem ich mich verliebe, verliere ich mit Sicherheit.«

»Heute abend wirst du gewinnen.«

»Heute ist der Tag, an dem ich meine Liebe erklärt habe; ich werde wieder verlieren.«

»Dann laß doch das Spiel!«

»Man würde sagen, ich hätte Angst zu verlieren, oder ich hätte kein Geld.«

»Dann hoffe ich also, daß du gewinnst und mir morgen früh die gute Nachricht bringst. Du kannst mich zusammen mit dem Herzog besuchen.«

Dieser kam und fragte mich, ob mir die Oper gefallen habe. Sie kam mir mit der Antwort zuvor, wir hätten nicht auf die Oper achten können, weil wir dauernd von Liebe gesprochen hätten. Sie bat ihn, mich am nächsten Morgen zu ihr mitzubringen, damit ich ihr berichten könne, ob ich gewonnen habe. Der Herzog erwiderte, er sei an der Reihe, die Bank zu halten, würde mich aber zu ihr zum Frühstück mitbringen, ob ich nun verloren oder gewonnen hätte.

Wir verabschiedeten uns und gingen an den gleichen Ort, wo alle Spieler in Erwartung des Herzogs versammelt waren. Es war eine Gesellschaft von zwölf Männern, von denen jeder der Reihe nach die Bank hielt. Sie behaupteten, daß dadurch die Chancen beim Spiel gleich würden. Diese Ansicht brachte mich zum Lachen. Nichts ist schwieriger, als Spielern gleiche Chancen zu geben.

Der Herzog von Matalone setzte sich an seinen Platz, zog seine Börse heraus, und legte an Gold, Silber und Banknoten zweitausend Dukaten auf den Tisch; dabei bat er die Gesellschaft um Entschuldigung, wenn er die Bank wegen des fremden Gastes verdopple.

»Ich setze also ebenfalls zweitausend Dukaten ein«,
erklärte ich nun, »und keinen Soldo mehr; denn man sagt
in Venedig, ein kluger Spieler dürfe niemals mehr verlieren, als er gewinnen kann. Jede meiner Spielmarken soll
also zwei Dukaten gelten.«

Mit diesen Worten zog ich zehn Banknoten zu hundert
Dukaten aus der Tasche und gab sie dem Bankhalter, der
sie am Vortag gewonnen hatte. Der Kampf begann; ich
spielte auf eine einzige Karte und verlor trotz aller erdenklichen Vorsicht in weniger als drei Stunden meinen ganzen
Korb. Da hörten wir auf. Ich besaß fünfundzwanzigtau-
send Dukaten; da ich aber erklärt hatte, ich wolle nicht
mehr verlieren, schämte ich mich, das zu widerrufen. Ich
war mein ganzes Leben lang sehr empfindlich gegen Verluste, aber stets stark genug, meinen Mißmut zu verbergen; meine natürliche Heiterkeit verdoppelte sich gerade
dann, wenn ich mich künstlich dazu zwang. Sie gewann
mir stets die Sympathie der ganzen Gesellschaft und verhalf mir leichter zu neuen Geldmitteln. Ich speiste mit
ausgezeichnetem Appetit und fand in meiner Aufge-
räumtheit so viele Scherzworte, daß es mir gelang, die
ganze Betrübnis des Herzogs von Matalone zu verscheu-
chen, der verzweifelt war, von einem auswärtigen Gast,
der bei ihm wohnte, eine so große Summe gewonnen zu
haben; er fürchtete den Eindruck, er habe mich nur aufgenommen, um mir das Geld aus der Tasche zu ziehen.
Er war ein edler, prächtiger, reicher, großzügiger und
anständiger Mann.

Auf dem Rückweg in seinen Palazzo wagte er nicht, mir
zu sagen, er habe das Geld nicht nötig und lasse mir zur
Bezahlung soviel Zeit, wie ich wolle; er fürchtete zu
Recht, mich empfindlich zu kränken. Aber beim Schla-

fengehen konnte er sich nicht enthalten, mir ein kleines
Briefchen zu schreiben, in dem er mir für den Fall, daß ich
bei seinem Bankier einen Kredit aufnehmen müßte, Bürg-
schaft für jede von mir benötigte Summe zusagte. Ich
schrieb zurück, daß ich seinen edelmütigen Vorschlag zu
würdigen wisse und auf sein großzügiges Angebot zurückkommen würde, falls ich einmal Geld nötig haben
sollte.

Am nächsten Morgen ging ich in aller Frühe in sein
Zimmer, umarmte ihn und erinnerte ihn daran, daß wir
bei seiner schönen Mätresse frühstücken sollten. Er zog
sich ebenso bequem an wie ich,[5] und wir gingen zu Fuß zu
einem hübschen Haus bei der Fontana Medina, wo dieser
Engel wohnte.

Sie war noch im Bett, aber nicht unbekleidet, sondern
saß darin reizend und schön wie der lichte Tag, sittsam in
ein Korsett aus Bombassin gehüllt, das mit breiten rosaro-
ten Bändern geschnürt war. Sie las »Le Sopha« des elegan-
ten jüngeren Crébillon.[6] Der Herzog setzte sich ihr zu
Füßen auf das Bett, während ich ohne Hintergedanken
stehen blieb und wie gebannt auf ihr bezauberndes Gesicht starrte, das ich glaubte, gekannt und sogar geliebt zu
haben. Ich sah sie zum ersten Male deutlich. Über meine
recht zerstreute Miene lachend, wies sie mich auf einen
kleinen Lehnstuhl, der neben dem Kopfende des Bettes
stand.

Der Herzog erzählte ihr, ich sei sehr zufrieden über den
Verlust von zweitausend Dukaten an ihn, denn er gäbe
mir die Gewißheit, daß sie mich liebe.

»Mein lieber Don Giacomo, ich bin untröstlich, daß ich
dir einen Gewinn in Aussicht gestellt habe; du hättest
besser nicht gespielt. Ich würde dich selbst dann lieben,
wenn du zweitausend Dukaten gewonnen hättest.«

»Und ich sie verloren«, meinte der Herzog lachend.

»Aber heute abend werde ich gewinnen, reizende Leonilda«, sagte ich, »wenn du mir heute irgendeinen Beweis deiner Gunst zubilligst. Andernfalls werde ich mein letztes Hemd verspielen und binnen weniger Tage in Neapel sterben.«

»Bemühe dich also, liebe Leonilda«, fügte der Herzog hinzu, »meinem Freund ein wenig das Leben zu versüßen.«

»Ich wüßte nicht wie.«

Der Herzog sagte, sie möge sich doch anziehen und zum Frühstück ins chinesische Zimmer kommen; sie machte sich sofort daran, ohne in dem, was sie uns sehen ließ, allzu freizügig zu sein, noch in dem, was sie uns verbergen wollte, allzu geizig, ein sicheres Mittel, um jemanden zu entflammen, den das hübsche Gesicht, der Geist und das Benehmen bereits betört haben. Immerhin sah ich ihren schönen Busen; es war ein Diebstahl meinerseits, aber er wäre mir nicht gelungen, wenn sie ihn nicht zugelassen hätte. Ich tat natürlich, als hätte ich nichts gesehen.

Während sie sich, wie eine Dame es gern tut, mit einer gewissen Saumseligkeit anzog, erklärte sie uns mit viel Geist, daß eine kluge Frau einem Mann gegenüber, den sie liebe, viel geiziger mit ihren Reizen sein müsse, als einem gegenüber, den sie nicht liebe, und zwar aus dem einfachen Grund, weil sie stets fürchten müsse, den ersten zu verlieren, während sie kein Interesse habe, sich den zweiten zu bewahren.

Ich widersprach, mit mir werde sie auf lange Sicht das Gegenteil erleben; sie antwortete, ich würde mich täuschen.

Die chinesischen Karten an den Wänden des Raumes, in dem wir frühstücken wollten, wirkten mehr durch ihre Farbenpracht und die Ausführung als durch die darauf dargestellten Liebeshandlungen.

»Das erregt mich überhaupt nicht«, sagte der Herzog und zeigte uns bei diesen Worten seine Nullität. Leonilda blickte nicht zu ihm hin; mich aber stieß das ab, obwohl ich mir nichts anmerken ließ.

»Ich bin in der gleichen Lage«, erwiderte ich, »ohne Sie davon überzeugen zu wollen.«

Der Herzog sagt, das glaube er nicht, streckt seine Hand aus und stellt fest, daß ich nicht lüge; er wundert sich, zieht die Hand zurück und meint, ich sei demnach ebenso impotent wie er. Ich mache mir keine Sorgen wegen der Folgen und behaupte, um ihn vom Gegenteil zu überzeugen, genüge es für mich, Leonilda in die Augen zu blicken. Da bittet er sie, mich anzuschauen; sie wendet sich mir zu und blickt mich an. Der Herzog streckt von neuem seine Hand aus, um sich zu überzeugen, und spürt, daß er unrecht hat. Er will mich entblößen, aber das lasse ich nicht zu. Er bleibt mit seiner Hand weiter dort und lacht; ich dulde es, bemächtige mich mit sanfter Gewalt der Hand Leonildas, ohne meine Augen von den ihren zu lösen, und presse meine Lippen darauf. Da zieht der Herzog schreiend und lachend seine überschwemmte Hand zurück und springt auf, um ein Tuch zu holen. Leonilda hatte nichts gesehen; aber sie begann, ebenso toll zu lachen wie ich und der Herzog. Eine köstliche kleine Partie, wie geschaffen als Ansporn für den stets kindischen Amor, dessen Verspieltheit und Lachen der wahre Nektar sind, der ihn unsterblich macht. Mit diesem reizenden Spiel überschritten wir alle drei gewisse Schranken, wußten uns jedoch innerhalb der Grenzen zu halten. Schließlich küßten wir uns alle, und als ich mich gemeinsam mit dem Herzog verabschiedete, hatten mich Leonildas Lippen, die sie auf die meinen preßte, in eine abgrundtiefe Liebestrunkenheit gestürzt, die den Verstand in Fesseln schlägt.

Unterwegs sagte ich dem Herzog, ich würde seine Mätresse nicht mehr besuchen, wenn er sie mir nicht abtrete; ich erklärte mich bereit, sie zu heiraten und ihr ein Leibgedinge von fünftausend Dukaten zu überschreiben.

»Sprich mit ihr, ich habe nichts dagegen. Was sie besitzt, wirst du von ihr selbst hören.«

Ich zog mich um und betrat mit dem Glockenschlag den Speisesaal. Die Herzogin war in großer Gesellschaft. Sie begrüßte mich mit wohlwollender Miene und sagte, sie bedaure mein Mißgeschick.

»Das Glück wechselt, Signora; aber ihre gütige Anteilnahme muß mir Erfolg bringen. Ich werde heute abend gewinnen.«

»Das bezweifle ich, denn du wirst heute abend gegen Monteleone kämpfen, der eine sehr glückliche Hand hat.«

Als ich nach dem Essen über meine Spielverpflichtungen nachdachte, entschloß ich mich, mit Bargeld zu spielen, einmal, um nicht bei einer Niederlage Gefahr zu laufen, mich unmöglich zu machen, wenn ich auf Ehrenwort mehr verlor, als ich bezahlen konnte; zweitens, um dem Bankhalter die Sorge zu nehmen, er könne mich beim dritten Aufwaschen blank finden; und schließlich in der Hoffnung, daß der Wechsel in der Methode mir Glück bringen würde.

Ich verbrachte vier Stunden im Teatro San Carlo in der Loge Leonildas, die hübscher und strahlender war als an den Vortagen. Ich erklärte ihr, sie habe mir eine solche Liebe eingeflößt, daß diese keinen Rivalen, keinen Aufschub und nicht den geringsten Schimmer einer zukünftigen Wandelbarkeit dulden könne.

»Ich habe dem Herzog gesagt, daß ich bereit bin, dich zu heiraten und dir ein Leibgedinge von fünftausend Dukaten zu überschreiben.«

»Was hat er geantwortet?«

»Ich müsse dir selbst meinen Antrag machen; er hätte keine Einwände.«

»Und wir werden dann gemeinsam abreisen?«

»Sofort. Nur der Tod wird uns trennen können.«

»Sprechen wir morgen früh darüber. Du wirst mich glücklich machen.«

Als der Herzog kam, sagte sie ihm, wir sprächen miteinander nur noch von der Heirat.

»Die Heirat ist eine Angelegenheit«, erwiderte er, »die man besonders genau überlegen muß, bevor man sich zu ihr entschließt.«

»Aber nicht allzusehr, denn wenn man zu lange daran denkt, heiratet man nicht; außerdem haben wir keine Zeit, denn Don Giacomo muß abreisen.«

»Im Falle einer Heirat«, meinte er, »könntest du deine Abreise verschieben, oder aber dich mit meiner lieben Leonilda verloben und später zurückkehren.«

»Kein Verschieben, mein lieber Herzog, keine Rückkehr! Wir sind entschlossen, und wenn wir uns nicht verstehen, werden wir beliebig lang Zeit haben, es zu bereuen.«

Der Herzog lachte und sagte, wir würden am nächsten Tag darüber sprechen. Wir gingen dann zu unserer Gesellschaft und fanden den Herzog von Monteleone spielbereit vor einer hübschen Bank.

»Ich habe beim Spielen auf Ehrenwort Pech«, erklärte ich ihm; »so hoffe ich, daß Sie mir gestatten, mit Bargeld zu spielen.«

»Wie du willst, das ist mir gleich. Ich habe für dich eine Bank von viertausend Dukaten aufgelegt, damit du das Verlorene wiedergewinnen kannst.«

»Und ich verspreche, sie zu sprengen oder aber viertausend zu verlieren.«

Mit diesen Worten zog ich, wie stets in Banknoten[7], sechstausend Dukaten aus der Tasche, gab zweitausend dem Herzog von Matalone und begann mit Einsätzen von hundert Dukaten zu spielen. Nach einem sehr langen Kampf sprengte ich die Bank. Da der Herzog von Matalone bereits gegangen war, kehrte ich ganz allein in seinen Palazzo zurück. Als ich ihm am nächsten Morgen die gute Nachricht brachte, umarmte er mich und riet mir, stets mit Bargeld zu spielen. Abends gab die Prinzessin della Valle ein großes Souper, so daß unsere Gruppe von Spielern an diesem Tag nicht zusammenkam. Wir machten deshalb einen kurzen Besuch bei Donna Leonilda, verschoben das Gespräch über unsere Heirat auf den nächsten Tag und verbrachten die übrige Zeit damit, uns die Wunder der Natur in der Umgebung von Neapel anzusehen. Bei dem großen Souper sah ich den höchsten Adel von Neapel und eine große Verschwendung.

Am nächsten Morgen sagte mir der Herzog, ich könne ganz allein zu seiner Mätresse gehen; er käme später, da er noch zu tun habe. Ich ging hin, aber er erschien nicht. Aus diesem Grunde konnten wir nichts Endgültiges über unsere Heirat besprechen. Ich verbrachte zwei Stunden allein mit ihr; aber da ich mich nach ihr richten mußte, zeigte ich mich nur in Worten verliebt. Beim Abschied schwor ich ihr von neuem, daß es nur von ihr abhänge, mit mir abzureisen, nachdem wir durch eine Ehe unsere Geschicke bis zum Tod miteinander verbunden hätten.

Der Herzog fragte mich lachend, ob ich noch immer Lust hätte, seine Mätresse zu heiraten, nachdem ich den ganzen Morgen mit ihr allein gewesen sei.

»Mehr denn je. Was dachten Sie denn?«

»Nichts. Wenn die Sache so ist, werden wir morgen darüber sprechen.«

Am Abend sah ich bei Monteleone einen Bankhalter, der recht gut aussah und viel Geld vor sich liegen hatte; der Herzog stellte ihn mir als Don Marco Ottoboni vor. Er hielt die Karten in der Linken und zog sie mit der rechten sehr gut ab, aber er umschloß das Spiel so vollständig mit seiner Hand, daß ich es nicht sah. Ich zog es vor, um Dukaten zu spielen. Mit ausgesprochenem Pech verlor ich in fünf oder sechs Runden nicht mehr als achtzehn bis zwanzig Dukaten. Der Bankhalter fragte mich höflich, warum ich gegen ihn nur mit so kleinen Einsätzen spiele.

»Weil ich Angst habe zu verlieren«, erwiderte ich, »wenn ich nicht wenigstens die Hälfte des Kartenspiels sehe.«

In der folgenden Nacht sprengte ich die Bank des sehr liebenswürdigen und reichen Prinzen von Cassaro, er verlangte Revanche und lud mich zum Souper in eine hübsche Villa ein, die er auf dem Posilipp[8] besaß. Dort lebte er mit einer Sängerin, in die er sich in Palermo verliebt hatte. Er lud dazu auch den Herzog von Matalone und drei oder vier andere ein. Ich habe in Neapel nur dieses einzige Mal die Bank gehalten. Ich legte sechstausend Dukaten auf den Tisch und kündigte an, daß ich am Vorabend meiner

Abreise nur gegen Bargeld spielen würde. Er verlor zehntausend Dukaten und gab nur auf, weil er kein Geld mehr
hatte. Alle übrigen verzichteten ebenfalls, und ich hätte
Schluß gemacht, wenn die Mätresse des Prinzen, die auf
Ehrenwort spielte und schon dreißig oder vierzig Unzen[9]
verloren hatte, nicht noch hundert Spielmarken gehabt
hätte. So gab ich weiter in der Hoffnung, sie werde den
Verlust aufholen; aber schließlich legte ich um zwei Uhr
morgens die Karten auf den Tisch und sagte ihr, sie solle
mir das Geld in Rom geben.

Da ich keinesfalls Neapel verlassen wollte, ohne
Caserta[10] gesehen zu haben, und Donna Leonilda ebenfalls Lust dazu hatte, schickte uns der Herzog in einem
sehr bequemen Wagen dorthin; die vorgespannten sechs
Maultiere trabten rascher, als Pferde galoppieren. Auf
dieser Fahrt hörte ich zum ersten Male die Stimme ihrer
Gesellschafterin.

Am Tag nach diesem Ausflug besprachen wir in einer
zweistündigen Unterredung unsere Heirat.

»Leonildas Mutter«, sagte der Herzog, »lebt auf einem
Landgut nur wenig außerhalb der Stadt von sechshundert
Dukaten jährlich, die ich ihr als Leibrente gegeben habe,
als ich ihr ein Grundstück abkaufte, das ihr Gatte ihr
vererbt hat; aber Leonilda hängt nicht von ihr ab. Die
Mutter hat sie mir vor sechs Jahren überlassen, und ich
habe ihr sofort eine lebenslängliche Rente von fünfhun-
dert Dukaten ausgesetzt, die sie dir, zusammen mit ihren
Diamanten und einer schönen Garderobe, als Heiratsgut
mitbringen wird. Die Mutter hat sie völlig meiner Zuneigung anvertraut, zugleich meiner ehrenwörtlichen Zusi-
cherung, daß ich ihr eine vorteilhafte Heirat verschaffen
würde. Ich habe sie ausbilden lassen, ihren Geschmack

geschult und sie von allen Vorurteilen befreit, außer dem,
das ein Mädchen veranlaßt, sich für den zu bewahren, den
ihr der Himmel als Gatten bestimmt hat; du kannst sicher
sein, daß du der erste Mann sein wirst, den meine liebe
Leonilda an ihr Herz drückt.«

Ich bat ihn, eine Urkunde über seine Heiratsgabe anzufertigen und weitere fünftausend Dukaten darin aufzunehmen, die ich ihm bei der Unterzeichnung des Ehekon-
trakts bar bezahlen würde; er erwiderte, er werde die
Summe selbst als Hypothek auf ein Landhaus sicherstel-
len, das den doppelten Wert habe; zu Leonilda gewandt,
die vor Freude weinte, fügte er hinzu, er werde ihre Mutter holen lassen, die gern den Ehekontrakt unterzeichnen
werde.

Die Mutter lebte in Sant'Agata bei der Familie des Marchese Galiani, eine Tagesreise von Neapel entfernt. Er
versprach, ihr den Wagen am nächsten Tag zu schicken,
so daß wir am übernächsten Abend zusammen speisen
und tags darauf alles mit einem Notar regeln könnten;
dann würden wir gleich zur kleinen Kirche von Portici
fahren, wo uns ein Priester mit einer Dispens vom Aufge-
bot verheiraten könne. Am Tag nach der Hochzeit würde
die Mutter mit uns nach Sant'Agata zurückkehren; wir
könnten dort mit ihr zu Mittag essen und dann unsere
Reise mit ihrem Segen fortsetzen.

Bei den letzten Worten erbebte ich; dann lachte ich.
Aber Leonilda sank trotz ihres ganzen Verstandes ohn-
mächtig dem Herzog in die Arme; er nannte sie seine liebe
Tochter, küßte sie mehrere Male und rief sie so ins Leben
zurück. Nach dieser Szene trockneten wir alle drei unsere
Tränen.

Von diesem Tag an spielte ich nicht mehr. Ich hatte
fünfzehntausend Dukaten gewonnen, betrachtete mich

als verheiratet und mußte mich an eine verständige Lebensweise gewöhnen. Als ich am nächsten Abend mit Leonilda und dem Herzog nach der Oper in San Carlo speiste, fragte sie:

»Was wird meine Mutter morgen abend sagen, wenn sie dich sieht?«

»Sie wird sagen, daß du eine Dummheit begehst, wenn du einen Fremden heiratest, den du erst seit acht Tagen kennst. Hast du ihr geschrieben, wie ich heiße, woher ich stamme, was ich besitze und wie alt ich bin?«

»Ich habe ihr nur die folgenden drei Zeilen geschrieben: ›Kommen Sie rasch, liebe Mama, zur Unterzeichnung meines Ehevertrages mit einem Mann, den ich aus den Händen seiner Durchlaucht erhalte, und mit dem ich am Montag nach Rom abreise‹.«

»Und hier sind meine drei Zeilen«, sagte der Herzog: ›Komm rasch, liebe Freundin, unterzeichne den Ehekontrakt und segne Deine Tochter, die klugerweise einen Gatten gewählt hat, der ihr Vater sein könnte‹.«

»Das ist nicht wahr«, widersprach Leonilda und umarmte mich; »Sie wird dich für alt halten, und das kränkt mich.«

»Ist denn deine Mutter alt?«

»Ihre Mutter ist eine reizende und sehr geistvolle Frau«, erwiderte der Herzog; »sie ist höchstens siebenunddreißig oder achtunddreißig Jahre alt.«

»Was macht sie bei den Galiani?«

»Sie ist eine intime Freundin der Marchesa und lebt dort in der Familie, bezahlt aber dafür eine Pension.«

Am nächsten Tag mußte ich einige kleine Geschäfte erledigen und zu meinem Bankier gehen, um ihm die ganzen Banknoten zu bringen und gegen einen Wechsel auf

Rom einzutauschen, mit Ausnahme der fünftausend
Dukaten, die ich bei Unterzeichnung des Vertrages erle-
gen mußte; ich hatte dem Herzog gesagt, er möge mich
zur Abendessenszeit bei Leonilda erwarten.

Um acht Uhr betrat ich das Zimmer, wo die drei mit
dem Rücken zum Kamin standen, der Herzog zwischen
Mutter und Tochter.

»Oh, da ist er.«

Ich blickte gleich zu der Mutter hin, die bei meinem
Erscheinen einen durchdringenden Schrei ausstieß und
auf das Sofa sank. Ich musterte sie und erkannte Donna
Lucrezia Castelli.[11]

»Donna Lucrezia!« rief ich, »wie glücklich bin ich!«

»Lassen Sie mich ein wenig verschnaufen, lieber
Freund! Setzen Sie sich hierher. Sie wollen also meine
Tochter heiraten.«

Ich setzte mich und verstand alles; meine Haare sträub-
ten sich, und ich verfiel in das trübseligste Schweigen.
Leonilda und der Herzog waren erstaunt; sie begriffen,
daß wir uns kannten, konnten aber darüber hinaus nichts
verstehen. Ich dachte an die damalige Zeit, an das Alter
Leonildas, und mir wurde klar, daß sie meine Tochter sein
konnte; dennoch meinte ich, Donna Lucrezia könne dessen nicht sicher sein, da sie doch mit ihrem Gatten gelebt
hatte, der damals noch nicht einmal fünfzig war und sie
liebte. Ich erhob mich, nahm einen Leuchter, entschuldigte mich beim Herzog und bei Leonilda und bat die
Mutter, mit mir in ein anderes Zimmer zu kommen.

Kaum saß die Frau, die ich in Rom so sehr geliebt hatte,
neben mir, da sagte sie:

»Leonilda ist Ihre Tochter, davon bin ich überzeugt.
Ich habe sie stets als solche betrachtet; auch mein Mann

wußte es und war keineswegs böse, sondern betete sie an. Ich werde Ihnen ihren Taufschein zeigen, und Sie können selbst vom Tag der Geburt zurückrechnen. Mein Mann hat mich in Rom nie berührt, und meine Tochter ist nicht vorzeitig geboren. Erinnern Sie sich, daß meine verstorbene Mutter Ihnen einen Brief vorgelesen haben muß, in dem ich ihr schrieb, daß ich schwanger sei? Das war im Januar 1744. In sechs Monaten wird sie siebzehn Jahre alt. Mein lieber Gatte selbst hat ihr am Taufbecken den Namen Leonilda Giacomina gegeben, und wenn er guter Laune war, nannte er sie stets Giacomina. Diese Heirat, lieber Freund, jagt mir einen Schauer ein; Sie begreifen wohl, daß ich mich ihr nicht widersetzen werde, weil ich den Grund nicht zu sagen wage. Was denken Sie? Haben Sie wirklich noch den Mut, sie zu heiraten? Sie zögern. Haben Sie vielleicht die Ehe schon vor der Hochzeit vollzogen?«

»Nein, meine liebe Freundin.«

»Ich atme auf.«

»Ihr Gesicht zeigt keinen einzigen meiner Züge.«

»Das ist richtig. Sie gleicht mir. Du weinst, lieber Freund.«

»Wer sollte da nicht weinen! Ich gehe hinüber und schicke dir den Herzog. Du mußt ihm wohl alles erzählen.«

Ich trat in das andere Zimmer und sagte ihm, Donna Lucrezia wolle ihn sprechen. Die zärtliche Leonilda setzte sich ganz erschreckt auf meine Knie und fragte mich, um was es sich handle. Die Beklemmung hinderte mich, ihr zu antworten; sie umarmte mich zitternd und weinte mit mir. So wahrten wir eine Viertelstunde lang tiefstes Schweigen, bis der Herzog mit Donna Lucrezia zurückkam, die als einzige von uns vieren Vernunft bewahrt hatte.

»Meine liebe Tochter«, sagte sie zu Leonilda, »du mußt nun in ein unliebsames Geheimnis eingeweiht werden; und du sollst es von deiner Mutter selbst erfahren. Du erinnerst dich, welchen Namen dir mein verstorbener Gatte häufig gab, wenn er dich in den Armen hielt und dich liebkoste?«

»Er nannte mich reizende Giacomina.«

»Das ist der Vorname dieses Mannes hier. Er ist dein Vater. Umarme ihn als seine Tochter, und wenn er dein Geliebter gewesen ist, vergiß deine Sünde.«

Das war der Augenblick, in dem uns die Erhabenheit der Tragödie überwältigte. Leonilda sank ihrer Mutter zu Füßen, umschlang ihre Knie und sagte unter ersticktem Schluchzen: »Ich habe ihn stets nur als Tochter geliebt.«

Dann wurde die Szene stumm, man hörte nur das Schluchzen und die Küsse der beiden prächtigen Geschöpfe, während der Herzog und ich im höchsten Maß bewegt diesem Schauspiel beiwohnten und zwei Marmorstatuen glichen.

In bedrückten Gesprächen blieben wir drei Stunden bei Tisch sitzen und überdachten immer wieder dieses eher unglückliche als glückliche Wiedererkennen; als wir uns um Mitternacht trennten, merkten wir gar nicht, daß wir nichts gegessen hatten.

Wir wußten, daß wir am nächsten Tag beim Mittagessen ruhiger und nüchterner über die Sache sprechen würden; wir waren auch sicher, daß uns nichts daran hinderte, den vernünftigsten Ausweg zu wählen, und das ohne Schwierigkeit, denn es gab nur einen.

Auf dem Heimweg sprach der Herzog allein und stellte

eine Fülle von Überlegungen über das an, was man in der Moralphilosophie Vorurteil nennen kann. Daß die Verbindung eines Vaters mit seiner Tochter von Natur aus abscheulich sei, würde kein Philosoph zu behaupten wagen; aber das Vorurteil ist so stark, daß man einen völlig verderbten Verstand haben müßte, um es mit Füßen zu treten. Es ist die Frucht der Achtung vor den Gesetzen, die eine gute Erziehung einer edlen Seele beigebracht hat; und wenn man es so definiert, ist es kein Vorurteil mehr, sondern eine Pflicht.

Diese Pflicht kann auch als naturgegeben betrachtet werden, da wir von Natur aus gehalten sind, einem geliebten Geschöpf die gleichen Gefühle entgegenzubringen, die wir von ihm erwarten. Am besten entspricht einer gegenseitigen Liebe offenbar die Gleichheit in allem, im Alter, in der Herkunft und im Charakter; diese Gleichheit aber ist beim ersten Blick zwischen Vater und Tochter nicht zu erkennen. Die Achtung, die sie für ihren Erzeuger haben muß, bildet ein Hindernis für jene Zärtlichkeit, die sie für einen Geliebten empfinden sollte. Wenn sich der Vater auf Grund seiner väterlichen Autorität seiner Tochter bemächtigt, übt er eine der Natur verhaßte Tyrannei aus. Im Vergleich mit der natürlichen, rechten Liebe empfindet die Vernunft eine solche Verbindung als ungeheuerlich. Bei den Nachkommen wird man nur Verwirrung oder Widersetzlichkeit finden; kurzum, eine solche Verbindung ist in jeder Hinsicht abscheulich. Aber sie ist es nicht mehr, wenn die beiden Menschen sich lieben und nichts davon wissen, daß Gründe, die ihrer gegenseitigen Zuneigung fremd sind, sie an dieser Liebe hindern sollten. Der Inzest, das ewige Thema der griechischen Tragödie, rührt mich keineswegs zu Tränen, sondern bringt mich zum Lachen; und wenn ich bei »Phädra«[12] weine, so liegt das nur an der Kunst Racines.

Ich legte mich zu Bett, aber ich konnte nicht schlafen. Der gewaltsame plötzliche Übergang von der fleischlichen Liebe zur väterlichen stürzte alle meine seelischen und körperlichen Fähigkeiten in die größte Krise. Erst als ich mich entschlossen hatte, am nächsten Tag abzureisen, schlief ich zwei Stunden.

Beim Erwachen fand ich den gefaßten Entschluß sehr weise und teilte ihn dem Herzog mit, der noch im Bett lag. Er erwiderte mir, alle Welt wisse, daß ich im Begriff stehe abzureisen; daher werde man diese Überstürzung schlecht auslegen. Er riet mir, mit ihm einen Imbiß einzunehmen und diesen Heiratsplan als einen Scherz zu betrachten.

»Wir werden diese drei oder vier Tage heiter verbringen«, fügte er hinzu; »wir werden unseren Geist anstrengen, um dieser Geschichte alles Schaurige zu nehmen und ihr sogar einen komischen Anstrich zu geben. Ich rate dir, deine Liebschaft mit Donna Lucrezia zu erneuern. Du mußt sie gefunden haben, wie sie vor achtzehn Jahren gewesen ist; sie kann unmöglich hübscher gewesen sein.«

Diese kleine Ermahnung brachte mich zur Vernunft. Den Heiratsplan zu vergessen, war das Richtige und einzig Mögliche; aber ich war verliebt, und ein geliebtes Geschöpf ist nicht wie eine Ware, die man leicht durch eine andere ersetzt, wenn man sie nicht haben kann.

Wir gingen also gemeinsam zu Leonilda hinüber, der Herzog in seiner normalen Verfassung, ich aber bleich, niedergeschlagen, mit allen Anzeichen der Trauer. Wie überrascht war ich, als ich sie in heiterer Stimmung fand. Leonilda fiel mir um den Hals, hieß mich ihren lieben

Papa, und die Mutter nannte mich ihren lieben Freund; an ihrem Gesicht, in dem die vergangenen achtzehn Jahre keinen Zug zu ändern vermocht hatten, blieben meine Augen und meine Gedanken haften.

Wir spielten eine stumme Szene und umarmten uns nach kurzen Pausen immer wieder. Leonilda gab mir und empfing alle erdenklichen Küsse, ohne daß wir uns um das Verlangen kümmerten, das sie in uns auslösen mochten. Uns genügte die Gewißheit, daß wir ihm würden widerstehen können. Das Mädchen hatte recht. Man gewöhnt sich an alles. Die Scham vertrieb schließlich meine Trauer.

Ich erzählte Donna Lucrezia von dem seltsamen Empfang, den mir ihre Schwester in Rom bereitet hatte; da begannen wir zu lachen. Wir erinnerten uns an die Nacht in Tivoli, und die auftauchenden Bilder stimmten uns zärtlich. Nach einem kurzen Schweigen sagte ich ihr, wenn sie mit mir nach Rom kommen wolle, und sei es auch nur, um Donna Angelica einen Besuch zu machen, würde ich mich verpflichten, sie zu Beginn der Fastenzeit nach Neapel zurückzubringen. Sie versprach mir ihre Antwort für den folgenden Tag.

Beim Mittagessen saß ich zwischen ihr und Leonilda, die ich vergessen mußte; so war es nicht weiter verwunderlich, daß meine ganze frühere Leidenschaft wieder erwachte. War es die angeregte Unterhaltung, mein Liebesbedürfnis, das ausgezeichnete Mahl oder der Wein, ich geriet jedenfalls beim Nachtisch in eine solche Verliebtheit, daß ich ihr meine Hand antrug.

»Ich heirate dich«, sagte ich, »und morgen reisen wir alle drei ab; denn sobald Leonilda als meine Tochter gilt, kann ich sie nicht allein in Neapel lassen.«

Bei diesem Vorschlag blickten sich meine drei Tischgefährten gegenseitig an, aber niemand antwortete.

Nach dem Essen überfiel mich eine starke Müdigkeit, so daß ich mich hinlegen mußte und erst um acht Uhr abends erwachte; zu meinem Erstaunen erblickte ich nur Donna Lucrezia, die einen Brief schrieb. Sie kam zu mir und sagte, ich hätte fünf Stunden geschlafen; sie habe ihre Tochter und den Herzog nicht in die Oper begleitet, um mich nicht allein zu lassen.

Im Rückblick erwacht die alte Zuneigung zu einer bewundernswerten Frau von neuem, Wünsche werden wieder wach, und die Macht, mit der sie sich erneuern, kennt keine Schranken. Wenn die beiden Menschen sich noch lieben, kommt der eine dem andern entgegen; beide glauben, ein Gut wieder in Besitz zu nehmen, das ihnen gehört, und dessen Genuß ihnen grausame Zwischenfälle nur für lange Zeit verwehrt haben. So wurden wir im Augenblick eins, ohne jede Einleitung, ohne unnütze Reden, ohne Vorspiel, ja sogar ohne das falsche Schmachten, bei dem notwendigerweise einer der beiden lügen muß. In süßem, lächelndem Schweigen überließen wir uns dem wahren, dem einzigen Schöpfer der Natur, der Liebe.

In der ersten Pause brach ich endlich das Schweigen. Wenn ein Mensch zum Scherzen neigt, kann er dann in der köstlichen Ruhe, die auf einen Sieg in der Liebe folgt, anders sein?

»Da bin ich wieder in den bezaubernden Gefilden«, sagte ich, »die es mir angetan haben, als ich sie zum erstenmal im Lärm der Gewehrschüsse und der Trommler im Dunkeln zu erforschen wagte.«

Sie mußte lachen, die Erinnerung meldete sich zu Wort, und wir riefen uns Stück für Stück alles, was wir auf dem Testaccio, in Frascati und in Tivoli erlebt hatten, ins Gedächtnis zurück. Alles war uns zwar nur ein Anlaß zum Lachen; was aber ist, wenn zwei Liebende allein sind, ein solcher Anlaß anderes als ein Vorwand, das Fest der Liebe zu erneuern?

Nach dem Ende des zweiten Aktes, sagte ich in der Begeisterung, die eine glückliche und erwiderte Liebe im Herzen entzündet: »Bleiben wir bis zum Tode beisammen; wir haben dann die Gewißheit, glücklich zu sterben. Wir sind gleich alt und können daher hoffen, zur gleichen Zeit zu sterben.«

»Das ist auch mein brennender Wunsch; aber bleibe in Neapel und laß Leonilda dem Herzog. Wir werden gemeinsam leben, und wenn wir für sie einen ihrer würdigen Gatten gefunden haben, wird unser Glück vollkommen sein.«

»Meine Liebe, ich kann mich nicht in Neapel niederlassen. Deine Tochter war bereit, mit mir fortzugehen.«

»Sag doch unsere Tochter. Ich sehe, daß du nicht ihr Vater sein möchtest. Du liebst sie.«

»Leider! Ich bin ganz überzeugt, daß meine Leidenschaft schweigen wird, solange ich mit dir leben kann; aber ich verbürge mich für nichts, wenn du nicht da bist. Ich könnte nur fliehen. Sie ist reizend, und ihr Geist hat mich noch stärker betört als ihre Schönheit. In der Überzeugung, daß sie mich liebt, habe ich mit meinen Bemühungen, sie zu besitzen, nur aus Sorge zurückgehalten, ich könne mich bei ihr mißliebig machen. Hätte ich sie erschreckt, so wäre ihre Zuneigung vielleicht geringer geworden. Ich strebte nach ihrer Achtung und wollte ihre Reinheit nicht trüben. Ich wollte sie nur rechtmäßig besitzen, und zwar mit einem Recht, das dem ihren gleich kam. Liebe Freundin, wir haben einen Engel in die Welt gesetzt. Ich kann nicht begreifen, wie der Herzog ...«

»Der Herzog ist unfähig. Nun begreifst du alles.«

»Inwiefern? Er hat doch einen Sohn.«

»Er ist unfähig, sage ich dir.«

»Aber . . .«

»Kein Aber. Er ist es, und er weiß, daß er es ist.«

»Laß mich dich so sehen wie in Tivoli.«

»Nein, da kommt ein Wagen.«

Wie herzhaft lachte Leonilda, als sie ihre Mutter in meinen Armen sah! Sie gab uns hundert Küsse. Der Herzog kam einen Augenblick später, und wir speisten sehr vergnügt. Als ich ihm sagte, ich würde eine Nacht mit meiner Frau und meiner Tochter in allen Ehren verbringen, fand er, ich sei der glücklichste aller Sterblichen, und er hatte recht; ich war es in diesem Augenblick.

»Quand'ero in parte altr'uom da quel ch'io sono« (Als ich zum Teil ein anderer Mensch war als heute)[13].

Nachdem er gegangen war, hüllte ich meine Haare in ein Tuch und warf meine Kleider mitten ins Zimmer, während Leonilda ihre Mutter auskleidete. Diese sagte zu ihrer Tochter, sie solle sich neben sie legen.

»Dein Vater wird sich nur deiner Mutter widmen.«

»Und ich sowohl dem einen wie dem andern«, antwortete Leonilda; und sie zog sich auf der anderen Seite des Bettes vollständig aus und legte sich mit den Worten neben ihre Mutter, daß ich in meiner Eigenschaft als Vater berechtigt sein müsse, mein Werk ganz zu sehen. Ihre Mutter war stolz darauf, bewunderte sie und freute sich, als sie sah, daß ich ihre Schönheit anerkannte. Ihr genügte, daß sie im Mittelpunkt stand, und ich nur an ihr das Feuer löschte, von dem sie mich entflammt sah. Die Neugier Leonildas fand ich entzückend.

»Das also hast du getan«, fragte sie, »als du mich vor achtzehn Jahren gezeugt hast?«

Aber gerade in dem Augenblick, als Lucrezia zum Liebestod gelangt wäre, hielt ich mich für verpflichtet, mich zurückzuziehen, um sie zu schonen. Von Mitleid gerührt, half Leonilda mit einer Hand ihrer Mutter beim Aushauchen ihrer kleinen Seele; mit der anderen hielt sie ein weißes Taschentuch über ihren sich verströmenden Vater.

Lucrezia wandte mir den Rücken, zog ihre Tochter voll Dankbarkeit über deren zärtliche Bemühungen in ihre Arme und gab ihr hundert Küsse; dann wandte sie sich wieder mir zu und sagte voll Rührung:

»Da, schau sie dir gut an, sie ist ohne Makel! Überzeuge dich sogar, wenn du willst; sie ist unversehrt, so wie ich sie geboren habe.«

»Ja, sieh mich an«, sagte Leonilda lachend, »und küsse Mama.«

Ach, ich liebte diese Mutter, sonst hätte nichts die Tochter vor meiner Leidenschaft schützen können. Der Krieg begann nun von neuem und endete erst, als wir einschliefen.

Uns weckten die Strahlen der aufgehenden Sonne.

»Zieh doch bitte die Vorhänge auf, liebe Tochter«, sagte die Mutter. Gehorsam zog Leonilda völlig nackt die Vorhänge auf und enthüllte mir Schönheiten, die ein Liebender nie genug bewundern kann. Ach, sie duldete, als sie ins Bett zurückkam, daß ich alles, was ich sah, mit Küssen bedeckte; aber sobald sie mich am Rande des Abgrunds sah, entschlüpfte sie und schob mich ihrer Mutter zu, die mich mit offenen Armen empfing und mir gebieterisch befahl, ihr unerbittlich eine zweite Leonilda zu schenken. Am Ende des sehr langen Kampfes glaubte ich, ihren Wunsch erfüllt zu haben, aber das Blut, das sich nach meinem Vergehen ihren Augen zeigte, ließ sie zweifeln.

»Du hast mich an diese erschreckende Erscheinung gewöhnt«, sagte sie.

Wir versicherten der ahnungslosen Leonilda, daß es nichts zu bedeuten habe, und zogen uns an; dann kam der Herzog von Matalone. Leonilda übernahm es, ihm unser ganzes nächtliches Werk zu schildern. Bedrückt von seiner Untüchtigkeit, mußte er sich beglückwünschen, daß er nicht dabei gewesen war.

Ich war fest entschlossen, am nächsten Tag abzureisen, um rechtzeitig in Rom zu sein und die letzten acht Tage des Karnevals zu genießen; so ersuchte ich den Herzog dringend um seine Zusage, daß ein Geschenk, das ich Leonilda zugedacht hatte, nicht zurückgewiesen werden würde. Es handelte sich um die Hochzeitsgabe von fünftausend Dukaten, die ich ihr hatte geben wollen, wenn sie meine Frau hätte werden können. Der Herzog entschied, daß sie als meine Tochter mit noch viel größerem Recht diese Summe als Mitgift annehmen müsse. Als ich sie ihr aushändigte, überschüttete sie mich mit Zärtlichkeiten und nahm mir das Versprechen ab, zu einem Besuch nach Neapel zurückzukommen, sobald ich wüßte, daß sie verheiratet sei. Ich versprach es und hielt Wort.

Kapitel 10

Madame d'Urfé und Monsieur d'Aché

Casanova hat Madame d'Urfé[1], seine zum Okkultismus neigende Wohltäterin, 1757 in Paris kennengelernt. Diese ist der Überzeugung, daß nur Männer die Macht erlangen können, mit Elementargeistern Kontakt aufzunehmen, und möchte deshalb mit Casanovas Hilfe ihre Seele in den Leib eines Knaben verpflanzen. Er überredet die junge Tänzerin Corticelli[2], sich als seine Gehilfin auszugeben.

Da ich in Metz nichts mehr zu tun hatte, verabschiedete ich mich von meinen neuen Bekannten und übernachtete am übernächsten Tag in Nancy. Von dort aus schrieb ich an Madame d'Urfé, ich käme mit einer Jungfrau, dem letzten Sproß der Familie Lascaris[3], die in Konstantinopel regiert hatte. Sie möge sie in einem Landhaus, das ihrer Familie gehöre, empfangen; dort müßten wir mehrere Tage bleiben, um einige kabbalistische Riten zu vollziehen.

Sie schrieb zurück, sie erwarte mich in Pont-Carré[4], einem alten Schloß, vier Meilen außerhalb von Paris, und werde dort die junge Prinzessin mit allen erdenklichen Beweisen der Freundschaft empfangen. ›Das muß ich um so mehr‹, fügte die prächtige Närrin hinzu, ›als die Familie Lascaris mit der Familie d'Urfé verbunden ist, und ich in der Leibesfrucht dieser begnadeten Jungfrau wiedergeboren werden soll.‹ Ich hatte den Eindruck, daß ich ihren Enthusiasmus zwar nicht abkühlen, aber im Zaum halten und seine Äußerungen dämpfen mußte. Ich schrieb ihr daher über diesen Punkt abermals und erklärte ihr, warum sie sich damit begnügen müsse, die junge Dame als Gräfin

zu behandeln, und schloß mit der Ankündigung, daß wir
mit der Gesellschafterin der jungen Lascaris am Montag
der Karwoche bei ihr ankommen würden.

Ich brachte etwa zwölf Tage in Nancy damit zu, dem
jungen Wildfang Anweisungen zu geben und die Mutter
zu überzeugen, daß sie sich damit begnügen müsse, die
sehr untertänige Dienerin der Gräfin Lascaris zu sein. Das
kostete mich viel Mühe; ich mußte ihr nicht nur dauernd
wiederholen, daß ihr Glück von ihrer vollkommenen
Unterordnung abhing, sondern ihr auch drohen, sie allein
nach Bologna zurückzuschicken. Ich habe meine Beharrlichkeit sehr bereut. Der Starrsinn dieser Frau war eine
Eingebung meines guten Genius, der mich vor dem
schwersten Fehler bewahren wollte, den ich in meinem
Leben begangen habe!

Am festgesetzten Tag kamen wir in Pont-Carré an.
Madame d'Urfé, durch mich von der Stunde unserer
Ankunft unterrichtet, hatte die Zugbrücken des Schlosses
senken lassen und stand aufrecht am Tor inmitten aller
ihrer Leute, wie ein General, der uns die Festung mit allen
kriegerischen Ehren zu übergeben beabsichtigte. Die liebe
Dame, die nur wegen ihrer allzugroßen Gescheitheit verrückt war, bereitete der falschen Prinzessin einen so würdigen Empfang, daß diese sehr erstaunt gewesen wäre,
hätte ich sie nicht vorsichtshalber darauf vorbereitet. Sie
schloß sie dreimal mit überströmender mütterlicher Zärtlichkeit in ihre Arme, nannte sie ihre vielgeliebte Nichte
und zählte ihren Stammbaum und den des Hauses Lascaris auf, um ihr zu zeigen, mit welchem Recht sie sich ihre
Tante nennen konnte. Es überraschte mich sehr angenehm, daß meine närrische Italienerin sie mit freundlicher
und würdiger Miene anhörte und nicht einen einzigen

Augenblick lachte, obwohl ihr die ganze Komödie sehr lächerlich vorkommen mußte.

Sobald wir im Hause waren, nahm Madame d'Urfé wie eine Zauberin geheimnisvolle Handlungen vor und hüllte die Neuangekommene in Weihrauchwolken ein. Die Corticelli nahm diese Ehrung mit der ganzen Bescheidenheit einer Operngöttin entgegen und warf sich dann in die Arme der Priesterin, die sie mit der größten Begeisterung ans Herz drückte.

Bei Tisch war meine Gräfin heiter, huldvoll und gesprächig; das gewann ihr die Zuneigung von Madame d'Urfé, die sich keineswegs darüber wunderte, daß sie nur gebrochen Französisch sprach. Von der Dame Laura, die nur Italienisch konnte, war nicht die Rede. Man gab ihr ein gutes Zimmer, brachte ihr dorthin auch das Essen, und sie verließ es nur, um zur Messe zu gehen.

Das Schloß Pont-Carré war eine Art Festung, die zur Zeit der Bürgerkriege[5] manche Belagerungen überdauert hatte. Wie schon sein Name besagte, bildete es ein von vier zinnenbewehrten Türmen flankiertes und von einem breiten Graben umschlossenes Viereck. Die Räume waren sehr groß und reich, aber altmodisch möbliert. Die Luft war voll von giftigen Schnaken, die uns peinigten und uns im Gesicht sehr schmerzhafte Pusteln beibrachten; aber ich hatte mich verpflichtet, dort acht Tage zu bleiben, und wäre in großer Verlegenheit gewesen, einen Vorwand zu finden, um diese Zeit abzukürzen. Madame ließ ein Bett neben dem ihren aufstellen, damit ihre Nichte dort schlafe; ich hatte nicht zu befürchten, daß sie sich über ihre Jungfräulichkeit zu vergewissern suchen werde, denn das Orakel hatte es ihr verboten, weil sie damit die Wirkung des Aktes zunichte machen würde, den wir für den vierzehnten Tag des Aprilmondes anberaumten.

An diesem Tag speisten wir abends mäßig; dann ging
ich zu Bett. Eine Viertelstunde später führte mir Madame
die Jungfrau Lascaris zu. Sie entkleidete und parfümierte
sie, hüllte sie in einen prächtigen Schleier und blieb, nachdem sie sie zu mir geführt hatte, im Zimmer, denn sie
wollte bei dem Akt, als dessen Ergebnis sie neun Monate
später wiedergeboren werden sollte, zugegen sein.

Die Handlung wurde in aller Form vollzogen; als es
geschehen war, ließ uns Madame für diese Nacht allein,
die wir bestens nützten. Dann schlief die Gräfin bis zum
Mondwechsel bei ihrer Tante; an diesem Tage sollte ich
das Orakel befragen, ob die junge Lascaris durch den Akt
empfangen habe. Das war möglich, denn zum Erlangen
dieses Ziels war mit nichts gespart worden; aber ich hielt
es für klüger zu antworten, daß die Operation fehlge-
schlagen sei, weil der kleine Aranda hinter einem Wand-
schirm alles beobachtet hätte. Madame d'Urfé war verzweifelt, aber ich tröstete sie durch eine zweite Antwort
des Orakels, die besagte, daß bei Vollmond im Mai außerhalb Frankreichs geschehen könne, was im April in
Frankreich nicht erreicht werden konnte; aber dazu
müsse sie den neugierigen Jungen, dessen Einfluß so nach-
teilig gewesen war, wenigstens für ein Jahr hundert Meilen von Paris fortschicken. Das Orakel gab auch an, wie
Aranda reisen solle; er benötigte einen Hofmeister, einen
Diener und eine kleine, aber gute Ausstattung.

Das Orakel hatte gesprochen; mehr bedurfte es nicht.
Madame d'Urfé dachte gleich an einen Abbé, den sie
liebte, und der junge Aranda wurde mit den wärmsten
Empfehlungen an seinen Paten Monsieur de Rochebaron
nach Lyon geschickt. Der junge Mann war von diesen
Reiseplänen entzückt und erfuhr nie das geringste von der

kleinen Anschwärzerei, die ich mir erlaubt hatte, um ihn zu entfernen. Daß ich so handelte, war nicht eine reine Laune. Ich hatte mit untrüglicher Gewißheit festgestellt, daß die Corticelli in ihn verliebt war, und daß ihre Mutter den Handel begünstigte. Zweimal schon hatte ich sie in ihrem Zimmer mit dem jungen Mann überrascht, der ihr unbekümmert den Hof machte, wie ein Jüngling es bei allen Mädchen tut; in gleicher Weise, wie ich die Absichten meiner Italienerin mißbilligte, fand Signora Laura es aber verwerflich, daß ich mich der Neigung ihrer Tochter widersetzte.

Das Hauptproblem war, einen Ort im Ausland zu finden, an den wir uns begeben sollten, um die geheimnisvolle Operation zu wiederholen. Wir entschlossen uns für Aachen, und fünf oder sechs Tage später war alles für unsere Reise bereit.

Die Corticelli war böse auf mich, weil ich ihr den Gegenstand ihrer Liebe fortgenommen hatte; sie machte mir deshalb lebhafte Vorwürfe und begann, mich recht schnöde zu behandeln. Sie verstieg sich sogar zu Drohungen, wenn ich nicht für die Rückkehr des, wie sie sagte, hübschen Burschen sorge.

»Es kommt Ihnen nicht zu, eifersüchtig zu sein«, sagte sie; »ich allein habe mich zu bestimmen.«

»Einverstanden, meine Schöne«, erwiderte ich; »aber in der gegenwärtigen Situation kommt es mir zu, dich daran zu hindern, daß du dich wie eine Prostituierte aufführst.«

Die Mutter erklärte mir wütend, sie wolle mit ihrer Tochter nach Bologna zurückkehren; um sie zu besänftigen, versprach ich ihr, sie nach unserer Reise nach Aachen selbst dorthin zu bringen.

Da ich jedoch besorgt war und Verdruß befürchtete, beschleunigte ich den Aufbruch. Im Mai reisten wir in einer Berline[6] ab, in der ich mit Madame d'Urfé, der falschen Lascaris und ihrer Lieblingszofe namens Brougnole saß. Ein zweisitziges Kabriolett folgte uns; in ihm saßen Signora Laura und eine zweite Zofe. Zwei livrierte Diener saßen auf dem Bock der Berline. Wir rasteten einen Tag in Brüssel und einen weiteren in Lüttich. In Aachen fanden wir eine große Zahl recht vornehmer Fremder vor, und beim ersten Ball stellte Madame d'Urfé meine Lascaris zwei mecklenburgischen Prinzessinnen als ihre Nichte vor. Die falsche Gräfin zeigte sich bei der zärtlichen Begrüßung ungezwungen und bescheiden und lenkte vor allem die Aufmerksamkeit des Markgrafen von Bayreuth und seiner Tochter, der Herzogin von Württemberg, auf sich, die sie mit Beschlag belegten und sie bis zum Schluß des Balles nicht verließen. Vor Angst, daß sich meine Heldin durch irgendeine Unvorsichtigkeit verriet, saß ich wie auf Nadeln. Sie tanzte mit einer Grazie, die die Aufmerksamkeit und den Beifall der ganzen Gesellschaft auf sie lenkte, und mir machte man deshalb Komplimente. Ich stand Qualen aus, denn diese Komplimente erschienen mir boshaft, gerade als hätte jeder in der Gräfin die verkleidete Ballettänzerin erkannt; ich sah mich bereits entehrt. Als ich Gelegenheit hatte, einen Augenblick allein mit der jungen Närrin zu sprechen, beschwor ich sie, wie ein Mädchen von Stand zu tanzen und nicht wie eine Figurantin des Balletts. Aber ihre Erfolge waren ihr zu Kopf gestiegen; sie erwiderte mir unverfroren, ein Mädchen von Stand könne sehr wohl tanzen wie eine Tänzerin, und sie werde mir zu Gefallen nie darauf verzichten, gut zu tanzen. Das Verhalten dieser frechen Person erboste mich derart, daß ich mich, wenn ich gewußt hätte wie, augenblicklich von ihr getrennt hätte; aber innerlich schwor ich mir, daß ihr später nichts erspart bleiben sollte. Ob das nun ein Laster oder eine Tugend ist, jedenfalls erlischt der Rachedurst in meinem Herzen erst, wenn er gestillt ist.

Am Tage nach dem Ball schenkte Madame d'Urfé der Corticelli ein Kästchen mit einer sehr schönen, brillantenbesetzten Uhr, einem Paar Ohrringe aus Diamanten und einem Ring, dessen Fassung mit einer Rosette von fünfzehn Karat geschmückt war. Alles zusammen war sechzigtausend Francs wert. Ich nahm es in Verwahrung, damit sie nicht auf die Idee kam, ohne meine Zustimmung zu verschwinden.

Um inzwischen meine Langeweile zu vertreiben, spielte ich, verlor mein Geld und machte üble Bekanntschaften. Die schlimmste von allen war ein französischer Offizier namens d'Aché[7], der eine hübsche Frau und eine noch hübschere Tochter hatte. Diese Tochter bemächtigte sich unverzüglich des Platzes in meinem Herzen, den die Corticelli nur noch sehr oberflächlich innehatte; aber sobald Madame d'Aché merkte, daß ich die Tochter ihr selbst vorzog, weigerte sie sich, mich zu empfangen.

Ich hatte d'Aché zehn Louis geliehen; deshalb hielt ich mich für berechtigt, mich bei ihm über das Verhalten seiner Frau zu beklagen. Doch er erwiderte mir in schroffem Ton, seine Frau habe recht, denn ich ginge ja nur wegen der Tochter zu ihr; seine Tochter aber sei dafür geschaffen, einen Ehemann zu finden, und wenn ich ernste Absichten hätte, müsse ich mich nur mit der Mutter darüber aussprechen. An alledem war nur der Ton verletzend, und ich nahm ihm den auch wirklich übel. Da ich jedoch den Mann als rüpelhaften und groben Saufbold kannte, der für ein Ja oder Nein rasch mit dem Degen zur

Hand war, hielt ich es für besser, zu schweigen und nicht
mehr an seine Tochter zu denken; denn ich wollte mich
mit einem Mann seines Schlages nicht einlassen. In dieser
Gemütsverfassung und so ziemlich von meiner Schwärmerei für seine Tochter geheilt, betrat ich vier Tage nach
unserer Unterhaltung ein Billardzimmer, in dem d'Aché
mit einem Schweizer namens Schmit, einem Offizier in
schwedischen Diensten, spielte. Sobald d'Aché mich
bemerkte, fragte er mich, ob ich nicht mit ihm um die
zehn Louis, die er mir schulde, wetten wolle. Als die
Partie begann, antwortete ich:

»Gut, also entweder zwanzig oder nichts. Es gilt.«

Gegen Ende der Partie sah sich d'Aché im Nachteil und
tat einen so offensichtlich regelwidrigen Stoß, daß der
Billardbursche es ihm sagte; aber d'Aché, der mit diesem
Stoß gewonnen hatte, bemächtigte sich des eingesetzten
Geldes und steckte es in die Tasche, ohne sich im geringsten um die Vorhaltungen des Anschreibers noch um die
seines Gegners zu scheren. Als sich dieser so betrogen sah,
schlug er dem Gauner mit dem Billardstock ins Gesicht.
D'Aché, der den Schlag mit dem Arm abgefangen hatte,
riß sogleich den Degen heraus und fiel den unbewaffneten
Schmit an. Der Kellner, ein junger kräftiger Bursche,
schlang seine Arme um d'Aché und verhinderte den
Mord. Der Schweizer ging mit den Worten:

»Auf Wiedersehen.«

Als der Gauner ruhig geworden war, blickte er mich an
und sagte:

»Nun sind wir quitt.«

»Vollkommen quitt.«

»Schön und gut; aber zum Teufel, Sie waren in der
Lage, mir diesen ehrenrührigen Schimpf zu ersparen.«

»Ich hätte es gekonnt, aber ich hatte keinen Anlaß dazu. Außerdem müssen Sie Ihre Rechte kennen. Schmit hatte keinen Degen, aber ich halte ihn für einen mutigen Mann, der Ihnen Genugtuung geben wird, wenn Sie den Mut aufbringen, ihm sein Geld auszuhändigen; denn schließlich haben Sie ja verloren.«

Ein Offizier namens de Pienne nahm mich beiseite und erklärte, er werde mir selbst die zwanzig Louis vergüten, die d'Aché eingesteckt habe; aber Schmit schulde diesem Genugtuung mit dem Degen in der Hand. Ich versprach ihm ohne Zögern, daß der Schweizer seiner Verpflichtung nachkommen werde, und übernahm es, ihm am nächsten Tag am gleichen Ort eine zustimmende Antwort zu bringen.

Ich konnte daran nicht zweifeln; ein Ehrenmann, der eine Waffe trägt, muß immer bereit sein, sich ihrer zu bedienen, um eine Beleidigung zu ahnden, die seine Ehre verletzt, oder um für eine von ihm zugefügte Beleidigung Genugtuung zu geben. Ich weiß, es ist ein Vorurteil, das man vielleicht zu Recht für barbarisch hält; aber es gehört zu den gesellschaftlichen Vorurteilen, denen sich ein Ehrenmann nicht verschließen kann, und das schien mir Schmit zu sein.

Am nächsten Morgen ging ich in aller Frühe zu ihm; er lag noch im Bett. Sobald er mich erblickte, sagte er:

»Sie wollen mich sicher auffordern, daß ich mich mit d'Aché schlage. Ich bin durchaus bereit, ihm zu Gefallen einen Schuß zu tun, aber unter der Bedingung, daß er mir zuerst die zwanzig Louis bezahlt, die er mir gestohlen hat.«

»Sie erhalten sie morgen früh; ich werde Sie begleiten. Der Sekundant von d'Aché wird Monsieur de Pienne sein.«

»Abgemacht. Ich erwarte Sie hier bei Tagesanbruch.«

Zwei Stunden später suchte ich de Pienne auf, und wir verabredeten ein Duell mit zwei Pistolen für den folgenden Tag um sechs Uhr morgens. Wir wählten dazu einen Garten, eine halbe Meile außerhalb der Stadt.

Als ich im Morgengrauen zu meinem Schweizer kam, erwartete er mich, den seinen Landsleuten so teuren Kuhreigen trällernd, vor der Tür seines Hauses. Ich hielt das für ein gutes Vorzeichen.

»Da sind Sie ja«, sagte er, »gehen wir!«

Unterwegs erklärte er mir:

»Ich habe mich stets nur mit anständigen Leuten geschlagen, und es fällt mir schwer, einen Spitzbuben umzubringen; das wäre die Sache eines Henkers.«

»Ich empfinde es als sehr widerwärtig«, antwortete ich, »wenn man sein Leben gegen solche Leute aufs Spiel setzen soll.«

»Ich laufe überhaupt keine Gefahr«, sagte Schmit lachend, »denn ich werde ihn sicher töten.«

»Wieso sicher?«

»Ganz sicher, denn ich werde ihn zum Zittern bringen.«

Er hatte recht. Dieses Geheimnis ist unfehlbar, wenn man sich seiner zu bedienen weiß und es mit einem Feigling zu tun hat. Am Ort fanden wir d'Aché und de Pienne bereits vor, außerdem fünf oder sechs Personen, die offenbar nur aus Neugier dabei waren.

D'Aché zog zwanzig Louis aus der Tasche, gab sie seinem Gegner und sagte:

»Ich mag mich getäuscht haben, aber für Ihre Rüpelhaftigkeit sollen Sie mir bezahlen.«

Dann wandte er sich mit den Worten an mich:

»Ich schulde Ihnen zwanzig Louis.«

Ich antwortete ihm nicht.

Schmit steckte das Geld mit größter Ruhe in seine Börse und stellte sich, ohne dem Großsprecher zu antworten, zwischen zwei Bäume, die ungefähr vier Schritt auseinanderstanden. Dann zog er zwei Pistolen aus der Tasche und sagte zu d'Aché:

»Sie haben sich nur zehn Schritt von hier aufzustellen und als erster zu schießen. Den Raum zwischen diesen beiden Bäumen bestimme ich für meine Bewegungsfreiheit. Sie können ebenso auf und ab gehen, wenn es Ihnen Spaß macht, sobald ich an der Reihe bin zu schießen.«

Man hätte es nicht klarer und ruhiger sagen können.

»Aber man muß entscheiden, wer den ersten Schuß hat«, sagte ich.

»Das ist überflüssig,« erwiderte Schmit; »ich schieße niemals als erster, und übrigens steht das Monsieur zu.«

De Pienne wies seinem Freund einen Platz im angegebenen Abstand zu; dann ging er wie ich zur Seite, und d'Aché schoß auf seinen Gegner, der mit langsamen Schritten, ohne ihn anzusehen, auf- und abging. Schmit wandte sich mit größter Kaltblütigkeit um und sagte:

»Sie haben offenbar daneben geschossen, Monsieur; versuchen Sie es noch einmal.«

Ich glaubte, er sei verrückt geworden, und erwartete Unterhandlungen. Aber keineswegs. Zum zweiten Schuß ermächtigt, gab d'Aché Feuer und verfehlte von neuem seinen Gegner; dieser schoß, ohne ein Wort zu sagen, aber mit unerschütterlicher Miene, seine erste Kugel in die Luft, dann nahm er mit seiner zweiten Pistole d'Aché aufs Korn, traf ihn mitten in die Stirn und streckte ihn auf der Stelle tot zu Boden. Nachdem er seine Pistolen in die

Tasche gesteckt hatte, verließ uns Schmit unverzüglich, als setze er seinen Spaziergang fort. Ich ging ebenfalls zwei Minuten später, sobald ich mich überzeugt hatte, daß in dem unglücklichen d'Aché kein Leben mehr war.

Ich war völlig verdutzt, denn ein derartiges Duell erschien mir wie ein Traum, eher eine Begebenheit aus einem Roman als aus dem wirklichen Leben. Ich konnte es kaum fassen, denn ich hatte nicht die geringste Veränderung auf dem gleichmütigen Gesicht des Schweizers bemerkt.

Zum Frühstück ging ich zu Madame d'Urfé und fand sie untröstlich, denn wir hatten Vollmond, und um vier Uhr drei Minuten sollte die geheimnisvolle Erschaffung des Kindes stattfinden, in dem sie wiedergeboren wurde. Nun wand sich aber die göttliche Lascaris, die das auserwählte Gefäß sein sollte, in ihrem Bett und heuchelte Krämpfe, die es mir unmöglich machen mußten, das schöpferische Werk zu vollbringen.

Als mir Madame d'Urfé verzweifelt von diesem Hindernis berichtete, heuchelte ich tiefen Kummer, denn die Niedertracht der Tänzerin kam mir gerade recht, einmal, weil sie mir kein Verlangen mehr einflößte, und außerdem, weil ich voraussah, daß ich diese Lage ausnutzen konnte, um mich zu rächen und sie zu strafen.

Ich tröstete Madame d'Urfé wortreich, und als ich das Orakel befragte, fand ich, daß die kleine Lascaris durch einen bösen Genius verdorben worden war, und daß ich auf die Suche nach einer auserkorenen Jungfrau gehen müsse, deren Reinheit unter dem Schutz höherer Genien stand. Als ich sah, daß die Närrin mit den Versprechungen des Orakels vollkommen glücklich war, verließ ich sie, um die Corticelli aufzusuchen. Ich fand sie im Bett; ihre Mutter saß bei ihr.

»Du hast also Krämpfe, meine Liebe«, sagte ich.

»Nein«, erwiderte sie, »es geht mir ausgezeichnet; aber ich werde sie haben, bis du mir mein Kästchen zurückgibst.«

»Du wirst ungezogen, meine arme Kleine, und wohl auf den Rat deiner Mutter hin. Das Kästchen wirst du bei einem solchen Verhalten vielleicht nie dein eigen nennen.«

»Dann werde ich alles ausplaudern.«

»Man wird dir nicht glauben, und ich werde dich nach Bologna ohne ein einziges der Geschenke, die Madame dir gegeben hat, zurückschicken.«

»Du mußt mir das Kästchen augenblicklich zurückgeben, oder ich sage, daß ich schwanger bin, und das bin ich auch. Wenn du dich nicht fügst, werde ich der alten Närrin ohne Rücksicht auf irgendwelche Folgen alles erzählen.«

Ganz überrascht blickte ich sie wortlos an, dachte aber dabei, wie ich diese Unverschämte am besten loswurde. Signora Laura erklärte mir mit ruhiger Miene, ihre Tochter sei ganz sicher schwanger, aber nicht von mir.

»Von wem ist sie es dann?« fragte ich sie.

»Vom Grafen N., dessen Geliebte sie in Prag war.«

Das schien mir kaum möglich, denn es waren keine Anzeichen einer Schwangerschaft zu sehen; aber warum sollte es schließlich nicht so sein. Da ich etwas unternehmen mußte, um die Absichten der beiden Betrügerinnen zu vereiteln, verließ ich sie wortlos und schloß mich mit Madame d'Urfé ein, um das Orakel über die Operation zu befragen, die zu ihrem Glück führen sollte.

Nach einer Fülle von Antworten, die noch unklarer waren als die Orakel, die einst Pythia auf ihrem Dreifuß in Delphi[8] aussprach, und deren Auslegung ich meiner

armen verblendeten d'Urfé überließ, kam sie selbst zu
dem Schluß, dem zu widersprechen ich mich wohl hütete,
daß die kleine Lascaris verrückt geworden sei. Ich pflich-
tete allen ihren Befürchtungen bei und ließ sie schließlich
als Ergebnis einer kabbalistischen Berechnung finden, daß
die Prinzessin den Erwartungen nicht entsprechen könne,
da sie von einem bösen Genius, einem Feind des Ordens
der Rosenkreuzer, entweiht worden sei. Da sie schon einmal auf dem Wege war, fügte sie von sich aus hinzu, das
junge Mädchen müsse von einem Gnomen schwanger
sein.

Dann stellte sie eine neue Pyramide, um zu ermitteln,
was wir tun mußten, um unser Ziel sicher zu erreichen;
ich lenkte sie so, daß sie herausfand, sie müsse an den
Mond schreiben.[9] Dieser Unsinn, der sie hätte zur Vernunft bringen müssen, erfüllte sie mit größter Freude. Sie
war vor Begeisterung trunken, und ich war ganz überzeugt, daß mein Latein nicht ausgereicht hätte, selbst
wenn ich ihr die Nichtigkeit ihrer Hoffnungen hätte klar
machen wollen. Bestenfalls hätte sie angenommen, daß
mich ein feindlicher Genius verdorben und ich aufgehört
hätte, ein vollkommener Rosenkreuzer zu sein. Aber ich
war weit davon entfernt, eine solche Heilung zu versuchen, die ihr nichts genützt hätte, für mich aber sehr nach-
teilig gewesen wäre. Vor allem machten ihre Hirngespin-
ste sie glücklich, während die Rückkehr zur Wahrheit sie
zweifellos unglücklich gemacht hätte.

Sie begrüßte also den Auftrag, an den Mond zu schreiben; mit umso größerer Freude, als sie den Ritus, der
diesem Planeten genehm ist, ebenso kannte wie die nötigen Zeremonien; aber sie vermochte sie nur mit der Hilfe
eines Adepten durchzuführen, und ich wußte, daß sie auf

meine Hilfe rechnete. Ich versicherte ihr, ich stünde ihr vollkommen zur Verfügung; wir müßten aber das erste Viertel des nächsten Mondes abwarten, und das wußte sie ebensogut wie ich. Der Zeitgewinn war mir sehr recht, denn ich hatte beim Spiel viel verloren und konnte Aachen unmöglich verlassen, bevor ich den Gegenwert eines Wechsels erhalten hatte, den ich auf Mijnheer D.O. in Amsterdam gezogen hatte. Zunächst kamen wir überein, daß wir, da die kleine Lascaris verrückt geworden war, auf nichts achten würden, was sie in ihren Anfällen von Verrücktheit sagen mochte; denn da ihr Denken von einem bösen Genius besessen war, gab dieser ihr auch die Worte ein.

Wir hielten es jedoch für richtig, weil ihr Zustand Mitleid verdiene, daß sie zur Erleichterung ihres Schicksals weiter mit uns essen, jedoch abends nach Tisch im Zimmer ihrer Gesellschafterin schlafen solle.

Nachdem ich Madame d'Urfé derart beeinflußt hatte, daß sie nichts von alledem glauben würde, was die Corticelli ihr erzählen mochte, und daß sie sich nur mit dem Brief beschäftigte, den sie an Selenis[10], den Genius des Mondes, schreiben sollte, überdachte ich ernsthaft die Möglichkeiten, das verlorene Geld zurückzugewinnen; das aber war mit Hilfe der Kabbala nicht möglich. Ich verpfändete das Kästchen der Corticelli für tausend Louis und legte in einem englischen Club[11], wo ich viel mehr gewinnen konnte als bei den Franzosen oder Deutschen, eine Bank auf.

Drei oder vier Tage nach d'Achés Tod schickte mir seine Witwe ein Briefchen mit der Bitte, sie aufzusuchen. Ich traf bei ihr de Pienne. Sie sagte mir in bekümmertem Ton, ihr Mann habe viele Schulden gemacht, seine Gläubiger hätten alles fortgenommen, und es sei ihr deshalb unmöglich, den Betrag aufzubringen, den sie und ihre Tochter für eine Reise nach Colmar zurück zu ihrer Familie benötigten.

»Sie tragen am Tod meines Gatten Schuld«, fügte sie hinzu; »ich verlange von Ihnen tausend Taler; wenn Sie mir die verweigern, werde ich Sie vor Gericht bringen, denn der Schweizer Offizier ist fort, und ich kann mich nur an Sie halten.«

»Ihre Ausdrucksweise überrascht mich, Madame«, sagte ich kühl, »und ohne die Achtung vor Ihrem Unglück würde ich mit der Schärfe darauf antworten, die Ihr Verhalten in mir entstehen lassen muß. Zunächst habe ich keine tausend Taler, um sie zum Fenster hinauszuwerfen, und selbst wenn ich sie besäße, wäre der drohende Ton wenig geeignet, mich zu einem derartigen Opfer zu bewegen. Außerdem bin ich neugierig zu sehen, welchen Weg Sie beschreiten wollen, um mich vor Gericht zu bringen. Was Monsieur Schmit betrifft, so hat er sich tapfer und ehrlich geschlagen; auch wenn er hier geblieben wäre, hätten Sie mit einer Anzeige gegen ihn schwerlich viel erreicht. Leben Sie wohl, Madame.«

Ich hatte mich kaum fünfzig Schritte vom Hause entfernt, als de Pienne mich einholte und erklärte, bevor Madame d'Aché Klage gegen mich führe, müßten wir uns an einen einsamen Platz begeben, um uns die Gurgel abzuschneiden. Wir hatten beide keinen Degen bei uns.

»Ihre Absicht ist wenig schmeichelhaft«, erwiderte ich ruhig; »sie hat auch etwas so Rüpelhaftes an sich, daß ich mich keineswegs verpflichtet fühle, mich mit einem Menschen einzulassen, den ich nicht kenne und dem ich nichts schulde.«

»Sie sind ein Feigling.«

»Ich wäre es vielleicht, wenn ich Ihrem Beispiel folgte. Die Meinung, die Sie von mir haben mögen, ist mir vollkommen gleichgültig.«

»Das werden Sie bereuen.«

»Vielleicht; aber vorerst möchte ich Sie anständigerweise warnen, daß ich niemals ohne ein Paar guter Pistolen ausgehe und mich ihrer zu bedienen weiß. Hier sind sie«, fügte ich hinzu, zog sie aus meiner Tasche und spannte den Hahn bei der in meiner Rechten.

Bei ihrem Anblick stieß der tapfere Raufbold einen Fluch aus und entfloh nach der einen Seite, ich nach der anderen.

Nicht weit von dem Schauplatz dieser Szene traf ich einen Neapolitaner namens Militerni, damals Oberstleutnant und Adjutant des Prinzen von Condé, der die französische Armee befehligte. Dieser Militerni war ein Lebemann, stets hilfsbereit und stets knapp an Geld. Wir waren Freunde, und ich erzählte ihm, was ich gerade erlebt hatte.

»Es wäre mir unangenehm, wenn ich mich mit de Pienne einlassen müßte«, erklärte ich ihm; »wenn Sie mich von ihm befreien können, verspreche ich Ihnen hundert Taler.«

»Das wäre keineswegs unmöglich«, erwiderte er, »ich werde Ihnen morgen darüber berichten.«

Tatsächlich brachte er mir am nächsten Morgen die Nachricht, daß mein Halsabschneider bei Tagesanbruch auf Grund eines ordnungsgemäßen höheren Befehls Aachen verlassen hatte; zugleich übergab er mir einen umfassenden Paß von Seiner Durchlaucht, dem Prinzen Condé.

Ich gestehe, daß mir diese Nachricht erwünscht war. Ich habe mich niemals gescheut, meinen Degen mit dem Nächstbesten zu kreuzen; aber ich habe auch niemals das barbarische Vergnügen gesucht, das Blut eines Menschen zu vergießen. Dieses Mal empfand ich jedoch einen gewissen Widerwillen, mich mit einem Mann einzulassen, den ich nicht für feinfühliger halten konnte als seinen Freund d'Aché. Ich dankte also Militerni herzlich und gab ihm die hundert Taler, die ich ihm versprochen hatte und als viel zu gut angewendet betrachtete, um ihnen nachzutrauern.

Militerni, ein Spötter ersten Ranges und Günstling des Marschalls d'Estrées, besaß Verstand und Bildung; aber ihm fehlte die Selbstzucht und vielleicht ein wenig das Feingefühl. Im übrigen war er mit seiner unerschütterlichen Heiterkeit und seiner großen Weltgewandtheit ein sehr angenehmer Gesellschafter. Nachdem er 1768 Feldmarschall geworden war, heiratete er in Neapel eine reiche Erbin, die er ein Jahr nach der Hochzeit als Witwe zurückließ.

Am Tag nach de Piennes Abreise erhielt ich von Mademoiselle d'Aché ein Briefchen, in dem sie mich im Namen ihrer kranken Mutter um einen Besuch bat. Da war ich überzeugt, daß ich ihre Gunst gewinnen würde. Ich antwortete ihr, ich würde zur angegebenen Stunde im Garten L. sein; dort könne sie mir ihre Wünsche sagen.

Sie erschien zu dieser Verabredung mit ihrer Mutter, trotz deren angeblicher Krankheit. Klagen, Tränen, Vorwürfe, an nichts wurde gespart. Sie nannte mich ihren Quälgeist und erklärte, die Abreise ihres einzigen Freundes de Pienne bringe sie in äußerste Not; sie habe bereits ihre ganzen Sachen verpfändet und keinerlei Reserven mehr. Da ich reich sei, müsse ich ihr weiterhelfen, wenn ich nicht der gemeinste aller Menschen sei.

»Ihr Schicksal ist mir keineswegs gleichgültig, Madame; Ihre Schimpferei läßt mich zwar kalt, aber ich muß Ihnen doch sagen, daß Sie sich als die gemeinste der Frauen gezeigt haben, als sie de Pienne, der vielleicht sonst ein ehrenwerter Mann ist, dazu aufforderten, er solle mich umbringen. Kurz gesagt, ob ich nun reich bin oder nicht, und obwohl ich Ihnen nichts schulde, werde ich Ihnen das Nötige zum Auslösen Ihrer Habe geben und Sie vielleicht selbst nach Colmar bringen; aber Sie müssen Ihrerseits einwilligen, daß ich jetzt und hier Ihrer reizenden Tochter Beweise meiner Liebe gebe.«

»Und Sie wagen es, mir diesen scheußlichen Vorschlag zu machen?«

»Scheußlich oder nicht, ich mache ihn.«

»Niemals.«

»Leben Sie wohl, Madame.«

Ich rief den Kellner, um ihm die bestellten Erfrischungen zu bezahlen, und drückte der jungen d'Aché sechs doppelte Louis in die Hand; aber die hochmütige Mutter bemerkte es und verbot ihr, sie anzunehmen. Ich war darüber trotz der Notlage, in der sie sich befand, nicht überrascht, denn die Mutter war reizend, ja noch anziehender als die Tochter, und sie wußte es. Ich hätte ihr den Vorzug geben und damit den ganzen Zank beenden müssen, aber ich wollte nicht! Wenn man liebt, nimmt man keine Rücksicht. Ich begriff, daß sie mich hassen mußte, um so mehr, als sie ihre Tochter nicht liebte, und es sie daher kränkte, wenn diese ihr vorgezogen wurde.

Ich verließ sie mit den sechs doppelten Louis in der Hand, die sie aus Stolz oder Unwillen zurückgewiesen hatte, und beschloß, sie an einer Pharaobank Fortuna zu opfern; aber diese eigenwillige Göttin war nicht weniger hochmütig als die stolze Witwe und wollte sie ebenfalls nicht. Ich ließ sie fünfmal auf der gleichen Karte stehen und sprengte mit diesem einzigen Einsatz die Bank. Ein Engländer namens Martin bot mir an, mit mir halbpart zu machen; ich nahm an, weil ich ihn als guten Spieler kannte, und in acht oder zehn Runden machten wir unsere Sache so gut, daß ich nicht nur das Kästchen auslöste und alle übrigen Verluste aufholte, sondern darüber hinaus noch eine recht beträchtliche Summe gewann.

Unterdessen hatte die Corticelli in ihrem Zorn auf mich Madame d'Urfé alles enthüllt und ihr die Geschichte ihres Lebens, unserer Bekanntschaft und ihrer Schwangerschaft erzählt. Aber je wahrheitsgetreuer ihr Bericht war, um so mehr fühlte sich die gute Dame in ihrer Ansicht bestärkt, daß sie verrückt sei, und sie lachte mit mir nur über die vermeintlichen Narreteien meiner Verräterin. Sie setzte ihr ganzes Vertrauen in die Anweisungen, die Selenis ihr in seiner Antwort geben würde.

Ich meinerseits konnte jedoch dem Verhalten dieses Mädchens gegenüber nicht gleichgültig bleiben; ich beschloß, ihr die Mahlzeiten in das Zimmer ihrer Mutter schicken zu lassen, und sorgte dafür, daß ich mit Madame d'Urfé allein blieb. Ich versicherte ihr, daß wir leicht ein anderes auserwähltes Gefäß finden würden, da die Verrücktheit der Lascaris sie vollkommen unfähig mache, an unseren Mysterien teilzuhaben.

Bald sah sich die Witwe d'Aché durch die Verhältnisse genötigt, mir ihre Mimi zu überlassen; aber ich gewann sie durch Freundlichkeit und dadurch, daß ich anfänglich den Schein wahrte. So konnte sie tun, als wisse sie nichts. Ich

löste alles aus, was sie verpfändet hatte, und obwohl ihre
Tochter sich noch nicht ganz meiner Glut überlassen
hatte, war ich mit ihrem Verhalten so zufrieden, daß ich
den Plan faßte, sie alle beide mit Madame d'Urfé nach
Colmar zu bringen. Um diese für die gute Tat zu gewinnen, ohne daß sie etwas argwöhnte, plante ich, ihr diesen
Auftrag in dem Brief vom Mond, den sie erwartete,
zukommen zu lassen; ich war sicher, daß sie ihm dann
blind gehorchen würde.

Folgendermaßen stellte ich es an, um den Schriftwech-
sel zwischen Selenis und Madame d'Urfé zu bewerkstel-
ligen.

An dem entsprechend den Mondphasen festgesetzten
Tag speisten wir gemeinsam in einem Gartenhaus außer-
halb der Stadt[12] zu Abend; dort hatte ich in einem ebener-
digen Zimmer alles Nötige für die feierliche Handlung
vorbereitet. In meiner Tasche hatte ich den Brief, der vom
Mond herabkommen würde, als Antwort auf den von
Madame d'Urfé sorgfältig vorbereiteten, den wir an seine
Adresse absenden mußten. Einige Schritte außerhalb des
Zeremonienraumes hatte ich eine große Badewanne aufstellen lassen, die mit lauwarmem Wasser und mit dem
Nachtgestirn genehmen Essenzen gefüllt war; in diese
mußten wir gleichzeitig zur Stunde des Mondes eintau-
chen, die an diesem Tag auf ein Uhr morgens fiel.

Nachdem wir das Räucherwerk verbrannt und die
Essenzen versprengt hatten, die dem Kult des Selenis
angemessen waren, und dazu mysteriöse Gebete gesprochen hatten, entkleideten wir uns vollständig, und ich
führte, meinen Brief in der linken Hand verborgen haltend, mit der rechten würdevoll Madame d'Urfé an den
Rand der Badewanne. Dort stand eine Alabasterschale,

gefüllt mit Wacholderbranntwein, den ich unter kabbalistischen Worten entzündete, die ich selbst nicht verstand, und die sie wiederholte, als sie mir den an Selenis gerichteten Brief gab. Diesen Brief verbrannte ich in der Flamme des Wacholderbranntweins, die der Mond voll beschien, und die leichtgläubige d'Urfé versicherte mir, sie habe die Buchstaben ihrer eigenen Handschrift auf den Strahlen des Gestirns aufsteigen sehen.

Dann stiegen wir in die Wanne, und zehn Minuten später erschien auf der Wasserfläche der Brief, den ich in der Hand verborgen gehalten hatte. Er war kreisförmig mit silbernen Buchstaben auf eisgrünem Papier geschrieben. Sobald Madame d'Urfé ihn entdeckte, nahm sie ihn voll Würde an sich und verließ mit mir das Bad.

Wir trockneten uns ab, parfümierten uns und zogen unsere Kleider an. Als wir uns schließlich in einem schicklichen Zustand befanden, sagte ich zu Madame, sie könne den Brief lesen, den sie auf ein weißes, wohlduftendes Seidenkissen gelegt hatte. Sie gehorchte, und als sie las, daß ihre Verwandlung bis zur Ankunft Querilints verschoben sei, den sie im Frühjahr nächsten Jahres mit mir zusammen in Marseille treffen würde, bemächtigte sich ihrer eine sichtbare Trauer. Der Genius schrieb ihr außerdem, die junge Lascaris könne ihr nur schaden, und sie müsse meinen Anweisungen folgen, um sich ihrer zu entledigen. Er schloß mit dem Befehl, mir aufzutragen, eine Frau aus Aachen mitzunehmen, die ihren Gatten verloren habe, und deren Tochter von den Genien dazu bestimmt sei, unserem Orden große Dienste zu leisten. Sie müsse Mutter und Tochter nach dem Elsaß bringen und sie nicht aus den Augen lassen, bis sie dort angekommen seien, damit unser Einfluß sie vor den Gefahren schütze, die sie bedrohen würden, wenn sie sich selbst überlassen blieben.

Kapitel 11

Helene und Hedwig

Bei seinem Aufenthalt in Genf im Jahre 1762 begegnet Casanova erneut dem Syndikus, den der Leser aus dem Voltaire-Kapitel kennt. Dieser lädt ihn wieder in sein Haus ein.

Als der Syndikus und ich abends zu den reizenden Cousinen fuhren, entdeckte ich einen zum Verkauf stehenden hübschen englischen Wagen und tauschte ihn mit einem Aufgeld von hundert Louis gegen den meinen um. Während dieses Handels kam der Onkel der schönen Theologin[1] vorbei, die ihre Thesen so gut verfocht, und der ich so sanfte Lehren in Naturkunde erteilt hatte, erkannte und umarmte mich und lud mich für den nächsten Tag zu sich zum Mittagessen ein.

Bevor wir bei unseren liebenswerten Freundinnen ankamen, teilte mir der Syndikus mit, daß wir bei ihnen ein sehr hübsches Mädchen antreffen würden, die noch nicht in die süßen Mysterien eingeweiht sei.

»Um so besser«, sagte ich; »ich werde mich entsprechend verhalten und vielleicht diese Rolle übernehmen.«

Ich hatte ein Kästchen mit einem Dutzend sehr schöner Ringe in die Tasche gesteckt. Ich wußte seit langem, daß solche Kleinigkeiten sehr hilfreich sind.

Der Augenblick des Wiedersehens mit diesen reizenden Mädchen war, wie ich gestehe, einer der angenehmsten meines Lebens. Ihr Empfang verriet Freude, Befriedigung, Unbefangenheit, Dankgefühl und Bereitschaft zum Vergnügen. Sie liebten einander ohne Eifersucht, ohne Neid und ohne den geringsten Gedanken, der ihre gute Meinung von sich selbst hätte schmälern können. Sie hielten sich meiner Achtung für würdig, gerade weil sie ohne den geringsten erniedrigenden Gedanken und vom gleichen Gefühl getrieben, das mich zu ihnen gezogen hatte, mir ihre Gunst geschenkt hatten.

Die Gegenwart ihrer neuen Freundin nötigte uns, unsere ersten Umarmungen auf das übliche, als anständig geltende Benehmen zu beschränken, und die junge Novizin gewährte mir errötend und mit niedergeschlagenen Augen die gleiche Gunst.

Nach einigen allgemeinen Phrasen, jenen Gemeinplätzen, die man nach einer langen Abwesenheit äußert, und einigen doppeldeutigen Worten, die uns zum Lachen brachten und dem jungen Unschuldslamm Stoff zum Nachdenken gaben, sagte ich zu der Kleinen, ich fände sie schön wie die Liebe und würde wetten, daß ihr Geist ebenso schön wie ihre bezaubernde Gestalt und gewissen Vorurteilen nicht zugänglich sei.

»Ich hege alle der Ehre und der Religion entspringenden Vorurteile«, sagte sie in bescheidenem Ton.

Diese Antwort gebot mir Schweigen. Ich sah, daß ich geschickt und mit Zartgefühl vorgehen und abwarten mußte. Sie war keine Festung, die man durch einen Handstreich im Sturm nehmen konnte. Aber meiner Gewohnheit gemäß verliebte ich mich in sie.

Als der Syndikus meinen Namen nannte, rief das junge Mädchen:

»Ach, Sie sind also der Herr, der vor zwei Jahren so überaus schwierige Fragen mit meiner Cousine, der Nichte des Pastors, erörtert hat? Ich bin sehr glücklich über die Gelegenheit, Ihre Bekanntschaft zu machen.«

»Und ich bin glücklich, Sie kennen zu lernen, Mademoiselle, und hoffe, daß Ihre geschätzte Cousine, als sie von mir erzählte, nichts Ungünstiges über mich gesagt hat.«

»Ganz im Gegenteil, denn sie schätzt Sie sehr.«

»Ich werde die Ehre haben, morgen Mittag mir ihr zu speisen, und dabei nicht verfehlen, ihr meinen Dank abzustatten.«

»Morgen? Ich werde dafür sorgen, daß ich bei diesem Mittagessen dabei bin, denn ich liebe philosophische Diskussionen sehr, obwohl ich mir nie zutrauen würde, ein Wort einzuwerfen.«

Der Syndikus rühmte ihre Klugheit und lobte ihre Zurückhaltung mit solcher Wärme, daß ich klar erkannte, daß er in sie verliebt war und, wenn er sie noch nicht verführt hatte, wohl alles versuchte, um ans Ziel zu gelangen. Die hübsche Person nannte sich Helene. Ich fragte die Mädchen, ob die schöne Helene unsere Schwester sei. Die Ältere erwiderte mit einem verschmitzten Lächeln, sie sei eine Schwester, habe aber keinen Bruder; nach dieser Erklärung umarmte sie Helene stürmisch. Nun wetteiferten der Syndikus und ich, ihr süße Komplimente zu machen und zu sagen, wir hofften, ihre Brüder zu werden. Helene errötete, erwiderte jedoch kein Wort auf alle unsere verliebten Reden. Als ich dann mein Kästchen herauszog und das Entzücken der Mädchen über die Schönheit meiner Ringe sah, wußte ich sie dazu zu verleiten, diejenigen auszuwählen, die ihnen am besten gefielen; die reizende Helene folgte dem Beispiel ihrer Gefährtinnen und entlohnte mich mit einem sittsamen Kuß. Bald danach verließ sie uns, und wir waren wieder im Genuß unserer alten Freiheit.

Der Syndikus war mit Recht in Helene verliebt, denn das junge Mädchen hatte alles, was nötig ist, nicht nur um zu gefallen, sondern auch um eine heftige Leidenschaft einzuflößen; aber die drei Freundinnen schmeichelten sich nicht, sie als Gefährtin ihrer Feste zu gewinnen, denn sie behaupteten, sie hätte ein unüberwindliches Schamgefühl Männern gegenüber.

Wir speisten sehr heiter und nahmen nach dem Abendessen unsere Spiele wieder auf, wobei der Syndikus wie üblich einfacher Zuschauer unserer Heldentaten blieb und damit durchaus zufrieden war. Ich ging die drei Nymphen der Reihe nach zweimal durch, machte ihnen zu ihrem Besten etwas vor und schonte sie, wenn ich der Natur nachzugeben gezwungen war. Um Mitternacht trennten wir uns, und der gute Syndikus begleitete mich bis zur Tür meines Hotels.

Am nächsten Tag begab ich mich mittags zum Pastor und fand dort zahlreiche Gesellschaft, unter anderen Monsieur d'Harcourt und auch Monsieur de Ximénès, der mir sagte, Monsieur de Voltaire wisse, daß ich in Genf sei, und hoffe mich zu sehen. Ich begnügte mich damit, ihm mit einer tiefen Verbeugung zu antworten. Mademoiselle Hedwig, die Nichte des Pastors, bereitete mir einen sehr schmeichelhaften Empfang, was mich jedoch nicht so beeindruckte wie der Anblick ihrer ebenfalls anwesenden Cousine Helene; sie stellte sie mir mit den Worten vor, da wir nun Bekanntschaft geschlossen hätten, könnten wir uns leicht zusammenfinden. Das war, was mir am meisten am Herzen lag. Die zweiundzwanzigjährige Theologin war hübsch und appetitlich, aber sie hatte nicht das gewisse Etwas, das einen reizt und als Zugabe zur Hoffnung wie zum Vergnügen jenes bittersüße Verlangen erweckt. Doch war ihr Einvernehmen mit ihrer Cousine alles, was ich brauchte, um mir diese gewogen zu stimmen.

Wir speisten ausgezeichnet und sprachen während des Mahls nur von gleichgültigen Dingen; beim Nachtisch jedoch bat der Pastor Monsieur de Ximénès, seiner Nichte einige Fragen zu stellen. Da ich den Ruf dieses Gelehrten kannte, erwartete ich irgendein geometrisches Problem, aber ich täuschte mich, denn er fragte sie, ob sie glaube, daß ein geistiger Vorbehalt genüge, um einen Menschen zu rechtfertigen.

Hedwig antwortete bescheiden, daß trotz einer gelegentlich notwendigen Lüge der geistige Vorbehalt Betrug sei.

»Dann sagen Sie mir doch, wie Jesus Christus erklären konnte, der Zeitpunkt des Weltuntergangs sei ihm unbekannt?«[2]

»Das konnte er sagen, weil er es nicht wußte.«

»Dann war er also nicht Gott.«

»Der Schluß ist falsch, denn bei Gott ist alles möglich und daher auch die Unkenntnis einer Zukünftigkeit.«

Das Wort Zukünftigkeit, das sie so passend erfunden hatte, erschien mir großartig. Hedwig erhielt lebhaften Beifall, und ihr Onkel ging um den Tisch herum, um sie zu umarmen. Ich hatte einen sehr natürlichen Einwand auf den Lippen, der sie im Zusammenhang mit diesem Thema hätte in Verlegenheit bringen können; aber ich wollte ihr gefallen und schwieg.

Monsieur d'Harcourt wurde aufgefordert, seinerseits eine Frage zu stellen, aber er erwiderte mit Horaz »nulla mihi religio est« (mich plagt kein Skrupel)[3]. Nun wandte sich Hedwig an mich und sagte, sie erinnere sich gerade an das heidnische Fest der Amphidromie[4].

»Aber ich möchte«, fügte sie hinzu, »daß Sie mich irgend etwas fragen, was das Christentum betrifft, eine schwierige Sache, die Sie nicht selbst entscheiden können.«

»Sie machen es mir leicht, Mademoiselle.«

»Um so besser, dann müssen Sie nicht so lange nachdenken.«

»Ich versuche, mir etwas Neues einfallen zu lassen. Nun habe ich es. Sie geben doch zu, daß Jesus Christus alle menschlichen Eigenschaften im höchsten Maße verkörperte?«

»Ja, alle, außer den Schwächen.«

»Würden Sie die Zeugungskraft zu den Schwächen rechnen?«

»Nein.«

»Würden Sie mir also erklären, welche Natur ein von der Samariterin geborenes Kind gehabt hätte, wenn es Jesus Christus in den Sinn gekommen wäre, mit ihr ein Kind zu zeugen?«

Hedwig wurde feuerrot. Der Pastor und alle Anwesenden warfen sich Blicke zu; ich jedoch ließ die nachdenkliche Theologin nicht aus den Augen. Monsieur d'Harcourt meinte, man müsse sich an Monsieur de Voltaire wenden, um eine so schwierige Frage zu klären; aber als Hedwig aufsah und sich zur Antwort anschickte, schwiegen alle.

»Jesus Christus«, sagte sie, »hatte beide Naturen ganz und in einem vollkommenen Gleichgewicht; sie waren untrennbar. Wenn sich also die Samariterin mit unserem Erlöser körperlich vereinigt hätte, wäre sie sicher schwanger geworden; denn bei einem Gott wäre es widersinnig, eine derart bedeutungsvolle Handlung anzunehmen, ihre natürliche Folge jedoch auszuschließen. Die Samariterin hätte nach Ablauf von neun Monaten ein männliches und nicht weibliches Kind geboren, und dieses einer irdischen

Frau und einem Gottmenschen entsprungene Geschöpf wäre zu einem Viertel Gott und zu drei Vierteln Mensch gewesen.«

Bei dieser Antwort klatschten alle Tischgenossen Beifall, und Monsieur de Ximénès rühmte die Klugheit dieser Überlegung; dann sagte er:

»Falls der Sohn der Samariterin sich verehelicht hätte, wären die dieser Heirat entsprungenen Kinder natürlicherweise zu sieben Achteln menschlich und zu einem Achtel göttlich gewesen.«

»Falls er nicht eine Göttin geheiratet hätte«, fügte ich hinzu, »denn das hätte die Verhältnisse erheblich verändert.«

»Sagen Sie mir genau«, begann Hedwig von neuem, »wie groß der göttliche Anteil eines Kindes in der sechzehnten Generation gewesen wäre.«

»Warten Sie einen Augenblick und geben Sie mir einen Bleistift«, erwiderte Monsieur de Ximénès.

»Eine Berechnung ist nicht nötig«, sagte ich; »es hätte einen winzigen Bruchteil des Geistes besessen, der Sie beseelt.«

Alle schlossen sich dieser Schmeichelei an, die der Betroffenen keineswegs mißfiel.

Die schöne Blondine entflammte mich durch die Reize ihres Geistes. Wir erhoben uns alle vom Tisch und scharten uns um sie; doch sie wies alle unsere Komplimente auf die vornehmste Art zurück. Ich nahm Helene beiseite und bat sie, ihre Cousine dazu zu bewegen, sie solle aus meinem Kästchen, dessen Lücken vom Vortag ich vorsorglich aufgefüllt hatte, einen meiner Ringe auswählen; die reizende Cousine kam meinem Wunsch gern nach. Eine Viertelstunde später erschien Hedwig und zeigte mir ihre

Hand, an der ich mit Freude den gewählten Ring sah; ich
küßte entzückt diese Hand, und die Glut meiner Küsse
mußte ihr meine Gefühle für sie verraten. Abends erzählte
Helene dem Syndikus und den drei Freundinnen alle
Gespräche bei unserem Mittagsmahl, ohne die geringste
Kleinigkeit zu vergessen. Sie erzählte leicht und anmutig;
kein einziges Mal mußte ich nachhelfen. Wir baten sie,
zum Souper zu bleiben, aber sie nahm die drei Freundinnen beiseite und überzeugte sie, daß es ihr unmöglich war;
sie erklärte ihnen jedoch, sie könne zwei Tage in einem
Landhaus verbringen, das ihnen am See gehöre, wenn sie
ihre Mutter um Erlaubnis bitten würden.

Auf Veranlassung des Syndikus suchten die drei Freundinnen die Mutter schon am nächsten Tag auf, und am
übernächsten Tag fuhren sie mit Helene zum Landhaus.
Am gleichen Abend soupierten wir mit ihnen, konnten
dort aber nicht schlafen. Der Syndikus sollte mich zu
einem nahegelegenen Haus begleiten, wo wir sehr gut
untergebracht sein würden. Unter diesen Umständen hatten wir keine Eile, und da die Ältere ihrem Freund sehr
gern gefällig gewesen wäre, sagte sie ihm, er könne mit
mir fortgehen, wann er wolle, sie würden jetzt zu Bett
gehen. Mit diesen Worten nahm sie Helene und führte
sie in ihr Zimmer; die beiden anderen gingen in das
ihrige. Wenige Augenblicke später betrat der Syndikus
den Raum, in dem Helene war, und ich begab mich zu
den beiden andern.

Ich hatte kaum eine Stunde zwischen meinen beiden
Freundinnen verbracht, als der Syndikus erschien, meine
heiteren Liebesspiele unterbrach und mich zum Aufbruch
mahnte.

»Was haben Sie mit Helene gemacht?« fragte ich.

»Nichts. Sie ist eine störrische Gans. Sie hat sich unter der Decke verkrochen und wollte bei den Scherzen, die ich mit ihrer Freundin trieb, nicht zusehen.«

»Sie hätten sich nur mit ihr beschäftigen müssen.«

»Das habe ich zuerst getan, aber sie hat mich immer wieder abgewehrt. Ich bin am Ende. Ich bin entmutigt und überzeugt, daß ich bei diesem Wildfang nichts erreiche, wenn nicht Sie es übernehmen, sie zu zähmen.«

»Was soll ich tun?«

»Gehen Sie morgen zum Mittagessen hin; ich werde nicht da sein, denn ich muß den Tag über in Genf bleiben. Ich komme dann zum Abendessen; vielleicht könnten wir sie beschwipst machen!«

»Das wäre schade. Überlassen Sie nur alles mir.«

Am nächsten Tag ging ich also allein zum Mittagessen zu ihnen, und sie feierten mich in der ganzen Bedeutung des Wortes. Als wir nach dem Essen einen Spaziergang machten, ließen mich die drei Freundinnen, meine Wünche erratend, mit der schönen Kratzbürste allein, die allen meinen zärtlichen Bemühungen widerstand und mir fast jede Hoffnung nahm, ihrer Herr zu werden.

»Der Syndikus«, sagte ich, »ist in Sie verliebt; und diese Nacht ...«

»Diese Nacht«, unterbrach sie mich, »hat er sich mit seiner alten Freundin vergnügt. Ich habe nichts dagegen, wenn jemand nach Lust und Laune handelt; aber ich will, daß man mir bei meinen Handlungen und Neigungen volle Freiheit läßt.«

»Wenn es mir gelänge, Ihr Herz zu gewinnen, würde ich mich glücklich schätzen.«

»Warum laden Sie nicht den Pastor zusammen mit meiner Cousine irgendwohin zum Mittagessen ein? Sie wird mich mitnehmen, denn mein Onkel schließt alle in sein Herz, die seine Nichte lieben.«

»Sehen Sie, das ist gut zu wissen. Hat sie einen Geliebten?«

»Nein.«

»Wie ist das möglich? Sie ist jung, heiter und besitzt außerdem ungewöhnlich viel Geist.«

»Sie kennen Genf nicht. Gerade ihr Verstand ist der Grund, warum kein junger Mann ihr seine Liebe zu erklären wagt. Diejenigen, die Zuneigung für sie empfinden könnten, meiden sie ihres Verstandes wegen, weil sie im Gespräch den kürzeren ziehen würden.«

»Aber sind denn die jungen Männer von Genf so ungebildet?«

»Im allgemeinen ja. Man muß gerechterweise zugeben, daß viele eine gute Erziehung genossen und gute Schulen besucht haben; aber im ganzen genommen haben sie viele Vorurteile. Keiner will als dumm oder einfältig gelten; und außerdem suchen unsere jungen Leute bei den Frauen keineswegs Geist oder gute Erziehung. Weit gefehlt! Wenn ein junges Mädchen Verstand oder Kenntnisse hat, muß es sie sorgfältig verbergen, jedenfalls dann, wenn es geheiratet werden möchte.«

»Nun wird mir klar, reizende Helene, warum Sie während des Mittagessens bei Ihrem Onkel den Mund nicht aufgemacht haben.«

»Ich weiß, daß ich es nicht nötig habe, mich zu verbergen. Das ist also nicht der Grund, warum ich damals Schweigen bewahrt habe; ich kann Ihnen ohne Eitelkeit oder Scham sagen, daß mir die Freude den Mund verschlossen hat. Ich habe meine Cousine bewundert, als sie von Jesus Christus sprach, wie ich von meinem Vater sprechen würde, und sich unbesorgt über einen Gegenstand unterrichtet zeigte, bei dem jedes andere Mädchen Unkenntnis geheuchelt hätte.«

»Geheuchelt, selbst wenn es davon ebenso viel gewußt hätte wie seine Großmutter.«

»So sind hier die Sitten, oder besser gesagt die Vorurteile.«

»Sie urteilen bezaubernd, meine liebe Helene, und ich sehne mich schon nach dem Zusammentreffen, das Ihr guter Geist mir eben vorgeschlagen hat.«

»Sie werden das Vergnügen haben, mit meiner Cousine zusammenzusein.«

»Ich lasse ihr Gerechtigkeit widerfahren, schöne Helene; Hedwig ist liebenswürdig und interessant, aber glauben Sie mir, daß diese Begegnung mich vor allem entzückt, weil Sie dabei sein werden.«

»Und wenn ich es Ihnen nicht glaube?«

»Sie täten mir unrecht, und das würde mich sehr kränken, denn ich liebe Sie zärtlich.«

»Trotzdem haben Sie versucht, mich zu hintergehen. Ich bin überzeugt, daß Sie den drei Mädchen Beweise Ihrer Zärtlichkeit gegeben haben, und deshalb tun sie mir leid.«

»Warum?«

»Weil keine von ihnen sich einbilden kann, daß Sie nur sie allein lieben.«

»Glauben Sie denn, daß diese Zartheit des Gefühls Sie glücklicher macht als Ihre Freundinnen?«

»Ja, das glaube ich, obwohl ich in dieser Hinsicht ganz ohne Erfahrung bin. Sagen Sie mir ehrlich, ob Sie meinen, daß ich recht habe.«

»Meiner Ansicht nach ja.«

»Das freut mich; aber wenn ich recht habe, müssen Sie
zugeben, daß Sie mir durch die Gleichstellung mit ihnen
keinen solchen Liebesbeweis gegeben haben, wie ich ihn
mir gewünscht hätte, um von Ihrer Liebe überzeugt zu
sein.«

»Ja, auch das gebe ich zu, und ich bitte Sie aufrichtig um
Verzeihung. Aber nun sagen Sie mir, göttliche Helene,
was ich tun muß, um den Pastor zum Mittagessen einzuladen.«

»Das ist nicht schwierig. Gehen Sie zu ihm und laden
Sie ihn ganz einfach ein; und wenn Sie sicher sein wollen,
daß ich dabei sein werde, so bitten Sie ihn, mich und
meine Mutter einzuladen.«

»Warum Ihre Mutter?«

»Weil er vor zwanzig Jahren sehr in sie verliebt war und
sie immer noch liebt.«

»Wo könnte ich dieses Essen geben?«

»Ist nicht Monsieur Tronchin Ihr Bankier?«

»Ja.«

»Er hat ein hübsches Landhaus am See; erbitten Sie es
von ihm für einen Tag, er wird es Ihnen gern überlassen.
Tun Sie das, aber sagen Sie weder dem Syndikus noch
seinen drei Freundinnen etwas; wir werden es ihnen hinterher erzählen.«

»Aber glauben Sie, daß Ihre gelehrte Cousine gern mit
mir zusammenkommt?«

»Mehr als gern, seien Sie überzeugt.«

»Nun gut, dann werde ich morgen alles regeln. Übermorgen kommen Sie in die Stadt zurück, und ich werde
dann die Einladung für zwei oder drei Tage später aussprechen.«

In der Dämmerung kam der Syndikus wieder zu uns

und wir verbrachten einen heiteren Abend. Nach dem Essen gingen die jungen Damen wie am Vortag schlafen, und ich folgte der älteren in ihr Zimmer, während mein Freund sich zu den beiden jüngeren begab. Ich wußte, daß alle meine Versuche, Helene zu gewinnen, vergeblich sein würden; so begnügte ich mich mit einigen Küssen, dann wünschte ich ihnen eine gute Nacht und suchte die beiden jüngeren auf. Ich fand sie in tiefem Schlaf; der Syndikus war allein und langweilte sich. Seine Laune besserte sich nicht, als ich ihm sagte, ich hätte keine Gunstbeweise erlangen können.

»Ich sehe wohl«, sagte er, »daß ich bei dieser kleinen Gans nur meine Zeit verliere; so werde ich meinen Schluß daraus ziehen.«

»Ich glaube«, erwiderte ich, »das ist das einfachste und beste, was Sie tun können, denn eine unzugängliche und launenhafte Schöne anzuschmachten, ist verlorene Liebesmühe. Das Glück darf weder zu leicht noch zu schwer zu erlangen sein.«

Am nächsten Morgen fuhren wir gemeinsam nach Genf, und ich folgte sogleich Helenes Rat; Monsieur Tronchin zeigte sich entzückt, daß er mir den erbetenen Gefallen tun konnte. Der Pastor nahm meine Einladung an und gab seiner Überzeugung Ausdruck, die Bekanntschaft mit Helenes Mutter werde für mich eine große Freude sein. Offensichtlich hegte der brave Mann für diese Frau zärtliche Gefühle, und wenn sie die auch nur ein wenig erwiderte, mußte das meinen Absichten förderlich sein.

Abends wollte ich mit den Freundinnen und der reizenden Helene im Haus am See speisen, aber ein Brief, den ein Eilbote brachte, zwang mich zur sofortigen Abreise

nach Lausanne; Madame Lebel,[5] meine frühere Haushälterin, die ich immer noch liebte, lud mich zu einem Souper
mit ihrem Gatten ein. Sie schrieb mir, sie habe sofort nach
Erhalt meines Briefes ihren Gatten genötigt, mit ihr nach
Lausanne zu fahren, und fügte hinzu, sie sei überzeugt,
daß ich alles liegen und stehen lassen würde, um ihr das
Vergnügen eines Wiedersehens zu verschaffen. Sie gab
mir die Stunde ihrer Ankunft bei ihrer Mutter an.

Madame Lebel ist eine der zehn oder zwölf Frauen, die
ich in meiner glücklichen Jugend am zärtlichsten geliebt
habe. Sie besaß alles, was man sich für eine glückliche Ehe
hätte wünschen können, wenn es mir beschieden gewesen
wäre, diese Seligkeit kennenzulernen. Mit meiner Veranlagung habe ich aber vielleicht gut daran getan, mich nicht
unwiderruflich zu binden, obwohl die Unabhängigkeit in
meinem Alter eine Art von Sklaverei ist. Hätte ich eine
Frau geheiratet, die so geschickt gewesen wäre, mich zu
lenken und zu beherrschen, ohne mich mein Joch fühlen
zu lassen, so hätte ich mir mein Vermögen bewahrt, Kinder gehabt und wäre jetzt nicht mutterseelenallein und
arm.

Aber lassen wir diese Abschweifungen über unwiderruflich Vergangenes; da ich mein Glück in meinen Erinnerungen finde, wäre ich verrückt, wenn ich nutzlosen
Selbstanklagen nachhängen würde.

Da ich mir ausgerechnet hatte, daß ich bei sofortigem
Aufbruch eine Stunde vor meiner lieben Dubois in Lausanne sein konnte, zögerte ich nicht, ihr diesen Beweis
meiner Wertschätzung zu geben. Ich muß an dieser Stelle
meinen Lesern erklären, daß ich diese Frau zwar liebte,
daß aber meine Eilfertigkeit völlig frei war von sinnlichen
Hoffnungen, weil ich gerade zu der Zeit von einer anderen

Leidenschaft erfüllt war. Meine Achtung für sie hätte genügt, um meine Liebe im Zaum zu halten; aber außerdem schätzte ich Lebel und hätte es nie gewagt, das Glück dieser mir befreundeten Menschen zu stören.

Ich gab in aller Eile dem Syndikus durch ein Briefchen Nachricht, daß mich eine wichtige und unvorhergesehene Angelegenheit zwinge, nach Lausanne zu reisen, daß ich aber am übernächsten Tag das Vergnügen haben würde, in Genf mit ihm und den drei Freundinnen zu Abend zu speisen.

Um fünf Uhr stieg ich vor Hunger halbtot bei der Mutter Dubois ab. Die gute Frau war bei meinem Anblick äußerst überrascht, denn sie wußte nicht, daß ihre Tochter zu ihr kommen wollte. Ohne lange Umstände gab ich ihr zwei Louis, damit sie uns ein Abendessen bereite, wie ich es nötig hatte.

Um sieben Uhr kam Madame Lebel mit ihrem Gatten und einem achtzehn Monate alten Kind, das ich unschwer als das meine erkannte, ohne daß seine Mutter es mir sagte. Unser Wiedersehen war voll ungetrübtem Glück. Zehn Stunden lang saßen wir bei Tisch und schwammen in Wonne. Bei Tagesanbruch fuhren sie nach Solothurn zurück, wo Lebel zu tun hatte. Monsieur de Chavigny ließ mir tausend Grüße bestellen. Lebel versicherte mir, daß der Gesandte seiner Frau gegenüber äußerst gütig sei, und dankte mir für das Geschenk, das ich ihm gemacht hatte, als ich sie ihm abtrat. Ich konnte mich selbst vergewissern, daß er glücklich war und auch seine Frau glücklich machte.

Meine liebe Haushälterin erzählte mir von meinem Sohn. Sie sagte mir, niemand ahne die Wahrheit, aber sie wisse, woran sie sei, ebenso wie Lebel, der gewissenhaft die Vereinbarung eingehalten habe, die Ehe erst nach Ablauf von zwei Monaten zu vollziehen.

»Das Geheimnis wird niemals offenbar werden«, sagte Lebel, »und Ihr Sohn wird mich allein oder zusammen mit meinen Kindern beerben, wenn ich welche haben werde; daran zweifle ich jedoch.«

»Mein Freund«, ergänzte seine Frau, »es gibt doch jemanden, der die Wahrheit ahnt, besonders, wenn das Kind heranwächst. Aber wir haben von dieser Seite aus nichts zu befürchten, denn diese Person ist gewillt, das Geheimnis zu wahren.«

»Und wer ist dieser Jemand, meine liebe Lebel«, fragte ich.

»Das ist Madame de..., die Sie nicht vergessen hat; denn sie spricht häufig von Ihnen.«

»Wollen Sie ihr Grüße von mir bestellen, meine Liebe?«

»Oh, sehr gern, mein Freund, und ich bin sicher, daß sie sich darüber freuen wird.«

Lebel zeigte mir meinen Ring vor und ich ihm den seinen; dabei schenkte ich ihm für meinen Sohn eine prächtige Uhr mit meinem Bild.

»Geben Sie ihm die, wann Sie es für richtig halten, liebe Freunde«, sagte ich.

Wir werden diesem Kind in einundzwanzig Jahren in Fontainebleau wieder begegnen.[6]

Ich verbrachte drei Stunden damit, ihnen in allen Einzelheiten meine Erlebnisse der letzten siebenundzwanzig Monate zu erzählen, in denen wir uns nicht gesehen hatten. Was sie zu berichten hatten, dauerte nicht lang; ihr Leben verlief so gleichförmig, wie es einem friedlichen Glück entspricht. Madame Lebel war immer noch schön; sie hatte sich keineswegs verändert. Aber ich war anders geworden. Sie fand mich weniger frisch und nicht so heiter wie vor unserer Trennung; sie hatte recht, denn die unselige Renaud hatte mir übel mitgespielt, und die falsche Lascaris hatte mir viel Kummer bereitet. So saßen wir beisammen, bis der Morgen graute und zum Abschied mahnte. Nach den zärtlichsten Umarmungen reisten die beiden Gatten nach Solothurn, und ich kehrte zum Mittagessen nach Genf zurück; aber da ich sehr der Ruhe bedurfte, ging ich nicht zum Souper zum Syndikus und seinen Freundinnen, sondern schrieb ihnen, ich fühle mich nicht wohl und würde mir deshalb gestatten, sie erst morgen aufzusuchen. Dann legte ich mich schlafen.

Am folgenden Morgen bestellte ich für den nächsten Tag, den ich für mein Diner in Tronchins Landhaus[7] festgesetzt hatte, bei meinem Wirt eine Mahlzeit, bei der er nicht sparen sollte. Ich vergaß auch nicht, die besten Weine, die feinsten Liköre, Eis und alles Nötige für einen Punsch besorgen zu lassen. Ich sagte ihm, wir würden zu sechst sein, denn ich sah voraus, daß Monsieur Tronchin daran teilnehmen würde. Ich täuschte mich nicht, denn er fand sich in seinem hübschen Haus ein, um uns seine Aufwartung zu machen, und ich bewog ihn unschwer zum Bleiben. Am Abend glaubte ich, dem Syndikus und seinen drei Freundinnen gegenüber aus diesem Mittagessen kein Geheimnis machen zu dürfen; die anwesende Helene tat, als wisse sie von nichts, und sagte, ihre Mutter hätte ihr nur angekündigt, sie werde sie zum Mittagessen irgendwohin mitnehmen.

»Ich bin entzückt zu hören, daß es im hübschen Haus von Monsieur Tronchin stattfindet«, fügte sie hinzu.

Mein Diner war so, wie es sich der gewiegteste Feinschmecker nicht besser wünschen konnte, und Hedwig war wirklich seine Krönung. Dieses erstaunliche Mädchen sprach von der Theologie mit solcher Anmut und verlieh ihren Ausführungen einen so zwingenden Reiz, daß man unmöglich anders als ganz hingerissen sein konnte, selbst wenn man nicht überzeugt war. Nie habe ich einen Theologen gesehen, der die abstraktesten Punkte dieser Wissenschaft so leicht, so treffend und mit so echter Würde diskutieren konnte, wie diese junge hübsche Person, die mich während des Mittagessens völlig in Bann schlug. Monsieur Tronchin, der Hedwig noch nie gehört hatte, dankte mir hundertmal, daß ich ihm dieses Vergnügen verschafft hatte, und da er uns nach Ende der Mahlzeit verlassen mußte, lud er uns ein, uns am übernächsten Tag erneut einzufinden.

Besonders interessierte mich während des Nachtisches, wie sich der Pastor an seine alte Liebe zur Mutter Helenes erinnerte. Seine verliebte Beredsamkeit wuchs in dem Maß, wie er seine Kehle mit Champagner, Zyperwein und Likör befeuchtete. Die Mutter hörte ihm wohlgefällig zu und tat es ihm gleich, während die Mädchen und ich nur mäßig tranken. Doch taten die Vielzahl der Getränke und besonders der Punsch ihre Wirkung, und meine Schönen waren leicht beschwipst. Ihre Heiterkeit war bezaubernd, aber recht ungehemmt. Ich nützte diese allgemeine Bereitschaft und bat die beiden betagten Verliebten um die Erlaubnis, mit den Mädchen einen Spaziergang im Garten am Seeufer zu machen; sie wurde mir aus übervollem Herzen gewährt. Arm in Arm gingen wir hinaus und waren in wenigen Augenblicken außer Sichtweite.

»Wissen Sie«, fragte ich Hedwig, »daß Sie das Herz von Monsieur Tronchin gewonnen haben?«

»Was soll ich damit? Außerdem hat dieser ehrenwerte Bankier mir nur dumme Fragen gestellt.«

»Sie dürfen nicht glauben, daß jedermann in der Lage ist, Sie Dinge zu fragen, die Ihrer Bildung entsprechen.«

»Ich muß Ihnen übrigens gestehen, daß mir nie jemand Fragen gestellt hat, die mir so gefallen haben wie die Ihren. Ein dummer und bigotter Theologe, der am Ende des Tisches saß, schien an der Frage und mehr noch an der Antwort Anstoß zu nehmen.«

»Und warum?«

»Er behauptete, ich hätte antworten müssen, daß Jesus Christus die Samariterin niemals hätte begatten können. Er sagte, er würde mir den Grund erklären, wenn ich ein Mann wäre; aber da ich eine Frau sein und noch dazu eine unverheiratete, könne er es nicht wagen, mir Dinge zu sagen, die mich beim Nachdenken über die gottmenschliche Natur auf schlechte Gedanken bringen könnten. Ich möchte gern, daß Sie mir erklären, was dieser Dummkopf mir nicht sagen wollte.«

»Das will ich gern, aber Sie müssen mir gestatten, klar zu sprechen und vorauszusetzen, daß Sie über die Körperbildung des Mannes unterrichtet sind.«

»Ja, sprechen Sie klar, denn hier kann uns niemand hören; aber ich muß Ihnen gestehen, daß ich über die Körperbildung des Mannes nur theoretisch und aus Büchern unterrichtet bin, und daß ich auch nicht die geringste Erfahrung habe. Ich habe wohl Statuen gesehen, aber niemals einen richtigen Mann, und noch weniger ihn genau untersucht. Und du, Helene?«

»Ich? So etwas habe ich nie gewollt.«

»Warum nicht? Es ist gut, alles zu wissen.«

»Nun gut, reizende Hedwig, Ihr Theologe wollte Ihnen sagen, daß Jesus Christus einer Erektion nicht fähig war.«

»Was ist denn das?«

»Geben Sie mir Ihre Hand.«

»Jetzt fühle ich es, und so dachte ich es mir auch; denn ohne diese natürliche Erscheinung könnte der Mann seine Gefährtin nicht befruchten. Und der dumme Theologe behauptete, das sei eine Unvollkommenheit!«

»Ja, denn dieses Phänomen entspringt dem Begehren; Beweis dafür ist die Tatsache, daß es sich bei mir nicht zeigen würde, schöne Hedwig, wenn ich Sie nicht reizend gefunden hätte, und wenn das, was ich von Ihnen sehe, mir nicht die verlockendste Vorstellung von den Schönheiten vermitteln würde, die ich nicht sehe. Sagen Sie mir Ihrerseits freimütig, ob Sie nicht einen angenehmen Kitzel empfinden, wenn Sie diese Härte fühlen?«

»Das gebe ich zu und gerade an der Stelle, die Sie streicheln. Liebe Helene, verspürst du nicht wie ich an der gleichen Stelle einen unbändigen Reiz, wenn du hörst, was uns Monsieur sehr richtig erklärt?«

»Ja, ich verspüre ihn, aber das tue ich sehr oft, ohne daß mich irgendwelche Worte erregen.«

»Und dann zwingt Sie die Natur, es auf diese Weise zu lindern?« fragte ich.

»Keineswegs.«

»Oh doch!« sagte Hedwig. »Selbst beim Schlafen wandert unsere Hand instinktiv dorthin; ich habe gelesen, daß wir ohne diese Erleichterung schrecklich krank würden.«

Während dieses philosophischen Gesprächs, das die junge Theologin in durchaus belehrendem Ton führte, und bei dem sich die schönen Wangen ihrer Cousine vor Verlangen röteten, gelangten wir an den Rand eines prächtigen Beckens, in das man über eine Marmorstiege hinabsteigen konnte, um darin zu baden. Obwohl es kühl war, hatten wir erhitzte Köpfe, und mir kam der Gedanke, ihnen vorzuschlagen, die Füße ins Wasser zu tauchen; ich versicherte ihnen, das würde ihnen gut tun, und wenn sie es mir gestatteten, wäre es mir eine Ehre, ihnen die Schuhe auszuziehen.

»Gut, ich bin gern dabei«, sagte die Nichte.

»Und ich auch«, sagte Helene.

»Dann setzen Sie sich doch auf die oberste Stufe.«

Als sie dort saßen, stieg ich auf die vierte Stufe hinab und machte mich daran, ihnen die Schuhe auszuziehen, rühmte die Schönheit ihrer Beine und zeigte mich im Augenblick nicht im geringsten neugierig, mehr zu sehen als bis zum Knie. Als sie dann ins Wasser hinunterstiegen, waren sie gezwungen, die Röcke zu heben, und ich ermutigte sie hierzu.

»Nun, die Männer haben ja auch Schenkel«, sagte Hedwig.

Helene hätte sich geschämt, weniger mutig zu sein als ihre Cousine, und blieb nicht zurück.

»Nun ist es genug, meine reizenden Najaden[8]«, sagte ich, »Sie könnten sich erkälten, wenn Sie zu lange im Wasser bleiben.«

Sie stiegen aus Angst, ihre Röcke naß zu machen, immer noch hochgeschürzt rückwärts heraus; mir fiel es zu, sie mit allen meinen Taschentüchern abzutrocknen. Diese angenehme Aufgabe gestattete mir, alles gemächlich zu betrachten und zu streicheln, und ich muß dem Leser wohl nicht unter Eid versichern, daß ich mich der Aufgabe nach besten Kräften widmete. Die schöne Nichte sagte mir, ich sei zu neugierig; aber Helene ließ mich mit so zärtlicher und schmachtender Miene gewähren, daß ich mir Gewalt antun mußte, um nicht weiter vorzudringen.

Als ich ihnen schließlich Strümpfe und Schuhe angezogen hatte, sagte ich, ich sei vom Anblick der geheimen Schönheiten der zwei schönsten Mädchen von Genf bezaubert.

»Welche Wirkung hat das denn auf Sie?« fragte Hedwig.

»Ich wage nicht, Sie zum Anschauen aufzufordern, aber fühlen Sie alle beide.«

»Baden Sie doch auch!«

»Das ist nicht möglich; bei einem Mann ist das zu umständlich.«

»Aber wir können noch zwei gute Stunden hier bleiben, ohne zu befürchten, daß jemand kommt.«

Diese Antwort ließ mich das ganze Glück voraussehen, das mich erwartete; doch hielt ich es für unsinnig, mich der Gefahr einer Krankheit auszusetzen, wenn ich in meinem Zustand ins Wasser stieg. Da ich in geringer Entfernung einen Pavillon erblickte und sicher annahm, daß Monsieur Tronchin ihn offen gelassen hatte, hängte ich mich bei meinen Schönen ein und führte sie dorthin, ohne ihnen meine Absichten zu verraten.

Der Pavillon war mit allerhand Gefäßen, hübschen Stichen und ähnlichem angefüllt; aber besser als alles andere war ein schöner breiter Diwan, wie geschaffen zum Ausruhen und zum Vergnügen. Dorthin setzte ich mich zwischen die beiden Schönen, überschüttete sie mit Zärtlichkeiten und sagte, ich wolle ihnen zeigen, was sie noch nie gesehen hätten; gleichzeitig enthüllte ich vor ihren Augen den eigentlichen Beweger der Menschheit. Sie erhoben sich, um mich zu bestaunen; nun griff ich mit je einer Hand nach ihnen beiden und verschaffte ihnen einen behelfsmäßigen Genuß; aber während dieser Tätigkeit versetzte sie eine reichliche Eruption von Flüssigkeit in großes Erstaunen.

»Das ist das Verbum[9]«, sagte ich, »der große Schöpfer der Menschen.«

»Das ist köstlich!« rief Helene lachend bei der Bezeichnung Verbum.

»Aber ich habe das Verbum auch«, sagte Hedwig, »und ich will es Ihnen beweisen, wenn Sie einen Augenblick warten wollen.«

»Setzen Sie sich auf meinen Schoß, schöne Hedwig, und ich werde Ihnen die Mühe sparen, es selbst hervorzulocken; ich kann das besser als Sie.«

»Das glaube ich wohl, aber ich habe es noch nie mit einem Mann gemacht.«

»Ich auch nicht«, sagte Helene.

Ich stellte nun die beiden aufrecht vor mich hin, ihre Arme um meinen Hals, und brachte sie erneut in Verzükkung. Dann setzten wir uns, und während meine Hände ihre Reize erforschten, ließ ich mich von ihnen zu ihrer Freude ganz nach Belieben betasten, bis ich schließlich ihre Hände durch eine zweite Eruption mit lebensspendendem Naß befeuchtete, das sie neugierig an ihren Fingern untersuchten.

Wir versetzten uns wieder in anständigen Zustand und verbrachten noch eine halbe Stunde damit, uns Küsse zu geben; dann sagte ich ihnen, sie hätten mich nur zur Hälfte glücklich gemacht, aber ich hoffte, daß sie, um ihr Werk zu vollenden, einen Weg finden würden, mir ihre erste Gunst zu schenken. Dabei zeigte ich ihnen die kleinen schützenden Hüllen, die die Engländer erfunden haben, um das schöne Geschlecht vor jeder Angst zu bewahren. Die kleinen Beutelchen, deren Gebrauch ich ihnen erklärte, versetzten sie in Staunen, und die Theologin sagte zu ihrer Cousine, sie werde darüber nachdenken. Als intime Freunde und auf dem besten Weg, noch intimer zu werden, schlenderten wir zum Haus zurück, wo wir die Mutter Helenes und den Pastor bei einem Spaziergang am Seeufer antrafen.

Nach meiner Rückkehr verbrachte ich in Genf den Abend mit den drei Freundinnen und hütete mich wohlweislich, dem Syndikus meinen Erfolg bei Helene zu verraten; denn diese Nachricht hätte ihm nur neue Hoffnung gegeben, und er hätte vergeblich Zeit und Mühe verschwendet. Auch ich hätte ohne die Theologin nichts erreicht; aber da Helene ihre Cousine bewunderte, hätte sie befürchtet, daß diese auf sie herabsehen würde, wenn sie sich weigerte, die freie Handlungsweise nachzuahmen, die bei ihrer Cousine das Maß ihrer geistigen Freiheit war.

Helene kam an diesem Abend nicht, aber ich sah sie am nächsten Morgen bei ihrer Mutter; denn die Höflichkeit verlangte, daß ich mich bei der Witwe für die erwiesene Ehre bedankte. Sie bereitete mir den freundschaftlichsten Empfang und stellte mich zwei sehr hübschen jungen Mädchen vor, die bei ihr in Pension waren und mich interessiert hätten, wenn ich länger hätte in Genf bleiben müssen; aber da ich dort nur einige Tage zu verbringen gedachte, verdiente Helene meine ganze Aufmerksamkeit.

»Morgen beim Diner von Monsieur Tronchin werde ich Ihnen etwas berichten können«, sagte das reizende Mädchen; »ich glaube, Hedwig hat das Geheimnis ergründet, wie sie Ihre Wünsche in voller Freiheit befriedigen kann.«

Das Diner beim Bankier war hervorragend. Er setzte seinen ganzen Stolz darein, mir zu beweisen, daß die Mahlzeit eines Gastwirts niemals mit der konkurrieren

kann, die ein reicher Hausherr auftischt, der einen guten
Koch, einen gepflegten Keller sowie schönes Geschirr
und Porzellan erster Güte hat. Bei Tisch waren wir zwanzig Personen; das Fest war für die gelehrte Theologin und
für mich veranstaltet, der als reicher Fremdling großzügig
sein Geld ausgab. Ich traf dort auch Monsieur de Ximénès, der eigens von Ferney gekommen war, um mir zu
sagen, daß man mich bei Monsieur de Voltaire erwarte;
aber ich hatte den dummen Entschluß gefaßt, mich dort
nicht zu zeigen.

Hedwig glänzte. Die Tischgenossen machten sich eine
Ehre daraus, ihr Fragen zu stellen. Monsieur de Ximénès
bat sie, so gut wie möglich unsere Stammutter dafür zu
rechtfertigen, daß sie ihren Gatten getäuscht und ihm den
verhängnisvollen Apfel zu essen gegeben habe.

»Eva hat ihren Gatten nicht getäuscht«, erwiderte sie;
»sie hat ihn nur in der Hoffnung verführt, ihm eine weitere Vollkommenheit zu vermitteln. Übrigens war Eva
das Verbot nicht von Gott selbst, sondern von Adam
gegeben worden. Ihrer Handlungsweise lag also Verführung zugrunde und nicht Täuschung; außerdem ist es
wahrscheinlich, daß ihr gesunder fraulicher Verstand ihr
nicht gestattete, das Verbot für ernst zu halten.«

Bei dieser Antwort, die meiner Meinung nach voll Vernunft, Verstand und Einfühlungsvermögen war, begannen zwei Genfer Gelehrte und sogar der Onkel der jungen
Theologin leise untereinander zu flüstern. Madame Tronchin sagte in ernstem Ton zu Hedwig, Eva habe das Verbot in gleicher Weise wie ihr Mann von Gott selbst erhalten; aber die junge Person antwortete nur mit einem be-
scheidenen:

»Ich bitte um Verzeihung, Madame.«

Diese wandte sich beunruhigt an den Pastor.

»Was sagen Sie dazu, Monsieur?«

»Madame, meine Nichte ist nicht unfehlbar.«

»Ich bitte Sie um Verzeihung, lieber Onkel, aber ich bin es wie die Heilige Schrift, wenn ich aus ihr zitiere.«

»Rasch eine Bibel, wir wollen nachsehen.«

»Hedwig, meine liebe Hedwig ... du hast wirklich recht. Hier ist die Stelle.[10] Das Verbot ging der Erschaffung der Frau voraus.«

Nun zollte alle Welt ihr Beifall, aber Hedwig zeigte sich ruhig, bescheiden und unbeeindruckt; nur die beiden Gelehrten und Madame Tronchin konnten sich nicht beruhigen. Als eine andere Dame sie fragte, ob man mit gutem Gewissen glauben könne, daß die Geschichte mit dem Apfel nur sinnbildlich gemeint sei, erwiderte sie:

»Das glaube ich nicht, Madame, denn man könnte das Sinnbild nur als Paarung deuten, und es steht fest, daß eine solche zwischen Adam und Eva im Garten Eden nicht stattfand.«

»Aber die Meinungen der Gelehrten sind über diesen Punkt geteilt.«

»Um so schlimmer für die ungläubigen Gelehrten, Madame, denn die Heilige Schrift spricht über diesen Punkt ganz klar; sie sagt im ersten Vers des vierten Kapitels, daß Adam nach der Vertreibung aus dem irdischen Paradies Eva erkannte, und daß sie dann Kain gebar.«

»Ja, aber der Vers besagt nicht, daß Adam sein Weib Eva nicht schon früher erkannt hat; er kann sie also schon früher erkannt haben.«

»Dem werde ich niemals beipflichten, denn wenn er sie bereits früher erkannt hätte, wäre sie schwanger geworden; es erscheint mir unsinnig anzunehmen, daß der Zeu-

gungsakt zwischen zwei Geschöpfen, die unmittelbar von
Gottes Hand geschaffen und daher so vollkommen
waren, wie ein Mann und eine Frau nur sein können, nicht
seine natürliche Folge hätte haben sollen.«

Bei dieser Antwort klatschten alle Anwesenden Beifall,
und jeder flüsterte seinem Nachbarn schmeichelhafte
Worte über Hedwig ins Ohr.

Monsieur Tronchin fragte sie, ob man allein aus der
Lektüre des Alten Testaments die Unsterblichkeit der
Seele begründen könne.

»Das Alte Testament lehrt dieses Dogma nicht«, erwiderte sie. »Aber wenn es auch nicht davon spricht, so liegt
sie doch in der Vernunft begründet; denn das, was ist,
muß notwendigerweise unsterblich sein, da die Zerstörung einer bestehenden Wesenheit der Natur und dem
Denken widerstrebt.«

»Dann möchte ich Sie fragen«, fuhr der Bankier fort,
»ob die Existenz der Seele aus der Bibel hervorgeht?«

»Der Gedanke springt in die Augen. Der Rauch verrät
immer das Feuer, das ihn erzeugt.«

»Sagen Sie mir, ob die Materie fähig ist zu denken.«

»Darüber möchte ich mich nicht aussprechen, denn das
fällt nicht in mein Gebiet; aber ich möchte Ihnen sagen,
daß ich bei meinem Glauben an Gottes Allmacht keinen
ausreichenden Grund zu finden wüßte, der auf sein Unvermögen schließen ließe, der Materie die Fähigkeit des
Denkens zu verleihen.«

»Aber was glauben Sie selbst?«

»Ich glaube, daß ich eine Seele habe, mit deren Hilfe ich
denke; aber ich weiß nicht, ob meine Seele sich nach meinem Tod erinnern wird, daß ich heute die Ehre hatte, bei
Ihnen zu speisen.«

»Sie glauben also, daß Ihr Gedächtnis möglicherweise nicht Ihrer Seele angehört? Aber in diesem Falle wären Sie keine Theologin mehr.«

»Man kann Theologe und Philosoph zugleich sein, denn die Philosophie verdirbt nichts; und zu sagen, ›ich weiß es nicht‹, bedeutet noch nicht ›ich weiß‹.«

Dreiviertel der Tischgenossen stießen Rufe der Bewunderung aus, und die schöne Philosophin freute sich, als sie mich vor Entzücken über den Beifall lachen sah. Der Pastor weinte vor Freude und sprach leise mit Helenes Mutter. Plötzlich wandte er sich an mich und sagte:

»Stellen Sie doch auch eine Frage an meine Nichte.«

»Ja, aber eine neue oder gar keine«, erklärte Hedwig.

»Sie bringen mich in große Verlegenheit«, erwiderte ich, »denn wie sollte ich sicher sein, Sie etwas Neues zu fragen? Sagen Sie mir immerhin, Mademoiselle, ob man, um eine Sache zu begreifen, an ihren Ursprung zurückgehen muß?«

»Das ist unerläßlich; aus diesem Grund ist Gott auch unbegreiflich, weil er keinen Ursprung hat.«

»Gott sei gelobt, Mademoiselle, Ihre Antwort ist genauso, wie ich sie erwartete. Möchten Sie mir nun noch sagen, ob Gott seine Existenz begreifen kann?«

»Da bin ich am Ende meines Lateins; ich weiß nichts zu antworten. Monsieur, das war zumindest nicht höflich.«

»Warum haben Sie dann nach etwas ganz Neuem verlangt?«

»Aber das versteht sich doch von selbst.«

»Ich habe geglaubt, Mademoiselle, daß es das Neueste wäre, Sie in Verlegenheit zu bringen.«

»Das ist sehr aufmerksam von Ihnen. Meine Herren, würden Sie gütigst für mich antworten und mich belehren.«

Jeder flüchtete sich in Verlegenheitsäußerungen, aber niemand sagte etwas Befriedigendes. Schließlich nahm Hedwig wieder das Wort:

»Ich denke doch, daß Gott, da er allwissend ist, auch seine Existenz begreifen muß; aber fragen Sie mich bitte nicht, wie das möglich ist.«

»Das ist gut«, sagte ich, »sogar ausgezeichnet, und niemand könnte mehr darüber sagen.«

Alle Tischgenossen hielten mich für einen galanten Atheisten, so sehr ist man in der Gesellschaft an oberflächliches Urteilen gewöhnt; aber es kümmerte mich wenig, ob sie in mir einen Atheisten oder einen Gläubigen sahen.

Monsieur de Ximénès fragte Hedwig, ob die Materie erschaffen worden sei.

»Was meinen Sie mit dem Wort ›erschaffen‹«, erwiderte sie; »wenn Sie mich fragen, ob die Materie gebildet wurde, wäre meine Antwort zustimmend. Das Wort ›erschaffen‹ kann nicht existiert haben, denn die Existenz einer Sache muß der Bildung des Wortes, das sie bezeichnet, vorausgehen.«

»Welche Bedeutung würden Sie dann dem Wort ›erschaffen‹ geben?«

»Etwas aus nichts machen. Sie sehen den Widersinn; denn Sie müssen ein vorher existierendes Nichts annehmen ... Ich bin entzückt, Sie lachen zu sehen. Glauben Sie, daß das Nichts eine erschaffbare Sache ist?«

»Sie haben recht, Mademoiselle.«

»Nun, nun«, sagte eine der Tischgenossen mit gerunzelter Stirn, »nicht ganz, nicht ganz.«

Alle brachen in Lachen aus, denn der Widersacher wußte offenbar nichts zu sagen.

»Sagen Sie mir bitte, Mademoiselle, wer in Genf Ihr Lehrer gewesen ist«, fragte Monsieur de Ximénès.

»Mein Onkel hier.«

»Keineswegs, liebe Nichte, denn ich will tot umfallen, wenn ich dir jemals gesagt habe, was du heute alles vorgebracht hast. Aber meine Nichte hat nichts zu tun, Monsieur; sie liest, denkt und überlegt, vielleicht mit allzu großer Kühnheit. Aber ich liebe sie, weil sie am Ende immer sagt, daß sie nichts davon versteht.«

Eine Dame, die bis dahin kein Wort gesprochen hatte, bat sie sehr höflich um eine Definition des Geistes.

»Madame, Ihre Frage ist rein philosophisch; daher möchte ich Ihnen sagen, daß ich weder den Geist noch die Materie genügend kenne, um eine befriedigende Definition zu geben.«

»Aber Sie müssen doch eine abstrakte Vorstellung von der wirklichen Existenz des Geistes haben; denn wenn Sie einen Gott annehmen, können Sie nicht umhin, sich eine Vorstellung von ihm zu machen. Sagen Sie mir also, wie es sich begreifen läßt, daß der Geist auf die Materie einwirken kann.«

»Man kann auf einer abstrakten Idee nichts Sicheres aufbauen. Hobbes[11] nennt solche Ideen leer; man kann sie haben, aber man muß sie auf sich beruhen lassen, denn sobald man, von ihnen ausgehend, tiefer schürfen will, verläßt man den Boden der Vernunft. Ich weiß, daß Gott mich sieht. Aber ich würde mich unglücklich machen, wenn ich versuchen wollte, mir diese Tatsache mit dem Verstand zu beweisen; denn nach unserer Wahrnehmung sind wir zu der Annahme gezwungen, daß nichts ohne Organe möglich ist. Nur kann Gott keine Organe haben, denn wir denken ihn uns als reinen Geist. So kann uns

Gott, philosophisch gesprochen, ebensowenig sehen, wie wir ihn sehen. Moses jedoch und verschiedene andere haben ihn gesehen und, wie ich glaube, ohne das mit dem Verstand nachzuprüfen.«

»Das war gut gesagt«, warf ich ein; »denn wenn Sie es untersuchen, erscheint es Ihnen unmöglich. Aber wenn Sie Hobbes lesen, laufen Sie Gefahr, Atheistin zu werden.«

»Das fürchte ich keineswegs, denn ich begreife nicht einmal die Möglichkeit des Atheismus.«

Nach dem Essen wollten alle diesem wirklich erstaunlichen Mädchen Schmeicheleien sagen, so daß es mir unmöglich war, sie einen einzigen Augenblick allein zu sprechen, um sie meiner Zuneigung zu versichern. Aber Helene zog mich beiseite und sagte mir, ihre Cousine und der Pastor würden am nächsten Tag bei ihrer Mutter zum Abendessen erwartet.

»Hedwig wird bei uns bleiben«, fügte sie hinzu, »und wir werden zusammen schlafen, wie jedesmal, wenn sie mit ihrem Onkel zum Essen kommt. Die Frage ist, ob Sie sich, um die Nacht mit uns zu verbringen, entschließen können, sich an einem Ort zu verstecken, den ich Ihnen morgen früh in einem günstigen Augenblick zeigen werde, wenn Sie um elf Uhr meiner Mutter einen Besuch machen. Sie werden es dort nicht bequem haben, aber in Sicherheit sein, und wenn Sie sich langweilen, so vergessen Sie zu Ihrer Ablenkung nicht, daß wir viel an Sie denken werden. Hedwig bittet um Ihre Antwort.«

»Werde ich mich lange verstecken müssen?«

»Höchstens vier Stunden, denn um sieben Uhr wird die Haustür geschlossen; man öffnet sie dann nur noch, wenn jemand läutet.«

»Und wenn ich in meinem Versteck husten müßte, könnte man mich dann hören?«

»Ja, das wäre möglich.«

»Das ist ein schwieriger Punkt, alles übrige ist belanglos. Aber ich will es trotzdem wagen, um mir das größte Glück meines Lebens zu verschaffen. Sagen Sie Ihrer Cousine, daß ich mit allem einverstanden bin.«

Am nächsten Tag stattete ich der Witwe einen Besuch ab; als Helene mich hinausbegleitete, zeigte sie mir zwischen zwei Treppen eine geschlossene Tür.

»Sie werden sie um sieben Uhr offen finden«, sagte sie, »und wenn Sie eingetreten sind, schließen Sie von innen den Riegel. Achten Sie beim Kommen darauf, einen Augenblick zu wählen, in dem niemand Sie sieht.«

Um viertel vor sieben war ich bereits in meiner Kammer verborgen; ich fand dort glücklicherweise einen Stuhl, denn sonst hätte ich weder liegen noch aufrecht stehen können. Es war ein richtiges Loch, und ich erkannte am Geruch, daß man dort Speck und Käse aufbewahrte; aber zur Zeit war keiner vorhanden, denn ich tastete vorsorglich nach rechts und nach links, um mich in dieser tiefen Dunkelheit ein wenig zu orientieren. Als ich behutsam meine Füße nach allen Seiten ausstreckte, fühlte ich etwas Weiches, griff mit der Hand danach und entdeckte ein Stück Stoff. Es war eine Serviette, in ihr eine zweite, und darin zwischen zwei Tellern ein gutes gebratenes Huhn und Brot. Daneben fand ich noch eine Flasche und ein Glas. Ich war meinen schönen Freundinnen dankbar, daß sie an meinen Magen gedacht hatten; aber ich hatte reichlich und vorsichtshalber ein wenig später zu Mittag gegessen. So verschob ich es, den beiden Dingen Ehre anzutun, bis das Schäferstündchen näher rückte.

Um neun Uhr machte ich mich ans Werk, und da ich weder Korkenzieher noch Messer hatte, war ich gezwungen den Hals der Flasche mit einem Ziegel abzuschlagen, den ich glücklicherweise aus dem brüchigen Pflaster des Bodens zu lösen vermochte. Es war ein köstlicher alter Wein aus Neuchâtel[12]; außerdem war mein Hühnchen vorzüglich getrüffelt. Diese zwei Stimulantien bewiesen mir, daß meine beiden Nymphen einige Ahnung vom Körperlichen hatten, oder daß mir der Zufall freundlicherweise zu Hilfe gekommen war. Ich hätte meine Zeit recht geduldig in der Kammer abgewartet, aber der mehrfache Besuch einer Ratte, die sich durch ihren widerwärtigen Geruch verriet, verursachte mir Übelkeit. Ich erinnerte mich, daß mir die gleiche Unannehmlichkeit unter ähnlichen Umständen in Köln zugestoßen war.

Endlich schlug es zehn Uhr, und eine halbe Stunde später hörte ich die Stimme des Pastors, der im Gespräch die Treppe herabkam; er empfahl Helene, während der Nacht mit seiner Nichte keine Dummheiten zu treiben und ruhig zu schlafen. Da fiel mir ein, wie zweiundzwanzig Jahre zuvor der Prokurator Rosa um die gleiche Stunde die Signora Orio in Venedig verlassen hatte; mich selbst fand ich bei näherer Betrachtung recht verändert, jedoch keineswegs vernünftiger. Aber wenn ich inzwischen auch für den Genuß weniger empfänglich war, schienen mir doch die beiden Schönen, die mich erwarteten, den Nichten der Signora Orio weit überlegen.

Während meiner langen Laufbahn als Libertin hat mich mein unüberwindlicher Hang zum schönen Geschlecht alle Mittel der Verführung anwenden lassen, und ich habe einigen hundert Frauen, deren Reize mein Interesse geweckt hatten, den Kopf verdreht; aber den besten

Erfolg hatte ich stets, wenn ich Novizinnen, deren moralische Prinzipien und Vorurteile der Eroberung im Wege standen, vorsorglich nur in Gesellschaft einer zweiten Frau angriff. Ich wußte schon früh, daß ein junges Mädchen sich einfach aus Mangel an Mut schwer verführen läßt, während es sich in Gegenwart einer Freundin verhältnismäßig leichter ergibt; die Schwächen der einen führen zum Fall der andern. Freilich bedarf es einer doppelten Anstrengung, aber man wird für seine Mühe reichlich entschädigt. Väter und Mütter sind oft anderer Meinung, aber zu Unrecht. Sie weigern sich meist, ihre Tochter für einen Ball oder einen Spaziergang einem jungen Mann anzuvertrauen, erlauben es aber, wenn das junge Ding von einer Freundin begleitet ist. Ich wiederhole ihnen, sie haben unrecht, denn wenn der junge Mann sich danach zu richten weiß, ist ihre Tochter verloren. Eine falsche Scham hindert die eine wie die andere, der Verführung energischen Widerstand entgegenzusetzen; ist dann der erste Schritt einmal getan, ist der Fall unausbleiblich und rasch. Wenn die Freundin sich, um nicht erröten zu müssen, eine ganze unbedeutende Gunst rauben läßt, wird sie die erste sein, die andere zu einer größeren anzuspornen; und wenn der Verführer geschickt ist, hat sich die Unschuldige ahnungslos bereits zu weit vorgewagt, um noch zurückweichen zu können. Außerdem, je unschuldiger eine junge Person ist, um so weniger weiß sie von den Wegen und dem Ziel der Verführung. In ihrer Unkenntnis verfällt sie dem Reiz des Vergnügens; Neugier mischt sich ein, und die Gelegenheit tut ein Übriges.

Zum Beispiel wäre es mir vielleicht ohne Helene nicht gelungen, die gelehrte Hedwig zu verführen; aber ganz bestimmt wäre ich niemals bei Helene ans Ziel gelangt,

wenn sie nicht gesehen hätte, wie ihre Cousine mir Zuge-
ständnisse machte und sich mit mir Freiheiten heraus-
nahm, die sie beide ohne Zweifel als unvereinbar mit der
Scham und der Aufführung eines gut erzogenen Mädchens betrachteten.

Obwohl ich meine Liebesabenteuer nicht bereue,
möchte ich keineswegs, daß mein Beispiel dazu führt, das
schöne Geschlecht zu verderben, das in so vieler Hinsicht
unsere Huldigung verdient; ich wünsche vielmehr, daß
meine Betrachtungen die Vorsicht der Väter und Mütter
steigern möge, und ich wenigstens dadurch ihre Achtung
verdiene.

Kurz nach dem Fortgehen des Pastors pochte es dreimal
an der Tür meines Verstecks. Ich öffnete, und eine Hand,
zart wie Seide, bemächtigte sich der meinen. Alle meine
Sinne erbebten. Es war Helenes Hand, sie elektrisierte
mich, und dieser Augenblick des Glücks wog bereits mein
langes Warten auf.

»Folgen Sie mir vorsichtig«, sagte sie leise, sobald sie
die kleine Türe wieder geschlossen hatte, aber in meinem
glücklichen Ungestüm schloß ich sie zärtlich in meine
Arme, ließ sie die Wirkung fühlen, die allein schon ihre
Gegenwart auf mich machte und vergewisserte mich zugleich ihrer vollkommenen Willigkeit.

»Seien Sie vernünftig, mein Freund, und kommen Sie
leise hinauf«, sagte sie.

Ich folgte ihr tastend. Am Ende eines langen dunklen
Ganges führte sie mich in ein Zimmer ohne Licht, das sie
hinter uns abschloß; dann öffnete sie die Türe in ein zweites, erleuchtetes, in dem ich die nur ganz leicht bekleidete
Hedwig entdeckte. Sie kam mir, sobald sie mich sah, mit
offenen Armen entgegen, umarmte mich stürmisch und

beteuerte mir ihre lebhafteste Dankbarkeit für die Geduld, die ich in dem so düsteren Versteck aufgebracht hatte.

»Meine göttliche Hedwig«, erwiderte ich, »wenn ich Sie nicht bis zum Wahnsinn lieben würde, hätte ich es keine Viertelstunde in diesem abscheulichen Loch ausgehalten; doch wenn Sie wollen, werde ich dort jeden Tag, solange ich hier bleibe, vier Stunden lang ausharren. Aber verlieren wir keine Zeit, meine Freundinnen, legen wir uns zu Bett.«

»Legen Sie beide sich hinein«, sagte Helene, »ich werde die Nacht hier auf dem Sofa verbringen.«

»Oh nein, Cousine«, rief Hedwig, »wo denkst du hin; unser Los muß völlig gleich sein.«

»Ja, göttliche Helene, ja«, sagte ich und umarmte sie; »ich liebe Sie beide in gleicher Weise; und alle diese Förmlichkeiten lassen uns nur kostbare Zeit verlieren, während der ich Ihnen meine zärtliche Glut beweisen könnte. Folgen Sie meinem Beispiel. Ich werde mich ausziehen und mich in die Mitte des Bettes legen. Kommen Sie rasch an meine beiden Seiten, und Sie werden sehen, daß ich Sie liebe, wie Sie es verdienen, geliebt zu werden. Wenn wir hier sicher sind, werde ich Ihnen solange Gesellschaft leisten, bis Sie mir sagen, ich solle gehen; aber ich bitte Sie um die Vergünstigung, daß Sie das Licht nicht löschen.«

Im Handumdrehen, während ich mit der gelehrten Theologin über die Scham philosophierte, präsentierte ich mich vor ihren Augen in der Nacktheit eines zweiten Adam. Hedwig errötete und ließ, vielleicht aus Angst, sie könne durch allzu große Zimperlichkeit in meinen Augen verlieren, die letzte schamhafte Hülle fallen; dabei zitierte sie den heiligen Clemens von Alexandrien[13], der behauptete, die Scham sitze nur im Hemd.

Ich rühmte laut ihre Schönheiten, die Vollkommenheit ihrer Formen, und wollte damit Helene ansporren, die sich nur langsam auszog; aber der Vorwurf falscher Scham, den ihre Cousine ihr machte, war wirkungsvoller als alle meine verschwenderischen Lobreden. Endlich zeigte sich diese Venus im Naturzustand und bedeckte recht verlegen mit einer Hand die geheimste Stelle ihrer Reize, mit der anderen eine ihrer Brüste und schien verwirrt, daß sie alles übrige nicht verbergen konnte. Ihre verschämte Ängstlichkeit, ihr Kampf zwischen der erlöschenden Scham und der Sinnlichkeit entzückten mich.

Hedwig war größer als Helene, ihre Haut war weißer und ihre Brust doppelt so stark; aber Helene war erregter, ihre Formen waren lieblicher, und ihre Brüste glichen denen der Venus von Medici.

Allmählich faßte sie sich ein Herz und folgte dem Beispiel ihrer Cousine, und so verbrachten wir einige Augenblicke in gegenseitiger Bewunderung; dann legten wir uns zu Bett. Die Natur sprach gebieterisch, und wir wünschten nichts, als sie zufriedenzustellen. Sicherheitshalber mit einem Häubchen überzogen, dessen Zerreißen ich nicht zu fürchten brauchte, machte ich Hedwig zur Frau, und als das Opfer beendet war, sagte sie mir unter vielen Küssen, daß der Augenblick des Schmerzes nichts bedeute im Vergleich mit der Wonne.

Helene, die sechs Jahre jünger war als Hedwig, kam bald darauf an die Reihe; aber das schönste Kraushaar, das ich je gesehen habe, bereitete einige Schwierigkeiten. Sie zerteilte es mit ihren beiden Händen, und obwohl sie in die Geheimnisse der Liebe nicht ohne einen schmerzhaften Einriß eingeweiht werden konnte, seufzte sie, eifersüchtig auf den Erfolg ihrer Cousine, nur voll Glück, kam

meinen Bemühungen entgegen und schien es an Zärtlichkeit und Feuer mit mir aufzunehmen. Ihre Reize und ihre
Bewegungen brachten das süße Opfer rasch zu Ende, und
als ich das Heiligtum verließ, sahen meine beiden Schönen, daß ich der Ruhe bedurfte.

Der Altar wurde vom Blut der Opfer gereinigt, und
eine heilsame Abwaschung zu dritt folgte, bei der wir uns
entzückt gegenseitig halfen. Unter ihren flinken und neugierigen Händen erwachte ich zu neuem Leben, und dieser Anblick erfüllte sie mit Freude. Ich sagte ihnen, wie
sehr ich der Wiederholung meines Glückes während der
ganzen Zeit bedurfte, die ich in Genf bliebe; aber sie erwi-
derten seufzend, das sei unmöglich.

»In fünf oder sechs Tagen können wir vielleicht ein
zweites ähnliches Fest veranstalten; aber das ist alles«,
sagte Hedwig. »Laden Sie uns morgen zum Abendessen in
Ihren Gasthof ein; vielleicht bietet uns der Zufall Gelegenheit zu einem süßen Diebstahl.«

Ich machte mir diesen Vorschlag zu eigen.

Da ich meine Natur kannte und die Mädchen nach
Belieben täuschte, erfüllte ich sie, als wir uns wieder der
Liebe widmeten, mehrere Stunden lang mit höchstem
Glück und wechselte fünf- oder sechsmal von der einen
zur anderen, bevor ich meine Kraft verausgabte und zum
Gipfelpunkt der Wonnen gelangte. Da sie gelehrig und
wißbegierig waren, ließ ich sie zwischendurch die schwierigsten Stellungen des Aretiners[14] einnehmen, was ihnen
über alle Maßen Spaß machte. Wir verschwendeten unsere
Küsse an alles, was wir bewunderten, und gerade als Hedwig ihre Lippen auf die Mündung der Pistole preßte, ging
die Ladung los und überschwemmte ihr Gesicht und ihre
Brust. Sie war darüber höchst erfreut und verfolgte diese

Eruption, die sie erstaunlich fand, mit dem Interesse und
der Neugier eines Naturkundigen bis zum Ende. Obwohl
wir nicht eine Minute verloren hatten, erschien die Nacht
uns kurz; im Morgengrauen mußten wir uns trennen. Ich
ließ sie im Bett und gelangte glücklich aus dem Haus, ohne
von jemandem gesehen zu werden.

Nachdem ich bis Mittag geschlafen hatte, stand ich auf,
machte Toilette, besuchte den Pastor und sparte nicht mit
Lob für seine reizende Nichte. Das war das sicherste Mittel, um ihn dafür zu gewinnen, daß er am nächsten Tag
zum Abendessen in das »Hôtel aux Balances« kam.

»Dann sind wir in der Stadt«, fügte ich hinzu, »und
können zusammenbleiben, solange wir wollen; aber versuchen Sie, die liebenswürdige Witwe und ihre reizende
Tochter mitzubringen.«

Das versprach er mir.

Am Abend suchte ich den Syndikus und seine drei
Freundinnen auf, die mich verständlicherweise ein wenig
kühl fanden. Ich schützte starke Kopfschmerzen vor. Ich
erzählte ihnen von dem Souper, das ich der gelehrten
Theologin geben würde, und lud sie ein, in Begleitung des
Syndikus ebenfalls hinzukommen; aber ich hatte vorausgesehen, daß dieser nicht einverstanden sein würde, weil
sie das ins Gerede gebracht hätte.

Ich sorgte dafür, daß die erlesensten Weine der Haupt-
bestand meines Soupers waren. Der Pastor und seine
Freundin tranken wacker, und ich spornte sie nach besten
Kräften dazu an. Als ich sie dort hatte, wo ich sie haben
wollte, den Kopf ein wenig benebelt und ganz in ihre alten
Erinnerungen versunken, machte ich den beiden Schönen
ein Zeichen, und sie gingen hinaus, als wollten sie ein
Örtchen aufsuchen. Angeblich um es ihnen zu zeigen,

ging ich mit ihnen, führte sie in ein anderes Zimmer und bat sie, auf mich zu warten.

Bei meiner Rückkehr fand ich die beiden Alten ganz mit sich selbst beschäftigt, so daß sie meine Anwesenheit kaum bemerkten; ich bereitete den Punsch, stellte ihn vor sie hin und sagte, ich würde auch den jungen Damen ein Glas bringen, die sich beim Betrachten von Kupferstichen vergnügten. Ich verlor nicht einen Augenblick und spielte mehrere Szenen, die sie sehr interessant fanden. Diese gestohlenen Freuden haben einen unaussprechlichen Reiz. Als wir einigermaßen zufriedengestellt waren, kehrten wir gemeinsam zurück, und ich machte mich daran, einen zweiten Punsch zu bereiten. Helene rühmte ihrer Mutter gegenüber die Stiche und schlug ihr vor, sie solle sie mit uns ansehen.

»Ich mache mir nichts daraus«, erwiderte diese.

»Schön, dann sehen wir sie uns noch einmal an«, erklärte Helene.

Entzückt über diese List, ging ich mit meinen beiden Heroinen wieder hinüber, und wir vollbrachten Wunder. Hedwig philosophierte über die Lust und sagte, sie hätte sie niemals kennengelernt, wäre ich nicht zufällig mit ihrem Onkel bekannt geworden. Helene sprach kein Wort; aber sie übertraf ihre Cousine an Sinnlichkeit, geriet in Verzückung wie eine Taube, wurde wieder lebendig, um gleich darauf erneut zu ersterben. Ich bewunderte diese erstaunliche, wenn auch keineswegs seltene Liebesfähigkeit; während ich ein einziges Mal zum Ziel kam, wechselte sie vierzehnmal vom Leben zum Tod. Allerdings war es bereits mein sechstes Rennen, und um mich an ihrem Glück zu freuen, hemmte ich manchmal meinen Schwung.

Bevor wir uns trennten, versprach ich ihnen, alle Tage Helenes Mutter zu besuchen, um bei Gelegenheit zu hören, welche Nacht ich mit ihnen vor meiner Abreise aus Genf noch verbringen könnte. Wir trennten uns um zwei Uhr morgens.

Drei oder vier Tage später sagte mir Helene kurz, Hedwig werde an diesem Abend bei ihr schlafen. Ich könne mich in ihrem Zimmer verbergen; die Türe werde sie zur gleichen Stunde offenlassen.

»Ich werde kommen.«

»Und ich werde Sie dort einschließen; aber weil die Dienerin das Licht entdecken könnte, müssen Sie im Dunkeln sitzen.«

Ich war pünktlich, und um Schlag zehn Uhr erschienen die beiden voll Freude.

»Ich habe vergessen, Ihnen zu sagen, daß hier ein Hühnchen für Sie ist«, sagte Helene.

Da ich Hunger hatte, verschlang ich es im Handumdrehen; dann überließen wir uns dem Glück.

Am übernächsten Tag mußte ich abreisen. Ich hatte zwei Briefe von Monsieur Raiberti erhalten. In dem einen schrieb er mir, er habe meine Anweisung bezüglich der Corticelli befolgt, und im zweiten, daß sie wahrscheinlich während des Karnevals im Engagement als erste Figurantin tanzen würde. Ich hatte in Genf nichts mehr zu tun, und Madame d'Urfé erwartete mich vereinbarungsgemäß in Lyon. Ich mußte diese Reise dorthin antreten. Unter diesen Umständen war die Nacht, die ich mit den beiden reizenden Mädchen verbringen konnte, die letzte. Mein Unterricht hatte Früchte getragen, und meine beiden Schülerinnen waren zu Meisterinnen in der Kunst geworden, Glück zu genießen und zu schenken. Aber in den Pausen trat Trauer an Stelle der Freude.

»Wir werden unglücklich sein, mein Freund«, sagte Hedwig, »wir wären deshalb bereit, dir zu folgen, wenn du dich unser annehmen willst.«

»Ich verspreche euch, vor Ablauf von zwei Jahren wiederzukommen, meine lieben Freundinnen«, erwiderte ich, und so lange mußten sie gar nicht warten.[15] Um Mitternacht schliefen wir ein, und als wir um vier Uhr wieder erwachten, erneuerten wir unsere Spiele, bis es sechs Uhr schlug. Eine halbe Stunde später verließ ich sie vollkommen erschöpft und blieb den ganzen Tag im Bett. Am Abend suchte ich den Syndikus und seine jungen Freundinnen auf. Ich fand dort Helene, die geschickt so tat, als sei sie über meine Abreise nicht betrübter als die anderen; und um die Komödie noch besser zu spielen, ließ sie sich vom Syndikus ebenso wie die anderen küssen. Ich verstellte mich in gleicher Weise und bat sie, ihrer gelehrten Cousine meine Grüße zu bestellen und mich zu entschuldigen, daß ich mich nicht persönlich verabschiedet hätte.

Kapitel 12

Clementina

In Sant'Angelo[1] ist Casanova Gast des Grafen Ambrosio[2], dessen Schwägerin Clementina[3] Bücher liebt, ohne ihrer mehr als dreißig zu besitzen. Hebe ist die mythische Gattin des Herakles, die Göttin der ewigen Jugend; Jolaos hilft Herakles im Kampf gegen die Hydra und wird von Hebe dafür mit ewiger Jugend belohnt. In einer galanten Laune hatten Casanova und Clementina sich diese Namen gegeben.

Am nächsten Tag fuhr ich nach Lodi[4], ohne jemandem etwas zu sagen. Ich kaufte alle Bücher, die mir für die Contessa Clementina passend erschienen. Sie konnte nur italienisch lesen. Ich kaufte Übersetzungen, die ich zu meiner Überraschung in der Stadt Lodi fand; bis zu diesem Augenblick hatte sie mir nur durch ihren ausgezeichneten Käse etwas bedeutet, den ganz Europa undankbarerweise Parmesan[5] nennt. Er stammt nicht aus Parma, sondern aus Lodi, und ich verfehlte nicht, noch am gleichen Tag dem Artikel Parmesan in einem Käselexikon, das ich plante, einen Kommentar beizufügen; später habe ich den Plan aufgegeben, da er über meine Kräfte ging, so wie auch J.-J. mit dem seinen über Botanik nicht zurecht kam. Er hatte sich dazu den Namen »Renaud le Botaniste« zugelegt.[6] »Quisque histrioniam exercet« (jeder spielt seine Rolle). Aber der wortgewaltige Rousseau hatte weder Sinn für das Lachen, noch das göttliche Talent, andere zum Lachen zu bringen.

Ich bestellte für den übernächsten Tag im besten Gasthof von Lodi ein Mittagessen für zwölf Personen, zahlte einen Betrag an und erhielt eine Quittung. Ich gab die nötigen Anweisungen, damit an nichts gespart wurde.

Nach meiner Rückkehr nach Sant'Angelo trug ich die Tasche voll Bücher in das Zimmer der Contessa Clementina, der es beim Anblick dieses Geschenks vollkommen die Rede verschlug. Es waren mehr als hundert Bücher von Dichtern, Historikern, Geographen und Naturkundigen, und dazu einige aus dem Spanischen oder Französischen übersetzte Romane, denn außer dreißig oder vierzig Epen haben wir in Italien keinen einzigen guten Prosaroman. Dafür haben wir im »Orlando furioso« das Meisterwerk des menschlichen Geistes, das sich in keine andere Sprache übersetzen läßt. Wenn also dieses Epos nur für die italienische Sprache geschaffen ist, hat es den Anschein, als sei die italienische Sprache nur für dieses Werk geschaffen. Der europäische Autor, der das der Wahrheit entsprechendste, schönste und einfachste Lob über Ariost ausgesprochen hat, war der sechzigjährige Voltaire.[7] Ohne diesen dichterischen Widerruf hätte ihm die Nachwelt mit einer unübersteigbaren Schranke den Eintritt in den Tempel der Unsterblichkeit verwehrt. Ich habe ihm das vor sechsunddreißig Jahren gesagt, und der große Genius hat mir geglaubt und meine Sorge geteilt; nichts kann nun seiner Apotheose im Wege stehen, wenn nicht ein großer Vorhang, den zuzuziehen nicht seine Aufgabe sein sollte.[8] Voltaire hat einen klaren Blick gehabt, aber seine Vorhersagen waren schlecht, sehr schlecht.

Clementinas Augen wanderten von den Büchern zu mir, und von mir zu den Büchern; sie schien zu zweifeln, ob sie tatsächlich ihr gehörten. Dann wurde sie plötzlich ernst und sagte, ich sei nach Sant'Angelo gekommen, um ihr Glück zu bringen. Das ist der Augenblick, in dem der Mensch zum Gott wird. »Homo homini Deus« (der Mensch ist ein Gott für den Menschen)[9]. Es ist undenkbar, daß sich in einem solchen Augenblick der Empfänger einer Wohltat nicht ebenfalls entschlossen fühlt, alles in seinen Kräften Stehende zu tun, um den zu beglücken, der so bereitwillig zu seinem Glück beigetragen hat.

Man empfindet eine unbeschreibliche Freude, wenn man die göttlichen Zeichen der Dankbarkeit in einem Gesicht entdeckt, in das man sich verliebt hat. Wenn dich, mein lieber Leser, diese Freude nicht so bewegt wie mich, lege ich keinen Wert darauf, daß du mich liest; du kannst nur geizig oder ungeschickt und dadurch unwürdig sein, geliebt zu werden. Clementina hatte beim Mittagessen keinen Appetit und verbrachte den Rest des Tages mit mir in ihrem Zimmer, um die Bücher einzuräumen. Sie bestellte sogleich bei einem Tischler einen vergitterten und abschließbaren Bücherschrank, der nach meiner Abreise ihre ganze Wonne sein mußte. Sie hatte beim Spielen Glück und war beim Abendessen sehr heiter, bei dem ich die ganze Gesellschaft für den übernächsten Tag zum Mittagessen nach Lodi einlud. Da ich zwölf Gedecke bestellt hatte, übernahm es Graf Ambrosios Frau[10], in Lodi die zwei noch fehlenden Gäste einzuladen, und der Kanonikus versprach, seine Dame mit Tochter und Sohn mitzubringen.

Ich verbrachte den Nachmittag im Schloß und verwandte ihn darauf, meiner Hebe eine Vorstellung von der Himmelskugel zu vermitteln und ihr einen Weg zum Verständnis Wolffs[11] zu weisen. Ich schenkte ihr meine mathematischen Instrumente, die ihr als eine unschätzbare Gabe erschienen.

Ich verzehrte mich nach ihr; aber hätte mich ihr Hang zur Literatur verliebt gemacht, wenn ich sie nicht vorher schon hübsch gefunden hätte? Leider nein! Ich liebe ein köstliches Gericht und bin ein Feinschmecker; aber wenn es nicht gut aussieht, erscheint es mir schlecht. Als erstes interessiert das Äußere als der Sitz der Schönheit; die Prüfung des Ausdrucks und des Inneren folgt erst dann, und wenn sie gut ausfällt, ist man entflammt. Ein Mann, der darauf keinen Wert legt, ist oberflächlich, und das heißt im Bereich des Moralischen verächtlich. Als ich schlafen ging, entdeckte ich an mir etwas Neues; in dem drei- oder vierstündigen Zusammensein mit Hebe hatte mich ihre Schönheit nicht im geringsten abgelenkt. Meine Zurückhaltung beruhte jedoch nicht auf Achtung, Tugend oder angeblichem Pflichtbewußtsein. Worauf aber sonst? Mir lag nichts daran, es zu ergründen. Ich wußte nur, daß eine Liebe nicht lange so platonisch bleiben konnte, und das bekümmerte mich aufrichtig; dieser Kummer entsprang der Tugend, allerdings einer in den letzten Zügen liegenden Tugend. Die schönen Dinge, die wir lasen, interessierten uns so stark, daß die Gefühle der Liebe nebensächlich und zweitrangig wurden und schweigen mußten. Neben dem Geist verliert das Herz seine Herrschaft, und die Vernunft triumphiert; aber der Kampf darf nur kurz sein. Unser Sieg täuschte uns; der Glaube, unser selbst sicher zu sein, stand auf tönernen Füßen. Wir wußten, daß wir liebten, aber wir wußten nicht, daß wir geliebt wurden.

Mit diesem ebenso vermessenen wie selbstgenügsamen Vertrauen trat ich in ihr Zimmer, um ihr etwas im Zusammenhang mit dem Ausflug nach Lodi zu sagen; die Wagen standen schon bereit. Sie schlief noch und fuhr plötzlich aus dem Schlaf auf; ich kam gar nicht auf den Gedanken, mich zu entschuldigen. Stattdessen entschuldigte sie sich mit den Worten, der »Aminta«[12] von Tasso habe sie beim Schlafengehen so gefesselt, daß sie ihn nicht habe fortlegen können, bevor sie ihn nicht ganz gelesen hatte. Das Buch lag auf ihrem Nachttisch. Ich sagte ihr, der »Pastor fido«[13] werde ihr noch besser gefallen.

»Ist er noch schöner?«

»Nein.«

»Warum sagen Sie dann, daß er mir noch besser gefallen wird?«

»Weil er einen zu Herzen gehenden Reiz besitzt. Er rührt, er verführt, und wir lieben die Verführung.«

»Er ist also ein Verführer?«

»Nein, er ist verführerisch wie Sie.«

»Dieser Unterschied ist entscheidend. Ich werde ihn heute abend lesen. Nun will ich mich rasch anziehen.«

Sie zog sich an, ohne darauf zu achten, daß ich ein Mann war; doch tat sie es mit Anstand. Dennoch bemerkte ich, daß sie sich mehr in acht genommen hätte, wenn sie sicher gewesen wäre, daß ich in sie verliebt war.

Ich erhaschte flüchtige Einblicke, als sie sich sitzend ihr Hemd überstreifte, als sie ihr Korsett schnürte, als sie in den Rock schlüpfte, und als sie, nach Verlassen des Bettes, Strümpfe anzog und mit Bändern über dem Knie befestigte; ich erhaschte flüchtige Einblicke, sagte ich, auf Schönheiten, die mich verwirrten, die mich im Gespräch unaufmerksam machten und mich zum Hinausgehen zwangen, damit mein sinnliches Gemüt nicht eine allzu schmähliche Niederlage erlitt.

Ich setzte mich auf den Klappsitz meines Wagens und hielt den Sohn der Contessa, der auf einem großen Kissen schlief, auf den Knien. Sie konnte sich vor Lachen nicht fassen, und so ging es auch Clementina. Während der Fahrt begann das Kind zu weinen; es wollte seine Milch; die Mutter enthüllte rasch einen rosigen Trinkhahn und ließ sich meine Bewunderung gern gefallen. Ich reichte ihr den Säugling, der in der Aussicht lachte, gleichzeitig essen und trinken zu können. Ich genoß diesen verehrungswürdigen Anblick mit sichtlicher Freude. Als der hübsche Sprößling gesättigt aufhörte, sah ich die weiße Flüssigkeit weiter tropfen.

»Ach, Signora, das ist jammerschade; gestatten Sie meinen Lippen, diesen Nektar zu schlürfen, der mich unter die Götter einreihen wird, und befürchten Sie nicht, daß ich Sie beiße.« Damals hatte ich noch Zähne.

Kniend nährte ich mich und blickte dabei die gräfliche Mutter und ihre Schwester an, die nachsichtig lächelten; ein solches Lächeln hat kein Maler je darzustellen vermocht, außer dem großen Künstler Homer, als er uns Andromache mit Astyanax auf den Armen in dem Augenblick schildert, da Hektor sie verläßt, um in den Kampf zurückzukehren.[14]

Unersättlich in meinem Wunsch, die Damen zu erheitern, fragte ich Clementina, ob sie den Mut habe, mir die gleiche Gunst zu erweisen.

»Warum nicht, wenn ich Milch hätte?«

»Es genügt, daß Sie die Quelle besitzen. Für das übrige werde ich sorgen.«

Bei diesen Worten errötete sie so stark, daß ich mir fast böse war, sie ausgesprochen zu haben. Unter ständigem Lachen gelangten wir zum Gasthof in Lodi; die Zeit war uns auf dieser kleinen Fahrt im Flug vergangen. Die Contessa schickte sogleich ihren Diener zu einer befreunde-

ten Dame, sie möge doch in Gesellschaft ihrer Schwester
zum Mittagessen kommen. Ich nützte die Zeit und ließ
durch Clairmont reichlich viel Papier, spanisches Wachs,
Federn, Tinte und Schreibzeug kaufen, dazu eine hübsche
verschließbare Mappe für meine schöne Hebe, die mich
nicht mehr vergessen sollte. Als ich das alles vor dem
Essen vor ihr ausbreitete, konnte sie mir ihre Dankbarkeit
nur durch Blicke ihrer schönen Augen bezeugen. Es gibt
keine echte Frau mit unverdorbenem Herzen, die ein
Mann nicht mit Sicherheit erobern könnte, indem er ihre
Dankbarkeit erweckt. Das ist ein unfehlbares Mittel und
der kürzeste Weg zum Erfolg; aber man muß sich darauf
verstehen.

Die Dame aus Lodi kam mit ihrer Schwester, die ihrem
ganzen Geschlecht den Preis der Schönheit streitig
machen konnte; aber Venus selbst hätte es nicht vermocht, mich in diesem Augenblick Clementina abspen-
stig zu machen. Die Damen und Mädchen umarmten sich
mehrfach und zeigten sich hocherfreut über das Wiedersehen. Man stellte mich vor, man sprach von mir, man
hob mich in den Himmel; ich spielte den Spaßmacher, um
diese Komplimente zu beenden.

Meine Einladung war in jeder Weise ein Erfolg. Da wir
in der Fastenzeit waren, erhielten die Gewissenhaften
Fischgerichte, die sie leicht auf Hühnchen und Wildpret
verzichten ließen. Der ausgezeichnete Stör schmeckte
allen.

Nach dem Essen kamen der Gatte der Dame und der
Liebhaber ihrer Schwester, was die Stimmung noch hob.
Um die reizende Gesellschaft zufriedenzustellen, legte ich
eine Bank auf, und als ich nach drei Stunden aufhörte,
hatte ich zu meiner Freude dreißig oder vierzig Zechinen

verloren; sonst hätte man mich nicht als den angenehmsten Spieler von ganz Europa gerühmt.

Da der Liebhaber der Schönen Vegio hieß, fragte ich ihn, ob er von dem Autor des dreizehnten Gesangs der Vergilschen »Äneis« abstamme[15]; er bejahte und sagte, er habe sie in italienische Stanzen übertragen.[16] Als ich mich interessiert zeigte, versprach er mir, sie mir am übernächsten Tag nach Sant'Angelo zu bringen. Ich beglückwünschte ihn zu seinem alten Adel, denn Maffeo Vegio hatte zu Beginn des fünfzehnten Jahrhunderts gelebt.

Bei Einbruch der Nacht brachen wir auf und gelangten in weniger als zwei Stunden nach Sant'Angelo. Der Mondschein, der alle meine Bewegungen sichtbar machte, half mir, der Versuchung zu widerstehen, die mir ein Bein Clementinas einflößte; denn sie hatte, um ihren Neffen besser auf den Knien halten zu können, einen Fuß auf den Klappsitz gestellt. Nach der Ankunft rühmte die Mutter auf hunderterlei Weise, was für ein guter Gesellschafter ich gewesen sei. Da wir kein Verlangen nach einem Abendessen hatten, zogen wir uns zurück; aber Clementina vertraute mir an, sie habe zu ihrem Leidwesen nicht die geringste Vorstellung von der »Äneis«. Signor Vegio würde mit seinem dreizehnten Gesang nach Sant'Angelo kommen, und sie wäre untröstlich, daß sie ihn nicht würde beurteilen können. Ich beruhigte sie.

»Wir werden heute nacht die prächtige Übersetzung dieses Epos von Annibale Caro[17] lesen«, sagte ich. »Sie besitzen sie, auch die der ›Metamorphosen‹ von Ovid von Anguillara[18], und die des Lukrez von Marchetti[19]«.

»Ich wollte den ›Pastor fido‹ lesen.«

»Wir werden ihn ein anderes Mal lesen.«

Wir verbrachten also die Nacht mit dem Lesen dieses

prächtigen Epos in italienischen Blankversen. Aber die Lektüre wurde häufig durch das geistvolle Gelächter meiner reizenden Schülerin unterbrochen. Sie lachte herzlich über den Zufall, der Äneas in die Lage versetzte, wenn auch auf sehr unbequeme Weise, Dido einen deutlichen Beweis seiner Zärtlichkeit zu geben;[20] aber mehr noch, als Dido bei ihrer Klage über die Treulosigkeit des Trojaners sagte, sie könnte ihm noch verzeihen, wenn er ihr vor seinem Fortgehen einen kleinen Äneas geschenkt hätte, der ihr zur Freude im Hof herumspielen würde. Clementina lachte mit Recht; aber wie kommt es, daß man nicht lacht, wenn man es auf lateinisch liest? »Si quis mihi parvulus aula luderet Aeneas« (wenn ein kleiner Äneas im Hofe spielen würde)[21]. Es ist nur die Schönheit der Sprache, die dieser reizenden Klage einen würdigen Anstrich gibt.

Wir beendeten diese Lektüre erst, als der Morgen graute.

»Was für eine Nacht, mein lieber Freund«, sagte sie. »Ich habe sie mit Ihnen in inniger Freude verbracht. Aber Sie?«

»Mit außerordentlichem Vergnügen, angesichts des Ihren.«

»Und wenn Sie das meine nicht vor Augen gehabt hätten?«

»So wäre es um zwei Drittel geringer gewesen. Ich liebe Ihren Geist in höchstem Maß, aber sagen Sie mir bitte, ob Sie es für möglich halten, daß man einen Geist liebt, ohne auch seine Hülle zu lieben.«

»Nein, denn ohne sie würde er sich verflüchtigen.«

»Das bedeutet also, daß ich Sie lieben muß, und daß ich unmöglich sechs Stunden mit Ihnen allein verbringen kann, ohne vor Verlangen zu sterben, Ihnen hundert Küsse zu geben.«

»Sie haben recht; und ich glaube, daß wir diesem Verlangen nur widerstehen, weil wir Pflichten haben und uns schämen würden, wenn wir sie verletzten.«

»Das ist richtig; aber wenn Sie so veranlagt sind wie ich, muß Ihnen diese Zurückhaltung sehr schwer fallen.«

»Vielleicht ebenso schwer wie Ihnen selbst; aber ich bin der Überzeugung, daß der Widerstand gegen gewisse Wünsche nur im Anfang schwierig ist. Nach und nach gewöhnt man sich daran zu lieben, ohne die Begierden fürchten zu müssen. Unsere Hüllen, die uns jetzt gefallen, werden uns gleichgültig, und dann können wir Stunden und Tage gemeinsam verbringen, ohne daß uns ein ungehöriges Verlangen stört.«

»Gott befohlen, schöne Hebe. Schlafen Sie gut.«

»Gott befohlen, Jolaos.«

Kapitel 13

Die Charpillon

London 1763. Nachdem seine Geliebte Pauline nach Portugal heimgekehrt ist, lernt Casanova durch Vermittlung des flämischen Offiziers Malingan die Charpillon[1] kennen. Sie war ihm bereits 13jährig kurz in Paris begegnet. Casanova ist in dieser Zeit in Gesellschaft von Lord Pembroke, dem Grafen Schwerin und einem General verschiedentlich dem Glücksspiel nachgegangen, hat aber nicht alle seine Forderungen durchgesetzt und den Grafen Schwerin einmal aus dem Gefängnis ausgelöst.

An diesem verhängnisvollen Tag zu Anfang September 1763 begann ich zu sterben und hörte auf zu leben. Ich war damals achtunddreißig Jahre alt. Wenn die absteigende Linie an Länge der ansteigenden gleich kommt, wie es sein müßte, so darf ich wohl heute, am 1. November 1797, noch mit fast vier Lebensjahren rechnen,[2] die entsprechend der Erkenntnis »motus in fine velocior« (die Bewegung wird gegen das Ende immer schneller)[3] rasch vergehen werden.

Die Charpillon, die in ganz London bekannt war und, wie ich glaube, heute noch lebt,[4] war eine Schönheit, an der man schwerlich irgendeinen Fehler entdecken konnte. Ihre Haare waren kastanienbraun, ihre Augen blau, ihre Haut vom reinsten Weiß. Sie war fast so groß wie Pauline, wenn man berücksichtigte, daß sie bis zu ihrem zwanzigsten Lebensjahr noch zwei Zoll wachsen würde; denn damals war sie erst siebzehn. Ihre Brust war klein, aber vollkommen, ihre Hände weich, zart und ein wenig länger als gewöhnlich, ihre Füße zierlich und ihr Gang sicher und hoheitsvoll. Ihre sanften, freimütigen Züge verrieten ein Gemüt, das die Zartheit der Empfindung kannte, und jene Vornehmheit, die man im allgemeinen nur durch hohe Geburt erwirbt. In diesen beiden einzigen Punkten hatte die Natur Gefallen daran gefunden, ihr Gesicht lügen zu lassen. Sie hätte lieber darin wahrhaftig sein sollen und bei allem übrigen lügen. Dieses Mädchen hatte von vornherein die Absicht, mich unglücklich zu machen, noch bevor sie mich kennengelernt hatte; und sie hatte es mir sogar gesagt.

Ich verließ Malingans Haus nicht beschwingt wie ein Mann, der sich bei seinem Hang zum schönen Geschlecht freut, ein Mädchen kennengelernt zu haben, dessen seltene Schönheit er zu würdigen weiß, und der überzeugt ist, das ihm eingeflößte Verlangen leicht stillen zu können; ich war vielmehr bestürzt und überrascht, daß die mir immer noch vor Augen schwebende Erscheinung Paulines, die sich mir jedesmal, wenn ich eine meine Sinne reizende Frau entdeckte, gebieterisch aufdrängte, um sie mir zu verleiden, nicht die Kraft hatte, mich vor der Betörung durch die Charpillon zu bewahren. Ich beruhigte mich mit der Feststellung, mich hätten nur die Neuheit und die Verknüpfung der Umstände bezaubert, und die Enttäuschung werde nicht lange ausbleiben. Ich werde sie nicht mehr wunderbar finden, sagte ich mir, sobald ich mit ihr geschlafen habe; dazu wird es bald kommen. Wie sollte ich mir das auch schwierig vorstellen? Sie hatte sich selbst zum Mittagessen bei mir eingeladen. Sie war eine gute Freundin des Prokurators gewesen, den sie gewiß nicht hatte verschmachten lassen, und der sie dafür bezahlt haben mußte, denn er war weder schön noch jung genug, um sie verliebt zu machen. Selbst wenn ich nicht annahm, daß ich ihr gefallen könnte, wußte ich, daß ich

Geld hatte, daß ich nicht geizig war und daß sie sich nicht widersetzen würde.

Lord Pembroke war nach dem guten Werk, das ich für den Grafen Schwerin getan hatte, und auch, weil ich anständigerweise vom General nicht die Hälfte der Summe verlangte, mein Freund geworden. Er hatte mir gesagt, wir würden einen Ausflug vereinbaren und einen angenehmen Tag zusammen verbringen.

Als er kam und vier Gedecke sah, fragte er mich, wer die beiden anderen seien, die mit uns speisen würden; er war überrascht, als er hörte, daß es die Charpillon mit ihrer Tante war, und daß sie sich selbst eingeladen habe, sobald sie erfuhr, daß er zum Mittagessen zu mir käme.

»Diese junge Dame hatte mir ein großes Verlangen eingeflößt«, erzählte er; »ich entdeckte sie eines Abends in Vauxhall⁵ mit ihrer Tante und bot ihr zwanzig Guineen, wenn sie mit mir in einer dunklen Allee spazieren gehen wolle. Sie willigte ein, verlangte aber den Betrag im voraus; ich war gutmütig genug, ihn ihr zu geben. Sie kam mit mir in die Allee, entschlüpfte dort aber sogleich meinen Armen; ich habe sie nicht wiederfinden können.«

»Sie hätten sie öffentlich ohrfeigen müssen.«

»Ich hätte mich ins Gerede gebracht, und man hätte mich damit aufgezogen. Es war eine Unbesonnenheit, die ich mir jetzt vorwerfe. Sind Sie verliebt in sie?«

»Ich bin auf sie neugierig, wie Sie es auch gewesen sind.«

»Sie ist eine kleine Hexe, die ihr Möglichstes tun wird, um Sie hereinzulegen.«

Sie kam, sagte Seiner Lordschaft die reizendsten Dinge und blickte mich dabei kaum an. Sie lachte, erzählte selbst den Streich, den sie ihm in Vauxhall gespielt hatte, und warf ihm Mangel an Geist vor, wenn er wegen einer Koketterie, die ihn im Gegenteil zu größerer Liebe hätte anspornen müssen, auf sie verzichtet habe.

»Ein anderes Mal werde ich Ihnen nicht entwischen«, meinte sie.

»Wahrscheinlich, denn ich werde Sie nicht mehr im voraus bezahlen.«

»Pfui Teufel! Bezahlen ist ein häßliches Wort, das Ihrer nicht würdig ist.«

Lord Pembroke pries ihre Gescheitheit und lachte nur zu allen unverschämten Vorschlägen, die sie ihm machte; sie war höchst gekränkt über die Gleichgültigkeit, die er bei ihren Worten zeigte. Als sie uns nach dem Mittagessen verließ, nötigte sie mir das Versprechen ab, am übernächsten Tag zum Diner zu ihr zu kommen.

Den ganzen folgenden Tag verbrachte ich mit dem liebenswürdigen Lord, der mich in ein englisches Bad[6] einführte. Das ist ein sehr teures Vergnügen, von dem ich nicht berichten werde, denn es ist allen bekannt, die einige Zeit in London verbracht und gern die sechs Guineen geopfert haben, um sich diesen Genuß zu verschaffen. Wir hatten zwei sehr hübsche Schwestern namens Garrick.

Am festgesetzten Tag ging ich zur Charpillon zum Mittagessen, wie ich es versprochen hatte. Sie stellte mich ihrer Mutter[7] vor, die ich sogleich erkannte, obgleich sie krank und abgemagert war. Im Jahre 1759 hatte mich ein Genfer namens Bolomay überredet, ihr Schmuckstücke im Wert von sechstausend Francs zu verkaufen. Sie hatte mir dafür zwei Wechsel gegeben, die sie und ihre beiden Schwestern auf diesen Genfer zogen; damals nannte sie sich Augspurgher. Der Genfer hatte die Wechsel akzeptiert, jedoch bankrott gemacht, bevor sie fällig wurden; wenige Tage später waren auch die Damen Augspurgher verschwunden. Nun war ich überrascht, sie in England zu treffen, und noch überraschter, bei ihnen durch die Charpillon eingeführt zu werden, die von dieser üblen Geschichte ihrer Mutter und ihrer Tante nichts wußte und ihnen daher nicht gesagt hatte, daß Monsieur de Seingalt jener Casanova war, dem sie sechstausend Francs schuldeten.

»Madame, ich freue mich, Sie wiederzusehen«, waren die ersten Worte, die ich zu ihr sagte.

»Monsieur, ich erkenne Sie auch wieder. Dieser Spitzbube von Bolomay . . .«

»Sprechen wir nicht davon, Madame, verschieben wir die Sache auf ein anderes Mal. Ich sehe, daß Sie krank waren.«

»Sterbenskrank, aber im Augenblick geht es mir besser. Meine Tochter hat Sie nicht unter Ihrem Namen angekündigt.«

»Sie werden verzeihen, er ist der meine, wie der, den ich in Paris getragen habe, als ich sie kennenlernte, ohne zu wissen, daß sie Ihre Tochter ist.«

Dann kam die Großmutter, die sich wie ihre Tochter Augspurgher nannte, mit den beiden Tanten herein; eine Viertelstunde später erschienen drei Männer, darunter der Chevalier Goudar[8], den ich in Paris kennengelernt hatte. Die beiden anderen kannte ich nicht, sie nannten sich Rostaing und Coumon. Alle drei waren Freunde des Hauses, alle drei Spitzbuben von Beruf, deren Aufgabe es war, Gimpel anzuschleppen und auf diese Weise zum gemeinsamen Unterhalt beizutragen. Ich sah mich in diese nichtswürdige Gesellschaft eingeführt, und obwohl ich mir sogleich über deren Charakter klar wurde, machte ich nicht kehrt und nahm mir auch nicht vor, sie in Zukunft zu meiden. Ich glaubte, keine Gefahr zu laufen, wenn ich auf der Hut blieb und mich auf meine Absicht beschränkte, mit dem Mädchen eine Liebschaft anzuknüpfen; ich betrachtete die Anwesenheit dieser Leute als etwas, das mit meinem Vorhaben nichts gemein hatte. Bei Tisch paßte ich mich dem allgemeinen Ton an, führte das große Wort und neckte die anderen, man neckte mich ebenfalls, und ich war überzeugt, mühelos alles zu erreichen. Das einzige, was mir mißfiel, war die Bitte der Charpillon, die sie mir nach einer Entschuldigung über das schlechte Essen bei ihnen unterbreitete. Sie bat mich, sie mit der ganzen Gesellschaft zum Souper einzuladen und einen Tag zu nennen. Ich sagte ihr ohne Ausflüchte, sie möge ihn selbst festsetzen, und nachdem sie sich mit den Gaunern beraten hatte, nannte sie ihn mir. Vier Robber Whist, bei denen ich stets verlor, überbrückten die Zeit bis zum Souper, und gegen Mitternacht kehrte ich verdrossen und in die Charpillon verliebt nach Hause zurück.

Dennoch hatte ich die Kraft, sie in den folgenden beiden Tagen nicht aufzusuchen. Am dritten, den sie sich für das Souper bei mir ausgesucht hatte, erschien sie mit ihrer Tante um neun Uhr früh.

»Ich bin gekommen«, erklärte sie, »um bei Ihnen zu frühstücken und eine Sache mit Ihnen zu besprechen.«

»Vor oder nach dem Frühstück?«

»Nachher, denn wir müssen allein sein.«

Unter vier Augen schilderte sie mir dann die augenblickliche Lage ihrer Familie und fügte hinzu, sie würde sich nicht mehr einschränken müssen, wenn ihre Tante, die im Nebenzimmer saß, hundert Guineen hätte. Mit dieser Summe würde sie einen Lebensbalsam herstellen und ein Vermögen verdienen. Sie schilderte mir die Vorzüge dieses Balsams, wies auf die große Nachfrage hin, an der man in London nicht zweifeln könne, auch auf den Gewinn, den ich selbst daraus ziehen würde, da sie mich gerechterweise mit der Hälfte beteiligen werde; unabhängig davon würden sich, wie sie sagte, ihre Mutter und ihre Tanten schriftlich verpflichten, die erhaltenen hundert Guineen nach Ablauf von sechs Monaten zurückzuzahlen. Ich erwiderte ihr, ich würde ihr nach dem Souper eine endgültige Antwort geben.

Bei diesen Worten setze ich, da ich mit ihr allein bin, eine heitere Miene auf, die Miene, die ein wohlerzogener Mann aufsetzt, wenn er verliebt ist und die erhofften Gunstbeweise zu erlangen sucht, und beginne mich dementsprechend auf dem breiten Sofa, auf dem wir saßen, zu rühren; aber die Charpillon widersetzt sich, ebenfalls lächelnd, allen meinen Bestrebungen und verwehrt wiederholt meinen sanft liebkosenden Händen alles, was sie unternehmen wollen. Sie verweigert mir die ihren, entschlüpft meinen Armen, wendet den Kopf zur Seite, wenn sie mich in Reichweite für einen Kuß sieht, erhebt sich schließlich und geht ganz vergnügt zu ihrer Tante in das andere Zimmer hinüber. Genötigt, auch zu lachen, folge ich ihr; eine Minute später verabschiedet sie sich bis zum Abend.

Als ich ganz allein war und über diese erste Szene nachdachte, fand ich sie natürlich, in Ordnung und keineswegs ein schlechtes Vorzeichen, besonders da sie hundert Guineen brauchte, um die sie mich bereits gebeten hatte. Ich begriff sehr gut, daß ich keine Gunst von ihr erhoffen konnte, ohne auch ihr eine zu geben, und dachte sicherlich nicht an ein Feilschen; aber sie mußte ebenfalls wissen, daß sie nichts erhalten würde, wenn es ihr einfiel, sich zu zieren. Es war nun an mir, mich so zu verhalten, daß ich keinen Hereinfall zu befürchten hatte. Am Mittagessen lag mir nichts; so ging ich im Park spazieren und kam gegen Abend wieder nach Hause.

Als die Gesellschaft eintraf, war es noch nicht spät, und die Schöne bat mich, eine kleine Bank aufzulegen; ich lachte jedoch laut heraus, was sie nicht erwartet hatte, und entschuldigte mich.

»Wenigstens eine Partie Whist«, schlug sie vor.

»Es eilt Ihnen wohl nicht mit der Antwort auf die bewußte Anfrage?«

»Doch! Sie haben sich also entschlossen?«

»Ja, kommen Sie.«

Sie folgte mir in das Nebenzimmer; dort ließ ich sie auf dem gleichen Sofa wie am Morgen Platz nehmen und sagte ihr, ich hätte hundert Guineen für sie bereit gelegt.

»Geben Sie die meiner Tante, sonst würden die Herren glauben, ich hätte sie von Ihnen wegen schmachvoller Gefälligkeiten erlangt.«

»Schön, ich werde sie Ihrer Tante geben, verlassen Sie sich darauf.«

Nach diesen Worten bedrängte ich sie wie am Morgen, doch stets vergeblich. Ich stellte meine Bemühungen ein, als sie mir sagte, ich würde niemals durch Geld oder Gewalt bei ihr etwas erreichen; ich könne jedoch alles von ihrer Freundschaft erhoffen, wenn sie es erlebe, daß ich im Zusammensein mit ihr sanft werde wie ein Lamm. Da erhob ich mich, und sie folgte mir.

Ich fühlte Ärger in mir aufsteigen und sah, daß ich ihn

nur verbergen konnte, wenn ich mich zum Whistspiel setzte, das man bereits begonnen hatte. Sie hingegen zeigte eine höchst vergnügte Miene, und das verdroß mich. Bei Tisch an meiner Seite machte sie mich mit hundert Dummheiten ungeduldig, die mich mit höchster Wonne erfüllt hätten, wenn sie mich nicht an diesem Tag schon zweimal abgewiesen hätte. Beim Aufbruch zog sie mich beiseite und sagte, sie werde ihre Tante in das Nebenzimmer rufen, wenn ich mich wirklich entschlossen hätte, ihr die hundert Guineen zu geben. Ich erwiderte ihr, dazu sei etwas Schriftliches nötig, und hierfür sei jetzt nicht der geeignete Augenblick; als ich ihr einen Zeitpunkt nennen sollte, zeigte ich ihr eine goldgefüllte Börse und sagte, der Zeitpunkt werde kommen, sobald sie eine Veranlassung dazu gäbe.

Als ich mir nach ihrem Fortgehen überlegte, daß die kleine Hexe unzweifelhaft ein Auge auf mich geworfen hatte, um mich zu hintergehen, beschloß ich, meine Absichten aufzugeben. Dieser Verzicht setzte mich herab, aber ich sah auch eine gewisse Tapferkeit darin, daß ich ihn ertrug. Um mich abzulenken, fuhr ich am nächsten Tag in das Pensionat meiner Tochter, wohlversehen mit einem Korb voll Leckerbissen. Sophie freute sich von Herzen, ebenso ihre Kameradinnen, an die sie alles verteilte. Aber meine Freude überstieg noch die ihre. Ich fuhr fast alle Tage hin. Es war eine Fahrt von fünf Viertelstunden. Ich brachte ihnen allerlei Kleinigkeiten und Flitterkram, über den sie entzückt waren; Mylady überhäufte mich mit Höflichkeiten, und meine Tochter, die mich ganz offen ihren lieben Papa nannte, überzeugte mich alle Tage mehr, daß ich mich zu Recht als solcher fühlte. Nach weniger als drei Wochen schmeichelte ich mir, daß ich die

Charpillon vergessen und stattdessen unschuldige Zunei-
gungen angeknüpft hätte, obgleich mir eines der jungen
Mädchen etwas zu sehr gefiel, um mich von verliebten
Wünschen frei zu wissen.

In dieser Verfassung befand ich mich, als eines Morgens
um acht Uhr die Lieblingstante des koketten Mädchens
bei mir erschien und mir sagte, ihre Nichte und die ganze
Familie seien gekränkt, daß ich mich nach dem Souper bei
mir nicht mehr gezeigt hätte; sie sei es besonders, da ihre
Nichte ihr Hoffnung gemacht hätte, ich würde ihr die
Mittel zur Herstellung des Lebensbalsams geben.

»Ja, Madame, ich hätte Ihnen die hundert Guineen
gegeben, wenn Ihre Nichte mich als Freund behandelt
hätte. Doch sie hat mir Gunstbeweise verweigert, die mir
selbst eine Vestalin[9] gewährt hätte, und Sie wissen, daß sie
keine Vestalin ist.«

»Da kann ich nur lachen. Sie ist mutwillig und etwas
unbesonnen; sie ergibt sich nur, wenn sie sicher ist, geliebt
zu werden. Sie hat mir alles erzählt. Sie liebt Sie, fürchtet
aber, daß Ihre Liebe nur eine Laune ist. Sie liegt mit einer
starken Erkältung im Bett und glaubt, etwas Fieber zu
haben. Machen Sie ihr doch einen Besuch, ich bin überzeugt, daß Sie nicht unzufrieden scheiden werden.«

Bei diesen Worten erwachte mein ganzer Appetit auf
dieses Mädchen wieder in mir, und ich fragte sie nach
einem herzlichen Lachen, um welche Zeit ich kommen
müsse, um sie sicher im Bett anzutreffen. Sie erwiderte,
ich solle sogleich kommen und nur einmal klopfen. Ich
sagte darauf, sie solle vorausgehen und mich erwarten.

Wie froh war ich, daß ich endlich ans Ziel kommen
sollte und vor einer Falle sicher war; denn da ich mich mit
der Tante ausgesprochen und sie für mich gewonnen

hatte, argwöhnte ich nichts. Ich zog rasch einen Überrock an und war eine Viertelstunde später an ihrer Tür. Ich klopfte einmal; da kam die Tante auf Zehenspitzen, öffnete mir und sagte, ich solle in einer halben Stunde wiederkommen, denn ihre Nichte habe ein Bad nehmen wollen und sei bereits ganz nackt in ihrer Badewanne.

»Verd..., immer diese Unwahrheiten. Das ist eine durchsichtige Ausrede. Ich glaube kein Wort davon.«

»Ich lüge wirklich nicht; wenn Sie mir versprechen, vernünftig zu sein, will ich Sie in ihr Zimmer in den dritten Stock führen, mag sie mir hinterher sagen, was sie will.«

»In ihr Zimmer? Und sie ist in der Badewanne? Schwindeln Sie mich nicht an?«

»Nein, folgen Sie mir.«

Sie stieg hinauf, ich hinterher. Sie öffnete eine Tür, schob mich hinein, schloß sie hinter mir, und ich erblickte die Charpillon ganz nackt in einer Badewanne; sie tat, als halte sie mich für ihre Tante und verlangte Handtücher. Sie war in der verführerischsten Stellung, die die Liebe sich wünschen konnte; doch kaum hatte sie mich erblickt, kauerte sie sich zusammen und stieß einen Schrei aus.

»Schreien Sie nicht, denn ich falle darauf nicht herein. Seien Sie still!«

»Gehen Sie!«

»Nein. Lassen sie mir eine kleine Erholungspause.«

»Gehen Sie, sage ich Ihnen.«

»Seien Sie unbesorgt und fürchten Sie keine Gewalt.«

»Meine Tante wird mir dafür bezahlen.«

»Sie ist eine brave Frau und wird in mir einen echten Freund finden. Ich werde Sie nicht anrühren, aber strecken Sie sich aus.«

»Wie! Ich soll mich ausstrecken?«

»Legen Sie sich wieder so hin, wie ich Sie überrascht habe.«

»Ich denke nicht daran und bitte Sie zu gehen.«

Bei ihrem Bemühen, sich noch mehr zusammenzukauern, bot sie meinen Augen ein noch verführerischeres Bild und tat so, als wolle sie mich durch Freundlichkeit zum Fortgehen bewegen, nachdem das Zürnen nichts geholfen hatte. Da ich ihr versprochen hatte, sie nicht anzurühren, und sie mich entschlossen sah, so gut es ging das Feuer zu ersticken, das sie ganz bewußt in mir entfacht hatte, wandte sie mir den Rücken, damit ich nicht denken sollte, sie freue sich vielleicht über meinen Anblick, und damit ich nicht an diesem Gedanken Gefallen fände. Ich wußte das alles, aber um meine Vernunft wiederzuerlangen, mußte ich mich zu allem herbeilassen, was meine Sinne zu beruhigen vermochte, und war nicht ungehalten, daß sich das Ergebnis der Ersatzbefriedigung so rasch einstellte. In diesem Augenblick kam die Tante, und ich ging, ohne ein Wort zu sagen, hinaus; ich war recht froh, daß mir nun ein Gefühl der Verachtung zu Gebote stand, das mir die Gewähr bot, daß die Liebe über mich keine Macht mehr gewinnen würde.

Die Tante holte mich an der Tür ein, fragte mich, ob ich zufrieden sei und sagte, ich solle doch in das Besuchszimmer kommen.

»Ja, ich bin sehr zufrieden, Sie nun zu kennen; hier ist der Dank«, erwiderte ich.

Bei diesen Worten warf ich ihr einen Hunderter hin, damit sie ihren Lebensbalsam herstellen könne, und legte keinen Wert darauf, die Quittung abzuwarten, die sie mir ausstellen wollte. Ich war nicht beherzt genug, ihr nichts zu geben, während die Kupplerin durchaus klug genug

war zu erraten, daß mir die Kraft zum Verweigern fehlen
würde.

Als ich bei mir zu Hause das Abenteuer gründlich überdachte, fühlte ich mich als Sieger und freute mich darüber;
ich gewann meine ganze gute Laune wieder zurück und
war sicher, daß ich nie mehr einen Fuß in das Haus dieser
Weibsbilder setzen würde. Es waren ihrer sieben, die beiden Dienerinnen mitgerechnet. In der Notwendigkeit,
sich durchzubringen, hatten sie es sich zur Regel gemacht,
vor keinem Mittel zurückzuschrecken; und wenn sie sich
in ihren Plänen auf Männer angewiesen sahen, besprachen
sie sich mit den drei von mir genannten, die ihrerseits ohne
diese Frauen nicht das Nötige zum Leben gehabt hätten.

Als ich nur noch daran dachte, mich zu zerstreuen, und
in die Theater, in die Landgasthöfe rings um London und
in das Pensionat meiner Tochter fuhr, traf ich fünf oder
sechs Tage nach der Szene in der Badewanne die Charpillon zufällig in Vauxhall mit ihrer Tante und Goudar. Ich
wollte ihr ausweichen, aber sie kam auf mich zu und warf
mir sogleich mit heiterer Miene mein schlechtes Betragen
vor. Ich antwortete ihr schroff, aber sie ließ sich nichts
anmerken, trat in eine Laube und lud mich ein, mit ihr
eine Tasse Tee zu trinken. Ich erwiderte ihr, ich hätte eher
Lust auf ein Souper; daraufhin sagte sie, wenn das so
wäre, würde sie die Einladung annehmen. Mir war es
recht; ich bestellte für vier, und so saßen wir als scheinbar
gute Freunde beisammen. Ihr Geplauder, ihre Heiterkeit,
ihre Reize, deren Kraft ich bereits erfahren hatte, entfalte-
ten sich erneut vor meinem schwachherzigen Gemüt;
durch das Trinken noch weiter geschwächt, schlug ich ihr
einen Spaziergang durch die dunklen Alleen vor, in der
Hoffnung, wie ich sagte, sie werde mich nicht behandeln,

wie sie Mylord behandelt habe. Sie erwiderte sanft und mit scheinbarer Aufrichtigkeit, durch die ich mich jedoch nicht täuschen ließ, sie wolle mir ganz gehören, und zwar bei Licht; aber vorher wolle sie die Genugtuung erleben, daß ich sie wie ein wirklicher Freund des Hauses alle Tage besuche.

»Gut, aber kommen Sie jetzt mit mir und geben Sie mir in der Allee ein kleines Pfand.«

»Nein, das kommt nicht in Frage.«

Da ließ ich sie stehen, weigerte mich sogar, sie nach Hause zu bringen, fuhr heim und legte mich ein wenig beschwipst schlafen.

Am nächsten Morgen war ich sehr froh, daß sie mich nicht beim Wort genommen hatte. Da dieses Geschöpf eine unwiderstehliche Anziehungskraft auf mich ausübte, gelangte ich zu der Überzeugung, daß es nur zwei Möglichkeiten gab, von ihr nicht übertölpelt zu werden; entweder, sie nicht zu sehen, oder aber, sie zu besuchen, jedoch auf den Genuß ihrer Reize zu verzichten. Das zweite schien mir undurchführbar; so entschloß ich mich zum ersten. Aber die kleine Hexe hatte sich vorgenommen, meinen Plan zu vereiteln. Ihr Verhalten zur Erreichung dieses Ziels war wohl das Ergebnis langer Beratungen mit ihrer ganzen schändlichen Sippschaft.

Einige Tage nach dem kleinen Souper in Vauxhall erschien bei mir der Chevalier Goudar, der mir zunächst ein Kompliment über meinen vernünftigen Entschluß machte, die Damen Augspurgher nicht mehr aufzusuchen.

»Wenn Sie weiter zu ihnen hingegangen wären«, sagte er, »hätten Sie sich immer mehr in die Tochter verliebt, und die hätte sie an den Bettelstab gebracht.«

»Sie halten mich wohl für recht dumm. Wäre sie gefällig gewesen, so hätte sie mich dankbar gefunden; aber in den Beweisen meines Dankes wäre ich nicht über meine Möglichkeiten hinausgegangen. Wäre sie grausam gewesen, so hätte ich alle Tage tun können, was ich bereits getan habe. Sie hätte mich also nie, wie Sie glauben, an den Bettelstab gebracht.« »Sie sind demnach fest entschlossen, sie nicht mehr zu sehen?«

»Ja, ganz fest.«

»Sie sind also nicht mehr in sie verliebt?«

»Ich war es und habe einen Weg gefunden, mich davon zu heilen. In einigen Tagen werde ich sie vollkommen vergessen haben. Ich dachte bereits nicht mehr an sie, als es der Teufel wollte, daß ich sie in Vauxhall traf.«

»Sehen Sie? Glauben Sie mir, der richtige Weg, sich von einer unglücklichen Liebe zu heilen, ist nicht der, die verführerische Frau zu fliehen; denn wenn man am gleichen Ort lebt, trifft man sich allzu leicht an allen Ecken und Enden.«

»Und welches ist dann der andere Weg?«

»Sich ihrer zu erfreuen. Es mag sein, daß die Charpillon Sie nicht liebt; aber Sie sind reich, und sie besitzt nichts. Sie könnten sie für Geld haben und dann wären Sie auf eine viel angenehmere Weise von ihr geheilt, falls Sie sie Ihrer Treue nicht für würdig erachten, denn schließlich wissen Sie, wer sie ist.«

»Ich hätte diesen Weg gern eingeschlagen, wenn ich ihre Absicht nicht durchschaut hätte.«

»Sie hätten Sie vereitelt, wenn Sie eine richtige Vereinbarung getroffen hätten. Sie hätten niemals im voraus zahlen dürfen; ich weiß alles.«

»Was können Sie wissen?«

»Ich weiß, daß sie Sie hundert Guineen gekostet hat,
und daß Sie nicht einen einzigen Kuß erhalten haben. Für
diesen Betrag hätten Sie sie im Bett haben können. Sie
rühmt sich ja selbst, daß Sie sich von ihr haben übertölpeln
lassen.«

»Sie lügt. Ich habe diesen Betrag ihrer Tante geschenkt,
da sie ihn nach ihren Angaben nötig hatte, um ein Vermögen zu verdienen.«

»Ja, um den Lebensbalsam herzustellen; aber geben Sie
zu, daß sie das Geschenk ohne die Nichte nicht erhalten
hätte.«

»Das gebe ich zu; aber sagen Sie mir bitte, was veranlaßt
Sie, der Sie doch zu ihrer Sippschaft gehören, heute mit
diesen Vorschlägen zu mir zu kommen?«

»Was mich zu Ihnen führt, ich schwöre es Ihnen, ist nur
ein Gefühl der Freundschaft für Sie. Und Ihre Behauptung, ich würde zu ihrer Sippschaft gehören, möchte
ich dadurch widerlegen, daß ich Ihnen die Geschichte
erzähle, wie ich dieses Mädchen, ihre Mutter, ihre Großmutter und ihre beiden Tanten kennengelernt habe. Vor
sechzehn Monaten«, fuhr er fort, »war ich in Vauxhall
und sah den Prokurator Morosini, den venezianischen
Gesandten, ganz allein spazieren gehen. Er war eben eingetroffen, um den König im Namen seiner Republik zur
Thronbesteigung zu beglückwünschen. Als ich sah, wie
begeistert dieser Edelmann den jungen Schönheiten von
London nachblickte, die sich dort überall herumtrieben,
reizte es mich, zu ihm zu gehen und ihm zu sagen, daß alle
diese Schönheiten zu seiner Verfügung stünden und er nur
derjenigen, auf die seine Wahl falle, sein Taschentuch
zuwerfen müsse. Er lachte über diese Erklärung und
setzte seinen Spaziergang mit mir fort; als ich ihm versi-

cherte, daß ich nicht scherze, zeigte er auf eine Schöne und fragte mich, ob er auch diese haben könne. Da ich sie nicht kannte, sagte ich ihm, er solle seinen Spaziergang fortsetzen; ich würde ihm binnen kurzem die Antwort bringen. Da ich keine Zeit zu verlieren hatte und an ihrem Gehaben klar erkannte, daß ich meinen Vorschlag keiner Vestalin machen würde, näherte ich mich ihr und der Dame, die sie begleitete, und erklärte ihr, der Gesandte habe sich in sie verliebt; wenn sie geneigt sei, diese kaum entstandene Leidenschaft günstig aufzunehmen, würde ich ihn zu ihr bringen. Die Tante erwiderte, ein Edelmann dieses Ranges könnte ihrem Haus nur Ehre bringen, wenn er sich, um ihre Nichte kennenzulernen, zu ihr bemühe. Sie sagten mir ihren Namen und Adresse, und damit war die Sache abgemacht. Ich verabschiedete mich; bevor ich zu dem Gesandten zurückging, traf ich einen gewiegten Kenner und fragte ihn, was er von einer Demoiselle Charpillon wisse, die in der Denmark Street in Soho wohne.«

»Das war also die Charpillon?«

»Ja, das war sie. Der Mann sagte mir, sie sei eine Schweizerin, die noch nicht auf der Straße gelandet sei; aber offenbar werde es nicht mehr lange dauern, denn sie sei nicht reich und habe eine zahlreiche Familie, die nur aus Frauen bestehe. Ich holte den Venezianer rasch ein, berichtete ihm von meinem Erfolg und fragte ihn, wann er die Schöne am nächsten Tag aufsuchen wolle; dabei kündigte ich ihm an, daß sie ihn nicht allein empfangen werde, da sie Mutter und Tanten habe. Er nahm keinen Anstoß daran; es war ihm sogar recht, daß sie kein Straßenmädchen war. Er nannte mir eine Stunde, zu der ich ihn inkognito in einer Kutsche dorthin begleiten sollte, und dann verließ ich ihn. Ich teilte der Tochter und der Tante noch die Zeit mit und schärfte ihnen ein, daß sie vorgeben müßten, ihn nicht zu kennen, und ging nach Hause. Am nächsten Tag brachte ich ihn zu ihnen. Er unterhielt sich eine Stunde in allen Ehren mit der Tochter und der Tante, ohne ihr irgendeinen Antrag zu machen; dann verabschiedeten wir uns wieder. Unterwegs sagte mir der Gesandte, er wolle sie zu den Bedingungen haben, die er mir am nächsten Tag in seinen Räumen schriftlich geben werde, und nicht anders. In den Bedingungen stand, Mademoiselle solle in ein kleines möbliertes Haus ziehen, dort umsonst wohnen und niemanden empfangen. Seine Exzellenz würde ihr fünfzig Guineen im Monat geben und jedesmal das Souper bezahlen, wenn er Lust hätte, mit ihr zu schlafen. Er beauftragte mich, ein Haus zu finden, falls der Vertrag angenommen werde; doch müßten ihn Mutter und Tochter unterschreiben. Außerdem solle ich mich beeilen. In drei Tagen hatte ich alles erledigt und abgeschlossen, von der Mutter allerdings eine schriftliche Verpflichtung gefordert, daß sie mir nach der Abreise des Gesandten, der bekanntlich nur ein Jahr in London bleiben wollte, ihre Tochter für eine Nacht überlassen würde.«

»Bei diesen Worten zog Goudar die Verpflichtung aus der Tasche, und ich las sie mehrfach mit ebensolcher Überraschung wie Freude. Dann fuhr er fort:

»Nach einem Jahr reist der Gesandte ab, und die Tochter war wieder frei. Sie hatte dann Lord Baltimore, Lord Grosvenor, den portugiesischen Gesandten Saa und mehrere andere, aber keinen ausschließlich. Ich drängte die Mutter, sie solle dafür sorgen, daß sie eine Nacht mit mir verbringe, wie sie sich schriftlich verpflichtet hatte; aber sie machte sich über mich lustig, und die Tochter, die mich nicht leiden konnte, lachte mir ins Gesicht. Ich kann sie nicht verhaften lassen, denn sie hat nicht das erforderliche Alter; aber ich werde in wenigen Tagen die Mutter verhaften lassen, zum Gespött von ganz London. Nun wissen Sie den Grund, warum ich immer zu ihr gehe, aber Sie dürfen daraus nicht schließen, daß ich an ihren Ränken beteiligt bin. Ich kann Ihnen jedoch versichern, daß man nach Möglichkeiten sucht, Sie hereinzulegen, und man wird Erfolg haben, wenn Sie nicht sehr auf der Hut sind.«

»Sagen Sie der Mutter, ich würde noch einmal hundert Guineen ausgeben, wenn Sie mir eine Nacht mit ihrer Tochter verschaffen kann.«

»Allen Ernstes?«

»Allen Ernstes, aber ich werde erst nachher zahlen.«

»Das ist der richtige Weg, um nicht betrogen zu werden. Ich will mich gern darum kümmern.«

Ich behielt diesen unverschämten Gauner zum Mittagessen da. Der Mann konnte mir bei dem Leben, das ich in London führte, nur nützlich sein. Er wußte alles und erzählte mir eine Reihe galanter Histörchen, denen ich mit großem Vergnügen lauschte. Übrigens war er als Autor mehrerer Bücher bekannt,[10] die zwar schlecht, aber ein ausreichender Beweis für seine geistigen Fähigkeiten waren. Er schrieb damals an seinem »Chinesischen Spion«, und verfaßte jeden Tag fünf oder sechs Briefe in einem Café, in das ihn der Zufall führte. Ich schrieb ihm zu meiner Zerstreuung ebenfalls einige, für die er mir sehr dankbar war. Der Leser wird sehen, in welcher Lage ich ihn einige Jahre später in Neapel wiederfand.

Zu meiner Überraschung erschien bereits am nächsten Tag in meinem Zimmer die Charpillon selbst, jedoch nicht lächelnd, sondern ernst, und sagte mir, sie sei nicht zum Frühstück gekommen, sondern verlange von mir eine Erklärung; dabei stellte sie mir eine Miß Lorenzi vor, der ich meine Reverenz erwies.

»Welche Erklärung wünschen Sie, Mademoiselle?«

Daraufhin glaubte Miß Lorenzi, uns allein lassen zu müssen. Sie war häßlich, und ich sah sie zum ersten Mal. Ich sagte zu Jarbe, er solle ihr ein Frühstück bringen lassen und der Hausmeisterin sagen, ich wäre für niemanden zu sprechen.

»Ist es richtig, Monsieur, daß sie den Chevalier Goudar beauftragt haben, meiner Mutter zu sagen, Sie würden ihr hundert Guineen geben, um eine Nacht mit mir zu verbringen?«

»Das trifft zu. Ist es nicht genug?«

»Keine Scherze bitte. Ich habe nicht vor zu feilschen. Ich will wissen, woher Sie das Recht nehmen, mich zu beleidigen, und ob Sie glauben, ich sei gegen Kränkungen unempfindlich.«

»Wenn Sie sich gekränkt fühlen, bekenne ich mich schuldig; das habe ich jedoch nicht erwartet. An wen hätte ich mich denn wenden müssen? Mit Ihnen allein komme ich nicht zum Ziel. Sie neigen zu sehr zur Hinterlist und sind noch stolz, wenn Sie Ihr Wort gebrochen haben.«

»Ich habe Ihnen gesagt, daß Sie mich niemals besitzen werden, weder durch Gewalt, noch durch Geld, wenn Sie mich nicht durch Ihr Verhalten verliebt machen. Beweisen Sie mir doch auf der Stelle, wann ich Ihnen mein Wort gebrochen habe. Sie jedoch haben mich das erste Mal gekränkt, als Sie mich heimtückisch in der Badewanne überraschten, und gestern, als Sie von meiner Mutter verlangten, ich solle Ihre niedrigen Gelüste befriedigen. Nur ein Lump konnte einen solchen Auftrag übernehmen.«

»Goudar soll ein Lump sein? Er ist doch Ihr bester Freund. Sie wissen, daß er Sie liebt und daß er Ihnen den Gesandten nur in der Hoffnung verschafft hat, Sie zu besitzen. Das Schriftstück, das er in Händen hat, beweist, daß Sie im Unrecht sind. Sie stehen in seiner Schuld. Entlohnen Sie ihn und nennen Sie ihn hinterher einen Lumpen, wenn Sie sich noch einbilden können, in gewissem Sinn unschuldiger zu sein als er. Weinen Sie nicht, Mademoiselle, denn ich kenne die Quelle Ihrer Tränen. Sie ist nicht rein.«

»Sie kennen Sie nicht. Hören Sie doch, ich liebe Sie und bin sehr unglücklich darüber, daß sie mich so behandeln.«

»Wenn Sie mich lieben, haben Sie sich sehr ungeschickt angestellt, mich davon zu überzeugen.«

»Sie nicht minder, wenn Sie mich von Ihrer Wertschätzung überzeugen wollten. Sie haben sich mir gegenüber verhalten, als sei ich ein Freudenmädchen, und gestern sogar, als sei ich ein Geschöpf ohne eigenen Willen, eine niedrige Sklavin meiner Mutter. Bei einigem Anstand hätten Sie mich wohl wenigstens selbst fragen müssen, und auch nicht mündlich durch einen erbärmlichen Boten, sondern schriftlich. Ich hätte Ihnen ebenfalls schriftlich geantwortet, und damit wäre jede Täuschung ausgeschlossen gewesen.«

»Stellen Sie sich vor, ich hätte Ihnen geschrieben; was hätten sie mir geantwortet?«

»Nehmen sie meinen Freimut zur Kenntnis. Ich hätte Ihnen versprochen, Sie zufriedenzustellen, ohne die hundert Guineen zu erwähnen, jedoch unter der Bedingung, daß Sie mir wenigstens vierzehn Tage den Hof machen, mich besuchen und niemals die geringste Willfährigkeit von mir fordern. Wir hätten gelacht, zusammen gelebt,

gemeinsame Spaziergänge gemacht und Theater besucht;
wenn Sie mich schließlich ganz verliebt in Sie gemacht
hätten, wäre ich so in Ihre Arme gekommen, wie Sie es
verdient hätten, nicht aus Willfährigkeit, sondern aus
Liebe. Ich wundere mich, daß ein Mann wie Sie sich damit
zufriedengeben kann, wenn ein Mädchen, das er liebt,
sich ihm aus Gefälligkeit hingibt. Finden sie das nicht
demütigend für beide Teile? Ich schäme mich, wenn ich
bedenke und Ihnen gestehe, daß ich bisher immer nur
gefällig war. Ich Unglückliche! Dabei fühle ich mich zur
Liebe geboren und glaubte, Sie seien der Mann, den der
Himmel nach England geschickt hätte, um mich glücklich
zu machen. Sie haben das Gegenteil getan. Kein Mann hat
mich je weinen gesehen. Sie haben mich sogar in meinem
eigenen Haus unglücklich gemacht, denn meine Mutter
wird die angebotene Summe nie erhalten, selbst wenn es
mich nur einen einzigen Kuß kosten sollte.«

»Es tut mir wirklich leid, daß ich Ihnen Kummer
gemacht habe; aber ich sehe keine Abhilfe.«

»Kommen Sie zu uns, das ist die beste Abhilfe; und
behalten Sie Ihr Geld, das ich verachte. Wenn Sie mich
lieben, so werben Sie um mich wie ein vernünftiger Liebhaber und nicht wie ein Rohling; ich werde Ihnen dabei
helfen, denn nun müssen Sie ja überzeugt sein, daß ich Sie
liebe.«

Mit diesen Worten betörte sie mich. Ich gab ihr mein
Wort, daß ich ihr alle Tage meine Aufwartung machen
und mich ihr gegenüber so verhalten würde, wie sie es
wünschte, jedoch nicht über den Zeitpunkt hinaus, den
sie mir eben genannt hatte. Sie bekräftigte ihr Versprechen, und ihr Gesicht heiterte sich auf. Dann stand sie auf,
und als ich sie um einen einzigen Kuß als Unterpfand ihrer

Treue bat, sagte sie lachend, ich dürfe nicht schon zu
Beginn gegen unsere Abmachungen verstoßen. Ich sah
das ein und entschuldigte mich. Als sie mich verließ, war
ich verliebt und bereute deshalb mein Verhalten ihr gegenüber. »Amare et sapere vix deo conceditur« (Verliebtheit
und Klugsein zugleich werden kaum einem Gott gewährt).[11]

Ihre Beweisführung, von der ich nur ein schwaches Bild
zu geben vermag, hätte mich vielleicht nicht beeindruckt,
wenn sie mir das in einem Brief geschrieben hätte; aber
mündlich mußte sie mich in Ketten legen. In einem Brief
hätte ich weder ihre Tränen noch ihre verführerischen
Züge gesehen, die vor einem von Amor im voraus besto-
chenen Richter zu ihren Gunsten sprachen. Noch am gleichen Tag begann ich, sie gegen Abend aufzusuchen, und
anstatt in dem Empfang, den man mir bereitete, eine Ver-
höhnung meiner Niederlage zu sehen, glaubte ich, den
Beifall für meinen Heroismus zu vernehmen.

> »Quel che l'uom vede, Amor gli fa invisibile,
> E l'invisibil fa veder Amor.«
> (Was keiner sieht, kann Liebe wohl uns lehren,
> unsichtbar machen, was ein jeder schaut.)[12]

Ich verbrachte die ganzen vierzehn Tage, ohne je ihre
Hand zu ergreifen, und ohne zu küssen, und wenn ich zu
ihr kam, brachte ich ihr jedesmal ein wertvolles Geschenk, das sie mir durch bezaubernde Anmut und durch
den Anschein grenzenloser Dankbarkeit unschätzbar ver-
galt. Um mir die Zeit zu verkürzen, sorgte ich außerdem
dafür, daß sie jeden Tag ihre Unterhaltung hatte, entweder in den Theatern oder durch eine Fahrt in die Umgebung von London. Diese vierzehn Tage müssen mich

wenigstens vierhundert Guineen gekostet haben. Endlich
kam der letzte Tag.

Am Morgen fragte ich sie in Anwesenheit ihrer Mutter
mit zaghafter Stimme, ob sie die Nacht in meinem Hause
oder in ihrem eigenen Bett mit mir zu verbringen gedenke.
Die Mutter antwortete, das würden wir nach dem Souper
entscheiden. Ich stimmte zu, ohne den Einwand zu
wagen, daß das Souper bei mir reichhaltiger, deshalb aber
auch teurer und der Liebe angemessener sein würde.

Nach dem Souper sagte mir die Mutter, ich solle mit der
ganzen Gesellschaft fortgehen und später wieder zurückkommen. Obwohl ich innerlich über diese Geheimniskrä-
merei lachte, gehorchte ich; als ich schließlich wieder in
das Zimmer trat, fand ich dort Mutter und Tochter und
erblickte auf dem Fußboden ein Bett. Da war ich endlich
meiner Sorge vor einem Hereinfall ledig; aber zu meinem
Erstaunen fragte mich die Mutter, als sie mir eine gute
Nacht wünschte, ob ich die hundert Guineen im voraus
bezahlen wolle.

»Pfui Teufel«, sagte ihre Tochter zu ihr.

Daraufhin verließ uns die Mutter, und wir schlossen
uns ein. Nun war der Augenblick gekommen, in dem meine
Liebe aus ihrer Knechtschaft befreit werden sollte.
Ich gehe also mit offenen Armen auf sie zu, doch sie
weicht, wenn auch sanftmütig, zurück und bittet mich,
ich möge mich als erster ins Bett legen, während sie sich
noch zurechtmachen werde. Ich füge mich ihrem Willen,
ziehe mich aus, lege mich nieder und sehe liebesglühend,
wie sie sich entkleidet; als sie im Hemd ist, bläst sie die
Kerzen aus.

Ich beklage mich über die Dunkelheit und sage, das
gehe nicht an; doch sie erwidert, sie könne nur ohne Licht

schlafen. Ich finde das nichtswürdig, aber ich beherrsche mich. Da ich weiß, daß von Scham keine Rede sein kann, beginne ich, alle die Widerstände vorauszusehen, die die Freuden der Liebe vergällen, hoffe jedoch, sie zu überwinden.

Kaum fühle ich sie neben mir, will ich sie in meine Arme schließen, doch was ich finde, ist schlimmer als ob sie bekleidet wäre. In ihrem langen Hemd, mit angezogenen Knien, verschlungenen Armen und den Kopf auf die Brust gesenkt, läßt sie mich reden, soviel ich will, ohne mir auch nur einmal zu antworten. Als ich des Redens müde bin und mich zum Handeln aufraffe, bleibt sie unbeweglich in der gleichen Stellung und trotzt allen meinen Bemühungen. Erst halte ich dieses Treiben für einen Scherz, muß mich aber schließlich überzeugen, daß es keiner ist. Ich erkenne mich als Gimpel, als Dummkopf, als den verachtenswertesten aller Männer und das Mädchen als die schändlichste aller Huren.

In einer derartigen Situation wird die Liebe leicht zur Raserei. Ich bemächtige mich ihrer wie eines Bündels, doch ich kann nichts erreichen; ich gebe dem verdammten Hemd die Schuld und zerreiße es zu guter Letzt am Rükken von oben bis unterhalb des Kreuzes. Da nun schon meine Hände so grob zufassen, versuche ich es mit brutalster Gewalt, aber alle meine Anstrengungen sind vergeblich. Als mich schließlich die Kräfte verlassen und die Versuchung übermächtig wird, sie mit der Hand, mit der ich sie am Hals gefaßt habe, zu erwürgen, lasse ich von ihr ab.

In dieser qualvollen Nacht, dieser unerträglichen Nacht, sprach ich auf das Scheusal in allen Tonarten ein, mit Sanftmut, Zorn, Vernunftsgründen, Vorhaltungen,

Drohungen, Wut, Verzweiflung, Bitten, Tränen, Unter-
würfigkeit und bitteren Schmähungen. Sie widerstand mir
volle drei Stunden lang, ohne mir je zu antworten, und
nur ein einziges Mal streckte sie sich, um etwas zu verhindern, was mich im gewissen Sinn gerächt hätte. Um drei
Uhr morgens fühlte ich mich benommen und ausgehöhlt;
der Kopf drehte sich mir, und ich zog es vor, mich im
Dunkeln anzuziehen. Ich öffnete die Zimmertür, doch als
ich die zur Straße verschlossen fand, schlug ich Lärm.
Darauf erschien eine Dienerin und öffnete mir. In Begleitung eines Nachtwächters, den ich am Soho Square fand,
ging ich nach Hause und legte mich sogleich zu Bett, aber
die überreizte Natur verweigerte mir die nötige Ruhe. Als
es Tag wurde, trank ich eine Tasse Schokolade, die mein
Magen nicht bei sich behalten wollte, und eine Stunde
später kündigte sich durch einen Schüttelfrost ein Fieber
an, das mich erst am nächsten Tag verließ und mich an
allen Gliedern lähmte. Zum Stilliegen und Fasten verurteilt, hoffte ich zuversichtlich, in wenigen Tagen meine
Kräfte wiederzuerlangen; doch was vor allem Balsam in
meine Seele goß, war die Gewißheit, daß ich von meinem
verliebten Wahn geheilt war, denn ich entdeckte in mir
keine Spur eines Rachegelüstes. Die Scham machte mich
mir selbst widerlich.

   Am Morgen, an dem mich das Fieber befiel, hatte ich
meinem Diener den Auftrag gegeben, meine Tür für
jedermann zu verschließen, mir niemanden zu melden
und alle Briefe, die vielleicht kämen, in meinen Schreibtisch zu legen, da ich sie nicht lesen wolle, bevor ich wieder gesund sei. Als ich mich am vierten Tag etwas besser
fühlte, verlangte ich von Jarbe meine Briefe. Unter denen,
die mit der Post gekommen waren, fand ich einen von

Pauline, die mir aus Madrid schrieb, Clairmont habe ihr beim Überqueren eines Flusses das Leben gerettet; da sie wohl keinen ähnlich treuen Diener finden könne, habe sie sich entschlossen, ihn bis Lissabon zu behalten, und werde ihn von dort auf dem Seeweg zu mir zurückschicken. Ich billigte damals ihr Vorgehen; aber wie es sich zeigte, verlor ich dadurch Clairmont. Vier Monate später erfuhr ich, daß das Schiff, das er benutzt hatte, untergegangen war, und da ich ihn nicht wiedersah, glaubte ich und glaube es noch heute, daß er im Meer ertrunken ist.

Unter den Briefen der »Penny Post« [13] fand ich zwei von der Mutter der Charpillon und einen von ihr selbst. In dem ersten der beiden Briefe schrieb mir die niederträchtige Mutter noch am gleichen Morgen nach der Nacht, die ich mit ihrer Tochter verbracht hatte, ohne zu wissen, daß ich krank war, ihre Tochter müsse mit einem starken Fieber das Bett hüten und sei voll blauer Flecken von den Schlägen, die ich ihr gegeben hätte; das nötige sie, mich anzuzeigen. In dem zweiten, am nächsten Tag geschriebenen stand, sie habe erfahren, daß ich ebenfalls krank sei, und das tue ihr leid, zumal da ihre Tochter ihr gestanden habe, ich könne berechtigten Anlaß zur Klage haben; doch sie werde sich bei unserem nächsten Zusammentreffen rechtfertigen. Der Brief der Charpillon war am dritten Tag geschrieben. Sie teilte mir mit, sie fühle sich derart im Unrecht, daß sie sich wundere, warum ich sie nicht erwürgt hätte, als meine Hand an ihrem Hals lag. Sie schwor mir, sie hätte keinen Widerstand geleistet, denn in der grausamen Zwangslage, in der sie sich befunden habe, wäre sie mir das schuldig gewesen. Da sie sicher sei, daß ich mich entschlossen hätte, sie nicht mehr aufzusuchen, bitte sie mich, sie ein einziges Mal in meinem Hause zu empfangen, da sie mir dringend etwas für mich Wichtiges erzählen müsse; das könne sie jedoch nur mündlich tun. Am gleichen Morgen hatte mir Goudar auf einer an meiner Tür geschriebenen Karte mitgeteilt, er habe mit mir zu sprechen und werde zu Mittag wiederkommen. Ich gab Auftrag, ihn einzulassen.

Dieser seltsame Mann setzte mich sogleich zu Beginn in Erstaunen, indem er mir in allen Einzelheiten erzählte, was ich mit der Charpillon in den vier Stunden erlebt hatte, die sie mit mir im Bett verbracht hatte, sogar die Geschichte mit dem zerrissenen Hemd, und von ihrer Angst, ich würde sie erwürgen. Er sagte mir, er habe alles von ihrer Mutter erfahren, der die Tochter genauen Bericht erstattet habe. Er fügte hinzu, sie habe kein Fieber gehabt, doch sei tatsächlich ihr ganzer Körper mit blauen Flecken bedeckt, den deutlichen Zeichen der erhaltenen Schläge; im übrigen sei die Mutter sehr verdrossen, weil sie die hundert Guineen nicht erhalten habe, die ich sicherlich im voraus bezahlt hätte, wenn die Tochter darauf bestanden hätte.

»Sie hätte sie am Morgen erhalten«, erwiderte ich, »wenn sie gefällig gewesen wäre.«

»Sie hatte ihrer Mutter geschworen, es nicht zu sein; hoffen Sie also nicht, sie zu besitzen, falls ihre Mutter nicht einwilligt.«

»Aber warum willigt sie nicht ein?«

»Weil sie behauptet, Sie würden sie gleich hinterher verlassen.«

»Das wäre möglich, doch ich hätte sie dann reichlich entlohnt, während sie nun dasteht, ohne von mir noch etwas erhoffen zu können.«

»Sind Sie dazu fest entschlossen?«

»Ganz fest.«

»Das ist sehr vernünftig, doch ich werde Ihnen etwas zeigen, das Sie sehr überraschen wird. Wir sehen uns in einer Stunde wieder.«

Eine Stunde später kam er, gefolgt von einem Träger, zurück, der einen mit Stoff verhüllten Lehnstuhl[14] in mein Zimmer brachte. Sobald wir allein geblieben waren, zog Goudar den Überwurf ab und fragte mich, ob ich den Stuhl kaufen wolle. Ich erwiderte ihm, ich wüßte nicht, was ich mit ihm tun sollte; außerdem sei er durchaus nicht hübsch.

»Dennoch verlangt man für ihn hundert Guineen«, sagte er mir.

Ich erwiderte lachend, ich würde dafür keine drei geben; daraufhin erklärte er mir das Folgende:

»Dieser Lehnstuhl hier hat fünf Federn, die alle fünf zur gleichen Zeit herausspringen, sobald sich jemand hineinsetzt. Das geht blitzschnell. Zwei legen sich um die Arme der Person und halten sie fest; zwei andere weiter unten umschlingen die Knie und ziehen sie, so weit es geht, auseinander, und die fünfte drückt den Sitz hoch und zwingt die Person, nur auf ihrem Steißbein zu sitzen.«

Nach diesen Worten setzte sich Goudar, die Federn sprangen heraus, umfaßten ihn an den Armen und brachten ihn im übrigen in die gleiche Stellung wie ein Geburtshelfer eine Frau, der er die Niederkunft erleichtern will.

»Lassen Sie die Charpillon sich hier hereinsetzen, und Ihr Problem ist gelöst«, sagte er.

Nachdem ich herzlich gelacht hatte, erwiderte ich, ich wolle ihn nicht kaufen, er würde mir aber einen Gefallen erweisen, wenn er ihn mir nur einen Tag überlasse.

»Nicht einmal eine Stunde, außer Sie kaufen ihn; denn

der Besitzer des Apparates erwartet mich hundert Schritte
von hier.«

»Dann bringen Sie ihn zurück und kommen Sie zum
Mittagessen wieder.«

Er sagte mir, was ich auf der Rückseite des Lehnstuhls
tun mußte, damit die Federn zurücksprangen und ihm
seine Freiheit wiedergaben. Dann zog er wieder den Stoff
darüber, ließ den Träger heraufkommen und ging fort.

Der Erfolg war unausbleiblich, und nicht der Geiz hinderte mich daran, den Apparat zu kaufen, denn er mußte
den Besitzer viel mehr gekostet haben, sondern das Entsetzen, das mich bei näherer Überlegung befiel. Ein solches Verbrechen hätte mich bei der Denkungsart der englischen Richter das Leben kosten können; außerdem wäre
ich niemals imstande gewesen, mich kalten Blutes gewaltsam in den Besitz der Charpillon zu setzen, vor allem
nicht mit Hilfe dieses furchtbaren Apparates, der ihr
Todesangst bereitet hätte.

Beim Essen erzählte ich Goudar, daß Charpillon mich
besuchen wolle und ich daher den Apparat gern behalten
hätte, um sie zu überzeugen, daß ich mich hätte ihrer
bemächtigen können, wenn ich gewollt hätte. Ich zeigte
ihm den Brief, den sie mir geschrieben hatte, er riet mir, in
den Besuch einzuwilligen, und sei es nur aus Neugier.

Da ich kein dringendes Verlangen fühlte, die Hexe mit
ihren blauen Flecken im Gesicht und auf der Brust zu
sehen, mit denen sie sich wieder aufgespielt hätte, damit
ich über meine tierische Wut erröten sollte, ließ ich acht
oder zehn Tage verstreichen, ohne mich dazu zu entschließen; Goudar kam alle Tage und berichtete mir
die Ergebnisse der Besprechungen dieser Frauensippe,
die entschlossen war, nur von Gaunereien zu leben. Er

erzählte mir, die Großmutter der Charpillon sei eine Bernerin gewesen, die ohne jegliches Recht den Namen Augspurgher angenommen habe, weil sie die intime Freundin eines Bürgers dieses Namens gewesen sei, von dem sie vier Töchter gehabt habe; die Mutter der Charpillon war die jüngste von ihnen. Diese recht hübsche Jüngste hatte in ihrem Verhalten gegen die Vorschriften der weisen schweizerischen Regierung verstoßen und so den Anlaß gegeben, daß man die ganze Familie aus dem Kanton auswies; sie habe sich dann in der Franche-Comté[15] niedergelassen und sich dort einige Zeit mit dem Erlös aus dem Lebensbalsam durchgeschlagen, dessen Herstellung die Großmutter leitete.

»Dort wurde die Charpillon geboren. Warum die Mutter sie so nannte, weiß ich nicht; als Vater gab sie einen Grafen von Boulainvilliers an, dessen vertraute Freundin sie drei Monate lang gewesen war. Als die Charpillon immer hübscher wurde, meinte die Mutter, in Paris erwarte sie das große Glück, und zog dorthin; doch vier Jahre später merkte sie, daß der Verkauf ihres Balsams nicht zum Unterhalt reichte, daß die Charpillon noch zu jung war, um jemanden zu finden, der sie großzügig aushielt, und daß die aufgelaufenen Schulden sie ins Gefängnis zu bringen drohten. Da entschloß sie sich auf Rat von Monsieur Rostaing, der ihr Geliebter geworden war und wegen seiner Schulden ebenfalls aus Frankreich flüchten mußte, in London zu leben. Fünf oder sechs Monate nach ihrer Ankunft in London wäre die Mutter an der allzu großen Dosis Quecksilber fast gestorben, die sie von der qualvollen Krankheit heilen sollte, mit der sie Rostaing eingestandenermaßen angesteckt hatte.

Coumon, ein Südfranzose und intimer Freund von Rostaing, dient ihm und der ganzen Familie dazu, Gim-

pel, die er in den Cafés von London anspricht, zu einem
Whistspiel zu ihnen zu bringen. Der Gewinn wird immer
ehrlich und redlich in sechs Teile geteilt. Was jedoch die
Charpillon bei den flüchtigen Liebschaften verdient, die
sie sich bei den großen nächtlichen Veranstaltungen in den
Parks von London verschafft, wird geheimgehalten; aber
ich weiß, daß ihre Mutter Rostaing aushält.«

Das ist ihre Geschichte, wie ich sie von Goudar hörte.
Dieser Mann machte mich mit den berühmtesten Kokot-
ten von London bekannt, insbesondere mit der Kitty
Fisher, die damals aus der Mode kam. In einer Bier-
schenke, in der wir eine Flasche Starkbier tranken, das
dem Wein vorzuziehen ist, stellte er mir eine sechzehnjäh-
rige Kellnerin vor, die mir wie ein Wunder der Natur
erschien. Sie war eine katholische Irin und nannte sich
Sarah. Ich wollte sie haben, aber er ließ es nie zu. Er wollte
sie nämlich für sich gewinnen und behauptete, er sei eifersüchtig. Einige Zeit später gewann er sie auch wirklich für
sich und verließ England im Jahr darauf gemeinsam mit
ihr. Später heiratete er sie. Sie war jene Sarah Goudar, die
in Neapel, Florenz, Venedig und anderswo stets in seiner
Begleitung glänzte, und von der ich in vier oder fünf Jahren erzählen werde. Er trug sich mit dem Plan, sie Ludwig XV. zuzuspielen und die Dubarry zu stürzen, doch
eine »lettre de cachet«[16] verwies ihn des Landes. Leider
ist die glückliche Zeit der »lettres de cachet« vorbei!

Da die Charpillon vergeblich auf eine Antwort auf
ihren letzten Brief wartete und vierzehn Tage verstrichen,
ohne daß sie von mir etwas hörte, entschloß sie sich, wieder zum Angriff überzugehen. Das war wohl in einer sehr
geheimen Betrachtung beschlossen worden, denn Goudar
hatte mir nichts davon berichtet.

Man meldete mir, sie sei ganz allein in einer Sänfte vor meiner Tür angekommen; das war so erstaunlich, daß ich mich sogleich dafür entschied, sie zu empfangen. Sie erschien bei mir gerade, als ich Schokolade trank; ich stand nicht auf und bot ihr keine an. Doch sie bat mich mit bescheidener Miene darum, nahm an meiner Seite Platz und hielt mir ihr Gesicht hin, damit ich sie küsse, was sie noch nie getan hatte. Ich wandte den Kopf ab, aber selbst diese unerhörte Abweisung brachte sie nicht aus der Fassung.

»Die noch sichtbaren Spuren der Schläge, die Sie mir gegeben haben«, sagte sie, »machen Ihnen wohl mein Gesicht widerwärtig.«

»Sie lügen, ich habe Sie gar nicht geschlagen.«

»Darauf kommt es nicht an, Ihre brutalen Finger haben überall auf meinem Körper blaue Flecken hinterlassen. Sehen Sie her, denn was Sie sehen, kann Sie schwerlich verlocken. Außerdem ist Ihnen ja nichts neu.«

Bei diesen Worten erhob sich die verruchte Hexe und zeigte mir, daß trotz der inzwischen verflossenen Zeit die Haut an vielen Stellen ihres Körpers verfärbt war. Ich Schwachherziger, warum habe ich meine Augen nicht abgewandt? Weil sie schön war, weil ich ihre Reize bewunderte, und weil diese Reize so groß waren, daß sie die Oberhand über meine Vernunft gewannen. Ich tat, als betrachte ich nur die Spuren der Schläge. Ich Schafskopf! Sie wußte bereits, daß ich von dem giftigen Köder naschte und sogar anbiß; aber plötzlich schloß sie, in der Gewißheit, daß ich den Anblick noch gern länger genossen hätte, ihr Kleid und setzte sich wieder neben mich. Ich beherrschte mich jedoch und sagte kühl, wenn ich ihr wehgetan hätte, sei das allein ihre Schuld, und das wäre so unbestreitbar, daß ich nicht einmal schwören könnte, dafür verantwortlich zu sein.

»Ich weiß«, erwiderte sie, »daß alles ausschließlich meine Schuld ist. Wäre ich umgänglich gewesen, wie es sich gehört hätte, könnte ich Ihnen in diesem Augenblick nur die Spuren Ihrer Küsse zeigen; aber die Reue tilgt die Sünden. Ich möchte Sie um Verzeihung bitten. Darf ich darauf hoffen?«

»Schon gut, ich bin Ihnen nicht mehr böse, und es reut mich selbst; aber ich bin noch nicht so weit, es mir zu verzeihen. So steht die Sache. Da Sie nun alles wissen, können Sie fortgehen und aufhören, in Zukunft mit mir zu rechnen und meine Ruhe zu stören.«

»Wie Sie wünschen. Ich weiß alles, das stimmt; aber Sie wissen nicht alles und würden es erfahren, wenn Sie mich noch eine halbe Stunde bei sich dulden wollten.«

»Da ich nichts zu tun habe, können Sie bleiben und sprechen.«

Trotz der herablassenden Rolle, zu der mich Vernunft und Ehre zwangen, war ich recht gerührt und fühlte mich, was noch viel schlimmer ist, geneigt zu glauben, daß dieses Mädchen nicht erneut zu mir gekommen war, um mich anzuschwindeln, sondern um mich zu überzeugen, daß sie mich liebe und endlich meiner zärtlichen Freundschaft würdig zu werden hoffe. Die Rede, die sie mir hielt, um mir mitzuteilen, was ich nicht wußte, hätte höchstens eine Viertelstunde erfordert; sie verwandte jedoch zwei darauf, weil sie zwischendurch immer wieder weinte und hundertmal abschweifte. Der Kern der Sache war, daß ihre Mutter sie beim Heil ihrer Seele hatte schwören lassen, daß sie die Nacht mit mir so verbringen würde, wie sie es getan hatte, und sie hatte ihr gehorcht; aber sie wolle endlich Schluß machen. Sie schlug vor, mir zu gehören, wie sie Signor Morosini gehört hatte, bei mir zu wohnen, weder ihre Mutter noch eine ihrer Tanten zu sehen, und nur die Leute zu besuchen, mit denen ich einverstanden sei; ich solle ihr jedoch eine bestimmte Summe im Monat aussetzen, die sie ihrer Mutter übergeben werde, damit diese sich nicht einfallen lasse, sie durch rechtliche Schritte zu behelligen, da sie noch nicht das Alter habe, in dem sie ihre eigenen Entscheidungen treffen könne.

Sie speiste mit mir und machte mir diesen Vorschlag erst gegen Abend, nachdem sie sich alles angehört hatte, was ich ihr berechtigterweise vorhielt, und ich schon ruhiger und entschlossen war, es noch einmal mit ihr zu wagen. Kurz bevor sie ging, erwiderte ich ihr, wir könnten zusammen leben, wie sie es mir vorgeschlagen habe; aber ich wolle diesen Handel unbedingt mit ihrer Mutter abschließen. Deshalb würde ich morgen zu ihr kommen. Ich sah, wie überrascht sie war.

Zweifellos hätte sie mir an diesem Tag alles gewährt, was ich mir nur wünschte; dann wäre in Zukunft von einem Widerstand nicht mehr die Rede gewesen, und ich hätte keine Betrügerei mehr fürchten müssen. Aber warum habe ich nicht getan, was ich mir selbst schuldig war? Weil die Liebe, die einen Mann dumm macht, mich glauben ließ, ich sei an diesem Tag zum Richter über diese Hexe geworden, und es wäre deshalb eine Gemeinheit von mir, wenn ich mich ihr als Liebender näherte. Sie muß mich mit einem Gefühl der Verachtung und mit dem Entschluß verlassen haben, sich für meinen Hochmut an mir zu rächen. Aber wenn ein Mann verliebt ist, kann er seine Fehler erst dann erkennen, wenn er aufhört, es zu sein. Goudar war erstaunt, als ich ihn am nächsten Tag über diesen Besuch unterrichtete. Ich bat ihn, mir ein kleines möbliertes Haus in Chelsea zu suchen, das monatweise zu vermieten sei; er versprach es mir. Am Abend suchte ich die Verruchte auf, verfiel aber in einen ernsthaften Ton, dessen Lächerlichkeit sie erkennen mußte. Da sie allein mit ihrer Mutter war, beeilte ich mich, dieser meinen Plan zu erklären, ein Haus in Chelsea zu mieten, in dem ihre Tochter wohnen würde, und ihr fünfzig Guineen im Monat zu geben, über die sie frei verfügen könne.

»Ich will nicht wissen«, antwortete die Mutter, »was Sie ihr im Monat geben werden; ich will nur, daß sie mir, wenn sie mich verläßt und anderswo wohnt, die hundert Guineen gibt, die sie von Ihnen hätte erhalten sollen, als Sie mit ihr geschlafen haben.«

Ich sagte darauf, sie werde das Geld von ihrer Tochter erhalten. Diese gab ihrer Hoffnung Ausdruck, daß ich sie, bis das Haus gefunden sei, besuchen würde. Ich versprach es ihr.

Bereits am nächsten Tag kam Goudar, um mir zu sagen, es gebe in Chelsea an die zwanzig Häuser zu vermieten; ich solle ihn doch begleiten, um das Vergnügen der Wahl zu haben. Wir fuhren hin, ich suchte mir eines aus, bezahlte zehn Guineen im voraus für einen Monat und erhielt eine schriftliche Quittung und Bestätigung aller Bedingungen, die ich verlangt hatte. Am gleichen Tag ging ich nach Tisch zur Mutter und schloß mit ihr in Gegenwart ihrer Tochter den Handel ab; ich ließ die eine wie die andere unterschreiben und sagte dann sogleich zur Tochter, sie solle ihre Sachen packen und mit mir kommen. Sie stopfte rasch ihre Habseligkeiten in einen Koffer, den ich durch eine Kutsche in mein neues Haus schickte, und eine halbe Stunde später war sie selbst bereit, mir zu folgen. Die Mutter verlangte von mir die hundert Guineen, und ich gab sie ihr, da ich keine Betrügerei mehr fürchtete; das ganze Gepäck der Tochter war ja bereits bei mir. Wir fuhren wirklich ab und gelangten nach Chelsea; sie fand das Haus vollkommen nach ihrem Geschmack. Bis zum Abend gingen wir spazieren, unterhielten uns und soupierten fröhlich miteinander; dann gingen wir zu Bett. Dort gewährte sie mir ziemlich bereitwillig einiges; doch als ich zum Wesentlichen kommen wollte, fand ich zu meinem Ärger ein Hindernis. Sie schützte natürliche Gründe vor; ich antwortete, ich fände sie nicht so unsauber, daß es mich hindern würde, sie von meiner zärtlichen Liebe zu überzeugen. Aber sie widersetzte sich unter Anführung nichtiger Gründe, die ich jedoch wegen ihrer zarten Liebkosungen gut fand, und schläferte mich ein.

Als ich sie am Morgen bei meinem Erwachen noch schlafend fand, kam ich auf den Einfall, mich davon zu überzeugen, daß sie mich nicht belogen hatte, und öffnete rasch, was meinen Blick behinderte. Sie erwacht und will sich wehren; doch es ist bereits zu spät. Ich mache ihr sanfte Vorhaltungen wegen ihres Schwindels, sie sieht mich zur Verzeihung bereit und von der Liebe gedrängt, diese Verzeihung zu besiegeln; aber nun will sie mir nicht verzeihen, daß ich sie ertappt habe. Sie ist erbost, ich will sie beruhigen und sie gleichzeitig zur Ergebung nötigen; sie sträubt sich, setzt Gewalt gegen Gewalt, und da ich ihr Spiel durchschaue, ziehe ich es vor, Schluß zu machen, beschimpfe sie jedoch mit allen Wörtern, die sie verdient. Sie beginnt sich anzuziehen und macht sich mit solcher Frechheit über mich lustig, daß ich nicht anders kann, als ihr eine heftige Ohrfeige und überdies noch einen Fußtritt zu geben, der sie aus dem Bett wirft. Sie schreit, stampft

mit den Füßen, der Hausmeister kommt herauf, sie öffnet
die Tür, sie spricht englisch auf ihn ein, während ihr das
Blut reichlich aus der Nase rinnt. Der Mann, der zu meinem Glück italienisch spricht, sagt mir, sie wolle fortgehen; er rate mir, sie nicht daran zu hindern, denn sie
könne mir eine sehr üble Klage anhängen, bei der er notgedrungen gegen mich aussagen müsse. Ich erwiderte, sie
solle von mir aus zu allen Teufeln gehen. Da zog sie sich
fertig an; als sie das Blut gestillt und ihr Gesicht gewaschen hatte, verschwand sie in einer Sänfte. Ich blieb
unbeweglich und entschlußlos mehr als eine Stunde liegen. Ich fand mich des Lebens unwert und das Verhalten dieses Mädchens unbegreiflich und kaum glaublich.
Schließlich fuhr ich unter Mitnahme des Koffers der Hexe
in einer Kutsche nach Hause, wo ich mich bedrückt ins
Bett legte, nachdem ich befohlen hatte, niemanden einzulassen.

Vierundzwanzig Stunden lang hing ich meinen Gedanken nach, die alle damit endeten, daß ich meine Fehler
einsah und mich verachtete. Ich glaube, daß aus einer
langandauernden Verachtung seiner selbst jene Verzweiflung entsteht, die zum Selbstmord führt.

Gerade als ich das Haus verließ, erschien Goudar und
sagte, ich solle wieder hinaufkommen, denn er habe etwas
Wichtiges mit mir zu besprechen. Er erzählte mir, die
Charpillon sei zu Hause und zeige sich wegen ihrer ge-
schwollenen und verfärbten Wange vor niemandem; er
riet mir, ihr den Koffer zu schicken und auf alle Ansprü-
che, die ich vielleicht gegen die Mutter hätte, zu verzichten, denn sie sei im Recht und entschlossen, mich mit
einer falschen Beschuldigung zugrunde zu richten, die
mich das Leben kosten könne. Welcher Art sie war, kann

der Leser unschwer erraten,[17] und jedermann weiß, wie
leicht es in London ist, sie vorzubringen. Er fügte hinzu,
die Mutter wolle mir jedoch nicht schaden und habe ihn
selbst dazu ermuntert, sich als Vermittler einzuschalten.
Nachdem ich den ganzen Tag mit diesem Mann verbracht
und mich wie der größte aller Dummköpfe in Klagen er-
gangen hatte, sagte ich ihm, er solle der Mutter versichern,
daß ich nicht die Absicht hätte, den Koffer ihrer Tochter zu
behalten; aber ich würde gern wissen, ob sie den Mut habe,
ihn aus meiner eigenen Hand entgegenzunehmen.

Er übernahm diese Botschaft und bedauerte mich mit
Recht. Er sagte mir, ich würde mich wieder in ihre Netze
begeben, und ich täte ihm leid; aber ich glaubte nicht, daß
sie den Mut haben werde, mich zu empfangen, denn nach
den von ihr unterschriebenen Bedingungen mußte sie mir
wenigstens die hundert Guineen zurückgeben. Doch entgegen meiner Erwartung überbrachte mir Goudar lachend
die Nachricht, Madame Augspurgher hoffe, daß ich auch
weiterhin ein guter Freund des Hauses bleiben würde. Ich
ging bei Einbruch der Dunkelheit hin, ließ den Koffer in
das Besuchszimmer stellen, saß dort eine ganze Stunde
lang, ohne je den Mund zu öffnen, und blickte die Charpillon an; sie nähte, tat von Zeit zu Zeit, als trockne sie
ihre Tränen, blickte mich nie an, wickelte jedoch zwei-
oder dreimal ihren Kopf aus, damit ich sehen sollte, in
welchen Zustand meine Ohrfeige ihr Gesicht versetzt
hatte.

Ich ging auch weiterhin jeden Abend zu ihr, stets ohne
mit ihr zu sprechen, bis ich sah, daß auch die letzte Spur
dessen verschwunden war, was ich ihr angetan hatte. In
diesen fünf oder sechs Tagen ließ mich die Reue darüber,
daß ich sie so schändlich entstellt hatte, unglücklicher-

weise in meinem allzuweichen Herzen alle ihre Schandta-
ten vergessen; wenn sie gewußt hätte, wie sehr ich mich
wieder in sie verliebte, hätte sie mich bis aufs Hemd aus-
plündern und an den Bettelstab bringen können.

Als ich sah, wie hübsch sie wieder geworden war, und
vor Verlangen starb, sie nochmals liebevoll und zärtlich,
wie schon einmal, wenn auch unvollkommen, in meinen
Armen zu halten, schickte ich ihr einen prächtigen Wandspiegel aus einem Stück und ein Service für Kaffee und Tee
aus Meißner Porzellan für zwölf Personen; dazu schrieb
ich ihr einen verliebten Brief, der mich als den schwach-
herzigsten aller Männer verriet. Sie antwortete mir, sie
erwarte mich ganz allein zum Souper in ihrem Zimmer,
um mir, wie ich es verdiene, die sichersten Beweise ihrer
zärtlichen Dankbarkeit zu geben.

Da ich nun meines Glückes sicher war, glaubte ich zu
erkennen, daß ich sie schon lange erobert hätte, wenn ich
so geschickt gewesen wäre, sie bei ihrem Gefühl zu pak-
ken. Im Überschwang meiner Begeisterung entschloß ich
mich, ihr die beiden Wechsel über sechstausend Francs
auszuhändigen, die Bolomay an meine Order ausgestellt
hatte, und die mir das Recht gaben, ihre Mutter und ihre
Tante ins Gefängnis werfen zu lassen.

Berauscht von dem Glück, das mich erwartete, und von
meinen heroischen Gefühlen, mit denen ich es mir verdient hatte, begab ich mich zur Abendessenszeit zu ihr
und war recht erleichtert, als ich die beiden mir in den Tod
verhaßten Gauner nicht antraf. Goudar besuchte sie nur
am Morgen. Sie empfing mich in Gegenwart ihrer Mutter
im Besuchszimmer, und ich sah mit Freude, daß der Spiegel über dem Kamin hing und das Porzellanservice hübsch
angeordnet auf dem Gesims stand. Nach hunderterlei

zärtlichem Getue lud sie mich ein, in ihr Zimmer hinauf-
zukommen, und die Mutter wünschte uns eine angenehme Nacht. Wir gingen hinauf, und nach einem recht
schmackhaften kleinen Souper zog ich die beiden Wechsel
aus meiner Brieftasche und erzählte ihr alles darüber.
Schließlich sagte ich ihr, ich wolle sie in ihre Hände legen,
um ihr die Gewißheit zu geben, daß ich sie sogleich auf sie
überschreiben würde, sobald sie sich entschlossen habe,
uneingeschränkt meine Freundin zu werden, und um ihr
darüber hinaus zu beweisen, daß ich nicht im geringsten
daran dächte, mich mit ihnen für die unwürdige Behandlung zu rächen, die ich von ihrer Mutter und ihren Tanten
erfahren hätte. Ich nötigte sie nur, mir zu versprechen,
daß sie sie nicht aus der Hand geben werde. Sie lobte
überschwenglich mein großzügiges Verhalten, versprach
mir alles und legte dann die Wechsel in ihre Kassette. Nun
glaubte ich, endlich leidenschaftlich werden zu können
und fand sie gefügig; doch als ich sie dahin bringen will,
meine Leidenschaft zu belohnen, sträubt sie sich, drückt
mich an ihre Brust und läßt wie auf Befehl ein paar Tränen
in ihren Augen erscheinen. Ich beherrsche mich und frage
sie, ob sie im Bett ihre Ansicht ändern werde; sie seufzt,
dann sagt sie nein. Ich verstummte nicht nur, sondern
verlor völlig die Fähigkeit zu sprechen. Eine Viertelstunde
später stand ich auf und nahm anscheinend in größter
Ruhe Mantel, Hut und Degen.

»Wie, Sie wollen die Nacht nicht mit mir verbringen?«
fragte sie.

»Nein.«

»Werden wir uns morgen sehen?«

»Ich hoffe es. Leben Sie wohl.«

Ich verließ dieses verdammte Haus und ging nach
Hause in mein eigenes Bett.

Am nächsten Morgen um acht Uhr meldete mir Jarbe die Charpillon.

»Sie hat ihre Träger fortgeschickt«, sagte er.

»Sage ihr, daß ich schlafe, und daß sie verschwinden soll.«

Aber in diesem Augenblick kam sie herein, und Jarbe entfernte sich.

»Ich bitte Sie«, begann ich ganz friedlich, »mir die beiden Wechsel zurückzugeben, die ich Ihnen gestern abend anvertraut habe.«

»Ich habe sie nicht bei mir; aber warum wollen Sie, daß ich sie Ihnen zurückgebe?«

Bei dieser Frage, die eine Erklärung verlangte, brach in meinem Inneren der Damm, der den finsteren, mich vergiftenden Zorn zurückhielt. Er ergoß sich in einem Schwall von Beschimpfungen und gräßlichen Drohungen. Es war ein Ausbruch von erheblicher Länge, und meine Natur hatte ihn nötig, um am Leben zu bleiben. Als sich meine Augen zur Schande meiner Vernunft mit Tränen zu füllen begannen, ergriff sie die Gelegenheit, um mir zu sagen, sie hätte ihrer Mutter versprochen, sich nie irgend jemandem im eigenen Haus hinzugeben; sie sei nun zu mir gekommen, um mich zu überzeugen, daß sie mich liebe, daß sie das gleiche Verlangen habe wie ich und sogar, wenn ich wolle, nie mehr fortgehen werde.

Wenn der Leser glaubt, daß sich bei dieser Erklärung mein ganzer Zorn verflüchtigt hätte, und ich mich augenblicklich von deren Aufrichtigkeit und der davon untrennbaren Fügsamkeit überzeugen ließ, so täuscht er sich. Er weiß nicht, daß der Übergang von gekränkter Liebe zu finsterer Wut kurz und rasch, der vom Zorn zur Liebe lang, zögernd und schwierig ist. Der Weg vom einen zum anderen ist der gleiche; aber wenn sich der Wut gerechte Entrüstung zugesellt, wird der Mensch vollkommen unzugänglich für jedes zarte Gefühl. Die Entrüstung ergänzt den rohen Haß durch eine aus der Vernunft geborene Verachtung, die ihn bestärkt und unüberwindlich macht. Seine Dauer ist eine Frage des Temperamentes. Solange er besteht, gibt er nicht nach. Bei mir hat ein einfacher Zorn nie länger als einen Augenblick gedauert; »irasci celerem, tamen ut placabilis essem« (rasch aufbrausend zum Zorne, doch leicht auch wieder versöhnbar)[18]. Wenn jedoch Entrüstung hinzukam, hat mich meine hochfahrende Vernunft stets unerbittlich gemacht, bis mich das Vergessen zu meiner ursprünglichen Verfassung zurückkehren ließ.

Als sich die Charpillon in diesem Augenblick völlig meinen Gelüsten darbot, war sie ganz überzeugt, daß mein Zorn oder mein Stolz mich daran hindern würde, sie beim Wort zu nehmen. Dieses Wissen, lieber Leser, ist bei dir und bei mir ein Kind der Philosophie; aber dieser Kokotte war es angeboren.

Gegen Abend verließ mich das junge Scheusal mit gekränkter, trauriger und niedergeschlagener Miene und sagte nur die wenigen Worte:

»Ich hoffe, Sie werden zu mir zurückkehren, sobald Sie wieder Sie selbst geworden sind.«

Sie hatte acht Stunden bei mir verbracht und mich in dieser Zeit nur fünf- oder sechsmal unterbrochen, um Vermutungen zu leugnen, deren Wahrheit sie keinesfalls zugeben wollte. Ich konnte mich nicht aufraffen, mir ein Mittagessen bringen zu lassen, aber nur, weil ich nicht genötigt sein wollte, mit ihr zu speisen.

Nach ihrem Fortgehen verlangte mich nur noch nach

Ruhe; immerhin trank ich eine Bouillon und schlief dann recht gut. Beim Erwachen war ich ruhig; und wenn ich den vorangegangenen Tag überdachte, war ich sicher, daß die Charpillon ihr ungebührliches Verhalten bereute, von dem sie, wie ich im Augenblick ihres Fortgehens gesehen zu haben glaubte, überzeugt war. Mir schien, ich sei gegen sie und gegen alles, was sie betraf, gleichgültig geworden. So weit hat mich die Liebe in London »nel mezzo del camin di nostra vita« (in der Mitte meines Lebensweges)[19] im Alter von achtunddreißig Jahren gebracht. Das war der Schluß des ersten Aktes meines Lebens. Der des zweiten war meine Abreise von Venedig im Jahr 1783; der des dritten wird sich anscheinend hier abspielen[20], wo ich zu meiner Unterhaltung meine Erinnerungen niederschreibe. Dann wird die Komödie zu Ende sein und drei Akte gehabt haben. Wird man sie auspfeifen, so hoffe ich, daß es mir niemand sagt; aber ich habe den Leser noch nicht über die letzte Szene des ersten Aktes unterrichtet, die, wie ich glaube, die interessanteste ist.

> »Chi ha messo il piè sull'amorosa pania
> Cherchi ritrarlo, e non v'inveschi l'ale,
> Chè non è in somma amor se non insania,
> a giudizio de'savi universale.«
> (Wer je den Fuß gesetzt auf Amors Ruten,
> such', eh' der Flügel klebt, sich zu befrein;
> denn nichts als Wahnsinn sind der Liebe Gluten,
> behaupten ja die Weisen allgemein.)

Ich ging im Green Park spazieren; da kam mir Goudar entgegen. Dieser Strauchritter war mir erwünscht. Er sagte mir, im Hause der Charpillon herrsche Heiterkeit, und obgleich er mehrmals die Rede auf mich gebracht

habe, sei es ihm nicht gelungen, den Frauen eine Äuße-
rung zu entlocken. Ich erwiderte, sie und ihre ganze
Familie seien mir gleichgültig, und er zollte mir Beifall.
Zum Mittagessen kam er zu mir; dann gingen wir zur
Walsh[22], wo die berühmte Kitty Fisher den Herzog XX
erwartete, der sie auf einen Ball führen sollte. Sie trug
Diamanten für mehr als hunderttausend Taler. Goudar
sagte mir, ich könne die Gelegenheit nützen und sie für
zehn Guineen haben; aber ich wollte nicht. Sie war reizend, doch sie sprach nur englisch. Da ich nur mit allen
meinen Sinnen lieben konnte, wollte ich dabei nicht auf
das Hören verzichten. Als sie gegangen war, erzählte uns
die Walsh, daß sie bei ihr eine Hundertpfundnote auf
einem Butterbrot verspeist habe, das ihr Sir Atkins, der
Bruder der schönen Lady Pitt, reichte. Damit machte also
diese Phryne[23] der Bank von London ein Geschenk. Ich
verbrachte eine Stunde mit Miß Kennedy, die mit dem
Sekretär Berlendis von der venezianischen Gesandtschaft
zusammen gelebt hatte. Sie betrank sich und stellte allerhand Unsinn an; aber das Bild der Charpillon, das mich
nie verließ, verdarb mir den Geschmack an dieser reizenden Irin. Ich kehrte traurig und unzufrieden nach Hause
zurück. Mir schien, ich müsse die Charpillon für immer
aufgeben, doch dürfe ich ihr aus Achtung vor mir selbst
weder den Triumph lassen noch einen Grund geben, sich
zu rühmen, sie habe mir ohne jede Gegenleistung die beiden Wechsel entlockt. Ich entschloß mich, die Papiere im
Guten oder mit Gewalt zurückzufordern. Ich mußte
einen Weg finden, und das Folgende ließ mich glauben,
ihn gefunden zu haben.

Monsieur Malingan, bei dem ich die Bekanntschaft dieses teuflischen Geschöpfs gemacht hatte, lud mich zum

Mittagessen zu sich ein. Da er bereits mehrmals mit Frau und Tochter mein Gast gewesen war, konnte ich ihm dieses Vergnügen nicht abschlagen, um so mehr als er mich bat, ihm zwei von meinem Koch zubereitete Gerichte zu schicken. Ich sagte jedoch erst zu, nachdem ich ihn gefragt hatte, wen er eingeladen habe. Er nannte mir die Namen, und da ich sie nicht kannte, versprach ich ihm zu kommen. Das war für den übernächsten Tag. Ich fand bei ihm zwei junge Damen aus Lüttich, von denen mich die eine sogleich interessierte; sie stellte mich ihrem Gatten vor, mit dem mich Malingan nicht bekannt gemacht hatte, sowie einem zweiten jungen Mann, der der anderen Dame den Hof zu machen schien, die angeblich ihre Cousine war. Die Gesellschaft war nach meinem Geschmack, und ich hoffte, einen hübschen Tag zu verbringen; doch kaum saßen wir bei Tisch, erschien plötzlich die Charpillon und sagte ganz fröhlich zu Madame Malingan, sie wäre nicht unaufgefordert zum Essen gekommen, wenn sie gewußt hätte, daß sie Gäste habe. Man begrüßte sie herzlich und setzte sie zu meiner Linken; zu meiner Rechten saß die Dame aus Lüttich, die ich bereits sehr anziehend gefunden hatte.

Ich sah mich in der Falle. Wäre die Charpillon vor Beginn des Essens gekommen, hätte ich mich unter irgendeinem Vorwand empfohlen; aber nun konnte ich das nicht mehr. Ich wußte nichts Besseres, als während des ganzen Essens dem ungebetenen Gast nicht die geringste Aufmerksamkeit zu schenken, sondern mich nur der Dame aus Lüttich zu widmen. Als die Tafel aufgehoben wurde, schwor mir Malingan auf Ehre, daß er sie nicht eingeladen habe, und ich tat, als glaubte ich ihm.

Die beiden Damen sollten sich mit ihren Begleitern drei oder vier Tage später nach Ostende einschiffen; als von dieser Abreise die Rede war, sagte die nettere Dame, sie verlasse leider England, ohne Richmond[24] gesehen zu haben. Ich bat mir sofort die Ehre und das Vergnügen aus, es ihr gleich am nächsten Tag zu zeigen, und ohne ihre Antwort abzuwarten, lud ich ihren Gatten, ihre Cousine und die ganze übrige Gesellschaft ein, mit Ausnahme der Charpillon, die ich nicht einmal anblickte. Der Vorschlag fand Beifall und wurde angenommen.

»Zwei viersitzige Wagen werden morgen früh um acht Uhr bereitstehen«, fügte ich hinzu; »wir werden gerade acht Personen sein.«

»Und mit mir neun«, sagte die Charpillon und blickte mir mit einer beispiellosen Unverfrorenheit offen ins Gesicht; »ich hoffe doch, Monsieur, daß Sie mich nicht fortjagen werden.«

»Natürlich nicht, denn das wäre unhöflich. Ich werde vorausreiten.«

»Auf keinen Fall; ich werde Emilia auf den Schoß nehmen.«

Das war Malingans Tochter. Eine Viertelstunde später verließ ich eines Bedürfnisses halber den Raum; als ich wieder hineingehen wollte, stieß ich auf die Unverschämte. Sie sagte mir, ich hätte sie auf das Grausamste gekränkt und schulde ihr eine Genugtuung; sonst werde sie sich rächen.

»Geben Sie mir zunächst meine Wechsel wieder; dann reden wir weiter«, sagte ich.

»Sie sollen sie morgen haben.«

Gegen zehn Uhr verließ ich die Gesellschaft, nachdem ich noch versprochen hatte, nicht zu reiten; die beiden

Wagen sollten vor Malingans Haus vorfahren, wo wir alle frühstücken wollten. Ich traf alle entsprechenden Vorkehrungen.

Am nächsten Morgen setzten sich nach dem Frühstück Malingan, seine Frau, seine Tochter und die beiden Herren in den einen Wagen, und ich mußte mit den beiden Schönen und der Charpillon, die sich als intime Freundin der Verheirateten aufspielte, den anderen nehmen. Diese Anordnung mußte mir die Laune verderben. Wir gelangten in fünfviertel Stunden nach Richmond, bestellten dort ein gutes Mittagessen und besichtigten dann die Räume und bei herrlichem Wetter die Gärten. Es war Herbst.

Bei der ungezwungenen Promenade machte sich die Charpillon an mich heran und sagte, sie wolle mir meine Wechsel bei sich zu Hause zurückgeben. Daraufhin warf ich ihr ihre andauernden Betrügereien, ihren nichtswürdigen Charakter und ihr schändliches Verhalten vor, nannte sie eine Hure, zählte ihr auf, wer alles mit ihr geschlafen hatte, schwor ihr, daß ich sie hasse, und daß sie meine Rache fürchten müsse, nicht ich die ihre; aber sie war von eiskalter Unempfindlichkeit, ließ mich reden, hängte sich lachend an meinen Arm und bat mich nur angelegentlich, leise zu sprechen, denn man könne mich hören. Man hörte mich, und das war mir sehr recht.

Mittags gingen wir essen; die Charpillon, die neben mir saß, sagte und tat tausenderlei Unsinn, der mich glauben machen sollte, sie sei in mich verliebt. Es war ihr gleich, daß man sie für unglücklich hielt, weil ich bei allen ihren Vorstößen nur Verachtung zeigte. Sie brachte mich regelrecht in Verlegenheit, denn es sah ganz danach aus, als sei ich ein Dummkopf, und sie mache sich offen über mich lustig. Bei diesem Essen habe ich sehr gelitten.

Nachher kehrten wir in den Garten zurück, und da die Charpillon unbedingt ihren Kopf durchsetzen wollte, hängte sie sich an meinen Arm und führte mich auf mehreren Umwegen, die sie alle kannte, in das Labyrinth[25]. Hier wollte sie ihre Macht über mich erproben. Sie zog mich ins Gras und ging mit allen Anzeichen von Liebe und zuckersüßer Zärtlichkeit zum Angriff über. Als sie auch noch die interessanteste Stelle ihrer Reize meinen Blicken enthüllte, gelang es ihr schließlich, mich zu betören; aber ich wüßte nicht zu entscheiden, ob es die Liebe oder das starke Verlangen nach Rache war, das mich zum Nachgeben bewog. Außerdem deutete alles darauf hin, daß sie mir ohnehin bald gehören würde, daß sie mich davon überzeugen wollte, und daß sie sicherlich nicht daran dachte, mir den geringsten Widerstand zu leisten.

In dieser Meinung wurde ich liebevoll und zärtlich, nahm alles zurück, bat sie tausendmal um Verzeihung, schwor ihr, ich würde die Wechsel nicht zurückverlangen, und alles, was ich besäße, solle ihr gehören; nach diesen, durch feurige Küsse besiegelten und bestätigten Einleitungen glaubte ich, sie selbst lade mich ein, den Lorbeer des Triumphes zu pflücken; aber plötzlich, gerade als ich ihn mir schon sicher glaubte, bockte sie und warf mich aus dem Sattel.

»Was ist denn los? Was soll das?«

»Nun ist es genug, mein lieber Freund. Ich verspreche Ihnen, die Nacht bei Ihnen und in Ihren Armen zu verbringen.«

Bei diesen Worten lag sie noch in meinen Armen; aber meine Seele, mein Blut, meine Erregung ließen mir keine andere Wahl, als mich zu befriedigen. Mit der ganzen Kraft, die ein übermäßiger Zorn verleiht, preßte ich sie mit dem linken Arm an mich, zog ein spitzes Messer aus der Tasche, nahm es mit den Zähnen aus der Hülle und setzte es ihr an die Kehle, die nur von einem dünnen Halsband bedeckt war. Ich bedrohte sie mit dem Tod, wenn sie sich rühre.

»Tun Sie, was Sie wollen. Schonen Sie nur mein Leben; aber wenn Sie Ihre Gelüste befriedigt haben, werde ich von hier nicht fortgehen. Man wird mich mit Gewalt zum Wagen tragen, und nichts wird mich hindern, den Grund für mein Verhalten zu erklären.«

Die Drohung war unnötig; denn kaum hatte ich mich entschlossen, sie zu erdolchen, war ich auch schon wieder vernünftig geworden. Ich stand auf, ohne ein einziges Wort zu erwidern, steckte mein Messer ein, nahm Hut und Stock und verließ den Rasenfleck, auf dem ich um Haaresbreite meinem Untergang entronnen war.

Ist es zu glauben, daß sie mir folgte und meinen Arm nahm, als sei nichts gewesen? Eine Siebzehnjährige kann sich unmöglich so verhalten, wenn sie nicht hundert Kämpfe solcher Art bestanden hat. Wenn das Gefühl der Scham einmal besiegt ist, gewöhnt sich ein Mädchen daran, ja macht daraus noch ein Ruhmesblatt. Als wir wieder zur Gesellschaft kamen, fragte man mich, ob mir übel sei; aber der Charpillon merkte niemand die geringste Veränderung an.

Bei unserer Rückkehr nach London schützte ich Unwohlsein vor, dankte der Gesellschaft und ging nach Hause.

Dieses Erlebnis beeindruckte mich ungeheuer. Ich konnte nicht schlafen. Ich erkannte klar, daß ich mich entschließen mußte, alle Gelegenheiten zu einem Zusammentreffen mit der Charpillon zu vermeiden; sonst war

ich unweigerlich verloren. Ihr Gesicht übte auf mich einen
Zauber aus, dem ich nicht widerstehen konnte. Ich nahm
mir also fest vor, sie nie wiederzusehen; aber gleichzeitig
schämte ich mich meiner Schwäche, ihr die beiden Wechsel übergeben zu haben und mich jedesmal hintergehen zu
lassen, wenn sie mir die Rückgabe versprochen hatte. So
schrieb ich einen kurzen Brief an ihre Mutter und riet ihr,
sie solle ihre Tochter dazu bewegen, sie mir zurückzugeben; andernfalls habe sie Schritte von meiner Seite zu
erwarten, die ihr Unannehmlichkeiten bereiten würden.

Nachdem ich den Brief an sie abgeschickt hatte, ging ich
aus, um mich zu zerstreuen, und nach einem Mittagessen
in einem Gasthof fuhr ich zu meiner Tochter in das Pensionat; als ich dann wieder nach Hause kam, brachte mir
Jarbe einen versiegelten Brief, der mit der »Penny Post«
gekommen war. Ich öffnete ihn und las die Unterschrift
»Augspurgher«; die Mutter der Charpillon antwortete
mir. Hier der Inhalt: »Ich bin sehr erstaunt, daß Sie sich
wegen der beiden Wechsel über sechstausend Francs, die
Sie angeblich meiner Tochter gegeben haben, an mich
wenden. Sie hat mir eben gesagt, sie werde sie Ihnen persönlich zurückgeben, sobald Sie vernünftiger geworden
sind und gelernt haben, sie zu achten.«

Beim Lesen dieses unverschämten Briefes stieg mir das
Blut derart in den Kopf, daß ich meinen morgendlichen
Entschluß vergaß. Ich steckte zwei Pistolen in die Tasche
und machte mich auf den Weg in die Denmark Street, um
die Hexe mit Stockschlägen zu zwingen, mir meine Wechsel zurückzugeben. Meine Pistolen hatte ich nur eingesteckt, um die beiden Spitzbuben zur Vernunft zu bringen, die alle Tage dort aßen. Ich kam wütend hin, ging
jedoch an der Tür vorüber, weil ich im Mondschein sah,

daß der Friseur vor ihr auf Einlaß wartete. Dieser Friseur war ein hübscher junger Mann, der alle Samstage nach dem Abendessen zu ihr kam, um ihre Haare zu Locken zu drehen. Ich ging bis zur nächsten Straßenecke und blieb dort stehen, weil ich mir dachte, ich würde wohl besser warten, bis der Friseur fortgegangen war. Hinter dem Haus an der Straßenecke stehend, bemerkte ich eine halbe Stunde später, wie Rostaing und Coumon das Haus verließen, und war darüber sehr befriedigt. Das Souper war also zu Ende. Als elf Uhr ausgerufen wurde, wunderte ich mich, daß der Friseur so lange brauchte. Drei Viertelstunden später kam eine Dienerin mit einer Kerze in der Hand heraus und suchte etwas, was wohl aus dem Fenster gefallen war. Ich trat ohne Zögern ein, öffnete die Tür des Besuchszimmers, die sich zwei Schritte von der Haustür befand, und erblickte, wie Shakespeare sagt, auf dem Sofa ausgestreckt das Tier mit zwei Rücken[26], die Charpillon und den Friseur. Bei meinem Erscheinen stieß die Hexe einen Schrei aus, und der Laffe löste sich von ihr; aber gewaltige Stockschläge begannen auf ihn niederzuhageln und ließen ihm nicht die Zeit, seine Kleider zu ordnen. Die Charpillon stand zitternd zwischen der Wand und dem Ende des Sofas und wagte nicht, hervorzukommen und den hageldichten Stockschlägen zu trotzen, die sie treffen konnten. Der Lärm lockte die Dienerinnen herbei, dann die Tanten, dann die gichtbrüchige Mutter. Der Friseur flüchtete, und die drei Furien fielen mit Schimpfworten und Flüchen über mich her, die ich so unangebracht fand, daß ich meinen gerechten Zorn an der Einrichtung ausließ. Das erste, was ich in Stücke schlug, waren der schöne Spiegel und das Porzellan, das ich ihnen geschenkt hatte. Da mich ihre Worte immer mehr reizten, schmet-

terte ich die Stühle zu Boden, daß sie in Brüche gingen;
dann nahm ich meinen Stock wieder an mich und kündigte
ihnen an, ich würde ihnen die Schädel einschlagen, wenn
sie nicht zu schreien aufhörten. Da trat Ruhe ein.

Ich warf mich auf das Sofa, denn ich war ganz außer
Atem, und befahl der Mutter, mir meine Wechsel zu
geben; aber in diesem Augenblick erschien der Nachtwächter. Diesen Nachtwächtern, die in ihrem Viertel
allein die ganze Nacht herumgehen und die Stunden ausrufen, nur mit einer Laterne und einem langen Stock in der
Hand, ist die Sicherheit und der Friede der ganzen großen
Stadt anvertraut. Man trifft sie überall. Niemand wagt,
ihnen seine Achtung zu versagen. Ich drückte ihm drei
oder vier Kronen in die Hand und sagte ihm, er solle
verschwinden. Er ging fort, ich schloß die Tür, setzte
mich wieder auf das Sofa und verlangte von neuem von
Madame Augspurgher meine Wechsel.

»Ich habe sie nicht; verlangen Sie die Papiere von meiner Tochter.«

»Lassen Sie sie rufen.«

Die beiden Dienerinnen sagten, sie hätte sich, als ich
anfing, die Sessel zu zertrümmern, durch die Tür hinaus
auf die Straße geflüchtet, und sie wüßten nicht, wohin sie
gegangen sein könne. Auf diese Nachricht hin brachen die
Mutter und die beiden Tanten in Schluchzen aus.

»Meine Tochter mitten in der Nacht allein in den Straßen Londons?«

»Meine Nichte ist verloren; wohin mag sie gegangen
sein?«

»Verflucht sei der Augenblick, da Sie nach England
gekommen sind, um uns alle unglücklich zu machen.«

Bei dem Gedanken, daß die verängstigte Charpillon um
diese Stunde durch die Straßen lief, erschauerte ich.

»Gehen Sie zu den Nachbarn, um sie zu suchen«, sagte ich kühl zu den beiden Dienerinnen; »dort wird sie sicher zu finden sein. Bringen Sie mir die Nachricht, daß sie in Sicherheit ist, und Sie sollen jede eine Guinee erhalten.«

Sie machten sich auf den Weg, und eine der Tanten folgte ihnen, um ihnen zu sagen, wo sie sie finden könnten.

Aber als sie sahen, daß mir das Auffinden der Tochter sehr am Herzen lag und mir das Gefährliche ihrer Flucht zum Bewußtsein gekommen war, fielen sie erneut mit heftigen Klagen und Vorwürfen über mich her. Ich saß stumm da und erweckte nicht nur den Anschein, als gäbe ich ihnen recht, sondern war auf dem besten Weg, mir alle Schuld ganz allein zuzuschreiben. Ungeduldig erwartete ich die Rückkehr der Dienerinnen. Eine Stunde nach Mitternacht kamen sie endlich zurück. Ganz atemlos und scheinbar verzweifelt berichteten sie, sie hätten das Mädchen überall gesucht, aber nirgends gefunden. Ich gab ihnen dennoch zwei Guineen und versank in dumpfes, angstvolles Brüten; wie furchtbar, ja verhängnisvoll konnte sich die schreckliche Angst auswirken, die ich dem unglücklichen Mädchen mit meiner Raserei eingejagt haben mußte. Wie schwach und dumm ist doch ein Mann, wenn er verliebt ist!

Äußerst betroffen von dieser unglückseligen Entwicklung, verberge ich diesen Weibern meine aufrichtige Reue nicht. Ich beschwöre sie, sie überall suchen zu lassen, sobald der Morgen graue, und mich den Erfolg unverzüglich wissen zu lassen, damit ich mich ihr sogleich zu Füßen werfen und sie um Verzeihung bitten könne, um sie dann in meinem ganzen Leben nicht wiederzusehen. Außerdem versprach ich ihnen, alle Einrichtungsstücke zu bezahlen, die ich zertrümmert hatte, ihnen meine Wechsel zu überlassen und mit meinem Namen die Einlösung zu bestätigen. Nachdem ich so zur ewigen Schande meiner Vernunft diesen Leuten, die mit der Ehre Spott trieben, Abbitte geleistet hatte, verabschiedete ich mich und versprach der Dienerin zwei Guineen, wenn sie mir die Nachricht bringe, daß man die Unglückliche gefunden habe.

Vor der Tür erwartete mich der Nachtwächter[27], um mich nach Hause zu bringen. Es hatte bereits zwei Uhr geschlagen. Ich warf mich auf mein Bett; ein sechsstündiger Schlaf, wenn auch von abscheulichen Schreckbildern und quälenden Träumen gestört, hat mich wahrscheinlich vor dem Verlust meines Verstandes bewahrt. Um acht Uhr morgens hörte ich klopfen, eilte ans Fenster und erblickte eine der Dienerinnen meiner Feindinnen; ich rief mit starkem Herzklopfen, man solle sie heraufführen, und atmete bei der Nachricht auf, daß Miß Charpillon eben in einer Sänfte, jedoch in bedauernswertem Zustand, nach Hause gekommen sei. Sie hätte sich sofort zu Bett gelegt.

»Ich bin sogleich gekommen, um Ihnen die Nachricht zu bringen, nicht wegen der zwei Guineen, sondern weil Sie mir leid tun.«

Ich fiel sogleich auf den Ton herein, gab ihr die zwei Guineen, ließ sie neben mir Platz nehmen und bat sie, mir die Umstände ihrer Rückkehr im einzelnen zu erzählen. Ich war ganz sicher, daß diese Dienerin anständig und in meinem Interesse handelte, ja mir im Ernstfall treu dienen würde. Ich war weit von jedem Verdacht entfernt, sie könne mit der Mutter im Einverständnis sein. Aber wie konnte ich so hochgradig blöde sein? Weil es mir ein Herzensbedürfnis war.

Zunächst sagte sie mir, die junge Herrin liebe mich und führe mich nur an der Nase herum, weil ihre Mutter es so wolle.

»Das weiß ich, aber wo hat sie heute die Nacht verbracht?«

»Sie hat sich zu einer Händlerin auf der anderen Seite des Soho Square geflüchtet, wo sie, unbequem im Laden sitzend, die Nacht verbracht hat. Sie ist mit hohem Fieber zu Bett gegangen. Ich habe Sorge, daß es Folgen haben wird, denn sie hat gerade ihre Tage.«

»Das ist nicht wahr, ich habe doch mit eigenen Augen den Friseur gesehen . . .«

»Ach, das ist gleich. Er macht sich nichts daraus.«

»Sie ist in ihn verliebt.«

»Ich glaube nicht, obwohl sie häufig stundenlang mit ihm beisammen ist.«

»Und du sagst, daß sie mich liebt?«

»Oh, das hat damit nichts zu tun.«

»Sag ihr, ich will den Tag an ihrem Bett verbringen, und komm mit ihrer Antwort wieder.«

»Ich werde meine Kameradin schicken.«

»Nein, sie spricht nicht französisch.«

Sie ging fort; da sie nicht wieder erschien, entschloß ich mich um drei Uhr nachmittags, selbst nachzusehen, wie es der Kranken ging. Kaum hatte ich angeklopft, kam die Tante an die Tür und bat mich, nicht hereinzukommen; denn wenn ich es täte, würde ich bestimmt jemanden umbringen oder selbst umgebracht werden. Ihre beiden Freunde seien hier und sehr erbittert gegen mich, und die Kleine phantasiere in hohem Fieber. Sie rufe ununterbrochen: ›Da kommt mein Quälgeist, da kommt Seingalt. Er will mich umbringen. Rettet mich.‹

»Um Himmelswillen, gehen Sie.«

Ich kehrte ganz verzweifelt nach Hause zurück und war sicher, daß man mir nur die reinste Wahrheit gesagt hatte. In abgrundtiefer Traurigkeit verbrachte ich den ganzen Tag, ohne etwas zu essen, denn ich konnte nichts hinunterbringen, und wälzte mich schlaflos die ganze Nacht in heftigen Schüttelfrösten. Mit starken Schnäpsen hoffte ich, mich zu betäuben. Alles war vergeblich; ich erbrach Galle und fühlte mich sehr schwach. Am nächsten Morgen ging ich um neun Uhr zur Tür der Charpillon, die man mir wie am Vortag nur einen Spalt öffnete. Die gleiche nichtswürdige Tante verwehrte mir energisch den Eintritt und sagte, die Unglückliche habe zwei heftige Anfälle gehabt. Sie liege in Krämpfen und im Delirium; sie glaube, mich stets im Zimmer zu sehen, und der Arzt Soundso habe gesagt, wenn dieser Zustand noch vierundzwanzig Stunden andauere, werde sie sterben.

»Sie hatte ihre Regel«, fügte sie hinzu, »und der Schrekken hat sie zum Stillstand gebracht. Das ist furchtbar.«

»Unseliger Friseur!«

»Eine jugendliche Schwäche! Sie hätten tun müssen, als hätten Sie nichts gesehen.«

»Ach verflucht! Was sagen Sie da, Sie Schweizer Vampir! Halten Sie denn so etwas für möglich? Da, nehmen Sie.«

Ich warf ihr eine Zehnpfundnote hin und ging auf die Straße hinaus. Dort traf ich Goudar; ich bat ihn, ich flehte ihn an nachzusehen, wie es der Charpillon gehe, dann zu mir zu kommen und, wenn es ihm möglich sei, den ganzen Tag mit mir zu verbringen. Mein Aussehen erschreckte ihn; er ging hinein und kam eine Stunde später mit der Nachricht zu mir, das ganze Haus sei voll Jammer, denn das Mädchen schwebe in Todesgefahr.

»Haben Sie sie gesehen?«

»Nein. Man hat mir gesagt, sie wälze sich immer wieder ganz nackt aus dem Bett, kurz, ich könne sie nicht sehen.«

»Glauben Sie an das alles?«

»Eine Dienerin, die mir sonst stets die Wahrheit gesagt hat, versicherte mir, sie sei verrückt geworden, weil ihre Regel ins Stocken geraten sei. Außerdem leide sie an hartnäckigem Fieber und an Zuckungen. Ich glaube das alles, denn das sind die gewöhnlichen Folgen, wenn ein Mädchen während seiner kritischen Zeit einen großen Schrecken erlebt. Die Dienerin hat mir gesagt, Sie seien daran schuld.«

Nun schilderte ich ihm die ganze Geschichte und meine Unfähigkeit, mich beim Anblick des Friseurs zu beherrschen. Goudar konnte mich nur bedauern; als er jedoch hörte, daß es mir seit achtundvierzig Stunden unmöglich gewesen war zu essen oder zu schlafen, erklärte er weise, dieser Kummer könne mich um das Leben oder um den Verstand bringen. Ich wußte das und sah keinen Ausweg. Er blieb den ganzen Tag bei mir und kümmerte sich um mich. Ich konnte zwar nichts essen, trank aber sehr viel; da ich auch nicht schlafen konnte, ging ich die ganze Nacht mit großen Schritten in meinem Zimmer auf und ab und hielt meiner Nachtmütze wütende Vorträge.

Am Tag schickte ich meinen Farbigen immer wieder hin, um zu fragen, wie es ihr gehe; er brachte mir stets schlimme Nachrichten. Am dritten Tag ging ich selbst um sieben Uhr früh zu ihrer Tür. Nachdem man mich eine Viertelstunde lang auf der Straße hatte warten lassen, öffnete man mir; die Mutter erschien tränenüberströmt und sagte mir, ohne mich einzulassen, ihre Tochter liege in den letzten Zügen. In diesem Augenblick kam ein langer, dür-

rer, bleicher und betagter Mann heraus und sagte ihr auf
Schweizer Deutsch, man müsse sich in Gottes Willen
ergeben. Ich fragte sie, ob er der Arzt sei; sie antwortete,
man brauche keinen Arzt mehr, er sei ein Diener des
Evangeliums, und ein zweiter sei noch oben. »Sie spricht
nicht mehr; spätestens in einer Stunde wird sie verschie-
den sein.«

In diesem Augenblick fühlte ich, wie eine eisige Hand
mein Herz zusammenpreßte. Ich ließ meine Tränen strö-
men und sagte ihr, ich sei zwar der letzte Anlaß für den
Tod ihrer Tochter, aber sie sei in erster Linie schuld. Mit
zitternden Knien schwankte ich nach Hause, fest entschlossen, mich auf eine Weise umzubringen, die ich für
die sicherste hielt. Getreu diesem entsetzlichen Entschluß, den ich mit größter Kaltblütigkeit gefaßt hatte,
befehle ich, meine Tür solle für jedermann verschlossen
bleiben. Dann gehe ich in mein Zimmer, lege Uhren,
Ringe, Tabaksdosen, Börse und Brieftasche in meine Kassette und stelle diese in meinen Sekretär. Ferner schreibe
ich einen kurzen Brief an den venezianischen Residenten,
in dem ich ihm mitteile, daß nach meinem Hinscheiden
mein ganzer Besitz Signor Bragadin[28] gehöre. Ich versie-
gele den Brief, lege ihn zu der Kassette, die mein ganzes
Geld, meine Diamanten und Schmuckstücke enthielt,
stecke den Schlüssel in meine Tasche und behalte nur zwei
oder drei Guineen in Silbermünzen. Ich stecke auch meine
guten Pistolen ein und verlasse das Haus mit dem festen
Entschluß, mich beim Tower[29] in der Themse zu erträn-
ken. In dieser Absicht, die nicht vom Zorn oder von der
Liebe eingegeben, sondern aus der kühlsten Überlegung
heraus entstanden war und von ihr genährt wurde, gehe
ich zu einem Händler und kaufe so viele Bleikugeln, wie

ich in meinen Taschen unterbringen und zum Tower
schleppen kann; denn dorthin mußte ich zu Fuß gehen.
Ich mache mich auf den Weg und finde beim Nachdenken
über mein Vorhaben, daß es für mich keinen vernünftige-
ren Entschluß als diesen gäbe; denn wenn ich am Leben
bliebe, würde ich mich sicher jedesmal in der Hölle fühlen, sobald das Bild der Charpillon in meiner Erinnerung
auftauchte. Ich beglückwünsche mich sogar dazu, daß es
mich keine besondere Anstrengung kostet, diesen Entschluß zu fassen; außerdem freue ich mich über meinen
eigenen Gerechtigkeitssinn, mich selbst in Erkenntnis
meiner unverzeihlichen Schuld für das Verbrechen zu
bestrafen, daß ich dem Leben eines reizenden, für die
Liebe geborenen Geschöpfes ein Ende gesetzt hatte.

Ich ging langsam, weil ich ein ungeheures Gewicht in
meinen Taschen mitschleppte, das mir den Tod auf dem
Grunde des Flusses sicherte, bevor mein Körper wieder
zur Oberfläche steigen konnte. Mitten auf der Westminster Bridge[30] traf ich Sir Agar[31], einen netten, jungen und
reichen Engländer, der das Leben genoß und sich keinen
Wunsch versagte. Ich hatte ihn in St. Alban's bei Lord
Pembroke kennengelernt; dann hatten wir bei mir und
später bei General Beckwith zusammen gespeist und hatten stets sehr heiter in jugendlicher Weise geplaudert. Als
ich ihn erblickte, wollte ich tun, als sähe ich ihn nicht; er
hielt mich jedoch am Kragen fest.

»Wo gehen Sie hin? Kommen Sie mit, falls Sie nicht
gerade jemanden aus dem Gefängnis befreien wollen, und
wir machen uns einen Spaß!«

»Ich kann nicht. Lassen Sie mich los.«

»Was fehlt Ihnen, lieber Freund? Ich erkenne Sie nicht
wieder.«

»Mir fehlt nichts.«

»Ihnen fehlt nichts? Sie wissen nicht, wie Sie aussehen. Sie haben sicher eine üble Sache vor. Das sieht man Ihnen am Gesicht an. Sie leugnen vergeblich.«

»Ich sage Ihnen doch, mir fehlt nichts. Leben Sie wohl. Ich werde ein anderes Mal mit Ihnen gehen.«

»Aber, aber, mein Freund! Da stimmt etwas nicht. Ich lasse Sie nicht allein, ich begleite Sie.«

Er blickt meine Hose von der Seite an und bemerkt die eine Pistole; er blickt zur anderen Seite und sieht die zweite. Da ergreift er meine Hand und sagt, nun sei er sicher, daß ich auf dem Weg zu einem Duell sei, und als mein Freund wolle er dabei sein; er verspricht mir, daß er nicht versuchen werde, sich in meine Angelegenheit zu mischen. Ich versichere ihm lächelnd, daß ich mich nicht zu schlagen beabsichtige; ohne an die Folgen zu denken, entschlüpft mir, ich ginge nur spazieren.

»Ausgezeichnet«, erwidert er. »In diesem Falle hoffe ich, daß Ihnen meine Gesellschaft genehm ist, so wie mir die Ihre teuer ist. Wir werden im ›Cannon‹[32] zu Mittag essen. Ich werde gleich jemandem sagen, er soll das Mädchen, das mit mir allein zu Mittag essen sollte, verständigen, sie möge eine junge Französin mitbringen, die verdammt hübsch ist. Wir werden uns zu viert vergnügen.«

»Mein lieber Freund, entschuldigen Sie mich, ich bin traurig und muß mich ganz allein irgendwohin zurückziehen, um meine üble Laune loszuwerden.«

»Das mögen Sie morgen tun, wenn es Ihnen dann noch nötig scheint; aber ich verspreche Ihnen, daß Sie in drei Stunden aufgeheitert sein werden. Andernfalls werde ich mitkommen und mich mit Ihnen langweilen. Oder wollten Sie anderswo speisen?«

»Nirgends, denn ich habe keinen Hunger. Ich habe seit drei Tagen keinen Bissen im Magen. Ich kann nur trinken.«

»Sie setzen mich in Erstaunen. Nun weiß ich alles. Das ist ein Anflug von Cholera, der Sie verrückt machen kann wie einen meiner Brüder; er ist daran gestorben.«

Der junge Mann, der so beharrlich und vernünftig auf mich einredet, scheint mir eine Zurückweisung nicht zu verdienen. Ich könne, sage ich mir, meine Absicht später ausführen, wenn wir uns getrennt hätten. Ich laufe nur Gefahr, noch fünf oder sechs Stunden länger zu leben.

»Credete a chi n'ha fatto esperimento«
(glaubt dem, der all dies hat an sich empfunden)[33],
sagt Ariost.

Der Leser kann mir glauben, daß alle, die sich wegen eines großen Kummers umgebracht haben, damit dem Wahnsinn zuvorgekommen sind, der sich ihres Verstandes bemächtigt hätte, wenn sie es nicht getan hätten, und daß daher alle, die verrückt geworden sind, dieses Unglück nur durch Selbstmord hätten verhindern können. Ich habe diesen Entschluß erst gefaßt, als ich daran war, den Verstand zu verlieren, wenn ich noch einen einzigen Tag gezögert hätte. Daraus ergibt sich: Der Mensch darf nie Selbstmord begehen, denn es kann der Fall eintreten, daß sein Kummer schwindet, bevor ihn der Wahnsinn befällt. Mit anderen Worten, wer stark genug ist, nie zu verzweifeln, ist glücklich. Ich war nicht stark genug, ich hatte alle Hoffnung verloren und wollte mich mit Vorbedacht umbringen. Nur dem Zufall verdanke ich meine Rettung.

Als Agar erfuhr, daß ich die Brücke nur zu einem Spaziergang überquerte, sagte er, dann könne ich ebensogut umkehren; ich ließ mich überreden. Als ich jedoch eine halbe Stunde später wegen des Bleis, das ich in den Taschen hatte, einfach nicht mehr weiter konnte, bat ich ihn, mich irgendwohin zu führen, wo ich ihn erwarten könne, weil ich mich zu schwach fühle. Ich gab ihm mein Wort, im ›Cannon‹ auf ihn zu warten, und ging hinein. Drinnen holte ich die allzu schweren Bleitüten aus meinen Taschen und legte sie in einen Schrank.

Während ich auf den liebenswürdigen jungen Mann wartete, kam mir der Gedanke, er könnte vielleicht der Hinderungsgrund sein, mich umzubringen. Er hatte mich bereits davon abgehalten, weil er ihn verzögert hatte. Nun überlegte ich und sagte mir, nicht als ein Hoffender, sondern als ein Vorausschauender, daß ich vielleicht Esquire[34] Agar mein Leben zu verdanken haben würde. Die Frage war nur, ob er mir damit etwas Gutes oder Böses antat. Ich begriff wieder einmal, daß wir bei den wichtigsten und entscheidendsten Handlungen nur bis zu einem gewissen Punkt frei sind. Da sah ich mich nun im Gasthof sitzen und gleichsam gezwungenermaßen auf die Rückkehr des Engländers warten; denn auch wenn ich nur einen moralischen Zwang in Betracht zog, hatte ich sicherlich diesem Zwang Folge leisten müssen.

Eine Viertelstunde nach seiner Rückkehr kamen die beiden jungen Närrinnen, von denen die eine Französin war; Heiterkeit strahlte aus ihren reizenden Gesichtern. Sie waren zur Freude wie geschaffen und besaßen alles, um in dem gefühllosesten aller Männer Verlangen zu erwecken. Ich ließ ihnen alle Gerechtigkeit widerfahren, die sie verdienten; doch da ich ihnen nicht den Empfang bereitete, den sie als Tribut für ihre Schönheit gewohnt waren, hielten sie mich gleich für sauertöpfisch. Obwohl

mir hundeelend war, trieb mich doch eine Anwandlung
von Selbstachtung, den Mann, der ich hätte sein sollen,
wenigstens einigermaßen zu spielen. Ich verteilte todernst
seelenlose Küsse und bat Agar, der Engländerin zu sagen,
wenn ich nicht sterbenskrank wäre, würde ich sie reizend
finden. Sie bedauerten mich. Ein Mann, der seit drei
Tagen weder gegessen noch geschlafen hat, ist sicherlich
für Versuchungen der Venus wenig empfänglich. Worte
hätten sie nicht überzeugt, wenn ihnen Agar nicht meinen
Namen genannt hätte. Ich besaß einen Ruf und sah, wie
sehr sie davon beeindruckt waren. Sie hofften alle drei
auf den Einfluß des Gottes Bacchus[35]. Ich war ziemlich
sicher, daß sie sich täuschten.

Da es ein englisches Essen gab, also keine Suppe,
konnte ich wirklich weder ein Stück Roastbeef[36] noch
einen Bissen von dem Pudding hinunterbringen. Ich aß
nur einige Austern, trank von dem recht guten weißen
Bordeaux und freute mich an der Geschicklichkeit Agars,
sich allen beiden zu widmen. In seinem Übermut schlug er
der Engländerin vor, ganz nackt den Hornpipe[37] zu tanzen; sie war einverstanden, wenn man blinde Musikanten
finden könne, und wenn wir uns alle so wie sie auszögen.
Ich sagte Agar, ich würde alles tun, was er wolle, aber ich
könne weder tanzen, denn ich könne mich nicht auf den
Beinen halten, noch die Wirkung zeigen, die die Reize der
beiden Mädchen eigentlich auf mich haben müßten. Man
befreite mich unter der Bedingung, daß ich mitmachen
würde, falls mich der Anblick zum Leben erwecken sollte, und sie schworen mir, sie würden es bemerken. Man
fand die Blinden; sie kamen, und wir schlossen uns ein.

Während die Blinden Platz nahmen und ihre Instrumente stimmten, versetzten sich die Schönen und der

fünfundzwanzigjährige Athlet in den Naturzustand, und
das Schauspiel begann. Das war einer der Augenblicke, in
denen ich viele Wahrheiten begriff. Nun sah ich ein, daß
die Freuden der Liebe die Folge und nicht der Anlaß der
Heiterkeit sind. Die drei Körper waren prachtvoll, der
Tanz, die Anmut, die Bewegungen verführerisch; aber
keine Regung zeigte mir, daß ich dafür empfänglich war.
Der Tänzer bewahrte sein sieghaftes Aussehen sogar während des Tanzes; ich wunderte mich, daß ich diese Erfahrung an mir selbst nie gemacht hatte. Nach dem Tanz
beglückte er zuerst die eine, dann die andere, und hörte
erst auf, als die ruhebedürftige Natur ihn dazu unfähig
machte. Die Französin kam zu mir, um nachzusehen, ob
ich irgendein Lebenszeichen von mir gäbe; als sie mich
untüchtig fand, meinte sie, um mich sei es geschehen.

Als sie sich angezogen hatten, bat ich Agar, in meinem
Namen der Französin vier Guineen zu geben und alles zu
bezahlen, denn ich hatte nur sehr wenig bares Geld bei
mir. Wie hätte ich am Morgen ahnen können, daß ich
mich nicht ertränke, sondern einen so hübschen Abend
erleben würde? Das Geld, das ich mir von dem Engländer
ausgeliehen hatte, ließ mich meinen Selbstmord auf den
nächsten Tag verschieben. Als die Mädchen gegangen
waren, wollte ich mich von Agar trennen, aber er war
damit nicht einverstanden. Er sagte mir, ich sähe schon
besser aus als am Morgen. Daß ich Austern gegessen und
sie nicht wieder von mir gegeben hatte, beweise mein
Bedürfnis nach Zerstreuung; vielleicht würde ich mich am
nächsten Tag besser fühlen und essen, wenn ich die Nacht
mit ihm in »Ranelagh House«[38] verbracht hätte. Er über-
redete mich dazu. Ich übergab dem Kellner des »Cannon«
meine sechs Bleitüten und sagte ihm, ich würde sie am

nächsten Tag um neun Uhr holen; dann stieg ich mit Agar
in eine Kutsche, um dem Wahlspruch der Stoiker Genüge
zu tun, den man mir in meiner glücklichen Jugend beigebracht hatte: »Sequere Deum« (Folge dem Gott)[39].

Mit tief ins Gesicht gezogenen Hüten betraten wir die
schöne Rotunde, in der sich die Leute drängten. Wir hatten unsere Arme hinter dem Rücken verschlungen. Ich
blieb einen Augenblick stehen, bis eine Frau, die mit dem
Rücken zu mir recht gut Menuett tanzte, sich umwandte
und die gleichen Schritte von der anderen Seite her
machte. Es drängte mich so sehr, ihr Gesicht zu sehen,
weil sie ein Kleid und einen Hut trug, die sich in nichts
von denen unterschieden, die ich der Charpillon geschenkt hatte. Außerdem hatte sie die gleiche Gestalt
wie sie; doch das interessierte mich weniger, da die Charpillon bereits tot sein mußte oder wenigstens im Sterben
lag. Die Tänzerin ging also auf die andere Seite hinüber;
ich blickte sie an. Es war die Charpillon selbst. Agar sagte
mir hinterher, er habe in diesem Augenblick geglaubt, ich
würde vom Schlag gerührt umsinken. Mein Arm, den ich
um seine Schulter geschlungen hatte, zitterte und zuckte.

Ich dämpfte meine krampfartige Überraschung durch
einen berechtigten Zweifel. Sie konnte ihr ähnlich sehen.
Die Person hatte mich, in ihren Tanz vertieft, nicht
bemerkt; ich wartete darauf, daß sie zu meiner Seite
zurückkehren würde, wo ich sie einen Schritt vor mir von
Angesicht zu Angesicht gesehen hätte. Doch da erhob sie
bereits die Arme für die Schlußverbeugung des Menuetts;
ich trat auf sie zu, als wolle ich sie zu einem neuen Tanz
auffordern. Sie blickte mich an, machte auf der Stelle
kehrt und verschwand. Ich sagte nichts, doch war ich
meiner Sache nun sicher und fühlte das Bedürfnis, mich

irgendwohin zu setzen. Mein ganzer Körper war im Nu in kalten Schweiß gebadet. Agar merkte meinen Zustand und riet mir, einen Tee zu trinken; ich meinerseits bat ihn, mich in Ruhe zu lassen und sich zu amüsieren.

Der Umschwung, der in weniger als einer Stunde in meinem ganzen Wesen vor sich ging, ließ mich Folgen befürchten, denn ich zitterte vom Kopf bis zu den Füßen; ein sehr starkes Herzklopfen ließ mich zweifeln, ob ich mich hätte aufrechthalten können, wenn ich gewagt hätte aufzustehen. Ich fürchtete mich vor dem Ende dieses schrecklichen Anfalls, denn mir schien, es müsse zugleich mein eigenes Ende sein.

Meine Sorge war begründet. Aber da es mich nicht umbrachte, verlieh es mir neues Leben. Welche wunderbare Wandlung! Ich fühlte mich ruhig geworden und heftete erfreut meinen Blick auf das helle Licht, das mich Scham empfinden ließ; doch dieses Gefühl der Scham bestätigte mir, daß ich geheilt war. Welche Befriedigung! So sehr war ich in meinem Wahn befangen gewesen, daß ich ihn erst zu durchschauen vermochte, als ich von ihm befreit war. In der Dunkelheit sieht man nichts. Ich war so erstaunt über meinen neuen Zustand, daß ich, als Agar nicht wiederkam, zu glauben begann, daß ich ihn nie wieder sehen würde. Dieser junge Mann, sagte ich mir, war mein guter Genius, der diese Gestalt annahm, um mich wieder zur Vernunft zu bringen.

Sicherlich hätte ich mich in dieser verrückten Ansicht bestärkt gefühlt, wäre Agar nicht eine Stunde später wieder aufgetaucht. Er hätte ja zufällig ein Mädchen treffen können, das ihn bewog, »Ranelagh House« zu verlassen. Ich wäre dann ganz allein nach London mit der Überzeugung zurückgekehrt, daß nicht Agar mich errettet hätte.

Wären mir Zweifel gekommen, wenn ich ihn einige Tage später wiedergesehen hätte? Ich weiß es nicht. Der Mensch wird leicht verrückt. In meinem Wesen steckte immer ein abergläubischer Kern, dessen ich mich gewiß nicht rühme.

Schließlich kam Agar sehr heiter, doch um meine Gesundheit besorgt, zurück. Zu seinem Erstaunen fand er mich strahlend und hörte mich über Dinge scherzen, die mir in dem anregenden Rund auffielen.

»Mein Freund, du lachst, du bist nicht mehr traurig?« fragte er.

»Nein. Ich habe Hunger und möchte dich um einen großen Gefallen bitten, wenn du morgen nichts Dringendes vorhast, das dich daran hindert.«

»Ich bin bis übermorgen frei und stehe ganz zu deiner Verfügung.«

»Es handelt sich um folgendes. Ich verdanke dir das Leben, ja mein Leben, hörst du? Doch um dein Geschenk vollständig zu machen, mußt du die heutige Nacht und den morgigen Tag ganz mit mir verbringen.«

»Gern.«

»Dann vergnüge dich weiter und hole mich ab, wenn es dir paßt.«

»Gehen wir doch sogleich, wenn du willst.«

»Gern.«

Unterwegs erzählte ich ihm noch nichts. Bei meiner Ankunft zu Hause fand ich nichts Neues außer einem Briefchen Goudars, das ich in die Tasche steckte. Es war ein Uhr nachts. Man brachte uns ein Souper, und zu seiner Überraschung sah mich Agar mit wahrem Heißhunger essen. Er lachte und beglückwünschte mich dazu. Nachdem wir gut gespeist hatten, ging er zu Bett, und ich tat dasselbe. Ich schlief ganz tief bis Mittag; dann ging ich zum Frühstück in sein Zimmer und erzählte ihm nachträglich in allen Einzelheiten die ganze schreckliche Geschichte, an der ich zugrunde gegangen wäre, hätte er mich nicht mitten auf der Westminster Bridge getroffen und meine abscheuliche Absicht aus meinem verstörten Gesicht erraten. Zum Schluß nahm ich ihn bei der Hand, öffnete meinen Schreibtisch, ließ ihn mein Testament lesen, nahm meine Börse und gab ihm die fünf oder sechs Guineen, die ich ihm schuldete. Dann öffnete ich das Briefchen Goudars, das nur die folgenden Worte enthielt:

»Ich bin überzeugt, daß das in Frage stehende Mädchen keineswegs im Sterben liegt, sondern mit Lord Grosvenor zum ›Ranelagh House‹ gegangen ist.«

Der junge, doch sehr verständige Agar war erschüttert. Überzeugt und beglückt, daß er mir das Leben gerettet hatte, umarmte er mich. Der Charakter der jungen Charpillon und die Heimtücke ihrer Mutter erschienen ihm unerhört; was die Wechsel betraf, denen ich nachtrauerte, denn in ihrem Besitz hätte ich mich wenigstens etwas rächen und die Mutter und die Tanten ins Gefängnis bringen können, sagte er mir, es stehe mir dennoch frei, sie verhaften zu lassen, um sie zur Rückgabe zu zwingen, um so mehr als ich einen Brief von der Mutter erhalten hatte, der die Schuld bestätige und zugebe, daß ich die Papiere ihrer Tochter nur in Verwahrung gegeben hätte.

Ich entschloß mich sogleich dazu, sie verhaften zu lassen; doch sagte ich nichts davon. Er verbrachte noch den ganzen Tag heiter mit mir; dann ging er zum Souper zu seiner Geliebten. Ich schwor ihm ewige Freundschaft; das war ich ihm schuldig. [...]

Am nächsten Morgen war ich ganz frisch und froh wie

einer, der einen großen Sieg davongetragen hat, und ging
zu dem Anwalt, der mir bereits gegen den Grafen Schwerin geholfen hatte; nach Anhören meines Falls sagte er, ich
hätte das unbestreitbare Recht, die Betrügerinnen verhaften zu lassen. Ich ging also nach Holborn[40], schwor dort
und erhielt einen Haftbefehl gegen die Mutter und die
beiden Tanten. Der gleiche Mann, der Schwerin verhaftet
hatte, erklärte sich sofort bereit, die Frauen festzuneh-
men; aber er kannte sie nicht, und das war nötig. Er war
sicher, bei ihnen eindringen und sie überrumpeln zu können; doch mußte er in gleicher Weise sicher sein, daß die
Verhafteten wirklich die Personen waren, die auf dem
Haftbefehl standen.

»Es könnten ja auch andere Frauen bei ihnen sein«,
sagte er mir.

Sein Einwand war richtig, und da sich kein Geeigneter
für diese Aufgabe fand, denn auch Goudar wollte sie nicht
übernehmen, entschloß ich mich, selbst den Mann zu
einem Zeitpunkt hinzubringen, zu dem die Betrügerinnen
bestimmt alle gemeinsam im Besuchszimmer waren.

Ich sagte ihm, er solle sich um acht Uhr mit einer Kutsche in der Denmark Street einfinden und eintreten,
sobald die Tür geöffnet werde. Ich versicherte ihm, ich
würde ihm im gleichen Augenblick folgen und ihm die
Personen selbst bezeichnen; die Sache spielte sich genauso
ab. Er trat mit einem Konstabler in das Besuchszimmer;
ich folgte den beiden und bezeichnete sogleich die Mutter
und die beiden Tanten. Dann machte ich mich aus dem
Staub, denn die Charpillon stand, in Trauer gekleidet, mit
dem Rücken an den Kamin gelehnt und flößte mir Angst
ein, obgleich ich sie nur mit einem flüchtigen Blick
streifte. Ich glaubte und fühlte mich geheilt; aber die

Narbe war noch frisch, und ich weiß nicht, was geschehen wäre, wenn sie in diesem Augenblick die Geistesgegenwart besessen hätte, sich mir an den Hals zu werfen und mich um Gnade für ihre Mutter und ihre Tanten zu bitten. Sobald ich sah, daß der achtunggebietende Stab[41] sie berührt hatte, eilte ich fort und genoß das Vergnügen der Rache; ich war nahezu sicher, daß sie keine Kaution aufbringen konnten. Ihre Zuh... standen wie versteinert da.

Rache ist ein großes Vergnügen, und wer es sich verschafft, kostet es mit Genuß aus; aber das Verlangen danach ist weniger erfreulich. Glücklich ist der Gleichmütige, dem der Haß fremd ist, und der nie an Rache denkt. Die Erbitterung, mit der ich die drei Frauen verhaften ließ, und das Entsetzen, mit dem ich beim Anblick der Tochter aus ihrem Haus fortstürzte, bewiesen mir, daß ich noch nicht frei war. Um es ganz zu sein, mußte ich vergessen.

Kapitel 14

Nina

Im Herbst 1768 kommt Casanova über Madrid nach Valencia und wird von Abbé Marescalchi durch die Stadt geführt.

Nach der Abreise Marescalchis, als ich im Begriff stand, nach Barcelona zu fahren, sah ich beim Stierkampf außerhalb der Stadt eine Frau, deren Erscheinung mich beeindruckte. Ich fragte einen Ordensritter von Alcántara, der neben mir stand, wer sie sei.

»Das ist die berühmte Nina[1]«, erklärte er mir.

»Warum berühmt?«

»Wenn Sie von ihr noch nichts gehört haben, wäre die Geschichte zu lang, um sie Ihnen hier zu erzählen.«

Eine oder zwei Minuten später trennte sich ein recht gut gekleideter, doch unerfreulich aussehender Mann von der eindrucksvollen Schönheit, die meine Augen fesselte, näherte sich dem Ritter, der mit mir gesprochen hatte, und sagte ihm etwas ins Ohr. Der Ritter erklärte mir bescheiden, die Dame, nach deren Namen ich gefragt hätte, wünsche zu wissen, wer ich sei. Wie ein Tölpel von dieser Neugier geschmeichelt, antwortete ich selbst dem Boten, ich würde, wenn die Dame es gestatte, ihr nach dem Stierkampf persönlich sagen, wer ich sei.

»Nach Ihrer Aussprache scheinen Sie Italiener zu sein wie sie.«

»Ja, Señor, ich bin Venezianer.«

»Sie ist es auch.«

Nach dieser kurzen Unterhaltung erzählte mir der Ritter in wenigen Worten, daß sie eine Tänzerin sei, die der Graf von Ricla, der Generalkapitän (denn es gab keinen

Vizekönig mehr) des Fürstentums Barcelona, liebe und
seit einigen Wochen in Valencia aushalte, bis er sie nach
Barcelona zurückholen könne, wo der Bischof sie wegen
des öffentlichen Ärgernisses nicht dulden wolle. Er fügte
hinzu, der Graf habe ihr fünfzig Dublonen je Tag ausgesetzt.

»Aber die gibt sie hoffentlich nicht aus.«

»Das kann sie nicht; doch sie begeht alle Tage Verrückt-
heiten, die viel Geld kosten.«

Höchst gespannt auf die Bekanntschaft mit einer Frau
dieses Charakters und ohne die geringste Sorge, daß sie
mir Unheil bringen würde, sehnte ich das Ende des Stier-
kampfes herbei, um mit ihr zu sprechen. Auf der Treppe
näherte ich mich ihr mit dem üblichen Gruß; sie erwiderte
ihn ganz ungezwungen und stützte ihre Hand, die trotz
der Ringe und Armspangen sehr schön war, auf die meine.
Bei ihrem mit sechs Maultieren bespannten Wagen angekommen, sagte sie mir, sie würde sich freuen, wenn ich
am nächsten Morgen zum Frühstück zu ihr käme. Ich
erwiderte, es werde mir eine Ehre sein.

Ich verfehlte nicht hinzugehen. Ich fand sie in einem
sehr großen Haus hundert Schritte außerhalb der Stadt,
das sie ganz gemietet hatte; es war gut, doch ohne Geschmack möbliert und lag frei, mit einem Garten vorn
und hinten. Ich sah Diener in Livrée und weibliches Per-
sonal kommen und gehen und hörte in dem Zimmer,
in das man mich führte, eine gebieterische scheltende
Stimme. Es war Nina selbst, die einen Mann abkanzelte,
der ganz erstaunt vor ihr stand und auf einem großen
Tisch viele Waren ausgebreitet hatte. Sie bat mich, ihren
Zorn auf diesen einfältigen Spanier zu entschuldigen, der
behaupten wolle, daß seine Spitzen dort schön seien. Ich

solle sie mir doch ansehen und ihr meine Meinung sagen;
ich erklärte, davon verstände ich nichts. Der Mann sagte
ungeduldig, wenn ihr die Spitzen nicht gefallen würden,
müsse sie sie ja nicht nehmen, und fragte sie, ob sie die
Stoffe wolle.

»Ich behalte die Stoffe, und was die Spitzen angeht, will
ich Sie überzeugen, daß ich sie nicht verschmähe, um das
Geld zu sparen. Sehen Sie her, was ich tue.«

Sie nahm eine große Schere und schnitt alle in Stücke.
Der Mann, der sie am Vortag begleitet hatte, entrüstete
sich, es sei schade darum; man werde in Valencia sagen, sie
sei verrückt.

»Halten Sie den Mund, Sie Zuh . . .«

Bei dieser hübschen Bezeichnung gab sie ihm mit dem
Handrücken eine Ohrfeige. Er nannte sie eine H . . . und
ging fort. Da brach sie in ein schallendes Gelächter aus.
Zu dem zitternden Spanier sagte sie, er solle sogleich für
alles, was sie gekauft habe, eine Rechnung ausstellen; er
gehorchte augenblicklich und rächte sich dabei gehörig
für alle ihre beleidigenden Äußerungen. Sie unterschrieb,
ohne am Preis etwas auszusetzen, und sagte ihm, er solle
zu Don Diego Valencia gehen; dort werde er sogleich sein
Geld erhalten. Der Mann ging fort, die Schokolade kam,
Nina bot mir den Platz an ihrer Seite an und ließ dem
Mann, der sie eine H . . . genannt hatte, sagen, er solle
sogleich kommen und mit uns frühstücken.

»Wundern Sie sich nicht«, erklärte sie mir, »wenn ich
diesen Mann so behandle; er ist ein bedeutungsloser
Hanswurst, den Ricla mir mitgeschickt hat, damit er mein
Tun überwacht. Ich behandle ihn absichtlich schlecht,
damit er ihm alles schreibt.«

Ich glaubte wirklich zu träumen, oder diese Frau mußte
verrückt sein. In meinem ganzen Leben hatte ich weder

gesehen noch geahnt, daß eine Frau mit einem solchen Charakter existieren konnte. Der elende Bologneser, der Musiker war und sich Molinari nannte, kam und trank seine Schokolade, ohne ein Wort zu sagen. Dann ging er wieder fort, und sie unterhielt sich eine gute Stunde lang mit mir über Spanien, Italien und Portugal, wo sie die Frau eines Tänzers namens Bergonzi geworden war. Sie erzählte mir, sie sei die Tochter des berühmten Scharlatans Pelandi, der in Venedig das »Olio di Strazzon« [2] verkauft habe, das ich vielleicht kenne. Tatsächlich hatte ich den Mann gekannt, ebenso wie ihn die ganze Stadt Venedig an dem Verkaufsstand für seinen Balsam gekannt haben mußte.

Nach dieser vertraulichen Mitteilung, die sie mir ohne jeden vertraulichen Vorbehalt machte, bat sie mich um die Gefälligkeit, zum Souper zu ihr zu kommen, denn das Souper sei ihre bevorzugte Mahlzeit; ich versprach ihr zu kommen. Dann ging ich spazieren und stellte Betrachtungen über dieses Phänomen an, wie auch über das große Glück, das diese Frau so mit Füßen trat. Nach dem, was ich gesehen hatte, mußte ich glauben, daß sie wirklich fünfzig Dublonen täglich erhielt. Sie war von ganz überraschender Schönheit; doch da mir schien, daß die Schönheit allein nicht genügt, um einen Mann verliebt zu machen, begriff ich nicht, wie der Vizekönig von Katalonien so sehr in sie vernarrt sein konnte. Was diesen Molinari betraf, so zweifelte ich, nachdem ich ihn gesehen und gehört hatte, nicht daran, daß er ein niederträchtiger Spitzbube und der verächtlichste aller Männer sein mußte. Ich ging zu dem Souper nur als interessierter Zuschauer, denn obwohl sie sehr schön war, hatte sie in mir nicht die geringsten Gefühle erweckt.

In der Dämmerung machte ich mich auf den Weg zu ihrem Haus. Es war Anfang Oktober; doch in Valencia war es so warm wie bei uns im August. Sie ging im Garten mit ihrem Hanswurst spazieren, beide praktisch im Hemd, denn sie trug dazu nur einen Unterrock und er nichts als die Unterhose. Sie forderte mich auf, ich solle es mir wie sie bequem machen; doch ich entschuldigte mich mit Gründen, die ihr zu meinem Glück einleuchteten, denn die Gegenwart dieses Schandbuben war mir zuwider und empörte mich im höchsten Maß. Bis zum Beginn des Soupers unterhielt ausschließlich sie mich mit Gesprächen, wie man sie sich freier nicht vorstellen konnte. Sie erzählte mir eine Reihe von Bettgeschichten mit ihr selbst als Hauptperson, die sie mit ihren zweiundzwanzig Jahren bisher erlebt hatte.

Alle diese Geschichten hätten auf mich auch ohne Liebe die Wirkung gehabt, die sie haben mußten, wäre nicht dieser Bursche mit seinem widerlichen Gesicht und seinem vollkommenen Mangel an Geist zugegen gewesen. Bei Tisch bewiesen wir alle großen Appetit; das Souper war schmackhaft, mit Fleisch und Fastenspeisen, der Wein ausgezeichnet. Ich war sehr befriedigt und wäre gern nach Hause gegangen; aber das lag nicht in ihrer Absicht. Der Wein hatte sie angeregt, der Hanswurst war betrunken, sie wollte lachen. Sie schickte alle Bediensteten fort und verlangte, er solle sich nackt ausziehen; dann machte sie mit ihm allzu unflätige und abstoßende Spiele, als daß man sie niederschreiben könnte. Der Kerl war jung, und die Trunkenheit hinderte ihn nicht, bei Ninas Treiben unfreiwillig in einen achtunggebietenden Zustand zu geraten. Offenbar wollte die Dirne bei dieser Orgie in Gegenwart des Elenden von mir bedient werden; aber die

Anwesenheit des Spitzbuben raubte mir das Vermögen, Nina zufriedenzustellen, die sich, ohne mich anzublikken, ebenfalls nackt ausgezogen hatte. Als sie sah, daß ich in Untätigkeit verharrte, ließ sie sich von dem Mann bedienen und bat mich, wenn ich lachen wolle, zuzusehen, wie er sich dabei anstelle. Ich tat es mit Widerwillen und stand Höllenqualen aus, nicht aus Verlangen, an seine Stelle zu treten, denn bei mir rührte sich nichts, sondern aus Wut darüber, daß sich eine so schöne Frau einem Mann hingab, der seinen einzigen Vorzug mit dem Esel gemeinsam hatte.

Nachdem sie ihn bis zum Erlahmen seiner Kraft hatte arbeiten lassen, wusch sie sich in einer Schüssel; den Inhalt ließ sie ihn austrinken, und das Schwein erbrach das ganze Souper. Sie flüchtete unter schallendem Gelächter in das andere Zimmer, und ich folgte ihr, denn der Gestank drehte mir den Magen um. Als sie genug gelacht hatte, fragte sie mich, ganz nackt neben mir sitzend, wie ich dieses Fest gefunden hätte. Meine Ehre und meine Selbstachtung verlangten eine Rechtfertigung. Ich sagte ihr, meine Abneigung gegen diesen niederträchtigen Kerl sei so groß, daß sie der Wirkung, die ihre Reize auf jeden mit Augen begabten Mann machen müßten, ein unüberwindliches Hindernis entgegengesetzt hätte.

»Das halte ich für möglich, denn er ist recht häßlich; doch augenblicklich ist er nicht hier, und dennoch ist mit Ihnen nichts los. Man würde es nicht glauben, wenn man Sie sieht.«

»Man hätte recht, meine liebe Nina, denn ich tauge ebensoviel wie jeder andere. Aber im Augenblick geht es einfach nicht. Die Sache ist mir zu sehr wider die Natur gegangen. Nein, ich bitte Sie, das ist vergeblich, daraus

wird nichts. Aber morgen vielleicht, wenn ich nicht dieses
Scheusal vor Augen habe, das unwürdig ist, Sie zu genießen.«

»Sie täuschen sich, er genießt nicht; ich lasse ihn arbeiten. Wenn ich annehmen müßte, daß er mich liebt, würde
ich eher sterben als ihn befriedigen, denn ich verabscheue
ihn.«

»Wie, Sie lieben ihn nicht und bedienen sich seiner nur,
um sich die Freuden der Liebe zu verschaffen?«

»Wie ich mich eines . . . .³ bedienen würde.«

In den Angaben Ninas fand ich nur das offenherzige
Eingeständnis einer verderbten Natur. Sie lud mich für
den nächsten Abend zum Souper ein und sagte, sie wolle
sehen, ob meine Behauptung wahr sei oder falsch; sie versprach mir, daß Molinari krank sein werde.

»Er wird seinen Wein verdaut haben und sich wohl
fühlen.«

»Keineswegs, er wird krank sein. Kommen Sie morgen
und auch alle weiteren Abende.«

»Ich reise übermorgen ab, ich habe bereits meinen Platz
belegt.«

»Mein Freund, Sie werden nicht abreisen. Sie werden
erst in acht Tagen abreisen, und zwar nach mir.«

»Das ist nicht möglich.«

»Sie werden nicht abreisen, sage ich Ihnen; das wäre
eine Kränkung für mich, die ich nicht dulden würde.«

Ich ließ sie reden und kehrte mit der festen Absicht nach
Hause zurück, trotzdem abzureisen. Obgleich ich in meinem Alter in nichts mehr ein Neuling war, ging ich doch
erstaunt über die Zügellosigkeit dieser Frau zu Bett, über
ihre freie Art zu sprechen und zu handeln und auch über
ihre Freimütigkeit; denn sie hatte mir etwas gestanden,
was eine Frau sonst niemand anderem gesteht.

›Ich bediene mich dabei seiner, weil ich sicher bin, daß er mich nicht liebt. Wenn ich wüßte, daß er mich liebt, würde ich eher sterben als ihn befriedigen, denn ich verabscheue ihn.‹

Das war mir nicht neu, aber keine Frau hatte es mir je so gesagt. Am nächsten Abend ging ich um sieben Uhr zu ihr. Sie erklärte mit geheuchelter Trauer, wir würden allein speisen, denn Molinari habe eine sehr starke Kolik.

»Sie haben mir gesagt, er werde krank sein. Haben Sie ihn vergiftet?«

»Ich wäre dazu fähig, aber Gott bewahre.«

»Sie haben mir doch versichert, er werde krank sein, und nun ist er es. Sie haben ihm also irgend etwas gegeben.«

»Nichts. Sprechen wir nicht davon. Spielen wir; später werden wir essen und bis zum Morgen lustig sein, und wenn es Abend wird, werden wir von vorn beginnen.«

»Nein, denn um sieben Uhr reise ich ab.«

»Sie werden nicht abreisen, und der Kutscher wird nicht mit Ihnen streiten, denn er ist bezahlt. Hier ist seine Quittung.«

Das alles, mit heiterer Miene und im Ton verliebter Eigenmächtigkeit gesagt, erschien mir nicht schlimm. Da es mit meiner Abreise keine Eile hatte, nahm ich die Sache von der guten Seite, nannte sie eine Närrin und sagte, ich sei des Geschenks nicht wert, das sie mir gemacht habe.

»Es ist erstaunlich«, fügte ich hinzu, »daß Sie bei Ihrer Veranlagung und in einem so schönen Haus keinen Wert darauf legen, Gesellschaften zu geben.«

»Alle zittern. Sie fürchten den verliebten und eifersüchtigen Ricla, dem der Hundsfott in seiner Angst alles schreibt, was ich tue. Er streitet es ab, aber ich bin davon überzeugt; ich freue mich sogar, daß er es ihm schreibt, und bedauere nur, daß er ihm bisher nichts Wesentliches zu berichten hatte.«

»Er wird ihm auch schreiben, daß ich mit Ihnen allein soupiere.«

»Um so besser, haben Sie Angst?«

»Nein. Aber mir scheint, Sie müßten mir sagen, wenn dazu Anlaß bestände.«

»Keiner, denn er kann sich nur an mich halten.«

»Doch möchte ich auch nicht an einem Streit schuld sein, der Ihnen Nachteile bringt.«

»Im Gegenteil. Je mehr ich ihn reize, um so mehr wird er mich lieben, und die Aussöhnung wird teuer für ihn sein.«

»Sie lieben ihn also nicht?«

»Ich liebe ihn, um ihn zu ruinieren; aber er ist so reich, daß es unmöglich ist.«

Ich sah eine Frau vor mir, schön wie ein Engel, grausam wie ein Teufel, als abscheuliche Hure geboren, um alle zu züchtigen, die sich zu ihrem Unglück in sie verliebten. Ich hatte andere dieses Schlages gekannt, doch niemals eine, die ihr gleichkam. Ich überlegte, wie ich diese Hexe ausnutzen und brandschatzen konnte. Sie ließ Karten bringen und lud mich zu einem Spiel ein, das man Primiera[4] nennt. Das ist ein Glücksspiel, aber so kompliziert, daß der Vorsichtigere stets gewinnt. Ich sah in weniger als einer Viertelstunde, daß ich besser spielte als sie. Doch als wir aufhörten, um zu Tisch zu gehen, hatte sie solches Glück gehabt, daß ich mich beim Zählen der Marken mit achtzehn oder zwanzig Pistolen[5] im Verlust fand. Ich zahlte sie ihr sogleich, und sie nahm sie mit dem Versprechen, mir Revanche zu geben. Wir speisten gut, und nach dem Souper trieb ich mit ihr alle verliebten Tollheiten, die sie wollte, soweit ich es vermochte, denn die Zeit meiner erstaunlichen Leistungen war vorbei. Immerhin sagte sie, sie sei befriedigt, und ließ mich nach Hause gehen, als ich ihr erklärte, ich müsse mich unbedingt schlafen legen.

Kapitel 15
Die bucklingen Höflinge

Im Jahre 1770 befindet sich Casanova mit dem Hof des
Königs von Neapel in Portici.

Der damals neunzehnjährige König unterhielt sich mit der
Königin in einem großen Saal mit allerlei Unsinn. Er hatte
Lust, sich prellen zu lassen, das heißt, mit Hilfe einer
Decke, die an den vier Ecken von kräftigen Armen gleichzeitig angezogen wurde, in die Luft geschleudert zu werden. Doch nachdem der König seine Höflinge erheitert
hatte, wollte er auch seinerseits lachen. Zunächst schlug er
dieses Spiel der Königin vor, die sich unter schallendem
Gelächter dagegen verwahrte; die anwesenden Damen
drängte der König nicht dazu, wohl aus Angst, daß sie
einverstanden sein würden. Die alten Höflinge machten
sich zu meinem großen Bedauern aus Angst heimlich aus
dem Staub; ich hätte nämlich gern mehrere von ihnen in
die Luft fliegen sehen, vor allem den Prinzen von San
Nicandro[1], der ihn sehr schlecht, das heißt allzu neapoli-
tanisch, erzogen und ihm seine eigenen Vorurteile weiter-
gegeben hatte. Also sah sich der König, der nicht locker
ließ, darauf beschränkt, dieses schöne Spiel den anwesenden jungen Herren vorzuschlagen, die sich vielleicht diesen Gunstbeweis ihres mutwilligen Herrschers zur Ehre
anrechneten. Ich befürchtete diese Auszeichnung nicht,
denn ich war unbekannt und zu wenig bedeutend, um sie
zu verdienen.

So ließ er also drei oder vier prellen, die mehr oder
weniger mit ihrem Mut glänzten und die Königin, die
Damen und die ganze Gesellschaft in ein schallendes, echt

neapolitanisches Gelächter ausbrechen ließen, das nichts gemein hat mit dem verstohlenen Lächeln am spanischen Hof, noch mit dem am französischen und andern Höfen, wo man das Niesen unterdrückt, und wo jeder anständige Mensch erledigt ist, wenn er sich beim Gähnen ertappen läßt; dann warf er ein Auge auf zwei junge Edelleute aus Florenz, Brüder oder Vettern, die, vor kurzem in Neapel angekommen, nun mit ihrem Erzieher anwesend waren und sich alle drei das Lachen nicht hatten verbeißen können, als sie die Luftsprünge Seiner Majestät und der bevorzugten Höflinge sahen.

Der König trat sehr gnädig auf die beiden unglücklichen Toskaner zu; sie waren beide bucklig, klein und häßlich und höchst erstaunt, als er sie aufforderte, ihre Röcke auszuziehen und dem ganzen Saal ein Schauspiel zu geben. In tiefstem Schweigen lauschte jedermann aufmerksam dem Redefluß des Königs, der sie drängte, sich auszuziehen, und ihnen zugleich zu verstehen gab, ein Sträuben stände ihnen sehr schlecht an; selbst wenn es ihnen vielleicht widerstrebe, Gegenstand der Heiterkeit zu sein, müßten sie einsehen, daß sie sich nicht erniedrigt fühlen könnten, etwas zu tun, für das er selbst als erster das Beispiel gegeben habe. Ihr Erzieher erkannte, daß der König keine Widerrede dulden werde, und sagte ihnen, sie müßten die Ehre annehmen, die Seine Majestät ihnen erweise; daraufhin zogen die beiden kleinen verwachsenen Gestalten ihre Röcke aus. Das Schweigen hatte ein Ende, und das Gelächter begann beim Anblick ihrer Körper, die sich den Augen der Zuschauer mit einem Höcker vorn und hinten und auf langen dürren Beinen zeigten, die drei Viertel ihrer Größe ausmachten; sie zwangen alle Anwesenden und sogar den ernsten Erzieher, der sich abmühte, ihnen Mut zuzusprechen, und sich schämte, den älteren der Buckligen weinen zu sehen, zu hemmungsloser Heiterkeit. Der König versicherte dem Armen, daß er keine Gefahr laufe, nahm ihn bei der Hand, stellte ihn auf die Mitte der Decke, und ergriff, um ihn nach Möglichkeit zu ehren, selbst einen Zipfel.

Wie sollte man nicht in Lachen ausbrechen, wenn man diesen schlecht gebauten Körper dreimal bis in die Höhe von zehn oder zwölf Fuß[2] fliegen sah? Nachdem der Arme das hinter sich gebracht hatte, schlüpfte er wieder in seinen Rock, und der andere Bucklige unterzog sich mit besserer Haltung der gleichen Behandlung. Der Erzieher, dem der König ebenfalls diese Ehre erweisen wollte, war geflüchtet, worüber der Herrscher aus vollem Hals lachte.

Wir genossen kostenlos ein Schauspiel, das Gold wert war.

Kapitel 16

Die Viscioletta und Schlußbetrachtungen

1772, zwei Jahre, bevor er nach Venedig zurückkehren darf, befindet sich Casanova in Bologna, wo sein Freund, der Abate Bollini, gerade Abschied von ihm genommen hat. Nach seiner kurzen Affäre mit der Viscioletta[1] reist Casanova nach Ancona ab, die Stadt, in der er ehemals zum Leben erwacht war.

Nach der Abreise dieses Freundes schloß ich Bekanntschaft mit der schönen Viscioletta und verliebte mich so in sie, daß ich mich, um nicht lange zu schmachten, entschließen mußte, ihre Gunst zu erkaufen. Ich mochte mich noch so bemühen, die Frauen wollten sich nicht mehr in mich verlieben; ich mußte mich entscheiden, darauf zu verzichten oder mich schröpfen zu lassen, und die Natur zwang mich, den letzteren Ausweg zu wählen, den mich heute die Liebe zum Leben endlich verwerfen läßt. Der traurige Sieg, den ich davongetragen habe, nötigt mich nun am Ende meiner Laufbahn, allen meinen Nachfolgern zu verzeihen und über alle zu lachen, die mich um Rat fragen, weil ich voraussehe, daß der größte Teil von ihnen keineswegs geneigt ist, meinen Rat anzunehmen. Diese Gewißheit bewirkt, daß ich Ratschläge mit einem viel größeren Vergnügen erteile, das ich nicht empfinden würde, wenn ich nicht genau wüßte, daß man sie nicht befolgen wird; denn der Mensch ist ein dummes Tier, das nur durch bittere Erfahrung belehrt werden kann. Dieses Gesetz hat zur Folge, daß die Welt immer in Unordnung und Unwissenheit bleiben wird, denn auf hundert Leute kommt höchstens ein Kluger. [...]

In dieser Stadt hatte ich begonnen, das Leben in großen Zügen zu genießen; ich wunderte mich, daß seitdem schon fast dreißig Jahre vergangen waren, eine ungeheure Zeitspanne, und daß ich mich trotzdem eher jung als alt fühlte. Doch welcher Unterschied, wenn ich meine physische und moralische Existenz in dieser ersten Zeit erwog und sie mit meiner jetzigen verglich! Ich fand mich völlig verändert, und so glücklich ich damals gewesen war, so unglücklich mußte ich mich jetzt fühlen; denn die uneingeschränkte schöne Aussicht auf eine glücklichere Zukunft war meiner Phantasie verwehrt. Ich erkannte trotz allen Sträubens, ja mußte es mir gezwungenermaßen eingestehen, daß ich meine ganze Zeit vergeudet hatte, und das bedeutete, daß ich mein Leben vergeudet hatte. Die zwanzig Jahre, die ich noch vor mir hatte, und mit denen ich noch rechnen zu können glaubte, erschienen mir trübselig. Mit meinen siebenundvierzig Jahren wußte ich, daß ich in einem Alter war, dem das Glück nicht mehr hold ist, und das genügte, um mich traurig zu stimmen; denn ohne die Gunst der blinden Göttin kann niemand in der Welt glücklich sein. Bei meinen damaligen Bemühungen um die Erlaubnis zur freien Rückkehr in meine Heimat schienen sich meine Wünsche darauf zu beschränken, daß mir gnädigst gestattet wurde, zum Anfang zurückzukehren und alles ungeschehen zu machen, was ich an Gutem oder Schlechtem getan hatte. Mir wurde klar, daß es nur darum ging, mir einen Abstieg weniger unangenehm zu machen, an dessen Ende der Tod stand. Bei diesem Abstieg verfällt der Mensch, der sein Leben in Freuden verbracht hat, in düstere Betrachtungen, die ihm im Zustand blühender Jugend fremd sind, wo er nichts im voraus bedenken muß, wo ihn die Gegenwart voll in

Anspruch nimmt, und wo stets gleichbleibende und stets rosige Aussichten sein Leben glücklich machen und seinen Geist in so erfreulichen Illusionen wiegen, daß er über einen Philosophen lacht, der es wagen würde, ihm zu sagen, daß hinter diesem bezaubernden Ausblick das Alter, das Elend, die stets allzu späte Reue und der Tod stehen. Wenn mir schon vor sechsundzwanzig Jahren[2] solche Gedanken durch den Kopf gingen, kann man sich vorstellen, wie es heute in mir aussieht, da ich allein bin. Die Gedanken würden mich umbringen, wenn mir nichts einfiele, um die grausame Zeit totzuschlagen, die sie in meinem glücklicherweise oder unglücklicherweise noch jungen Gemüt entstehen läßt. Ich schreibe, um mich nicht zu langweilen, und ich freue und beglückwünsche mich, daß ich daran Gefallen finde. Wenn es nur Geschwätz ist, so kümmert mich das nicht; mir genügt das Bewußtsein, daß ich mich dabei unterhalte.

> »Praetulerim scriptor delirus inersque videri,
> Dum mea delectent mala me vel denique fallant,
> Quam sapere et ringi.«
> (Ich würde lieber als schlechter und ungeschickter Schreiberling gelten, als weise zu sein und mich zu ärgern, solange meine Schwächen mir Freude machen oder verborgen bleiben.)[3]

Zu dieser Ausgabe

Der vorliegenden Auswahl liegt die Ausgabe zugrunde:
Giacomo Casanova, Chevalier de Seingalt: Geschichte
meines Lebens. Herausgegeben und eingeleitet von Erich
Loos. Erstmals nach der Urfassung ins Deutsche übersetzt
von Heinz von Sauter. 12 Bände. Frankfurt a. M. / Berlin:
Propyläen Verlag, 1964.

Dieser Ausgabe sind auch die Anmerkungen entnommen,
teilweise in neuer, den Erfordernissen einer Auswahlausgabe
entsprechender Zusammenstellung; Erläuterungen, die zum
unmittelbaren Verständnis des Textes nicht notwendig sind,
wurden fortgelassen, in einigen wenigen Fällen wurden die
Anmerkungen geringfügig ergänzt.

Außer an den gekennzeichneten Stellen (in der Vorrede und
den Schlußbetrachtungen sowie in den Kapiteln 3, 7 und 13)
wurden die ausgewählten Texte in sich nicht gekürzt; allerdings bezeichnet nicht in allen Fällen das Ende des hier
gewählten Ausschnitts auch den tatsächlichen Ausgang des
von Casanova geschilderten Erlebnisses.

Anmerkungen

Vorrede

1 Cicero, *Tusculanae Disputationes* V,38, V. 111.
2 Frei nach Lukrez, *De rerum natura* I, V. 304.
3 Nach Horaz, *De arte poetica*, V. 25 f.
4 Vergil, *Bucolica* II,25 f.
5 Horaz, *Epistulae* I,19, V. 6.
6 Spanisches Gericht (»olla podrida«), Eintopf aus verschiedenen Fleischarten mit Gemüsezutaten und Gewürzen.
7 Bezieht sich auf die alte, schon bei Aristoteles nachzulesende Legende, daß der Salamander unverbrennbar sei.

Kapitel 1

1 Das Friaulische ist keine italienische Mundart, sondern gehört der Gruppe der räto-romanischen Sprachen an. Das Friaul ist eine Landschaft in Nordostitalien am Fuße der Karnischen Alpen. Der Name ist von der römischen Stadt Forum Julii abgeleitet. Die meisten Italiener betrachten das Friaulische allerdings als einen ihrer Dialekte.
2 Der Silberdukaten hatte den Wert von 160 »soldi« oder 8 »lire«.

Kapitel 2

1 Antonio Maria Gozzi (1709–83), Doktor beider Rechte, Abate in Padua, seit 1750 Pfarrer in Cantarana, seit 1756 Erzpriester in Valle San Giorgio, einer kleinen Gemeinde südlich von Padua bei Monsèlice.
2 Ludovico Ariosto (1474–1533), Autor des Epos *Orlando furioso* (*Der rasende Roland*). Hier wird angespielt auf Gesang VII, Oktaven 23–27 (die Zauberin Alcina verführt den Helden Ruggiero).

Kapitel 3

1 Die Festung Castel Sant'Andrea, 1544 von Sanmicheli gebaut, liegt bei Malamocco südlich von Venedig.
2 Graf Giuseppe Bonafede (1682–1762) stammte aus Florenz,

~~~ente zuerst am Hof des Großherzogs von Toscana, später in der österreichischen Armee und war dann im Geheimdienst der Republik Venedig tätig. Er war mit Gräfin Judith Spaur verheiratet.

3 Pietro Liberi (1614–87), genannt »Il Libertino«, italienischer Maler, wurde vom Kaiser zum Ritter geadelt.

4 Titel der Adjutanten bei der Leibwache des spanischen Königs, hier von Carlos III, König von 1759–88.

5 Ein Abate war ein junger Mann, der für den Beruf des Geistlichen bestimmt war, aber noch keine Gelübde abgelegt und noch keine Weihen, oder doch nur die niederen, empfangen hatte. Er trug schwarze Kleidung, durfte nicht tanzen und sich auch nicht im Duell schlagen. Er wurde im 18. Jh. praktisch als zum Laienstande gehörig betrachtet (vgl. in Frankreich den Abbé). Der Titel wurde damals bald erweiternd auf alle Weltgeistlichen übertragen. Casanova hatte die niederen Weihen 1741 empfangen.

6 Zechine, »zecchino«, Goldstück im Wert von 22 venezianischen Lire, so genannt nach der Zecca, der Münze von Venedig.

Kapitel 4

1 Ancona gehörte von 1532–1860 zum Kirchenstaat, in dem ein strenges Verbot für Frauen bestand, als Schauspielerinnen aufzutreten; weibliche Rollen durften nur von Kastraten gespielt werden.

2 Gestalt aus dem antiken Roman *Saturae* des Petronius (gest. 66 n. Chr.); Prototyp des Lustknaben.

3 Name einer Silbermünze, die zuerst Papst Paul III. (1534–1550) schlagen ließ. Später erhielten alle Silbermünzen des gleichen Wertes, die in Italien von anderen Staaten geprägt wurden, ebenfalls diesen Namen.

4 Der »scudo« war eine Silbermünze des Kirchenstaates im Werte von zehn »paoli« oder hundert »baiocchi«.

5 Schwerer Süßwein, der in Italien damals sehr beliebt war und der von Zypern nach Venedig eingeführt wurde.

6 Der Feluke ist ein schmales und langes Boot, das sowohl mit Segeln als auch mit Rudern ausgestattet ist.

7 Die »seguidilla« ist ein spanischer Tanz mit begleitendem Lied; in Andalusien zu Hause.

8 Die Begriffe »Pessimist« und »Pessimismus« sind Neubildungen des ausgehenden 18. Jh., deren Gebrauch Casanova offensicht-

lich noch als Kühnheit empfindet. Das Wort »pessimiste« ist erst 1835 in das Wörterbuch der Académie Française aufgenommen worden.

9 Spanischer Ausruf, soviel wie »Gott behüte!«

10 Spanische Weine: Peralta aus der Gegend von Pamplona, die beiden anderen aus Südspanien.

11 Italienisch: »Gott wird uns beistehen.«

12 Horaz, *Epistulae* I,16, V. 60–62. Laverna ist die Göttin des Gewinns, auch des unerlaubten.

13 In einigen überlieferten Manuskripten heißt es »iustum sanctumque«; wahrscheinlich hat der Jesuit eines von diesen einsehen können.

14 Griechischer Beiname der Aphrodite, der »Schaumgeborenen«. Casanova denkt vielleicht an die griechische Reliefdarstellung der Geburt der Göttin auf dem sogenannten Ludovischen Thron (jetzt im Thermenmuseum, Rom), vielleicht aber auch an eine der berühmten Statuen der Venus.

Kapitel 5

1 Henriette ist ein von Casanova offenbar erfundener Name. Nach neueren Forschungen handelt es sich wahrscheinlich um Jeanne-Marie d'Albert de St. Hyppolyte (1718–95), die 1744 Jean Baptiste Laurent Boyer de Fonscolombe (gest. 1788) heiratete. Seit 1749 lebte sie möglicherweise von ihrem Mann getrennt.

2 Civitavecchia hieß zur Zeit der römischen Republik »Centum cellae« nach den zahlreichen kleinen Hafenbecken für Barken; unter Kaiser Trajan nahm sie den Namen »Portus Traiani« an. Der heutige Name entstand erst im 9. Jh., als die Einwohner nach der Zerstörung der Stadt durch die Sarazenen in die »alte Stadt« zurückkehrten.

3 Kleineres Fischerfahrzeug mit Mast und Segel.

4 Sbirre (ital. »sbirro«, auch »birro«), Vertreter der öffentlichen Gewalt in Italien (Justiz- und Polizeidiener).

Kapitel 6

1 Caterina Capretta (gest. nach 1780), Tochter des Kaufmanns Cristoforo C. aus Venedig; heiratete 1756 den Advokaten Sebastiano Marsigli.

2 Wahrscheinlich handelt es sich um das Kloster S. Giacomo di Galizzia auf der Insel Murano.

3 Die Identifizierung der M. M. ist bis heute nicht mit Sicherheit möglich. Frühere Casanova-Forscher (Gugitz) glaubten, in ihr eine Maria Lorenza Pasini erkennen zu können, deren Name als Nonne Maria-Maddalena war; da diese aus einfachen Bürgerkreisen stammte, und da man nichts hat in Erfahrung bringen können, das Anlaß zu irgendwelcher Berühmtheit hätte sein können, dürfte diese Möglichkeit ausscheiden. Casanova hat im Manuskript an späteren Stellen zuerst Mathilde geschrieben und diesen Namen durch M. M. ersetzt. Wahrscheinlich handelt es sich um Maria-Eleonora Michiel (oder Micheli) aus einer venezianischen Patrizierfamilie, die seit 1752 Nonne im Kloster S. Maria degli Angeli in Murano war. Ihre Mutter war eine geborene Bragadin. Diese Tatsache würde nicht nur die Vertrautheit der M. M. mit der Contessa S. und ihre Anspielungen auf ihre hohe Geburt erklären, sondern auch ihren Mut, sich an Casanova zu wenden, von dem sie wahrscheinlich durch die Familie Bragadin bereits gehört hatte.

4 Dieser Hinweis auf eine Nonne Micheli steht zu der Annahme im Widerspruch, daß sie die geheimnisvolle M. M. sei (vgl. Anm. 3). Doch kann es sich hier ohne weiteres um eine bewußte Irreführung des Lesers durch den Autor handeln.

5 Nach Horaz, *Sermones* II,2, V. 79.

6 Nach Horaz, *Epistulae* I,2, V. 54.

7 Das Friaul gehörte seit 1420 zum Herrschaftsgebiet der Republik Venedig. Als zuverlässige Arbeiter hatten die Friauler in Venedig einen guten Ruf.

8 Zahlreiche Bewohner Savoyens, das im 18. Jh. zu Italien gehörte, wanderten nach Paris aus und waren dort in einfachen Berufen wegen ihrer Zuverlässigkeit sehr beliebt.

9 1 Soldo = ¹/₂₀ venezianische Lira; 1 Lira = ¹/₂₂ Zechine.

10 Vesta, der altitalischen Göttin des Herdfeuers, war auf dem Forum in Rom ein Rundtempel geweiht, in dem das ewig brennende Herdfeuer des Staates von 6 Vestalinnen unterhalten wurde. Diese Priesterinnen lebten in klösterlicher Abgeschiedenheit neben dem Tempel; sie mußten das Gelübde der Keuschheit ablegen, dessen Verletzung mit dem Tode bestraft wurde.

11 Aurelius Augustinus (354–430), Heiliger und großer lateinischer Kirchenvater des christlichen Altertums. Casanova spielt hier offenbar auf Buch XXII, Kap. 24 des Werks *De civitate Dei* an.

12 Leicht verändert nach Horaz, *Epistulae* I,2, V. 62 f.

13 Julius Florus, römischer Geschichtsschreiber, der Kaiser Tiberius (14–37 n. Chr.) nach Vorderasien begleitet hat.

14 Nach Horaz, *Epistulae* II,2, V. 191 f.

15 Casanova, der die Zeitangaben wechselnd nach französischer oder italienischer Art macht, bedient sich in der Folge wieder der ihm vertrauten heimatlichen Stundenzählung, die mit dem Angelus-Läuten nach Sonnenuntergang beginnt. Da es sich hier um die Wintermonate handelt, ist hier etwa 8 Uhr abends gemeint. Casanova ergänzt seine Angaben im Manuskript am Rande mit einer entsprechenden Erklärung.

16 Im Original »porcelaine de Sève«, alte Schreibung des Ortes Sèvres bei Paris. Die Manufaktur, die sich ursprünglich in Vincennes befand, wurde 1753 nach Sèvres verlegt.

17 Hier wird Abbé de Bernis – er war nach Casanova der Liebhaber von M. M. – zum ersten Male andeutungsweise genannt. Erst später erscheint der volle Name. François-Joachim Pierre de Bernis (1715–94), Abbé seit 1727; Schriftsteller, Mitglied der Académie Française und der Akademie der Arcadia. 1752 französischer Botschafter in Turin, von Oktober 1752 bis Oktober 1755 in Venedig, 1758 Kardinal; später weitere hohe diplomatische Ämter. Von einigen Biographen Casanovas sind die folgenden Berichte des Autors über Bernis als Verleumdungen bezeichnet worden, zumal da die Memoiren des Kardinals nichts von derartigen Abenteuern enthalten. Zeitgenössische Quellen lassen aber mit ziemlicher Sicherheit vermuten, daß Casanovas Darstellung zutrifft.

18 Die Mitglieder des Kapitels der Kathedrale von Lyon trugen den Titel »Comte de Lyon«. Zur Aufnahme mußte man 16 adlige Ahnen nachweisen. Bernis trug den Titel seit 1748.

19 Nach einer Pariser Blumenverkäuferin, deren Schönheit viel bewundert wurde. Voltaire nannte Bernis auch das »Blumenmädchen des Parnaß«.

20 *Poésies de M. L. D. B.*, Paris, 1744.

21 Am 25. November wurde der Tag der hl. Katharina von Alexandrien gefeiert.

22 Name der kaiserlichen Post, die von Thurn und Taxis geleitet wurde.

23 Im Original »lieu à l'anglaise«, Wasserklosett englischer Bauart.

24 Spitzen spielten in der Mode des 18. Jhs. eine sehr große Rolle.

Neben den venezianischen Spitzen galten die von Alençon (Nordfrankreich) als die kostbarsten.

25 Porzellan aus der Manufaktur von Meissen, die 1710 gegründet worden war.

26 Marquis de l'Etorière (gest. 1774), französischer Gardeoffizier, galt als einer der schönsten Männer von Paris.

27 Antinoos, schöner Jüngling aus Bithynien, Liebling des Kaisers Hadrian; begleitete ihn nach Ägypten und ertrank im Jahre 130 n. Chr. im Nil. Hadrian erwies ihm nach dem Tode göttliche Ehren. Zahlreiche Statuen und Reliefs stellen Antinoos dar.

28 Nach dem sogenannten ptolemäischen Weltsystem bildete die Erde den Mittelpunkt des Alls; um sie kreisten konzentrisch die neun Planetensphären. In dieser Ordnung war der dritte Himmel der der Venus. Casanova verwendet das Bild von der Liebesgöttin und ihrem Sohn Amor natürlich nur um der poetischen Wirkung willen.

29 In der Zeit vom 16. bis 25. Dezember war das Maskentragen in Venedig verboten wegen der Novene (vgl. Anm. 32) vor Weihnachten.

30 Henry St. John of Lydiard Tregoze, Viscount Bolingbroke (1678–1751), englischer Staatsmann und Schriftsteller. Seine gesammelten Werke erschienen 1754; darin *On Authority in Matters of Religion, Concerning the Nature* u. a.

31 Pierre Charron (1541–1603), französischer Moralist in der Nachfolge Montaignes. Sein *Traité de la Sagesse* erschien 1601 in Bordeaux.

32 Novene ist im katholischen Kult seit dem 17. Jh. die Sitte, an neun aufeinanderfolgenden Tagen für einen besonderen Wunsch zu beten (nach dem neuntägigen Warten der Apostel auf den Heiligen Geist). Hier meint Casanova die Novene vor dem Weihnachtsfest.

33 Gemeint ist die *Histoire de Dom Bougre, portier des Chartreux, écrite par lui-même,* obszönes Werk von J.-Ch. Gervaise de Latouche (Erstausgabe Rom, 1745).

34 Johannes Meursius (1613–54), holländischer Archäologe; schrieb seine Abhandlungen in lateinischer Sprache. Das obszöne Werk *Joannis Meursii Elegantiae latini sermonis, seu Aloisiae Sigeae Toletanae Satyra Sotadica de Arcanis Amoris et Veneris* (zuerst um 1680 in Holland erschienen), galt zuerst als eine von Meursius stammende lateinische Fassung eines von Luisa Sigea aus Toledo verfaßten spanischen Textes. Der Autor war in Wirklichkeit ein gewisser Nicolas Chorier (1609–92).

35 Das Fest des hl. Stephanus wird am 25. Dezember gefeiert. An diesem Tag wurden in Venedig die Theater wieder geöffnet.

36 Matteo Giovanni Bragadin (1689–1767), venezianischer Patrizier und Senator, Schützer und Freund Casanovas.

37 Der »Ridotto« war der Name des venezianischen Spielkasinos im Stadtviertel San Moisè. Dort mußten alle, außer den Patriziern, Masken tragen. Das Kasino wurde 1774 geschlossen.

38 Im »Ridotto« durften nur Patrizier in Amtstracht (in schwarzer oder, wenn sie Senatoren waren, in roter Toga) die Bank halten.

39 Man wählte noch im 18. Jh. (z. B. auch in der Académie Française) im allgemeinen mit Kugeln (schwarz und weiß); jeder Wahlberechtigte warf eine Kugel in einen Behälter.

40 Die »Correttori delle leggi e del palazzo« bildeten seit 1553 in Venedig eine richterliche Instanz, die sich aus fünf Patriziern zusammensetzte und deren Aufgabe in der Verbesserung und Änderung von Gesetzen bestand.

41 Das Olivenöl aus der Gegend von Lucca (Toskana) galt in Italien als besonders gut.

42 Im 18. Jh. trugen im Winter auch Männer einen Muff, um die Hände vor Kälte zu schützen.

43 »à gogo«, aus der Gaunersprache, soviel wie ›in Hülle und Fülle‹; »frustratoire«, aus der Rechtssprache, an sich ›auf Täuschung oder Zeitgewinn hinzielend‹; »dorloter«, soviel wie ›verhätscheln‹. Die Begriffe werden hier offensichtlich mit obszöner Bedeutung verwandt.

44 Obszönes Wortspiel, das im Französischen als »con rond« soviel bedeutet wie ›runder weiblicher Geschlechtsteil‹; im Italienischen ist die obszöne Bedeutung nicht mehr erkennbar.

45 Präservative, damals aus sehr feinem Leinenstoff.

46 Im Original:
»Enfants de l'amitié, ministres de la peur,
Je suis l'amour, tremblez, respectez le voleur.
Et toi, femme de Dieu, ne crains pas d'être mère
Car si tu fais un fils, il se dira son père.
S'il est dit cependant que tu veux te barrer
Parle; je suis tout prêt, je me ferai châtrer.«

47 Im Original:
»Dès qu'un ange me f . . ., je deviens d'abord sûre
Que mon seul époux est l'auteur de la nàture.
Mais pour rendre sa race exempte des soupçons

L'amour doit dans l'instant me rendre mes condoms
Ainsi toujours soumise à sa volonté sainte
J'encourage l'ami de me f ... sans crainte.«

M. M. wählt das im Französischen als sehr unanständig geltende
Verb »foutre«, das, in diesem Sinne verwandt, fast stets nur mit
dem Anfangsbuchstaben erscheint: »f ...«.

48 Kreuz aus zwei gleichlangen, schräg zueinander stehenden
Balken.

49 Eine der 35 Liebesstellungen, die Pietro Aretino (1492–1556) in
seinen *Sonetti lussuriosi* zu den Stichen von Raimondi nach Zeichnungen von Giulio Romano (1492–1546) beschrieben hat.

50 Die »Verkündigung« von Anton Raphael Mengs (1728–79) entstand 1768 in der Capilla Real in Madrid.

Kapitel 7

1 Lorenzo Basadonna, seit 1755 Gefangenenwärter. Wurde nach
Casanovas Flucht eingekerkert und 1757 wegen eines Mordes zu
zehn Jahren Zuchthaus verurteilt.

2 Die quadratischen Platten maßen demnach 96 cm an jeder Seite
und waren 2,3 mm dick.

3 Vorzimmer des Rates der Zehn und der Staatsinquisitoren, deren
Tür einen Klopfer (ital. »bussola«) trug.

4 Im Manuskript erklärt Casanova am Rande: »Das Wort bedeutet
Balken. Es handelte sich um den ungeheuren Balken, dessen
Schatten die Zelle des Lichts beraubte.«

5 Anicius Manlius Severinus Boethius (480–524), Minister Theode-
richs des Großen, schrieb im Gefängnis den berühmten Traktat
De consolatione philosophiae. Das Buch hatte man Casanova im
Gefängnis zu lesen gegeben.

6 Casanova verwendet das französische Wort »esponton«, das eine
Art von Pike, später ein Kurzgewehr, bedeutet, im Sinn des italienischen ›spuntone‹, zugespitzte Waffe, Spieß. Er hatte einen alten
Riegel so bearbeitet, daß dieser eine scharfe Spitze bekommen
hatte.

7 Die Bretter waren 27 cm breit.

8 Casanova will damit offenbar sagen, daß er den zwölften Teil
eines Kreises ausgehöhlt hatte. Da zehn Zoll nur 27 cm entsprechen, ist wahrscheinlich nicht der Durchmesser, sondern der Ra-
dius gemeint. Ein so kräftiger Mann wie Casanova hätte gewiß
nicht durch ein so enges Loch schlüpfen können.

9 Boden aus mosaikartig angeordneten kleinen Marmorstücken.

10 Nach Titus Livius, XXI,37.

11 Casanovas Hypothese trifft nicht zu. Bei Titus Livius heißt es tatsächlich »infuso aceto« (nachdem Essig hineingegossen worden war).

12 Der heilige Theodor von Euchaita, Märtyrer unter Kaiser Diokletian, war der erste Schutzpatron Venedigs. Da schon im frühen Mittelalter Spannungen zum Patriarchat Aquileia entstanden, das den heiligen Hermagor, einen Schüler des Evangelisten Markus, als Schutzheiligen verehrte, wollte Venedig die Nachbarstadt übertrumpfen. Im Jahre 828 wurden heimlich die Reliquien des heiligen Markus von Alexandrien nach Venedig gebracht; zu ihrer Verehrung entstand eine Kapelle, an deren Stelle dann der Markusdom trat. Seither wurde der geflügelte Löwe, das Symbol des heiligen Markus, zum Emblem der Republik Venedig.

13 Eusebius, Bischof von Caesarea (gest. 339), Hoftheologe Kaiser Konstantins des Großen, schrieb die erste Kirchengeschichte. Im 15. Kapitel des 2. Buches bezeichnet er Markus als den Gefährten Petri.

14 Graf Tommaso Fenaroli, Abate aus Brescia, in seiner Zeit als großer Spieler bekannt, war vom 22. bis 30. Juli 1755 Gefangener in den Bleikammern.

15 Casanova ist tatsächlich am 12. September 1755 wegen Atheismus zu 5 Jahren Gefängnis unter den Bleidächern verurteilt worden.

16 Pietro Chiari (1711–85), Jesuit, Professor der Eloquenz in Modena (1736–37), lebte dann als Schriftsteller in Venedig, leitete 1761 bis 1762 die *Gazetta Veneta*, wurde später Hofdichter in Parma.

17 Graf Fenaroli hatte das strenge venezianische Gesetz übertreten, nach dem ein Patrizier auf keinen Fall außerdienstlich mit einem ausländischen Diplomaten sprechen durfte.

18 Der Wein von den Kanarischen Inseln, insbesondere von Teneriffa, war im 18. Jh. sehr begehrt.

19 Das Fest des heiligen Augustinus wird am 28. August begangen.

20 Zenon, griechischer Philosoph (um 350 bis 264 v. Chr.), Gründer der stoischen Schule; Pyrrhon (360–271 v. Chr.), Gründer der skeptischen Schule. Das griechische Wort »ataraxia« bedeutet die völlige Ruhe der Seele; sie zu erreichen, ist nach der Lehre des Epikur und des Pyrrhon die höchste ethische Aufgabe der Menschen.

21 Nach einer griechischen Sentenz von Epiktet, die Aulus Gellius, *Noctes atticae* XVII,19 zitiert.

22 Eines der Bücher, die Casanova im Gefängnis zur Verfügung standen, war *La mistica ciudad de Dios* (*Die mystische Gottesstadt*) der spanischen Nonne Maria de Agreda, mit bürgerlichem Namen Maria Coronel (gest. 1665). Es erschien erstmals 1670 in Madrid und 1729 in französischer Übersetzung in Brüssel. Das dreibändige Werk wurde im 17. und 18. Jh. stark angefeindet und stand bis 1748 auf dem Index, erfuhr aber im 20. Jh. eine Art Renaissance.

23 Die »pozzi« (Brunnen) genannten Gefängnisse mit insgesamt 18 Zellen befanden sich im Dogenpalast unter den Diensträumen der Staatsinquisitoren und des Rates der Zehn und waren durch Geheimtreppen nur von dort aus erreichbar. Es ist möglich, daß insbesondere die 9 unteren Zellen hin und wieder überschwemmt waren; doch war das kein Dauerzustand.

24 Der Ausspruch soll von Maecenas stammen; zitiert bei Seneca, *Epistulae* CI.

25 Die Zitadelle Spielberg in Brünn (heute Brno) war Staatsgefängnis der österreichisch-ungarischen Monarchie; wurde 1809 von den Franzosen zerstört.

26 Nach Horaz, *Epistulae* I,2, V. 58.

27 Marchese Scipione Maffei (1675–1755), italienischer Autor und Literaturkritiker.

28 Es handelt sich um das Werk *Rationarium temporum* (Verzeichnis der Zeitrechnungen) des Denis Pétau, genannt Petavius (1583 bis 1652); erschienen Paris 1633.

29 Christian Reichsfreiherr von Wolff, auch Wolf (1679–1754), deutscher Philosoph der Aufklärung. Da eine Gesamtausgabe seiner Werke nicht bestand, läßt sich nicht angeben, um welche seiner Schriften es sich handelt; vielleicht um das zuletzt erschienene Werk *Philosophia moralis sive ethica*, 5 Bde., Halle 1750–53.

30 Nach Seneca, *Epistulae* XCVIII.

31 Marin Balbi (1719–83), venezianischer Patrizier und Mönch des Somasker-Ordens (1532 gegründet und 1540 von Papst Paul IV. bestätigt; nur in Italien verbreitet).

32 Andrea Graf Asquin, auch Asquini (gest. nach 1762) aus Udine.

33 Nach Unterlagen des venezianischen Gerichts war Balbi erst am 5. November 1754 verhaftet worden.

34 Den Titel »Messergrande«, auch »Missier grande« oder »Capitan

grande«, trug der venezianische Polizeipräsident. Seit 1750 war es Matteo Varutti.

35 Graf Asquin war am 20. September 1753 zu lebenslänglichem Gefängnis verurteilt worden, konnte aber 1762 mit 16 anderen Gefangenen ausbrechen und fliehen.

36 Die *Vulgata* ist der offizielle lateinische Bibeltext der katholischen Kirche, zum großen Teil vom heiligen Hieronymus (um 347 bis 420) angefertigt. Es existiert tatsächlich eine ungewöhnlich großformatige Bibelausgabe einer venezianischen Druckerei aus dieser Zeit; sie ist fast 49 cm hoch.

37 Die *Septuaginta* ist eine griechische Übersetzung des Alten Testaments, die auf Anordnung des Königs Ptolemaios Philadelphos um 283 v. Chr. von 72 ägyptischen jüdischen Gelehrten (daher der Name »Septuaginta«, Siebzig) angefertigt wurde.

38 Das Fest des heiligen Michael ist der 29. September.

39 Damals bezeichnete man mit Makkaroni in Italien nicht die langen Nudeln wie heute, sondern eine Speise, die heute den Namen »gnocchi« trägt (eine Art kleiner Knödel aus Grieß).

40 Da die Bibel als Folio-Ausgabe etwa 33 cm breit war, muß es sich um eine Schüssel von beachtlichem Ausmaß gehandelt haben.

41 Das *Officium parvum*, ein Gebetbuch zur Verehrung der Jungfrau Maria, in der katholischen Kirche seit dem 11. Jh. in Gebrauch.

42 Wahrscheinlich handelt es sich um den Geistlichen Pietro Madecich, der aus Mantua stammte und deshalb Untertan der Kaiserin Maria Theresia war.

43 Berühmter Wein aus der Gegend von Udine.

44 Francesco Soradaci, Barbier und Perückenmacher aus Isola in Istrien.

45 Die ersten Tage des November galten in Venedig als offizielle Ferien, die zahlreiche Patrizier in ihren Landhäusern auf der »terra ferma« (von der Republik Venedig beherrschte Gebiete auf dem Festland) verbrachten, insbesondere in den berühmten Villen entlang der Brenta zwischen Venedig und Padua.

46 Die »sortes virgilianae« waren eine Art Weissagung oder Vorhersage, bei der man das Werk Vergils an irgendeiner Stelle aufschlug und die Textstelle, auf die zuerst das Auge fiel, in sinnvoller Weise deutete.

47 Nach Ariost, *Orlando Furioso* IX,7, V. 1.

48 Im ersten Bericht von seiner Flucht (1788 veröffentlicht) fügte

Casanova nach diesem Zitat hinzu »dit le Tasse« (sagt Tasso). In den Werken Tassos ist diese Formulierung nicht zu finden, wohl aber in Metastasios *Didone abbandonata*, 1. Akt, 4. Szene.

49 Casanova verwendet den französischen Maßbegriff »brasse« (Klafter), meint aber offenbar das venezianische Längenmaß des »braccio« (Armlänge), etwa 65 cm. Demnach wären die Seile insgesamt etwa 65 m lang gewesen.

50 Typ des Scheinheiligen nach der berühmten Komödie *Tartuffe* von Molière (1622–73).

51 Nach Vergils *Aeneis* II, V. 707 ff., trug Aeneas seinen Vater Anchises auf den Schultern aus dem brennenden Troja.

52 Die Arbeiter im Arsenal, dem Militärhafen Venedigs, wurden Arsenalotti genannt. Sie bildeten auch die Wache des Großen Rates; sie waren mit Degen und einem roten Stock bewaffnet.

53 Der in Venedig seit dem 16. Jh. geprägte scudo (Taler) aus Gold hatte den Wert von 8 lire oder 160 soldi. 100 scudi waren rund 46 Zechinen wert.

54 *Vulgata*, Ps. 117, V. 17.

55 *Vulgata*, Ps. 117, V. 18.

56 Schlußvers des Inferno (Gesang XXXIV, V. 139) aus Dantes *Divina Commedia*.

57 Die Insel San Giorgio Maggiore mit der Kuppelkirche gleichen Namens (von Palladio 1565 begonnen, aber erst 1610 von V. Scamozzi zu Ende geführt) liegt südlich der Piazzetta, etwa 450 m vom Dogenpalast entfernt.

58 Straße unmittelbar nördlich der Markuskirche. Dort wohnten die Kanoniker der Kirche, daher der Name.

59 Der jeweilige Doge wohnte mit seiner Familie im Palazzo Ducale; zur Berichtszeit war es von 1752 bis 1764 Francesco Loredan.

60 Länge etwa 0,97 m; Breite etwa 0,49 m.

61 Da die Armlänge als Maß sehr variabel war – in den europäischen Ländern schwankt sie zwischen etwa 48 und 78 cm –, sind Casanovas Angaben schwer genau zu erfassen. Hier ist offenbar ein kleiner Wert gemeint, denn ein Dachboden übersteigt auch in einem Palast kaum die Höhe von 5 m.

62 Auch diese Angabe wird wahrscheinlicher, wenn man als Maß die Elle annimmt; demnach wäre die Leiter etwa 6 m lang gewesen.

63 Die Cancelleria ducale umfaßte die vor allem archivarischen Zwecken dienenden Räume; dort wurden die Gesetze, Dekrete und Verordnungen aufbewahrt.

64 Die Republik Venedig, die römische Kurie und der Großmeister des Deutschen Ordens hatten damals in Europa das Privileg, mit Blei zu siegeln; im allgemeinen erfolgte das Siegeln mit Wachs.

65 Der »Provveditor General di Mar« war praktisch der Oberbefehlshaber der venezianischen Seestreitkräfte; er residierte in Korfu.

66 Etwa 1,60 m hoch.

67 Der »Savio alla Scrittura« läßt sich am ehesten mit dem Kriegsminister anderer Staaten vergleichen.

68 Die sogenannte »Scala dei Giganti« hat ihren Namen von den großen Statuen des Mars und des Neptun von J. Sansovino (1554). Auf dem obersten Absatz der Treppe wurden die Dogen gekrönt. Sie führt an der Nordseite des Innenhofes zu dem Wandelgang des ersten Stockwerks des Palazzo Ducale.

69 Die »Sala delle quattro porte« liegt im zweiten Stockwerk und hat ihren Namen nach vier symmetrisch angeordneten Türen. Casanovas Ortsbeschreibung ist nicht unbedingt zuverlässig.

70 Vielleicht nach Ps. 147, V. 14.

71 Votivtafel.

72 Ariost, *Orlando Furioso*, XXII,57, V. 3 f.

73 Sein Name war Andreoli. Er berichtete, wie die Prozeßakten verraten, die beiden Flüchtenden hätten ihn zu Boden geworfen.

74 Im Original »la Sérénissime République«. Venedig hatte sich den Beinamen »La Serenissima« gegeben, so wie sich die große konkurrierende Seerepublik Genua »La Superba« nannte.

Kapitel 8

1 Wahrscheinlich handelt es sich um die Waise Anne-Marie May (geb. 1731), die später einen Gabriel von Wattenwyl heiratete.

2 Die Auffassung, daß die Mutter Christi »auditu seu per aures« (durch das Gehör oder die Ohren) empfangen habe, hat die Genannte wahrscheinlich in französischen Werken über Augustin gefunden.

3 Francesco Algarotti (1712–64) erhielt von Friedrich dem Großen 1740 den Grafentitel; in Venedig geboren, bekannter Autor und Kritiker des Zeitalters der Aufklärung in Italien.

4 Das bekannteste Werk Algarottis war *Il Newtonianismo per le dame ovvero Dialoghi sopra la luce ed i colori* (Die Lehre von Newton für die Damen oder Dialoge über das Licht und die Far-

ben); versuchte nach dem Vorbild Fontenelles, dem das Buch gewidmet war, naturwissenschaftliche Erkenntnisse auch Nicht-Fachgelehrten zugänglich zu machen. Erstausgabe Neapel 1737.

5 Fontenelles *Entretiens sur la pluralité des mondes* (Erstausgabe Paris 1686) sind der erste Versuch im Sinne der Aufklärung, Wissenschaft auch dem größeren Publikum in literarischer Form näherzubringen.

6 Es handelt sich um Algarottis Buch *Viaggi in Russia*, das 1760 in Venedig veröffentlicht worden war. Die zweite Auflage, Paris 1763, trug den Titel *Saggio di Lettere sulla Russia*. Voltaire schrieb damals gerade an seinem Geschichtswerk über Rußland unter Peter dem Großen (*Histoire de l'Empire de Russie sous Pierre-le-Grand*).

7 Bezeichnung für französische Elemente in anderen Sprachen. Im 18. Jh. war in Italien die Verehrung für die französische Literatur so groß, daß man sich bemühte, die eigene Sprache durch Übernahme zahlreicher französischer Ausdrücke und Begriffe gleichsam zu veredeln; es erhoben sich sogar Stimmen, die das Französische zur verbindlichen Literatursprache auch in Italien erheben wollten.

8 Titus Livius (59 v. Chr. – 17 n. Chr.), berühmter römischer Geschichtsschreiber; er stammte aus Padua.

9 Domenico Lazzarini (1668–1734), Professor der klassischen Sprachen an der Universität Padua.

10 Gaius Sallustius Crispus (86 bis etwa 35 v. Chr.), römischer Geschichtsschreiber.

11 Die Tragödie *Ulisse il Giovane* ist 1720 entstanden. Casanova kam im April 1734 als Neunjähriger nach Padua; Lazzarini starb bereits im Juli des gleichen Jahres.

12 Antonio Schinella Conti (1677–1749), genannt Abate Conti, italienischer Dichter. Conti hatte 1715 in London Newton kennengelernt; die vier 1751 in Florenz veröffentlichten Tragödien sind *Giunio Bruto, Marco Bruto, Giulio Cesare, Druso*.

13 Prokrustes (›Ausrecker‹), mit eigenem Namen Damastes, Gestalt der griechischen Mythologie. König Theseus erschlug den Räuber, der die Fremden auf seine Bettstelle legte und ihnen die Füße abschlug, wenn sie aus dem Bett hervorragten, oder ihre Glieder ausreckte, bis sie in das Bett paßten, dabei aber ihren Geist aufgaben. – Die im Text folgende Behauptung Voltaires, Frankreich habe keine Sonette, trifft nicht zu und beweist, daß er, ebenso

wie seine Epoche, die französische Dichtung des 16. Jh. nicht kennt.

14 In der Schrift *Essai sur la poésie épique* (1726) hatte Voltaire das Werk Tassos weit über den *Orlando Furioso* von Ariost gestellt.

15 Astolfo, ein Held des Ariost'schen Epos, macht eine phantastische Reise zum Mond, um von dort den Verstand des wahnsinnig gewordenen Roland zurückzuholen. Er begegnet dort dem Apostel Johannes. Casanova meint wohl die Gesänge XXXIV,61 ff. und XXXV,3 ff.

16 *Orlando Furioso* XLIV,2. Voltaires Übersetzung ist, mit kleinen Änderungen, in sein *Dictionnaire philosophique* (1764), Artikel »Epopée« aufgenommen. Dort findet Voltaire auch Worte des höchsten Lobes für Ariost. Die im Text gegebene deutsche Übersetzung ist die 1804–08 entstandene von Johann D. Gries.

17 Casanova nennt die Strophen nach italienischem Brauch »Stanzen«; die Ependichter der italienischen Renaissance hatten sich als strophische Grundform für die Oktave entschieden, eine Einheit von acht Versen.

18 Vielleicht verwechselt Casanova hier Ariost mit Tasso. Von Ariosts Wahnsinn ist nichts bekannt.

19 Die Erstausgabe des *Orlando Furioso* von 1516 enthält vierzig Gesänge, die endgültige von 1532 hat sechsundvierzig. Die Ausgabe von 1545, von Ariosts Sohn Virgilio besorgt, nahm fünf weitere Gesänge auf, die Ariost als Fragment eines neuen, aber thematisch und formal dem *Orlando Furioso* verwandten Epos hinterlassen hat; so kann Casanova von 51 Gesängen sprechen.

20 *Orlando Furioso* XXIII,122, V. 1–4.

21 Angelica und Medoro sind wichtige Gestalten im *Orlando Furioso*. Roland (Orlando), der Angelica, die Tochter eines asiatischen Königs und Zauberin, leidenschaftlich liebt, muß erfahren, daß die Angebetete dem einfachen Hirten Medoro ihre ganze Gunst geschenkt hat.

22 Giovanni de' Medici (1475–1521), als Papst Leo X. (seit 1513) der große Mäzen der Künstler und Dichter der italienischen Renaissance.

23 Die berühmte Familie der Medici in Florenz und die der Este in Ferrara galten im 15. und 16. Jh. als die kunstverständigsten Herrscher in Italien. Am Hof der Este lebte Ariost und später auch Torquato Tasso.

24 Die sogenannte »Konstantinische Schenkung«, ein gefälschtes

Dokument aus dem 8. Jh., sagt aus, daß Kaiser Konstantin der Große (4. Jh.), unter dessen Regierung das Christentum zur Staatsreligion erhoben wurde, Papst Sylvester I. kaiserliche Ehren und die weltliche Herrschaft über Rom und Italien übertragen habe. Der heilig gesprochene Papst Sylvester I. hatte den Stuhl Petri von 314 bis 355 inne.

25 *Orlando Furioso* XXXIV, 80, V. 6. Im Original »or putia forte«. Die Unechtheit der Konstantinischen Schenkung war von dem italienischen Humanisten Lorenzo Valla (1406–57) nachgewiesen worden; daher das »or« (nun) im Text Ariosts.

26 Die Episode vom Tod des Eremiten ist im *Orlando Furioso* XXIX, 6 f., beschrieben. Der von Casanova zitierte Vers bezieht sich auf Hirten, die Roland in seinem Wahnsinn umbringt. Rodomonte, Isabella und Zerbino sind Gestalten des *Orlando Furioso*.

27 *Orlando Furioso* XXIV, 6, V. 4.

28 Die Stadt Genf hatte seit dem 13. Jh. vier hohe Kommunalbeamte mit dem Titel eines Syndikus; als Rechtsbeistände der Stadtverwaltung besaßen sie im Rat die höchste Stellung. Vielleicht handelt es sich hier um Michel Lullin de Chàteauvieux (geb. 1695), dem als »Seigneur scolarque« das Buchwesen in Genf unterstand und der in dieser Funktion häufig mit Voltaire zu tun hatte.

29 Kartenspiel, bei dem die Zahl 15 ausschlaggebend war.

30 »Les Delices« nannte Voltaire seine Residenz in Genf, die er seit 1755 besaß, aber 1760 aufgab, um das Schloß Ferney zu seiner Residenz zu machen.

31 In der Zeit der Regentschaft (1715–23) unter Philippe d'Orléans entwickelte sich in der französischen Gesellschaft nach der Befreiung von der erstarrten Etikette des Hofes unter Ludwig XIV. ein eigener Stil in vielen Bereichen.

32 Die *Summa theologiae* des Thomas von Aquino (1226–74), das größte Werk der Scholastik, in dem versucht wurde, die damals im Abendland Eingang findende Philosophie des Aristoteles mit der christlichen Lehre in Einklang zu bringen.

33 Alessandro Tassoni (1565–1635), italienischer Dichter, berühmt vor allem durch das heroisch-komische Epos *La secchia rapita*, in dem die erbitterten Kämpfe zwischen den Städten Modena und Bologna um einen geraubten Eimer parodierend beschrieben werden.

34 Casanova meint zweifellos Tassonis *Dieci libri di pensieri diversi* (1620), in denen der Autor das kopernikanische System angreift.

35 In den *Considerazioni sopra le Rime del Petrarca* (1609) greift Tassoni in oft satirischer Weise weniger Petrarca selbst als die unübersehbare Reihe seiner Nachahmer an.

36 Lodovico Antonio Muratori (1672–1750), großer italienischer Historiker und Literaturkritiker. Auch er wandte sich gegen die petrarkisierende Dichtung in Italien.

37 Die erhaltenen Briefe Voltaires (20054) liegen in der neuesten Ausgabe von Théodore Besterman vor: *Voltaire's Correspondence*, 107 Bde., Genf 1953–65.

38 Girolamo Folengo (1496–1544), trug als Benediktinermönch den Namen Teofilo; verfaßte unter dem Pseudonym Merlin Cocai ein Epos im sogenannten makkaronischen Latein (Küchenlatein), das eine scherzhafte Mischung klassischer Latinität mit italienischen und mundartlichen Sprachformen (Folengo stammte aus Mantua) darstellt.

39 Das komisch-groteske Epos *Il Baldus*, auch *Macaronea* genannt, erschien zuerst 1517.

40 Gabriel Cramer (1723–93) und Philibert Cramer (1727–79), Brüder, Buchdrucker und Verleger in Genf. Sie haben von 1756 bis 1775 fast alle Werke Voltaires veröffentlicht. Voltaire verzichtete tatsächlich ihnen gegenüber auf alle Autorenrechte, konnte allerdings eine unbegrenzte Zahl von Autorenexemplaren verlangen.

41 Die Erzählung *La Princesse de Babylone* erschien erst 1768 bei Cramer in Genf; Casanovas Angabe ist also ein Irrtum.

42 Vielleicht handelt es sich um Pernette-Elisabeth de Fernex (geb. 1730), ihre Schwester Marie (geb. 1732) und Jeanne-Christine (geb. 1735), ihre Kusine; sie stammten aus einer verarmten Adelsfamilie, deren Name auf das Besitztum Fernex (Ferney) zurückgeht, das Voltaire 1758 erwarb.

43 Jean-Baptiste-Joseph Villaret de Grécourt (1683–1743), Kanonikus aus Tours und französischer Dichter; verfaßte unter anderen das lizenziöse Gedicht »Y grec« (Ypsilon):

»Marc une béquille avait
Faite en fourche, et de manière
Qu'à la fois elle trouvait
L'ocillet et la boutonnière.
D'une indulgence plénière
Il crut devoir se munir,
Et courut, pour l'obtenir
Conter le cas au Saint-Père

Qui s'écria: ›Vierge Mère
Que ne suis-je ainsi bâti!
Va, mon fils, baise, prospère,
Gaudeant bene nati!‹«

44 Spanische Goldmünze (»doblon de a ocho«) im Wert von acht Gold-Scudi.

45 Marchese Francesco Albergati Capacelli (1728–1804), Senator von Bologna, auch Verfasser von Komödien.

46 Graf Agostino Paradisi (1736–83), italienischer Gelehrter und Dichter.

47 Der Senat der Stadt Bologna trug auch die Bezeichnung »quaranta« (vierzig); diesen Namen übertrug man desgleichen auf dessen Mitglieder, obwohl der Senat aus insgesamt fünfzig Senatoren bestand.

48 Carlo Goldoni (1707–93), berühmter italienischer Lustspieldichter, Freund des Marchese Albergati Capacelli.

49 Die Bologneser »Mortadella« galt als die beste italienische Wurst.

50 Voltaires Tragödie *Trancrède* ist zuerst 1759 im Hause des Dichters, 1760 in der Comédie Française in Paris aufgeführt worden.

51 Bis zum Jahre 1791 gingen die Uhren in Basel um eine Stunde vor. Der Erklärungen für diese Ausnahme gibt es mehrere: Ein Magistrat, dem ein Verrat drohte, ließ die Uhren vorstellen, um der Falle zu entgehen; oder anläßlich des Konzils im Jahre 1431 sei es geschehen, um die Mitglieder zur Pünktlichkeit zu mahnen; endlich soll die Tatsache darauf zurückzuführen sein, daß ein Handwerker den Zeiger der Sonnenuhr am Turm des Münsters falsch aufgesetzt habe.

52 Der »Rat der Zehn« in Venedig umfaßte außer den zehn eigentlichen Ratsmitgliedern auch den Dogen sowie die ihm zugeordneten sechs Räte, so daß er tatsächlich aus insgesamt siebzehn Personen bestand.

53 Goldoni erhielt 1756 vom Herzog von Parma den Auftrag, Stücke für das Hoftheater zu schreiben; dafür wurde er zum »Poète du Duc de Parme« ernannt und erhielt bis zum Tode eine jährliche Pension in Höhe von 700 Francs.

54 Goldoni hat die Rechte in Pavia, Udine und Modena studiert und erwarb 1731 den Doctor utriusque iuris. Er ließ sich 1733 in Venedig und in Pisa als Advokat nieder.

55 Kyme war eine bedeutende Hafenstadt Kleinasiens, die, neben vielen anderen Städten, als Heimat Homers galt. Das alte Cumae nördlich von Neapel ist eine Pflanzstadt von Kyme.

56 Trick-Track ist ein sehr altes Brettspiel zu zwei Personen; es wird mit je 15 schwarzen und weißen Steinen sowie mit zwei Würfeln gespielt.

57 Titus Flavius Clemens aus Alexandrien (2.–3. Jh.), Kirchenvater; im zweiten und dritten Buch des *Paidagogos* spricht er von der Schamhaftigkeit.

58 Jean Chapelain (1595–1674), französischer Literaturkritiker und Dichter, erster Sekretär der 1636 von Richelieu gegründeten Académie Française. Das Epos *La Pucelle* (*Die Jungfrau von Orléans*) begann er 1630; die ersten zwölf Gesänge erschienen 1656; eine vollständige Ausgabe ist erst 1882 gedruckt worden.

59 Das geistreich-frivole Epos über Jeanne d'Arc *La Pucelle* hatte Voltaire 1739 abgeschlossen, wagte aber noch nicht dessen Veröffentlichung. Handgeschriebene Kopien kursierten in Paris und auch in Genf, so daß Voltaire es vorzog, die Autorschaft abzuleugnen. Seit 1755 erschienen die ersten von Voltaire nicht autorisierten Druckausgaben in Frankfurt/M., Genf, London und Paris. Die erste vom Autor selbst besorgte Edition ist die von 1762 bei Cramer in Genf.

60 Prosper Jolyot de Crébillon (1674–1762), genannt Crébillon der Ältere, französischer dramatischer Autor und seit 1735 königlicher Zensor.

61 Die Tragödie *Rhadamiste et Zénobie* von Crébillon.

62 Pier Jacopo Martelli (1665–1727), italienischer Dichter, versuchte als erster Italiener, das französische Versmaß des Alexandriners in die italienische Dichtung einzuführen. Dem zwölfsilbigen Alexandriner setzte er, um den nicht zählenden unbetonten Endsilben in der Zäsur und am Versschluß zu entsprechen, den 14silbigen Vers, den sogenannten »verso martelliano« an die Seite.

63 Pier Jacopo Martelli, *Opere*, 7 Bde., Bologna 1729–33.

64 Die französische Metrik unterscheidet zwischen männlichem Reim (betonte Endsilbe) und weiblichem (Endsilbe mit unbetontem *e*); die italienische Verslehre kennt diesen Unterschied nicht.

65 Blankverse sind reimlose Verse, im Deutschen fünffüßige Jamben, in den romanischen Sprachen solche von zehn Silben.

66 Horaz, *Sermones* I,10, V. 74.

67 Joseph Addison (1672–1719), englischer Staatsmann und Schriftsteller; Mitherausgeber der berühmten Zeitschrift *The Spectator* (1711–12), verteidigte liberale Auffassungen auch in seiner Tragödie *Cato* (1713).

68 Thomas Hobbes (1588–1679), englischer Philosoph. In dem Werk *Leviathan* (1651) tritt er für die absolute Monarchie ein.

69 Horaz, *Epistulae* II,1, V. 63.

70 Hier ist Bezug genommen auf Kapitel XXII des ersten Teils des weltberühmten Romans *El ingenioso Hidalgo Don Quijote de la Mancha* von Miguel de Cervantes Saavedra (1547–1616).

71 Albrecht von Haller (1708–77), Schweizer Arzt, Botaniker und Dichter; war von 1736 bis 1753 Professor an der Universität Göttingen, wurde 1749 von Kaiser Franz I. in den Adelsstand erhoben. Verfaßte neben bedeutenden naturwissenschaftlichen Arbeiten eine Gedichtsammlung *Versuch schweizerischer Gedichte* mit dem berühmten Lehrgedicht »Die Alpen«.

72 Vor allem in Casanovas Buch *Scrutinio del libro »Eloges de M. de Voltaire«* (Venedig 1779).

73 Zoilos, griechischer Rhetor aus Amphipolis in Makedonien, lebte wahrscheinlich im 3. Jh. v. Chr., wurde bekannt durch seine kleinliche und bösartige Kritik an Homer.

Kapitel 9

1 Carlo Caraffa (1734–65), Herzog von Maddaloni (Matalona). Casanova hatte ihn 1750 in Paris kennengelernt.

2 Beim Pharao-Spiel sind es 13 Karten.

3 Aus der Korrespondenz des Königs Ferdinand IV. ergibt sich, daß er sich noch 1821 über seine Frostbeulen beklagte.

4 Der Geschmack für die sogenannten Chinoiserien begann in Frankreich bereits um die Mitte des 17. Jhs., wurde aber seit 1700 die große Mode, die auch andere europäische Länder erfaßte.

5 Im Original »en chenille«, bezeichnet einen leichten Morgenanzug für Männer.

6 Claude Prosper Jolyot de Crébillon (1707–77), zur Unterscheidung von seinem Vater (vgl. Kap. 8, Anm. 60) meist Crébillon fils genannt; berühmter Autor durch seine zum Teil lizenziösen Erzählungen. *Le Sopha* entstand 1742.

7 Das Papiergeld wurde in England bereits im 16. Jh. eingeführt, wurde aber zum in Europa verbreiteten Zahlungsmittel erst im 18. Jh.

8 Hügelzüge am Golf von Neapel, schon in griechischer und römischer Zeit wegen des herrlichen Blicks als vornehme Wohngegend berühmt, heute praktisch Stadtteil von Neapel.

9 Die Unze war eine in Neapel seit 1735 geprägte Silbermünze im Wert von drei Dukaten oder 30 »carlini«, es gab auch Goldunzen, die den doppelten Wert darstellten.

10 Die Stadt Caserta, etwa 30 km nördlich von Neapel gelegen, war und ist berühmt wegen des großen königlichen Schlosses und des Parks mit eindrucksvollen Wasserspielen. Der »Palazzo Reale«, mit rund 1200 Räumen eines der größten Gebäude Italiens, wurde von 1752 bis 1774 von L. Vanvitelli erbaut.

11 Wahrscheinlich Anna-Maria Vallati, geb. d'Antoni. Casanova hatte sie 1744 auf der Fahrt von Neapel nach Rom kennengelernt.

12 Die berühmte Tragödie *Phèdre* von Jean Racine, 1677 entstanden, hat die inzestuösen Neigungen Phädras, der Gattin Königs Theseus, zu ihrem Stiefsohn Hippolytos zum Thema.

13 Petrarca, *Il Canzoniere* X, V. 4.

Kapitel 10

1 Jeanne Marquise d'Urfé, geb. Camus de Pontcarré, seit 1724 verheiratet mit Louis-Christophe de Larochefoucauld de Lascaris, Marquis d'Urfé et de Langeac, Graf von Sommerive (1704–34).

2 Anna Maria Corticelli (1747–67 oder 73), italienische Tänzerin.

3 Die Lascaris waren eine byzantinische Familie, die seit Ende des 12. Jhs. nachweisbar ist. Seit dem 16. Jh. bestand durch die Heirat (1554) zwischen Jacques I d'Urfé (1534–74) und Renée de Savoie, der Enkelin des René de Savoie und der Anne de Lascaris, Gräfin von Tenda, im Hause d'Urfé die Gewohnheit, sich »de Lascaris d'Urfé« zu nennen. Das war Casanova zweifellos bekannt.

4 Das alte Schloß bei Tournan im Département Seine-et-Marne wurde nach der Französischen Revolution als Nationalgut an Fouché, Herzog von Otranto, verkauft; später Besitz des Barons Rothschild. Das Schloß ist heute völlig dem Erdboden gleichgemacht.

5 Casanova meint zweifellos die Religionskriege der zweiten Hälfte des 16. Jhs., vielleicht auch noch die Wirren der sogenannten »Fronde« zu Beginn des 17. Jhs.

6 Vierrädriger Reisewagen mit vier Sitzen und zurückklappbarem Verdeck; in Berlin zuerst gebaut.

7 Offensichtlich ein von Casanova erfundener Name, um Mutter und Tochter nicht bloßzustellen. Vielleicht handelt es sich um den Hauptmann im königlich-piemontesischen Regiment, Alexandre

Théodore Lambertz, der am 11. Mai 1762 in Aachen beigesetzt wurde.

8 Pythia, die Priesterin des Apollo in Delphi, sprach im Tempel des Gottes, über einem Erdspalt sitzend, dessen Dämpfe sie in heiligen Rausch versetzten, dunkle Orakel aus, deren Deutung von den Priestern vorgenommen wurde, die aber dennoch im allgemeinen undeutlich blieben. Das delphische Orakel galt den Griechen als höchste Autorität.

9 Der Mond spielt in der Kabbala und der Magie eine besondere Rolle; er sollte insbesondere die Macht haben, die Zukunft vorherzusehen, und beantwortete auch entsprechende Fragen. Deshalb konnte Madame d'Urfé diese Aufforderung keineswegs als lächerlich empfinden.

10 Offenbar von Casanova erfundener Name nach der griechischen Göttin des Mondes, Selene.

11 Ein »Englischer Club« wurde in Aachen erst 1785 zugelassen; hingegen bestand ein solcher Club bereits im Badeort Spa. Es wäre möglich, daß Casanova beide Orte verwechselt. Es gab allerdings damals in Aachen bereits zwei Kaffeehäuser, in denen Billard gespielt wurde, in denen aber auch Karten- und Würfelspiele zugelassen waren.

12 Wahrscheinlich in Burtscheid, dessen Bäder damals den Ruf besaßen, korpulenten Frauen eine Geburt zu erleichtern. Die Gastwirte waren dort besonders großzügig und erlaubten auch einem Paar, gleichzeitig ein Bad zu nehmen.

Kapitel 11

1 Casanova gibt ihr den offenbar fiktiven Namen Hedwig (vgl. Kap. 8, Anm. 1).

2 Anspielung auf Mt. 24,36.

3 Nach Horaz, *Sermones* I,9, V. 70 f.

4 Die Amphidromie war im klassichen Griechenland ein Familienfest der Athener, bei dem das neugeborene Kind am 5., 7. oder 10. Tage nach der Geburt durch Herumtragen um den Herd des Hauses in die Familie aufgenommen, der Fürsorge der Hausgötter anempfohlen wurde und seinen Namen erhielt.

5 Casanovas Haushälterin in Solothurn, Madame Dubois, heiratete 1760 den Haushofmeister des französischen Botschafters in Solothurn, Monsieur Lebel.

6 Diese Ankündigung Casanovas läßt erkennen, daß er bei der Niederschrift der Memoiren noch die Absicht hatte, die Geschichte seines Lebens über das Jahr 1774 hinaus zu schreiben.

7 Es handelt sich sehr wahrscheinlich um ein kleines Schlößchen im Stil Louis XV. am Genfer See, das 1762 dem besten Freund und Bevollmächtigten des Bankiers Jean-Robert Tronchin, J. L. Labat de Grandcour gehörte. Heute trägt es den Namen »Mon Repos« und gehört der Stadt Genf, die es zu einem kleinen Museum gemacht hat.

8 In der griechischen Mythologie sind die Najaden Wassernymphen.

9 Ganz offenbar Anspielung auf den Beginn des Johannes-Evangeliums »In principio erat verbum« (Im Anfang war das Wort).

10 Anspielung auf 1. Mose 2,17 ff.

11 Vgl. Kap. 8, Anm. 68.

12 Stadt in der Westschweiz am gleichnamigen See, an dessen Ufern sehr gute Weine wachsen.

13 Vgl. Kap. 8, Anm. 57.

14 Pietro Aretino (vgl. Kap. 6, Anm. 49).

15 Casanova ist offenbar ein drittes Mal für einige Zeit in Genf gewesen, obwohl er von diesem Aufenthalt in den Memoiren nichts berichtet (wahrscheinlich Ende 1762).

Kapitel 12

1 Das Schloß ›Castel Sant'Angelo sul Lombro‹ im heutigen Sant' Angelo Lodigiano wurde vor allem durch die Schlacht von Pavia (1525) zwischen Kaiser Karl V. Und König Franz I. von Frankreich berühmt; es ist 1911 durch Feuer zerstört worden.

2 Es handelt sich um Paolo Graf Attendolo-Bolognini, genannt Graf Ambrosio (1723–92).

3 Es handelt sich um Angela Gandini, Tochter des Patriziers Fabrizio Gandini aus Lodi; sie heiratete nach 1763 den Grafen Bassano Nipoti.

4 Lodi ist etwa 14 km von Sant'Angelo Lodigiano entfernt.

5 Der Parmesankäse, nach der Stadt Parma benannt, ist der bekannteste oberitalienische Hartkäse. Er wurde und wird nicht nur in der Gegend von Parma hergestellt, sondern auch in der von Lodi und in neuerer Zeit in weiten Teilen der Poebene. Der von Parma (»cacio parmigiano«) ist fettreicher und weicher, der von Lodi (»cacio lodigiano«) ist fettärmer und härter.

6 J.-J. ist die häufig verwandte Abkürzung für Jean-Jacques (Rousseau). Casanova verwechselt hier zwei Tatsachen. Rousseau hat in den Jahren 1771 und 1772 an einem »Dictionnaire de Botanique« gearbeitet, ihn aber unvollendet gelassen; er wurde 1781 veröffentlicht, und zwar unter Rousseaus Namen. Renaud le Botaniste ist offenbar ein gewisser Regnault, der von 1769 bis 1774 eine Einführung in die Botanik veröffentlichte. Rousseau hat zu diesem Werk sehr kritische Randbemerkungen geschrieben, die aber erst zu Beginn des 19. Jhs. publiziert wurden. Vielleicht hat Casanova von der Existenz dieser Anmerkungen erfahren.

7 Voltaire hatte in dem 1726 veröffentlichten *Essai sur la poésie épique* (Kap. 7) Tasso weit über Ariost gestellt. Das von Casanova erwähnte Lob Ariosts findet sich vor allem in dem Artikel ›Epopée‹ des 1764 erschienenen *Dictionnaire philosophique*.

8 Das von Casanova gewählte Bild ist unerwartet und undeutlich; wahrscheinlich will er sagen, daß Voltaire ohne den Widerruf den Vorhang des Vergessens über seinen Ruhm gezogen hätte.

9 Es ist möglich, daß Casanova eine Formulierung aus den erhaltenen Komödienfragmenten des Statius Caecilius (um 220 bis 168 v. Chr.) zitiert; wahrscheinlicher aber ist, daß er an die berühmte Stelle von Plautus (*Asinaria* II,4, V. 88) denkt: »Lupus homo homini« (der Mensch ist dem anderen Menschen ein Wolf) und entsprechend die Gegenthese formuliert.

10 Onorata Gräfin Attendolo-Bolognini, geb. Gandini, Tochter eines Patriziers aus Lodi, seit 1757 mit Graf Ambrosio verheiratet.

11 Christian Reichsfreiherr von Wolff (1679–1754) schuf im Anschluß an die englische und französische Aufklärung ein philosophisches System des Rationalismus, in dem alle Bereiche des Wissens ihren Platz hatten. (Vgl. Kap. 7, Anm. 29.)

12 Torquato Tasso (1544–95) verfaßte 1573 das im gleichen Jahre zum ersten Mal am Hof der Este bei Ferrara aufgeführte Pastoraldrama, dessen Held der Hirte Aminta ist. Das Stück gewann einen außerordentlich starken Einfluß auf die europäische Hirtendichtung und wurde später nur vom *Pastor Fido* in den Schatten gestellt, obwohl Tassos Werk höheren dichterischen Wert hat, das Guarinis hingegen wirkungsvoller ist.

13 Gian Battista Guarini (1538–1612) schrieb 1585 sein Hirtendrama *Il Pastor Fido* (*Der treue Schäfer*) zur Hochzeit des Herzogs von Savoyen; die Erstausgabe erfolgte erst 1590, die Erstaufführung

1595. Das Stück ist insbesondere im 18. Jh. mehrfach als Libretto für Opern verwandt worden.

14 Casanova bezieht sich auf Homer, *Ilias* VI, V. 482 ff.

15 Maffeo Vegio (1406–58), italienischer Humanist aus Lodi; verfaßte eine Abhandlung über Kindererziehung. Außerdem versuchte er, die *Aeneis* von Vergil durch einen dreizehnten Gesang fortzuführen und abzuschließen (*Supplementum Aeneidos*, 1485).

16 Diese italienische Übersetzung ist offenbar nie gedruckt worden und auch nicht überliefert.

17 Annibale Caro (1507–66) übertrug in einer berühmt gewordenen italienischen Fassung die *Aeneis* von Vergil (*L'Eneide di Virgilio recata in versi italiani*, 1581 [u. ö.]).

18 Giovanni Andrea dell'Anguillara (1517–72) übersetzte die *Metamorphosen* des Ovid ins Italienische (1561 [u. ö.]).

19 Alessandro Marchetti (1633–1714) schrieb eine berühmte italienische Übertragung des Werkes von Lukrez *De rerum natura* (entstanden um 42 v. Chr.), die zuerst 1717 in London erschien.

20 Vgl. Vergil, *Aeneis* IV, V. 165–172.

21 Nach Vergil, *Aeneis* IV, V. 328 ff.

Kapitel 13

1 Marie-Anne-Geneviève Augspurgher, auch Auspurgher (um 1746 bis nach 1777), genannt »la Charpillon«; lebte als Kind in Paris unter dem Namen einer Mademoiselle de Boulainvilliers – wahrscheinlich war sie die uneheliche Tochter des Marquis Anne-Gabriel-Henri-Bernard de Rieux Boulainvilliers (1724–98), der seit 1766 Richter der Pariser Kaufmannschaft war. Berühmte Kurtisane in London.

2 Casanova starb bereits 8 Monate später am 4. 6. 1798.

3 Nach Galileo Galilei; es handelt sich um das von ihm entdeckte Gesetz der Fallbeschleunigung.

4 Über das Leben der Charpillon nach 1777 ist nichts bekannt. Von 1773 bis 1777 war sie die Mätresse des englischen Staatsmannes John Wilkes in London.

5 Der »Vauxhall-Garden« war der älteste und bekannteste Vergnügungsplatz in London. Seit 1661 bestand er als »Spring-Garden«, wurde dann in seiner endgültigen Form 1732 eröffnet. Er war von 9 Uhr abends bis 4 Uhr morgens zugänglich, bestand aus einem Pavillon, einem halbkreisförmig angelegten Bogengang

und einem Platz für das Orchester. Die Anlage wurde 1859 geschlossen.

6 Im Englischen »bagnio« nach dem italienischen »bagno«; insbesondere in London Bezeichnung für Badehäuser, die zugleich teure Bordelle waren.

7 Rose-Elisabeth Augspurgher (um 1720 bis nach 1764), stammte aus Bern und wurde von dort wegen ihres Lebenswandels ausgewiesen; wandte sich zuerst nach Paris, dann nach London.

8 Ange Goudar (1720 bis etwa 1791), Abenteurer und Publizist, veröffentlichte in sechs Bänden *L'Espion chinois ou l'envoyé secret de la Cour de Pékin pour examiner l'état présent de l'Europe* (1764 und mehrfach neu aufgelegt).

9 Vgl. Kap. 6, Anm. 10.

10 Goudar war in seiner Zeit tatsächlich ein bekannter Publizist, Verfasser mehrerer satirischer Schriften und Werke, aber auch solcher über ökonomische und politische Fragen. Sein damals bekanntestes Werk ist *L'Espion chinois* (vgl. Anm. 8), in dem in Briefform nach dem Vorbild der *Lettres persanes* von Montesquieu Kritik an den Mißständen der Zeit geübt wurde.

11 Lebensweisheit von Publilius Syrus, einem Schauspieler und Autor von Mimen, der in Rom zur Zeit Caesars großen Erfolg hatte.

12 Ariost, *Orlando Furioso* I,56.

13 Ein auf die Stadt London beschränkter Schnellpostdienst mit sechs Annahmestellen; das Austragen der Briefe kostete den Absender einen Penny, daher die Bezeichnung.

14 Ähnliche Stühle sind auch in anderen kulturhistorischen Quellen des 18. Jhs. beschrieben; es handelt sich also gewiß nicht um einen Einfall Casanovas.

15 Französische Landschaft westlich des Schweizer Jura, die ehemalige Freigrafschaft Burgund.

16 Ursprünglich königliche Geheimbriefe, im 18. Jh. vor allem geheime Verhaftungsbefehle. Die Stelle macht, wie viele andere in seinen Memoiren, deutlich, daß Casanova dem »Ancien régime« nachtrauerte, auch in seinen negativen Erscheinungen.

17 Wahrscheinlich sollte Casanova der Päderastie bezichtigt werden, die in England mit dem Tode bestraft wurde.

18 Nach Horaz, *Epistulae* I,20, V. 25.

19 Dante, *Divina Commedia*, Inferno I, V. 1. Der Dichter

umschreibt damit, dem Text des Psalmes 90, Vers 10, folgend, sein 35. Lebensjahr.

20 In Dux in Böhmen, wo Casanova als Bibliothekar des Grafen von Waldstein seit etwa 1790 seine Memoiren schrieb; dort ist er auch am 4. Juni 1798 gestorben.

21 Nach Ariost, *Orlando Furioso* XXIV,1.

22 In ihrer Epoche als »Mother Walsh« (auch Walch, Welch) bekannt, die ein vornehmes Freudenhaus in der Cleveland Row im Stadtviertel St. James's leitete.

23 Phryne war eine berühmte griechische Hetäre zur Zeit des Perikles (4. Jh. v. Chr.); sie hat Praxiteles Modell gestanden.

24 Richmond, damals Dorf an der Themse westlich von London, heute Teil von Groß-London. Dort befand sich ein königliches Lustschloß, »Richmond Lodge«, mit schönen Gärten.

25 Im Park von Richmond befand sich ein kleines Bauwerk im gotischen Stil, das Königin Karoline (1683–1737), die Gattin König Georgs II., von einem Labyrinth hatte umgeben lassen.

26 Nach Shakespeare, *Othello* I,1: »making the beast with two backs«.

27 Im Original »le wach« für »watchman« bzw. »night watchman«, Nachtwächter, die nicht nur die Stunden ausriefen, sondern auch mit einer Laterne ausgerüstet waren. Da es in London zu Casanovas Zeit noch keine Straßenbeleuchtung gab, konnte man sich einen Wächter als Begleiter mieten.

28 Vgl. Kap. 6, Anm. 36.

29 Der berühmte Tower von London ist der einzige erhaltene Turm der alten Befestigung der Stadt; heute das älteste Bauwerk Londons, liegt im Osten der City unmittelbar an der Themse. Der älteste Teil, der sogenannte »White Tower«, wurde 1078 von Wilhelm dem Eroberer erbaut. Später wurde das Bauwerk gelegentlich als Residenz der englischen Könige benutzt. Seit dem 16. Jh. diente es bis 1820 als Staatsgefängnis.

30 Bis zur Mitte des 18. Jh.s gab es in London nur eine einzige Brücke über die Themse, die London Bridge. Erst 1750 wurde die Westminster Bridge fertiggestellt (neu errichtet von 1856 bis 1862). Sie überquert den Fluß bei den Houses of Parliament. – Casanovas Angaben sind verwirrend, weil er auf dem Weg von seinem Hause in Pall Mall zum Tower die Themse gar nicht überqueren mußte; er hätte allenfalls am Südufer der Themse entlang wandern und den Fluß auf der London Bridge zum zweiten Mal

überqueren können. Die kürzeste Entfernung von Pall Mall zum Tower beträgt etwa 5 km; der Umweg über Westminster Bridge bedeutete mehrere Kilometer.

31 Sir Wellbore Ellis Agar (1735–1805), von Casanova »Egard«, »Egar« geschrieben; Sohn des Parlamentsmitgliedes Henry Agar.

32 Gemeint ist das im 18. Jh. berühmte »Cannon Coffee House« in der Cockspur Street an der Südweststrecke des heutigen Trafalgar Square. Den Namen trug der Gasthof nach dem damaligen Besitzer Patrick Cannon.

33 Ariost, *Orlando Furioso* XXIII,112.

34 An dieser Stelle von Casanova zum ersten Mal verwandter Ehrentitel »Esquire (vom anglonormannischen Wort »escuier«, Schildknappe); ursprünglich Titel der sogenannten »gentry«, der bedeutendsten Klasse des englischen Adels. In der neueren Zeit weitete sich der Gebrauch auch auf Bürgerliche aus; heute nur noch im Schriftverkehr verwandt, indem man den abgekürzten Titel Esqu. dem Eigennamen folgen läßt.

35 Lateinische Schreibung des griechischen Gottes Bakchos, auch Dionysos genannt, der Gott des Weines.

36 Von Casanova »Rochebif« geschrieben, ein Zeichen dafür, daß diese englische Spezialität damals noch nicht auf dem europäischen Festland bekannt war.

37 Der Hornpipe (von Casanova »Rompaipe« geschrieben) ist ein alter britischer Tanz schottischen Ursprungs.

38 »Ranelagh House« war damals ein berühmter Vergnügungsplatz im Stadtteil Chelsea mit großem Garten. Die Anlage stammte von Lord Ranelagh. Sir Thomas Robinson kaufte sie und machte sie 1742 der Öffentlichkeit zugänglich, nachdem er einen Rundbau, die ›Ranelagh Rotunda‹, mit einem Durchmesser von etwa 50 m hatte errichten lassen. In dessen Mitte spielte ein Orchester für die Tanzenden. In 50 Logen am Rande konnte man soupieren. Die Rotunde wurde 1805 abgerissen.

39 Stoische Lebensregel, die Cicero in *De finibus bonorum et malorum* III,22 einem der sogenannten Sieben Weisen Griechenlands zuschreibt. Sie erscheint auch bei Seneca, *Epistulae ad Lucilium* XVI. Casanova zitiert den Satz sehr oft.

40 Casanova schreibt »Haiborn«, meint aber zweifellos das Stadtviertel »Holborn«, da sich dort fast alle richterlichen Institutionen befanden.

41 Die englischen Polizisten, Konstabler (constable) genannt (nach

dem französischen »connétable« aus lateinischem »comes stabuli«), trugen und tragen noch heute keine Waffen, sondern nur einen kurzen, mit der königlichen Krone geschmückten Stab von etwa 11 cm Länge. Wen sie mit dem Stab berührten, mußte ihnen widerspruchslos folgen; im Falle des Widerstandes war jeder vorübergehende Bürger verpflichtet, dem Konstabler zu helfen.

Kapitel 14

1 Nina Bergonzi (gest. um 1782), italienische Tänzerin.
2 In Venedig verkauften die Quacksalber ihre Wundermittel auf dem Marktplatz. Der Name des Heilöls des Pelandi, von dem man nichts weiß, ist nicht deutbar.
3 Im Original »gaudm . . .«, Wort aus dem Argot, »godemiche«, auch »gaudemiche«, Nachbildung des Phallus aus Glas oder anderen Stoffen.
4 Altes italienisches Kartenspiel, seit dem 16. Jh. sehr verbreitet.
5 Von Philipp II. von Spanien eingeführter doppelter Goldescudo.

Kapitel 15

1 Domenico Cattaneo, Prinz von San Nicandro, seit 1755 Oberhofmeister des Erbprinzen Fernando am neapolitanischen Hof.
2 Je nach Maß etwa 3 bis 4 Meter.

Kapitel 16

1 Margherita Giacinta Irene Gibetti, genannt »La Viscioletta« (1744 bis nach 1782), italienische Sängerin und Kurtisane aus Neapel.
2 Casanova hielt sich zum ersten Mal im Herbst 1743 in Ancona auf, dann noch einmal im Frühjahr 1744.
3 Horaz, *Epistulae* II,2, V. 126 ff.

Nachwort

Als erfundener Held, als Figur eines Romans, wäre Giacomo Casanova (1725–1798) ganz unglaubwürdig. Hasardeur und Schwärmer, weitgereister Scharlatan und Intrigant, Alchimist und Glücksspieler, Astronom und Bodenreformer, Diplomat und Kolonisator, Komödiendichter, Unterhalter und Aphoristiker, Übersetzer der Ilias, Romancier, Philosoph und Altphilologe, Librettist und Geiger, Ökonom und Historiker, portugiesischer Gesandter, Freimaurer, venezianischer Spion und Mitbegründer der französischen Staatslotterie, ein Monstrum, Abenteurer, Höfling, Mediziner und Theologe, Börsenhändler, Kalenderreformer, Seidenfärber und – Verführer: das ist mehr, als je eine fiktive Romangestalt vorgelebt hat, und doch ist Giacomo Casanova dies alles wirklich gewesen. Ist es nicht nur gewesen, sondern hat sich auch noch für sehr viel mehr interessiert, hat sich für buchstäblich alles mit einer Neugier interessiert, die man kindisch oder manisch nennen mag, die ihn jedenfalls treibt, sich überall Einlaß zu verschaffen, in Höfen und Parlamenten, Börsen und Bibliotheken, Boudoirs und Serails, Klöstern und Logen, Bordellen und Sakristeien, Spielhallen und päpstlichen Audienzsälen, Spelunken und Lustgärten. Ein Chamäleon ist er, das sich allen Nationen, allen Schichten und Ständen assimilieren und mit ihren Zungen reden kann. Er hat mit mehreren Päpsten, Königen, Kaisern verkehrt, die russische Zarin hat ihn empfangen, Friedrich der Große ihn zum Erzieher machen wollen. Er hat mit Betrügern und Zuhältern, mit Passano und Cagliostro Umgang gehabt, aber auch mit Voltaire, Rousseau, d'Alembert, Winckelmann, Crébillon, Fürst de Ligne, da Ponte, Benjamin Franklin, Richelieu, Madame de Pompadour, Metastasio, Fielding, Mengs, Fontenelle, Voisenon, Carlin, Helvetius, Albrecht Haller, vermutlich mit Mozart, vielleicht auch mit Goethe und Wieland: ein Schaulustiger, ein Causeur, ein professioneller Augenzeuge,

der einer Kutsche entsteigt, mit Koffern voll Kostümen,
mit Perücken und Pomaden, mit Juwelen, Büchern, Spitzen,
mit venezianischen Seidenschuhen und Orden am Revers:
Giacomo Casanova, Chevalier de Seingalt, mit dem selbst-
gemachten Titel, ein großer Autor, ohne es zu wissen, der,
dem wir die vollständigste und die farbigste Abbildung des
18. Jahrhunderts in der Weltliteratur verdanken. Denn nicht
genug, daß Casanova alle diese Rollen ausfüllen oder spielen,
alle diese Ämter und Funktionen ausfüllen oder spielen
konnte, er hat sie auch beschrieben: genau, facettenreich,
intelligent, auch respekt- und skrupellos, von oben wie von
unten, und meistens leidenschaftlich wie ein Schauspieler, der
Kulissen und Attrappen als etwas Wirkliches, ja als das Wirk-
lichste preist.

Casanova steht für einen Typus, der selten geworden ist:
die pathetische Existenz. In allem sucht er Erregung, Auf-
schwung oder Erschütterung, jedenfalls den Punkt, an dem
ihm die Wirklichkeit fühlbarer wird. Deshalb gibt es keine
Darstellung von Langeweile, von schmachtender Trauer in
seinem Werk, von jenen Gefühlen, die dazu tendieren, ihren
Gegenstand zu verlieren und dabei den, der sie fühlt. Casanova hat keine Gefühle, vielmehr ist er ganz Gefühl, ist
»Sklave seines Gefühls«, wie es einmal heißt, und er *ist* tatsächlich nur, solange ihm die Wirklichkeit gestattet, erregt zu
existieren.

Indiskret, aber dezent, kann er doch kein obszönes Wort
nieder- und kein vulgäres ausschreiben, die Erregung tritt als
etwas anderes, Schriftfernes in den Text, und präzise wird er
nicht, wo er Empfindungen wiedergibt, sondern wo er sich
ans Handgreifliche hält, an Städte, Verkehrsmittel, Höfe,
Architekturen, Kostüme, Werkzeuge, Apparate und Körper.
Seine *Geschichte der Unruhen Polens* wird von russischen
und polnischen Historikern als ein wertvolles Dokument
geschätzt, Krankheiten hat er so genau beschrieben, daß
Medizinhistoriker eine Quelle ersten Ranges in ihm erkennen. Nur mit Gefühlen hat er, der überall im Auftrag von

Gefühlen unterwegs zu sein scheint, offenbar nicht viel anfangen können. Weil er sich statt dessen vom Praktischen angezogen zeigt, weil ihn die Welt der Mittel, das Positive, Empirische so sehr fesselt – ihn, den Zweckchiromanten und -okkultisten –, deshalb ist seine Beschreibung des 18. Jahrhunderts so detailscharf und anschaulich ausgefallen.

Man kann fragen, warum dies so wenig für die Welt der Empfindungen zutrifft, die immer wieder mit den nämlichen stehenden Wendungen umschrieben wird. »Es war zu erwarten, daß man mich Damen vorstellen würde, und ich wollte glänzen«, schreibt er bei seinem Aufenthalt in Köln. »Glänzen« – ein Schlüsselwort, Synonym für »blenden«, ein Schlüsselwort wie »das süße Liebespfand«, das es hundertfach einzuernten, »das Kleinod«, das es zu lüften gilt, ein Schlüsselwort wie »die Reize«, die »Blume«, die »Frucht«, das »Werk«, die »heißen Tränen«, die »Glut der Geständnisse«, wie »mein Opfer«: die Frau.

Nur wer vergißt, wie hochformalisiert die Gefühlssprache des 18. Jahrhunderts war, kann dem Schriftsteller Casanova vorhalten, die Sprache seiner Liebe sei arm und voller Versatzstücke. Spricht etwa die Literatur des Rokoko von Crébillon über Nerciat bis zu Restif de la Bretonne anders, wo sie die galante Verführung in den Blick faßt? Man kann heute fragen, in einer Zeit, die durch Jahrhunderte einer Erziehung und Erforschung des Gefühls gegangen ist, warum Casanova es nicht anders gekonnt hat. Seinem Zeitalter stand die Entdeckung des Gefühls noch weitgehend bevor. Wichtiger wäre es, sich zu fragen, warum Casanova es nicht anders gewollt hat. Schließlich hat er schwierigere Dinge beschrieben als die Liebessehnsucht eines venezianischen Jünglings. Die Divergenz zwischen dem Ausdruck der Empfindungen und ihrem Gehalt bezeichnet den historischen Zeitpunkt von Casanovas Werk. Die Sprache der höfischen Gesellschaft verrät, daß der Zusammenhang zwischen dem formalen Charakter der Gefühlsäußerung und ihrem Gehalt gestört ist. Man kann sagen, sie ist unaufrichtig, aber gerade dort, wo sie in all ihren

Wiederholungen unspezifisch wird, erkennt man, wie jenseits der konventionellen Gefühlssprache andere Wünsche herrschen, unartikulierte Bewegungen, die sich essentiell nur durch ihren Widerspruch zur höfisch-konventionellen Sprache formulieren. Die Französische Revolution hat diese Konvention umgestürzt und neuen Wünschen eine neue Sprache verliehen. Casanovas Werk entsteht auf der Scheidelinie: den alten Wünschen verpflichtet, öffnet es sich gerade durch den Widerspruch zwischen der konventionellen Gefühlssprache und der elementaren Kraft seiner Rastlosigkeit, seiner Begierde, jenen unabschließbaren Erfahrungen, deren Darstellung im wesentlichen der Literatur nach der Französischen Revolution vorbehalten war.

Wie den Frauen, so spricht Casanova auch dem Leser gegenüber das Idiom der Werbung, die empfindsame, im nächsten Augenblick brutale Sprache des Konquistadoren, der noch um Zuneigung buhlt. Er beherrscht all die herzzerreißenden Arien der schmeichelnden Offenbarung, die das 18. Jahrhundert liebte, das 19. beargwöhnte und das 20. ausrangierte, und im nächsten Augenblick ist er der krude Materialist, der seine Gefühle bilanziert und die Aufwendungen in ein rechnerisches Verhältnis zur gewonnenen Lust setzt. Casanova gibt in seinem rhetorischen Spiel auf der Skala zwischen tränenfeuchter Hingabe und ungerührter Buchmacherei einen tieferen Einblick in die Ökonomie des Gefühlslebens, als es die meisten jener Autoren tun, die vielleicht ihre Gestalten exakter profilieren und ihre Gefühle nuancierter exponieren konnten. Er ist kein Analytiker sensibler Verfeinerung, vielmehr beobachtet er, wie das Gefühl instrumentalisiert, wie es zweckmäßig eingesetzt wird.

Man hat schon bald nicht mehr den Eindruck, daß Casanova den Gefühlen besonderen Glauben schenkt. Die »Gunst erringen«, jenes Schlüsselwort der ersten Verführung, paßt auf den Fürsten wie auf die Frau. Casanova erkennt in der Empfindungssprache das wichtigste Reservoir der Schmeichelei: eine betrügerische, nüchtern kalkulierte, dabei zu gern blindlings geglaubte Sprache von Emporge-kommenen und Günstlingen. Er bedient sich dieser Sprache, wie er sich der Schminken und Masken bedient, um zu »blen-den«, um kleine Münze zu schlagen und die Eitelkeit auszu-nützen. Kein psychologischer Begriff wird in der *Geschichte meines Lebens* so häufig bemüht wie der der »Eigenliebe«, ein Moloch, dem man alles geben muß und der die psychologi-sche Welt berechenbar erscheinen läßt. In diesem Punkt, und nicht nur in diesem, ist Casanova Materialist.

Wenn man heute diese doppelte, die höfische und erotische Verführung beobachtet, so muß man sich vergegenwärtigen, daß Casanova, wo immer er auftauchte, zunächst ein Frem-der war, auch wenn wir ihn bald gesellschaftlich aufsteigen sehen, so lange, bis er am Hof selbst verkehrt. Casanova lebte zu einer Zeit, da die Höfe Anziehungspunkte für Blender aller Art waren. Wir begegnen in seiner Lebensgeschichte Hunderten von falschen Titel- und Würdenträgern, Hoch-staplern, Scharlatanen, falschen Priestern und Ärzten, selbst falschen Frauen und Männern. Sie alle spielen auf der Klavia-tur der Empfindungen wie Casanova es tut: »Eine solche Pomade wäre das Glück meines Lebens!« Was Wunder, daß in seiner Lebensgeschichte diese Sprache ihre Mechanik nach außen kehrt und nicht mehr mit der Hypothek ganzer Glaub-würdigkeit belastet, vielmehr dem komischen Aufwand der Kosmetik gleichgestellt wird! Wenn man sie zusammenzöge, die Bottiche Pomade, die Fässer Parfüm, die Säcke Puder, die Haufen von Perücken, dazu die Accessoires, Lorgnons, Ringe und Geschmeide, mit denen Casanova seinen Haut-sack voll Ich den Frauen angenehm zu machen suchte, man hätte den ganzen Aufwand vor Augen, den es ihm wert war, als Edelmann, Kosmopolit und als ein Tourist in Liebesdin-gen einzureisen und schließlich als ein unter Düften uralt gewordenes Reptil zu sterben, moralisch ausgestopft mit Oscar Wildes Überzeugung, keine Sünde werde am Ende des Lebens so bitter bereut wie die Unterlassungssünde. Günst-linge und Blender kennen den Abstieg so gut wie den Auf-stieg.

Casanova ist nicht nur von Frauen oft verlassen, er ist aus Turin, Warschau, Paris, Wien, Florenz und Barcelona ausgewiesen, mehrfach zu Kerkerhaft verurteilt worden. Wenn sein Aufstieg begleitet ist von Versprechungen, Komplimenten, der Entfaltung schönen Scheins, so ist sein Abstieg bestimmt vom Prozeß einer Desillusionierung, deren Opfer er wird, er, der sich über die höfische Gesellschaft keinen Zweifeln hingab und der, ausgenutzt und ausgebeutet, fallengelassen, vertrieben und oft später schlechter gesehen wurde, als er es verdiente. Die permanente Berührung mit der Misere aber wird in Casanovas Leben zur Triebfeder eines Ehrgeizes, der ihn überall nach oben bringt.

Gesellschaftlicher Aufstieg und Eroberung sind zwei Größen in Casanovas Lebensplan, die eng zusammengehören. Nicht nur, weil sie oft Hand in Hand gehen, weil er über Frauen in gehobene Kreise gelangt, weil er sie an einflußreiche Männer weitergibt oder weil ihn die erreichte Stellung erst begierdefähig werden läßt. Vielmehr provozieren beide sein moralisches Kalkül. Sein Buch wird zur Summa dieses Kalküls.

Erstaunlich, daß Casanova bis heute nicht als Aphoristiker gewürdigt worden ist! Denn unter allem Bildungsplunder, den er nicht ohne Stolz ausbreitet, verbirgt sich ein eigenständiger Denker. Er hat über die Errichtung von Autobahnen, über die Erfindung von Autos, Flugzeugen, Giftgasprojektilen und Federhaltern nachgedacht, sich Telegraphie und Fernsehen ausgedacht, das mag man als Science Fiction abtun. Seine philosophischen und kulturkritischen Beobachtungen aber beziehen sich auf moralische Gegenstände, auf die Regeln des Zusammenlebens, auf das Geschlechterverhältnis, auf alle Bereiche der Konvention und verraten einen erstaunlichen Scharfblick. Nimmt man sie zusammen, so erhält man Grundzüge einer anti-idealistischen, wenn nicht materialistischen Ethik.

In der Geschichte der praktischen Philosophie sind die ›Zersetzer‹, die Vertreter einer ›niedrigen‹ Moral aufschlußreicher als die Schwärmer, denn sie pflegen ihre Urteile den historischen Gegebenheiten, der Praxis moralischen Handelns genauer anzupassen. Casanova kennt die Einrichtung von Bordellen und Bädern, ihre Benutzer so gut wie ihre Kritiker, Geilheit und Prostitution so gut wie pfäffische Hypokrisie und Warnung. Er läßt uns wissen, wie Toiletten aussahen, wie weit man in einer Kutsche gehen konnte, aus welchen Teilen die Leibwäsche eines wohlhabenden Mannes bestand, was man an den Poststationen aß und wie man hier nachts am besten zueinanderkam. Dabei entwickelt er sich zu einem analytischen Empiriker. An seinen Ideen wie an seiner Praxis sind Entwicklungsmöglichkeiten der Moralkritik im 18. Jahrhundert ablesbar, nicht wie bei de Sade im Umriß einer souveränen Phantasie, sondern im Hinblick auf die gesellschaftliche Praxis. Beide kommen überein, die Lust den Gesetzen der Ökonomie zu unterwerfen. Kein Zweifel, daß sich in Begierde, Eroberung und Unterwerfung ein Prinzip der Steigerung und Mehrung, der Expansion und Akkumulation erkennen läßt, das ökonomischen Prinzipien folgt. Casanova zeigt sich förmlich besessen von der Beziehung zwischen Lust und Geld. Überall scheint Geld durch in den Verführungen. In der Koketterie offenbart die Frau ihren Preis. Die Eroberung wird ein Feilschen. Sie wird zu einem Kapitaldelikt, bei dem die Geliebte in den Besitz des Verführers übergeht, der künftig die Macht des Eigentümers ausüben, die Frau verkuppeln oder verschenken kann, was meist geschieht, sobald die Steigerung ausbleibt und Casanova sich nach einer neuen Akquisition umsehen muß. Nicht selten scheint er sich so nach der Maxime eines italienischen Sprichworts bewegt zu haben, das sagt: »Die Welt ist eine Hure«. Er hat zahlreiche Heiratsversprechen gegeben, keines gehalten, er hat seine Rastlosigkeit verflucht und ist dabei durch nichts so sehr bewegt worden, wie durch den Wunsch, Frauen und Schauplätze oder eigentlich: Erregungen anzuhäufen.

Diesen Zweck verfolgt er durch weidliche Ausnützung des Tauschprinzips. Einmal in die Situation des Tausches eingetreten, wird Casanova »Rechte« fordern, wird er Verträge schließen, sich vor Enttäuschungen schützen wollen. Er macht vor, wie eine Liebesethik, die die Treue weniger pedantisch nimmt, auf der Basis von Tauschvorgängen funktioniert. Anders gesagt: er legt in intimsten Verhältnissen eine Disposition zur Prostitution frei, deren Kenntnis und Ausbeutung keinen geringen Anteil an seinen Leistungen als Verführer hat. Kühl beobachtet er, wie eine Frau ihren ›Gebrauchswert‹ einbüßt und ganz zum Tauschwert wird, eine Frau, die in diesen Dingen unter Umständen genauso unsentimental denkt, wie er selbst: »Weine nicht, lieber Freund, denn in Wahrheit mache ich mir nichts daraus.«

Er hätte traurig darüber sein können, daß der Liebe der pathetische Kern fehlt, den ihr die Poesie gibt, aber er zieht es vor, die Spielregel zu studieren, sich in den Besitz der Mittel zu bringen und eine Eroberung in die Wege zu leiten, die zum kleineren Teil Jagd ist und zum größeren eben Handel. In dieser Hinsicht ist sein Erobern immer von einem Verbot geleitet, vom Verbot der verheirateten Frau, der Frau von Stand, der Frau, die einen anderen liebt, die sich ihm ausdrücklich verbietet, die eifersüchtig bewacht wird, der Nonne, der allzu Teuren, der schlimmsten: der Koketten.

Casanova weiß sehr wohl, daß das Erotische nach nichts so sehr verlangt wie nach dem Verbot. Wo also die Verführung zu einfach oder die Frau zu blaß, wird er das Verbot selbst imitieren, indem er unmögliche Schauplätze wählt, die Kirche, einen Balkon, das Ehebett, in dem noch der Gatte liegt, er wird sich ganz auf die Ausführung konzentrieren, tagelang spähen, Löcher durch Wände brechen, in verdunkelten Kutschen herumfahren, sich kostümieren, mit akrobatischer Anstrengung über Dächer und durch Gräben kommen, einzig um durch die Errichtung von Hindernissen, durch die Überwindung von Verboten, das Objekt der Eroberung noch kostbarer zu machen. Keinem Menschen kann die Lust selbst so viel wert sein, wie es Casanova wert war, sie einzuleiten, und wenigen erscheint sie heute so einzigartig wie ihm.

So aufmerksam Casanova die Ökonomie des Gefühlslebens, die des Geldverkehrs und ihre Zusammenhänge verfolgt, so sehr fehlt ihm, der selbst so oft aus der Gunst gestoßen, vertrieben und an den Bettelstab gebracht worden ist,
der Blick für die Grausamkeit und die Ungerechtigkeit der
ökonomischen Praxis, und zwar in allen Ländern, die er
bereist hat. Mag er sich selbst den sozial Deklassierten gegenüber oft großherzig gezeigt haben, er kennt keine Solidarität
mit denen, die eigentlich jenen Pomp bezahlen müssen, in
dessen Umkreis zu leben er selbst vorgezogen hat. Er streift
das Elend, durch das ihn seine Reisen führen, mit touristi-
schem Blick. Eine Empfindung für die Diskrepanz der sozia-
len Situationen geht ihm weitgehend ab. Ganz arglos spricht
er von den Deklassierten ringsum im Possessivum, nicht nur
von »meinem Lohndiener«, »meinem Sekretär«, sondern
auch von »meinem Spanier«, »meinem Farbigen«. Er selbst
konnte sagen, er habe den Frauen zuletzt doch immer seine
Freiheit vorgezogen, er konnte auch sagen: »damit einem der
köstlichste Ort der Welt mißfällt, genügt es, daß man verurteilt ist, dort zu leben«, aber es wäre ihm nicht eingefallen, ein
Leben auch nur zu bedauern, das diesem Privileg nicht unterstand. Es gibt Szenen in der *Geschichte meines Lebens*, in
denen das Elend der Armen fast wider Willen überhell
erleuchtet wird. Es sind symbolische Szenen, gegenüber
deren unfreiwilliger Kraft manches im Umkreis läppisch
wird, auch wenn Casanova sie gänzlich arglos erzählt: »Ich
werde niemals die treffende Bemerkung aus dem Munde eines
Mannes vergessen, der sonst nie zu Scherzen neigte, sie
stammt von Monsieur de Maisonrouge, den man nach Hause
fuhr, weil er sich wegen zu reichlichen Essens sterbenselend
fühlte. Da mehrere Karren die Straße versperrten, mußte sein
Kutscher gegenüber vom Quinze-Vingts-Hospiz anhalten.
Ein Bettler näherte sich dem Wagen und bat um einen Sou,
weil er vor Hunger sterbe. Maisonrouge öffnete die Augen,
sah ihn an und sagte: ›Da hast du aber Glück, Freundchen.‹«
   Ohne daß er es wollte oder daß er sich selbst dafür interessierte, läßt er einen in dieser Geschichte alles hören: das Säu-

seln der Hofmusik und die Anwesenheit des Todes, die Bewegung, mit der sich der Witz aus der Leibesfülle windet, die Zudringlichkeit stummer Zeugen und Mittäter, darunter den genüßlich und mit Ritardandi nach-inszenierenden Autor, andere Hungernde rund um das Hospiz, geile Hofschönlinge in bunten Toiletten, die ringsum verantwortete Rede.

Einmal wenigstens hat Casanovas Leben den bitteren Ernstfall gestreift, der ihm jeden Einblick in die Willkür der Obrigkeit gestattete. Ohne Prozeß, ohne Angabe von Gründen und ohne daß er das Strafmaß je erfahren hätte, wird er im Sommer 1755 in Venedig zur Haft unter den Bleidächern verurteilt. Über die Gründe ist lange spekuliert worden. Sicher spielt die Rivalität eines der venezianischen Inquisitoren, spielt eine Frau eine Rolle, in den Archivdokumenten ist außerdem von Betrügereien und Glücksspiel die Rede, der eigentliche – wenn auch möglicherweise vorgeschobene – Grund für seine Verhaftung liegt in der Freimaurerei, seinen ›Verbrechen‹ gegen die Religion.

Als Casanova fünfzehn Monate nach seiner Inhaftierung eine Flucht gelingt, die noch kein Häftling aus diesem Gefängnis geschafft hatte, macht ihn das Ereignis, ebenso wie sein Bericht, zu einer europäischen Berühmtheit. Er behauptet, die Geschichte besser mündlich als schriftlich erzählen zu können, aber schon so, wie wir sie haben, gehört sie zu den fesselndsten Stücken von Abenteuerschriftstellerei der Weltliteratur. Fast zeit seines Lebens hat Casanova danach unter Heimweh gelitten – bis er sich an seinem Lebensabend schmählich als Spion für Venedig verdingte und zurückkehren durfte. Staat und Gerichtsbarkeit aber werden von ihm nicht in Frage gestellt. Vielmehr akzeptiert er ihre Willkür wie den Despotismus, mit dem sie ganze Schichten dem Elend übergeben, als eine Spielregel, die man immer nur ahnen und deshalb nicht genau einhalten kann.

So wird auch das Soziale als Teil eines Spiels unbefragt hingenommen. Er selbst hat kaum je gearbeitet, um zu essen, er hat gespielt, hat sich alles erspielt, alles durch Raffinesse und Glückvertrauen zu eigen gemacht. Er kennt keine Kritik, nur Übervorteilung. Er korrigiert gesellschaftliche Mißstände nicht in Gedanken und nicht durch Verstöße gegen die Machthaber, sondern gegen das Legale und zeigt insgesamt keine Tendenz, die Regeln anders als durch persönliche Rancune und durch Betrug korrigieren zu wollen. Wir wissen nur annähernd, wie ausgiebig Casanova im Spiel betrogen hat, aber er läßt keinen Zweifel an der Skrupellosigkeit, mit der er die spiritistisch verdrehte Madame d'Urfé um einen Francbetrag in Millionenhöhe gebracht hat. Ebensowenig täuscht er seine Leser darüber, alle möglichen juristischen, medizinischen, mathematischen Kenntnisse zur Übertölpelung und Ausbeutung der Leichtgläubigen eingesetzt zu haben. Einmal sagt er sogar, er bedaure, statt Jurisprudenz nicht Medizin studiert zu haben, weil sich diese Wissenschaft noch besser für Betrügereien eigne. Die Einfältigen, die Schwätzer und Ignoranten sind Casanovas eigentliche Kontrahenten. Dummheit war für ihn, wie Richard Alewyn schreibt, nicht primär ein intellektueller, sie war ein »sittlicher Defekt«. Intelligenz, auch amoralisch eingesetzte Schläue werden zu legitimen Mitteln der Auslese. Der Leser erfühlt das Vergnügen, das es Casanova bereitet, mit einem gehörigen Aufwand an Beredtsamkeit, Bildung, Geld und Skrupellosigkeit seine Sache, die Erhebung seines Selbstgefühls, zu verfolgen. Der Leser genießt die Souveränität, in die sich Casanova schon früh hineinarbeitet und in die er aufgebrochen ist mit dem herrlichen selbstanalytischen Satz: »Es war nicht Schönheit, was ich vorzuweisen hatte, sondern etwas Wertvolleres; ich weiß nicht, was es war. Ich fühlte mich zu allem fähig.«

Für die Erfüllung seines Lebensplans bot seine Epoche ihm die besten Voraussetzungen. Sie sollten nicht wiederkehren. »Wer nicht vor der Revolution gelebt hat,« so ein berühmter Satz Casanovas, »weiß nicht, was Lebensfreude heißt.« In frühen Jahren hatte er eine Revolution herbeigewünscht; als sie da war, konnte er sie nicht verstehen. Gegen Robespierre und Mirabeau hat er heftige Streitschriften verfaßt, die Zerstörung der Privilegien, in deren Schatten er groß wurde, mit Haß verfolgt.

Sein Spiel aber, das ihn oft wohlhabend, manchmal reich und oft arm gemacht hat, wußte er gut zu spielen. Er opfert ihm alles und spielt es doch als Komödiant. Das Theatralische bleibt das Lebenselement Casanovas, die Maskerade zeigt sein wahres Gesicht. Er ist der Sohn einer der großen italienischen Schauspielerinnen des 18. Jahrhunderts, und so bleibt in allen Verkleidungsszenen ein sentimentaler Kern, der auf die Mutter verweist, die ja auch, eine Libertine, quer durch Europa bis nach Rußland mit ihrer Truppe gezogen war und bei ihren wenigen Besuchen in Venedig den Prälaten und pfäffischen Erzieher des kleinen Giacomo sinnlich verwirrte. Hat er ihr nachgeeifert, ihr Bild verfolgt, hat Casanova zeit seines Lebens im Matriarchat gelebt? Hat sein Verlangen deshalb etwas sehnsüchtig Beharrendes, immer neu Hinauslangendes? Ruft sein Werk also vor allem nach einer psychologischen Deutung?

Die Psychoanalyse hat mit Casanova nicht viel anzufangen gewußt. Er verschweigt nichts, die Eindimensionalität seines Trieblebens ist ihm selbst bekannt, und seine wenigen Ausflüge ins ›Perverse‹ gehören zur erotischen Folklore. Trotzdem sprechen Psychoanalytiker von einem »schweren Mutterproblem«, sie sagen, Casanova habe so »unmenschlich funktioniert«, weil er nie aus dem Mutterleib herausgekommen sei, deshalb habe er sich, ein Toter, so sehr mit Leben drapiert; man müsse ihn, so Ignazio Maiore, quälen, um ihn zu heilen.

Dies bleibt ein Phänomen der Casanova-Kritik: Frauen haben ihn selten gemocht (obwohl er eine emanzipatorische Schrift zur Verteidigung der Frau verfaßte und die Abtreibung verständnisvoller beurteilte als fast alle seine Zeitgenossen), Männer aber haben Casanova geradezu zerstören wollen. In seinem eigenen Werk verrät sich weniger männlicher

Sexismus als in den meisten Polemiken seiner Kritiker. Sähe man sie nicht in heimlichem Wettbewerb mit diesem falschverstandenen Übermann, man könnte sich kaum erklären, warum ein Schriftsteller des 18. Jahrhunderts postum solchen Widerwillen provoziert. Stefan Zweig sagt, Casanova sei »kein Charakter«, habe »eine schmutzige Magd im Winkel einer Soldatenspelunke« allen Kunstwerken Michelangelos vorgezogen, habe überhaupt das Wesen von Kunst und Wissenschaft nie erfaßt, auf Religion kein Recht, seine Beziehungen zu Frauen seien »bloß bluthaft« gewesen und wo sein Werk Verdienste habe, sei es nicht Casanova, sondern dem »Leben« selbst zu danken. D. H. Lawrence schreibt, Casanova sei ein Mann »ohne Stolz und ohne klare Seele«, Moravia nennt ihn »recht vulgär«, Hesse meint, ihm fehle »die heroische Atmosphäre von Vereinzelung und tragischem Abgesondertsein«, F. G. Jünger moniert: »Er ist nie um des Waldes wegen in den Wald gegangen. Er hat nie im Freien nackt gebadet.« Fellini schließlich nennt ihn »krankhaft«, ein »harmloses Abbild der verklemmten Begierden des Herrn Jedermann«, einen »Hampelmann, der die Welt mit steinernen Augen betrachtet« und der nur denen gefallen könne, die selbst »verklemmt«, »komplexbeladen«, »mit einem Makel« oder mit »Mittelmäßigkeit« behaftet seien.

Es liegt nahe, daß sich Männer leichter mit der Person Casanovas in Konkurrenz setzen als mit seinem Werk. Über die Person erfahren wir aus zeitgenössischen Berichten, daß sie eine blonde Perücke trug und große braune Augen hatte. Es fehlt auch nicht an Zeugnissen, die ihn großspurig, eitel, rechthaberisch, sogar lächerlich erscheinen lassen. Der Fürst de Ligne, einer der bedeutenden französischen Moralisten, schreibt: »sein Selbstwertgefühl steht dauernd unter Waffen«, aber das bleibt dem Leser ohnehin schwerlich verborgen. Er weiß außerdem, daß Casanova in den rund vierzig Jahren, über die er uns berichtet, knapp 120 Geliebte gehabt hat. Das macht etwa drei pro Jahr. Zusätzlich weiß er, daß Casanova oft nicht seiner Verführungsfähigkeit allein hat vertrauen können. Häufig ist Geld oder Schmuck im Spiel, häufig entstehen die Verhältnisse in einer Sphäre, die nach unserer weniger flexiblen Moral die Prostitution streift. Nur ein einziges Mal begegnet er einer wahren Jungfrau – da schreckt er zurück, ein andermal fällt sein Blick auf eine junge Frau, von der er sagt, daß sie »so hübsch aussah, daß mich Angst überkam.« Die Mehrzahl seiner übrigen Geliebten empfängt er aus den Händen anderer Männer oder er gibt sie an solche weiter. Man erfährt außer bei der Charpillon nichts von Nervenkrisen, nichts von Tragödien, selten scheint jene Dimension geschlechtlicher Treue erheblich, in der unsere Liebesmoral ihr Sakrament hat. Öfter dagegen wird jenseits der vierzig nur noch geliebt, so gut es eben geht. All das klingt nicht nach einem ›vorbildlichen‹ Mann, nicht nach einem legendären Verführer.

Das Mißverständnis aber geht noch weiter: Casanova ist kein »Casanova«, er ist, wenn nicht eine zeittypische, so zumindest eine zeitgenössisch verbreitete Gestalt. Von Männern seiner Art hören wir in der Literatur des 18. Jahrhunderts häufig, manche kennen wir sogar mit Namen: so Cagliostro, Afrisio, den Grafen Celi bzw. Alfani, da Ponte, Graf Tilly oder Antonio della Croce. Außerdem ist auffällig, wie selten Casanova in Berichten seiner Zeitgenossen mit Frauen in Verbindung gebracht wird. Man kennt ihn als den, der aus den Bleikammern entkam, sein Duell mit Branicki wird in 24 Zeitungen erwähnt oder beschrieben – für seine Amouren ist er nicht berühmt, und er hätte sich bestimmt darüber gewundert, daß er wie de Sade einem ganzen Typus seinen Namen gab. Nur etwa ein Fünftel seines Werkes beschäftigen sich nämlich tatsächlich mit der Eroberung von Frauen. Die verengte Auslegung, die das Werk Casanovas erfahren hat, wird danach verantwortlich für ein ganzes Jahrhundert der Casanova-Verengung und -Verfälschung, auch der Reinigung und Verschweinung.

Wo sie auf Casanova kommen, da sprechen die Kommentatoren gerne in einem Ton der Anbiederung und Larmoyanz, mit einer schulterklopfenden Anerkennung für gewisse Talente, die bei einem Autor von solcher Bedeutung einmalig ist. Er selbst scheint diesen Ton provoziert, er scheint ihn auch vernommen zu haben, als er, der greise Bibliothekar des Grafen Waldstein in Dux, zur Spottfigur der jungen Stutzer wurde, denen sein Lebenslauf wenig, seine Bildung weniger, sein Selbstgefühl gar nichts sagte. Casanova aber sprach auch dort unablässig von sich. Er ist, mit Michel Foucault zu sprechen, ein »Geständnistier«, er muß bekennen, muß in einem fort von sich und seinen Taten sprechen, sie moralisch in den Griff bekommen und dem Urteil übergeben. Er ist massenhaft verurteilt worden, entschiedener als Rousseau, der log und fälschte, wo Casanova aufrichtig blieb, er ist als Schriftsteller verurteilt worden wie als Gestalt seines Werkes. Dabei wurde vergessen, daß wir jedes Detail, jeden Verstoß und jedes Versagen allein durch ihn selbst kennen, daß er es ist, der uns den Inzest gesteht, der uns die Hintergründe der grotesken Betrügereien an Madame d' Urfé darlegt, der Falschspiel und Ehebruch, Ehrverlust und sexuelles Versagen umständlich und teilweise rücksichtslos ausbreitet.

Mehr noch: alle Großsprecherei kann nicht blind dafür machen, daß Casanova sich mit gehöriger Selbstironie begegnet. Er habe die Memoiren als »Satire auf sich selbst geschrieben«, hat er einmal geäußert und dabei selbst die Anatomie seines Liebeswerbens offenbar gut gekannt und mit Abstand gesehen: »Ich brach ihre schönste Blüte«, heißt es einmal, »die ich, wie stets, allen überlegen fand, die ich in den letzten vierzehn Jahren gepflückt hatte.« Solche Distanz zu sich selbst hebt Casanovas Lebensgeschichte entschieden über die meisten Einwände seiner Kritiker. Sie verrät nicht zuletzt die Befangenheit eines Erzählers, der wohl um die Risiken weiß, über mehr als 4500 Seiten immer nur von sich zu erzählen, und das aus keinem anderen Grund, als um sich zu zerstreuen. Casanova war überzeugt, der »Zynismus« seiner Memoiren werde sie in allen Ländern mit guten Sitten auf den

Index bringen. Trotzdem hat er das Geschriebene zuletzt nicht vernichtet, wie er es einmal vorhatte. Vielleicht hatte er erkannt, daß ihm ein Bildungsroman eigener Art gelungen war, daß er sich selbst durchsichtig genug gemacht hatte, um einem Zeitbild zur Erscheinung zu verhelfen, dem Porträt und dem Phantom eines Jahrhunderts, das unter solcher Betrachtung seinen galanten wie seinen martialischen Charme demonstriert.

Casanovas Leben irrlichtert unstet durch dieses 18. Jahrhundert. Manchmal ist unsicher, ob die groteske Erscheinung, die die Dinge in ihrer plötzlichen Beleuchtung annehmen, ihnen selbst oder der Qualität dieses Lichtes zu danken ist. Dann scheint der Autor ganz Figur, scheint sein Leben ganz Fiktion zu werden, um im nächsten Augenblick in der Schärfe eines sinnlichen Details oder Gedankens abrupt wieder ins Konkrete zurückzutreten. So unglaublich es klingt, Casanova gehört in die Linie der Aufklärer. Schreibend hat er im Kampf gegen Vorurteil und Aberglauben sowie im Ringen um eine engere Anpassung der moralischen Lehrsätze an die moralische Praxis mehr geleistet als größte Teile der Literatur seiner Zeit.

Sicher hat der Leser, der vor der Fülle der hier memorierten und voneinander differenzierten Dialoge, Situationen und Abbilder fassungslos steht, in Casanova außerdem einen großen Humoristen vor sich, einen, der seine Pointen nicht selten aus dem schroffen Zusammenstoß von Kopf und Bauch gewonnen und auch dadurch sein Werk zu einem Appendix aller moralischen Spekulationen der Philosophie gemacht hat: »Ein großer Krug Bier ging vom einen zum anderen, und inmitten dieser Armut zeigte sich Heiterkeit auf allen Gesichtern; das drängte mir die Frage auf: Was ist Glück? Zum Abschluß stellte der Koch eine zweite Schüssel auf den Tisch, die geschmorte Schweinefleischbrocken enthielt . . .«. Er hat außerdem die ungewöhnlichsten Verwicklungen geschrieben, Handlungen in drei und vier Ebenen zerlegt, Situationen von grotesker Prägnanz erfaßt und nicht zuletzt vorzügliche Dialoge geschrieben – genug, um den Rang eines der großen Erzähler der Weltliteratur beanspruchen zu können. Vielleicht ist auch dies ein Grund dafür, daß Episoden aus seinem Leben so zahlreiche neue Bearbeiter gefunden haben.

Casanova, der einzige Vertreter der Weltliteratur, dessen Name selbst in der Popkultur zum Topos wurde, hat eine heute unpopuläre Kraft der Variation besessen, in der sich die Verwandtschaft von Verführer und Schriftsteller verrät. Sein Talent war es, Situationen zu schaffen, darüber hinaus besaß er die Fähigkeit, Menschen schön zu machen, sie schön zu sehen. Das ist seine Magie, keine abstrakte, zerstörerische Leidenschaft wie bei Don Juan, sondern Pathos, eine Verführung, in der er sich selbst immer als das eigentliche Opfer begriff, ein Verführter, den seine Leidenschaft rastlos durch Europa, von Rußland bis Portugal, von England bis in die Türkei getrieben hat. Wenn Casanova ein Erotiker war, dann in dem Sinn, daß ihm der Weg immer wichtiger war als das Ziel. Auf dem Höhepunkt zeigt die Lust vielleicht das immergleiche Gesicht und die Sprache wirkt konfektioniert. Keine Verführung aber ähnelt einer anderen, keine Situation gleicht einer schon einmal beschriebenen. So steht auch die Frau für unendliche Varianz, der Mann ist bloß ein wiederholbarer Bock, der immer auf dasselbe aus ist.

Wenn es eines Belegs bedarf für Casanovas Talent, Frauen stets aufs Neue schön zu sehen, dann liegt er in der hundertfachen Wiederherstellung des ersten Blicks, von dem sein Werk Zeugnis ablegt. Wie immer ihn Frauen später behandelt haben, ob sie ihn betrogen, verrieten oder schmachtend ziehen ließen, immer führt er sie in seinen Memoiren noch einmal über den ersten Blick ein, in dem sie ihm reizend erschienen. So erscheinen die Betrügerinnen, die alt und häßlich Gewordenen, die als gefallene Vetteln wiedergesehenen Frauen noch einmal in dem Licht jener ersten Anziehung, die Casanova zu allen möglichen Torheiten verführte. Er macht ja selbst keinen Hehl draus, mit knapp fünfzig Jahren

erotisch am Ende, mit siebzig Jahren ein zahnloser, impoten-
ter Alter zu sein.

Die Wiedergewinnung seines Lebens im Schreiben aber
widerlegt endlich auch jenen schmerzlichen Satz, den ihm
eine seiner innigsten Geliebten mit einem Diamanten in die
Fensterscheibe ritzte: »Du wirst auch Henriette vergessen«.
Unvergessen, unvergeßlich nicht nur Henriette, sondern
auch ihre Gabe, eine Lust zu entfachen, die dem Alten noch
einmal wiederkehrt: als die Lust zu schreiben. An dieser
Stelle setzt die zweite Verführung ein: die Verführung der
Frau und des Lesers durch den Stift.

Auf diese Lust aber hat Casanova das Alter vorbereitet, das
in seinem Werk nicht einsetzt, wo er vom Körper zu sprechen
beginnt, sondern wo er in keifende Rivalität zu seinen Kon-
kurrenten tritt, ihnen ausweicht, wo die Angst vor den
Frauen, vor ihrer Jugend und ihren Erwartungen, ihn
schwach erscheinen läßt und wo insgesamt die Liebe »geistiger« wird. Insofern ist Casanovas Lebensgeschichte ein klas-
sisches Alterswerk, dessen Schönheit, ja dessen Lebenslust
vom Alter erkauft ist, von einer Distanz zur Lust und zu sich
selbst und von einer Resignation, die das euphorische »carpe
diem« der jungen Jahre nur noch schriftlich glaubwürdig formulieren und aus dem Massiv eines schier unerschöpflichen
Gedächtnisses befreien kann.

Die Casanova-Forschung, in Deutschland lange Zeit so
akribisch betrieben wie in keinem anderen Land, hat nachgewiesen, daß Casanova aufrichtiger, faktentreuer ist, als man
immer angenommen hatte. Zwar hat er viele Frauengestalten,
die zur Zeit der Niederschrift noch leben mochten, durch
Pseudonyme oder Kürzel geschützt, auch hat er sich in Daten
und Chronologien verschiedentlich geirrt, die meisten seiner
Angaben aber erweisen sich als überraschend präzise. Notiz-
bücher, auf die er einmal hinweist, mögen ihm dabei geholfen haben. Vor allem aber verfügte Casanova über ein Gedächtnis, das ihm beispielsweise erlaubte, im Gefängnis von
Barcelona in 42 Tagen ohne Hilfsmittel eine dreibändige

Geschichte Venedigs zu verfassen, und er besaß die Gabe, leicht zu schreiben. Für ein komplettes Opernlibretto brauchte er in Valencia ganze 36 Stunden, und als sein Freund da Ponte einmal vorübergehend abwesend war, soll er für Mozart ein paar Szenen geschrieben haben (die allerdings nicht vertont wurden). Daß er so vielseitig, daß er ein Rhapsode und Eklektiker, ein großspuriger Hochstapler und zugleich ein selbstironischer Melancholiker war, daß er seine große Bildung vor allem im Bereich der antiken Literatur manchmal protzend vorführt und auf anderen Gebieten nur geistreich täuschen kann, daß er zu Lebzeiten für seine Flucht aus den Bleikammern, für Duelle und zweifelhafte Machenschaften bekannter war als für seine Schriften, all das kann seine literarischen und historiographischen Leistungen nicht schmälern.

Als Casanova am 4. Juni 1798 in Dux in Böhmen stirbt, ist er trotzdem ein vergessener Mann. Sein Name wird mit »Casaneus«, sein Alter mit »84« im Kirchenbuch notiert. Wir wissen, wie er hieß und daß er 73 war, als er starb. Erst 1821 erwirbt der Brockhaus Verlag für 200 Taler das französische Originalmanuskript. Insgesamt verstreichen nach Casanovas Tod gut 160 Jahre, bis im Jahre 1960 die erste textgerechte Ausgabe, und zwar in deutscher Sprache, erscheint. Bis dahin existierte er nur in verstümmelten, entweder gereinigten oder künstlich verschärften Versionen. So wenig hat man der Freisinnigkeit eines Werkes ins Auge sehen können, das zwar in über 20 Sprachen (darunter die der Eskimos) übersetzt wurde, in einigen Ländern aber immer noch auf dem Index steht. So wenig Reverenz konnte man einen großen Verführer erweisen, der mit den Worten starb: »Ich habe als Philosoph gelebt und sterbe als Christ.«

Er hat Theologie studiert und ist nicht Papst geworden, er ging zu den Soldaten und wurde nicht Napoleon, in der Liebe aber kann man nicht mehr werden als Franz von Assisi – oder Casanova.

Roger Willemsen

Italienische Literatur

IN RECLAMS UNIVERSAL-BIBLIOTHEK

Philipp Reclam jun. Stuttgart